Chinese Economists 50 Forum

中国经济50人论坛丛书

走进中国经济50人论坛

握手中国最有影响力的群体经济学家

中国经济50人论坛丛书
Chinese Economists 50 Forum

经济发展理论的十位大师

吉拉德·M.米耶 都德莱·西尔斯 ◎ 编
刘鹤 梁钧平 杨焕昌 陈研 ◎ 译
史强育 黄铁鹰 ◎ 校

中国经济出版社
CHINA ECONOMIC PUBLISHING HOUSE
北 京

图书在版编目（CIP）数据

经济发展理论的十位大师／（美）米耶，（美）西尔斯编；
刘鹤等译．—2 版．—北京：中国经济出版社，2013.1（2022.3 重印）
ISBN 978－7－5136－2116－8

Ⅰ.①经… Ⅱ.①米…②西…③刘… Ⅲ.①经济发展
理论—文集 Ⅳ.①F061.3－53

中国版本图书馆 CIP 数据核字（2012）第 271792 号

责任编辑　乔卫兵　张梦初
责任印制　马小宾
封面设计　华子图文

出版发行　中国经济出版社
印 刷 者　北京艾普海德印刷有限公司
经 销 者　各地新华书店
开　　本　710mm×1000mm　1/16
印　　张　24.75
字　　数　390 千字
版　　次　2013 年 1 月第 2 版
印　　次　2022 年 3 月第 5 次
定　　价　58.00 元
广告经营许可证　京西工商广字第 8179 号

中国经济出版社　**网址** www.economyph.com　**社址** 北京市西城区百万庄北街 3 号　**邮编** 100037
本版图书如存在印装质量问题，请与本社发行中心联系调换（联系电话：010－68330607）

原　序

开拓者——在任何领域——都是富有创造力的勇敢的人们。假如不是这样，他们就不可能甘冒风险，开创新的领域，寻求新的答案。他们不满足于在常规中故步自封，或在显见的理论面前无所创新。他们被一种经久不息的好奇心所激励，这种好奇心驱使他们潜心钻研，探索未知的奥秘。

这就是值得了解他们的原因。

这本新书，就是在国际发展经济学复杂领域内了解这些开拓者的始端。在这门艰深的学科中，有10位开拓者——大师。过去的40年里，他们使有关发展问题的争论趋于明确。他们不仅是具有献身精神的导师和学者，而且是积极负责的实践者。

这里，我们将读到他们公正地反映自己开创性工作的文章，以及他们年轻的同行们富有洞察力的评论。总之，这本书就像一份智慧的菜谱，刺激、有争议，而又营养丰富。

我们世界银行荣幸地主持了这些演讲，我们期待着继续进行类似的活动。毫无疑问，致力于国际发展是我们时代的主要历史运动之一，在以后几十年里所取得的成果将形成贯穿下一世纪国际生活的特征。

随着发展的继续和形势的变化，这个世界在发展战略方面需要涌现不断进取的革新者。让我们祝愿未来的开拓者像本书所纪念的那些一样幸运。

世界银行行长
A. W. 克劳森

序

第二次世界大战结束后，许多发展中国家陆续地摆脱了殖民地、半殖民地的奴役地位，成为独立的主权国家。他们面临的重大任务是，在获得政治上的独立自主之后，如何进一步取得经济上的迅速发展。有关的世界组织在发展中国家的推动下，开始关注发展中国家摆脱贫困，促使人民更快地富裕起来的途径。于是，发展中国家的经济发展道路这一课题就成为发展中国家和发达的资本主义国家的经济学家共同耕耘的园地，也是他们进行辩论的主题。目前国外各大学有关经济的系科均讲授发展经济学，许多大学设立经济发展的研究中心。每年都有许多发展经济学和研究经济发展的某一方面以及某一特定的发展中国家的经济发展的论著出版问世，这些情况都表明国外对发展经济学的重视。

20 世纪 40 年代后半期和整个 50 年代是发展经济学的形成时期。在这个时期中，具有开创性论点并成为代表人物的发展经济学家现在被称为发展的开拓者。为了回顾当时情况并结合着发展经济学的现状来评价这一时期的开拓者们的论点，在世界银行的主持下，由这些开拓者们自己进行总结并辅以专家们的评论。这样的总结方式也可以说是一种创举，《经济发展理论的十位大师》一书就是这次有意义活动的记录。

这里要指出的是，从一开始，发展经济学家的论点就不一致。他们之间的分歧可以集中到一个问题上，即传统的新古典经济学也就是微观经济学能不能用于指导发展中国家的经济发展？或者说单纯依靠市场经济的调节作用和对外自由贸易的方式能不能迅速而顺利地推动发展中国家的经济发展？发展经济学形成时期的开拓者们对这个问题大都持否定态度。其代表人物为诺贝尔经济学奖获奖人刘易斯（A. Lewis）、缪尔达尔（G. Myrdal）以及纳克斯（R. Nurkse）、罗森斯坦－罗丹（P. N. Rosens tein-Rodan）、赫尔希曼（A. O. Hirschman）、普雷维什（P. Prefisch）和辛格（H. Singer）等人。他一般被称为结构主义的发展经济学家。他们的论点在发展经济学形成时期占了上风并付诸了实践。对以上问题持肯定态度的有鲍尔（P. T. Bauer）、凡纳（J. vinet）、哈勃勒尔（G. Haberler）、迈英特（H. Myint）以及和刘易斯同时获得诺贝尔经济学奖的舒尔茨（T. W. Schultz）等代表人物。随着60年代以后发展中国家经济势态的变化，鲍尔等人的论点变得重要起来并具有指导实践的现实意义。因此60和70年代称为发展经济学中新古典主义复苏时期。

持结构主义观点的开拓者们首先研究发展中国家的经济特点。那时，这些国家刚刚获得独立，国民经济仍然具有浓厚的殖民地色彩。在落后的本土原有的经济中，存在着一些由殖民者建立的先进企业，如农业中的种植园，工业中的采矿业和交通、动力企业等。两者形成鲜明的对比，如果把本土经济比喻为汪洋大海，那么先进的企业只是这片大海中的一些孤立小岛。因此这些开拓者把这种对立状态的经济结构称之为二元结构或称两重性（dualism）。他们认为二元结构可以表现为本土固有的意识形态和先进的资本主义意识形态的对立；也可以表现为落后的技术和先进的技术之间的对立；还可以表现为落后的具有隐蔽失业的农业与少量先进工业之间的对立。

其次，他们认为，发展中国家的另一个特点是它们经常处于贫穷的恶性循环之中。纳克斯首创其说。他认为发展中国家的人民贫穷，劳动生产率低下，因此国民收入不高。这一方面导致资本积累率很低，另一方面则导致市场需求狭小，使实物资本的供给和对其需求始终保持在一个低的水平上。这又导致劳动生产率低下，国民收入水平无法提高。如此推论下去，形成了贫穷的恶性循环，而不能自拔。如何打破这个恶性循环？纳克斯和其他持结构主义观点的开拓者都认为，解决的办法就是扩大投资，实行工业化。大致可以这样说，即形成时期的发展理论也就是工业化理论。其中心问题就是如何扩大积累的比重，增加厂房机器设备等实物资本的使用量。

如何进行工业化呢？开拓者们也有不同的论点。罗森斯坦－罗丹提出大力推动和平衡发展理论。他认为要取得成功，必须有必不可少的一定数量的投资，并且保持各部门同步平衡发展，以便发挥各部门的互相补充的作用，保持必要的市场容量。赫尔希曼则应用连锁原理提出不平衡发展理论，认为一个工业部门既有它的先行的，又有后续的工业部门。投资于关键性工业部门，不但它自身得到发展，而且会带动其先行的和后续的工业的发展。因此，工业化是一个连续过程，不必须各行各业同时并举。罗斯托（W. W. Rostow）提出称为发展阶段论的历史模型，论证起飞阶段的重要性。认为发展中国家的投资超出国民收入的一定比重以后，就可进行经济起飞，靠着自身的积累，持续地发展下去，就如同飞机得到足够的冲力就可离开跑道飞上蓝天，然后就能平稳地向前航行一样。刘易斯从工业化的人力保证方面着眼，提出发展中国家的传统农业中，具有无限供应的剩余劳动力，不但可以转移到工业中去，而且是稳定工业中工资水平的因素，从而保证了资本家的利润不断扩大，再投资的不断增加，工业化得以顺利进展。以上这些论点各自强调了工业化的一个侧面，因此是互相补充的。有的如平衡发展和不平衡发展论点看起来似乎是对立的，但是只要不走极端，在实践中，这两种发展方式会同时存在。

由谁来推动发展中国家的工业化呢？有些开拓者认为，白于发展中国家的经济存在着二元结构，牢固而不易变化；凭借市场调节力量和私人经济活动，很难迅速改变这种状态；应由国家担当规划和推动工业化的重任，而国家推动工业化的有力手段则是像五年计划那样的综合性总体计划，以规划国民经济的发展速度和各部门的投资比例。这种主张几乎被所有的发展中国家接受并积极付诸实施，以便迅速实现工业化。

持结构主义观点的先驱者们不但否定市场调节功能，也否定新古典经济学的自由贸易理论和自由贸易政策。新古典经济学的自由贸易理论表明，进行贸易的双方都是以各自具有相对优势的产品进行交换，因此国际贸易能使同量的投入得到更多的商品，这对双方都是有利的。因此贸易是经济增长的发动机。普雷维什、辛格和缪尔德尔等人根据自己的研究结果指出自 19 世纪以来，作为殖民地出口大宗的初级产品的贸易条件长期恶化，因此认为，对外贸易非但不是经济增长的发动机，反而是破坏增长的因素，从而全面否定新古典经济理论。在发展中国家与发达国家之间的关系方面，普雷维什提出中心与外围理论。他以发达的资本主义国家作为中心，发展中国家作为它的外围。认为技术进步发源于中心，但由于中心的经济垄断地位，技术进步提高生产率和降低价格的积极作用，并没有扩散到外围地区，外围地区只是向中心提供廉价的初级产品。这种经济联系自然遭到他的否定。

通过以上分析，持结构主义观点的开拓者提出一个独立自主、自力更生的内向发展战略，即进口替代战略。就是实行保护本国新兴工业的政策，使其生产能替代原先进口的最终产品，满足国内市场需要。有不少的发展中国家实行了这个战略。

在发展经济学形成时期，鲍尔一直主张取新古典理论之长，发挥市场调节功能，刺激私人经济活动，减少国家干预来推动发展中国家的经济发展并反对结构主义者忽视市场经济的论点。哈勃勒尔、凡纳和迈英特等人根据新古典自由贸易理论，主张执行外向的以扩大出口为导向的发展战略。认为即使出口初级产品，对发展中国家的经济发展也是有利的。60 年代初舒尔茨论证了，通过对农民的合适的物质刺激，市场机制即可调节农业的发展，而农民也因此富裕起来。并且提出投资于人力资本，即投资于教育科研事业的重要性。他的论点纠正了结构主义者着重工业忽视农业，着重实物投资，忽视人力资源投资的偏向。

在 60 年代，随着农业中绿色革命取得的进展，特别是东南亚一些国家和地区推行外向的、以出口为导向的发展战略取得了相当好的成绩，逐渐发展成为新兴的工业化经济以后，发展经济学家的认识为之一变。市场调节功能，对外贸易的积极作用和新古典经济学的适用性都重新得到肯定。在发展经济学中，60 年代和 70 年代成为新古典主义复苏时期。这一时期的论点和经验业已编印成《发展的开拓者》第二集出版问世。

如何来评价发展经济学形成时期持结构主义观点的开拓者们的论点呢？我们认为它们是时代的产儿、时代的呼声，集中表现了发展中国家要求经济上独立自主、自力更生和人民迅速摆脱贫困走向富裕的良好愿望。尽管理论上不是那样完善，但却是开创性的。不可能想象发展中国家的经济发展不需要国家进行规划、领导和调节，即使是市场经济占主导地位时也是这样。但是详尽的无所不包的综合性总体计划则是不必要的。从发展中国家的实际情况看，它无法全面实现，从其后果看人民群众的积极性会受到很大的损害；从市场调节功能和外向经济来看，它也是不必要的。但国家的总体规划必须存在。进口替代发展战略和以出口导向的发展战略是相辅相成的。经济发展的经验表明，前者为后者准备条件，没有一定的工业基础即使出口初级产品也是困难的；后者是前者的自然转变，如果只停留在进口替代阶段就会变成一个消极的战略，很可能形成故步自封缺乏效率，停滞落后的局面；进口替代的目的如果为的是再度出口，那么通过内外交流和内外竞争就会搞活经济，取得迅速进展。总之，在发展经济学的演进中，持结构主义观点的开拓者们必然占有应有的地位。

现在刘鹤、梁钧平、杨焕昌、陈研等同志已将米耶和西尔斯编著的《经济发展理论的十位大师》一书全文译出并即将出版。译文忠实原著，明白流畅。为关心发展中国家的经济发展和我国社会主义经济体制改革的同志们提供了一本宝贵的参考资料。

范家骧

一九八八年元月于剑桥马歇尔图书馆

再版序言

1986年夏季，我和梁钧平、杨焕昌、陈研先生共同翻译了《经济发展理论的十位大师》，范家骧老师亲笔作序。时隔20多年，翻开当年的译著，感到这本书所记录的早期发展理论开拓者的思想和经历，对我们今天研究发展问题仍然具有现实意义。这表现在两个方面：一是从纯理论的角度看，这些理论还有鲜活的生命力；二是从实践的角度看，今天的世界在很多方面尚未跨越当年这些大师的预言。我们感觉到，无论从哪个角度来说，再次出版这本书都是有意义的。从某种意义上来说，任何经济理论都有其时代的局限性，但每种理论都有它存在的历史条件和再次触发理论创新灵感的价值。

（一）

发展经济学是第二次世界大战后独立民族国家为解决生存和发展需要而产生的一门学科，一批才华横溢的经济学家投身于发展问题的研究。当时这些发展中国家的经济具有鲜明的特点：多数国家脱胎于殖民地经济，人口、意识形态、技术等方面有多向度的"二元结构"特征，既存在发展的潜能，也存在陷入低水平恶性循环陷阱的可能。早期的发展经济学家们针对这些国家发展经济的需要产生了两大流派。一派更强调发挥国家的作用。在政府同市场的关系上强调国家应成为经济发展的发动机和工业化的推动者，政府应该起到企业家的作用，同时主张摆脱

“中心—外围”的依附关系，强调进口替代、保护幼稚产业，这就构成早期发展经济学家提出的强调国家作用、内向型的发展路径选择。另一派以鲍尔、凡纳等经济学家持新古典观点为代表，认为发展不能忽视市场机制作用，强调开放产生的互利和带动作用。早期的拉美国家奉行了“进口替代”的发展路径，而70年代的东亚国家奉行了“出口导向”和发挥市场机制作用的路径。六七十年代拉美和东亚的不同发展路径选择带来了不同的后果，拉美国家一时失落了，而东亚国家则获得了成功，这成为对发展经济学理论的最好“检验”。同时，我们也应该看到，在东亚腾飞的背后，同发展经济学的第一类主张并不矛盾。一方面，东亚发展模式表现为“出口导向”，其实这个模式是既在促进出口，也在促进劳动密集型产品的“进口替代”，并且正是早期“进口替代”打下的工业基础，促进了后来向“出口导向”的转型；另一方面，东亚国家在推进市场机制建立完善的同时，政府在加速资本积累、解决“双缺口”问题方面，对推动本国工业化和形成产业国际竞争力方面发挥了积极作用。从拉美国家看，早期的“进口替代”模式没有成功，这些国家纷纷转向新的发展模式，特别是普遍接受了华盛顿共识。在新古典综合理论的指导下，拉美国家既有成功的经验，也有失败的教训，他们的实践为发展经济学的提升积累了丰富的经验。怎样把国际通行的理论和本国的特殊实践有效结合起来，是拉美国家面临的现实课题。

(二)

最近20年，经济理论从更为广阔的视角讨论国家的兴衰，分析国家长期繁荣或陷入停滞的原因，试图越来越多地揭示出发展中国家或发达国家增长和发展的共性，这也是难得可贵的历史性进步。阿西莫格鲁2012年的新著《国家为何会失败》，展示了包容性的经济和政治制度对一国在历史的关节点上能否抓住机会、实现跃升的关键性作用；新经济增长理论揭示了由知识和人力资本的外溢性所产生的规模收益递增效应，从而在各国普遍面临资源环境约束强化、资本投入报酬减弱的背景下，提出走向创新和知识驱动的经济内生增长的新路径；制度经济学阐释制度和经济发展的相互作用，强调建立一个使人们致力于生产和创新，而不是“寻租”和投资于“关系”的制度对发展的重要性；信息经济学则指出在信息不对称下什么样的机制是“激励相容”的，以及如何建立这样的机制，说明提供正向激励对发展的重要性。总之，围绕保护产权、发挥市场机制作用、强化创新激励、加速人力资本形成、完善宏观调控等主题，新的发展理论揭示出越来越多的推动经济持续发展背后的共性因素，这既丰富了人们对发展问题的理解，也解决了在经济发展过程中如何处理好共性和个性关系的问题，从而实现在社会生产力水平大幅跃升条件下的理论创新。大量实践证明，对任何国家来说，仅强调个性是不够的，需要抓住促进经济社会发展的共性因素，与此同时，在消化吸收共性因素的过程中，又不能丧失自我，在两者之间保持平衡至关重要。如果我们回顾一下世界经济发展的历史，从奥斯曼帝国的崛起、拜占庭王朝的消失，到西班牙、葡萄牙控制海上霸权和开展“三角形”贸易，直至西方工业革命的兴起，再到今天大国力量出现不可逆转的变化，都体现着这种思想和理论的平衡性。

（三）

中国作为最大的发展中国家，1978 年人均国民生产总值只有 200 多美元，二元结构明显，工业体系相对落后，经过 30 多年的改革开放，中国的人均国民生产总值已经跃升到 5000 多美元，出口总值位居世界第一，国内生产总值位居世界第二，创造了人类发展史上从未有过的经济奇迹。可以说，中国已经完成了早期发展经济学家所说的经济“起飞”阶段的历史任务，站在了罗斯托所说的经济持续增长阶段的新起点上。这一历史巨变背后最重要的推动力，是中国结合自身国情，坚持发展是硬道理，持续推动改革开放。在这个过程中，中国既从自己的国情出发推动发展，又高度重视借鉴包括发展经济学在内的理论经验。正是将中国发展的特性要求和各国发展的共性规律有机结合的伟大实践，才使得中国今天的成就格外辉煌。但是中国的增长奇迹尚未划上句号。未来20年中国将跨越“中等收入陷阱”，迈向高收入国家，而这个伟大的历史进程是没有先例可循的，许多全新的课题摆在我们面前，需要做出理论的回答和实践的探索。也正是因为面对13亿人口如何实现现代化这样一个史无前例的宏大命题，使中国的经济学家和研究中国的各国经济学家正处在这样一个大有作为的历史时期。我们以为，唯有以中国发展的现实需要和问题为导向，采取沉下身子、深入实际的态度，唯有扎根于中国国情、尊重一般规律，继续将中国中等收入阶段发展的特性要求和共性规律紧密结合，大力推进理论创新，才能认清这个阶段发展的本质和推动因素，引领中国顺利跨越“中等收入陷阱”，实现全面建成小康社会的宏伟目标。我们由衷希望，经济学家们以中国发展的丰富实践为基础，为发展经济学的繁荣作出自身应有的贡献。

刘鹤

二〇一三年一月五日

目录

中国经济50人论坛
Chinese Economists 50 Forum

前　言

Chinese Economists 50Forum

发展经济学的形成阶段

吉拉德·M. 米耶[1]

发展经济学的主要题材，同时包含在最老的和最新的经济学分支中。从亚当·斯密的《国民财富的性质和原因的研究》开始，古典经济学家就致力于揭示经济发展的源泉，分析经济变化的长期进程。诚如诺贝尔奖获得者阿瑟·刘易斯告诉我们的那样，斯密所称的“财富的自然积累”就是我们今天所说的“发展经济学”。然而，长期以来，新古典主义经济学家的边际分析引入了静态的思维模式，把注意力转向较为狭窄的资源分配和交换理论问题。两次世界大战之间的大萧条，促成了分析成熟资本主义国家短期商业循环和长期停滞威胁的凯恩斯主义的产生。直到第二次世界大战以后，经济学才又把增长和发展当做重大的研究课题。就许多方面而言，20 世纪 40 年代末和 50 年代初成为以亚非拉国家的发展问题为中心的“新”的发展经济学的开拓阶段。[2]

（一）殖民地背景

在 1955 年所著的《经济增长理论》一书中，刘易斯指出：“由于经济增长理论再一次在世界范围引起兴趣，由于大约一个世纪以来没有发表过一篇全面论述这个问题的文章，一本这样的书似乎是需要的。曾经涉及这一广泛领域的最后一部伟大的著作是 1848 年出版的约翰·斯图

---

① 吉拉德·M. 米耶时任斯坦福大学国际经济学教授。

② 本章并不打算成为形成时期所有作者对发展问题所作贡献的综合评述，而是集中讨论开拓者著述时的学术环境和制度环境。除了书中所指出的开拓者，本章还涉及一些已故的开拓者及一些分析了某些与开拓者相同问题的经济学家。

要了解 1945 年以前的有关经济发展的非常有限的探讨，见贾迪什·巴格瓦蒂和理查德·S. 埃考斯所编：《发展和计划：保尔·N. 罗森斯坦－罗丹纪念文集》（伦敦：艾伦与恩温出版社，1972 年），第 13～29 页上 H. W. 阿恩特的《1945 年以前的发展经济学》。要了解古典时期，见罗宾斯爵士：《经济学说史中的经济发展理论》（伦敦：麦克米兰，1968 年）。

亚特·穆勒的《政治经济学问题》。”[①]

经济学思想一般来讲源于解决政策问题的需要，有关发展的早期思想当然也是这样。发展经济学并不是以一个正式的理论学科的姿态产生的，而是在决策者向政府建议将自己的国家从长期的贫困中解救出来，能做什么和应该做什么的需要中，作为一个实践性的课题形成的。就像他们的文章和传记所展示的那样，20 世纪 40 年代和 50 年代，发展理论的许多开拓者都活跃在决策岗位上。

对战后国际社会重新建设的关注，促使有关发展问题的三部早期著作的诞生：欧琴·斯达莱的《世界经济发展》[②]，克特·曼德尔鲍姆的《落后地区的工业化》[③] 和保尔·N. 罗森斯坦一罗丹的文章《东欧与东南欧的工业化问题》[④]。

斯达莱认识到：战后世界上许多地区都存在一种要求经济迅速发展的迫切需要。他的研究探讨了世界其他地区的发展——特别是以发展为目的进行的国际投资和生产、消费及贸易的转移对先进工业国家所产生的影响。

曼德尔鲍姆试图为东欧和东南欧人口众多的落后地区的工业化建立数量模型。他认为这一区域的“萧条地区”苦于缺少工业的发展，这一情形将增长着的人口驱向农村和城市中生产率很低的职业。他在前言中指出：“人口增长、贫困和工业匮乏的恶性循环绝不仅限于欧洲的这一角落，这种现象也在其他欧洲国家存在着，最明显的则是远东。以东南欧作为例证部分是出于偶然，部分是由于有关东南欧情况的资料比其他人口稠密地区的资料稍稍丰富一些。”曼德尔鲍姆提出，“人口稠密的落后国家”工业化的经济症结在于大量隐蔽的农村失业现象。提高就业的主要障碍在于需求不足和资本匮乏。为了克服这些现象，对落后地区的政府干预是必要的，这样，再分配措施才可能提高“必需的消费”从而缓解潜在的需求不足，并解除贫困。这些措施还可能建立国家强迫储蓄的制度，来支持较高的资本形成率。生产率的增加以及某些技术所需的

① W. 阿瑟·刘易斯：《经济增长理论》（伦敦：艾伦与恩温出版社，1955 年），第 5 页。

② 下面的引言出于蒙特利尔：国际劳工署，1944 年，第 12 页。

③ 牛津：巴希尔·布莱克威尔出版社，1947 年。

④ 《经济学杂志》，第 53 卷（1943 年 6 月 ~12 月）。

改进都是导源于在近 30 年内达到充分就业的目标。[①]

罗森斯坦－罗丹在“自然没有飞跃”一章中重述了他的发展理论的基本点。

第二次世界大战期间和战后短时期内，亚洲、非洲殖民地的崩溃向经济学家提出了发展问题。两次世界大战间隔期间的民族主义者的要求在战后得到了满足，帝国主义和殖民主义完全溃退了。《联合国宪章》指出了殖民地解放的目标。在战后短短的五年里，印度、巴基斯坦、斯里兰卡、缅甸、菲律宾、印度尼西亚、约旦、叙利亚、黎巴嫩和以色列都获得了独立。殖民主义比战争刚刚结束时更加迅速地消亡，更多的殖民地成为独立国家。[②]

几百年的历史被颠倒了。与国际联盟不同，联合国很快被纠缠在殖民地问题里。亚非集团标志着世界力量对比的根本变化。亚非人民通过民族主义及政治独立维护自己的利益，形成了发展的动力。新兴国家的领袖们坚决主张他们的发展问题应当引起国际关注。18 世纪被认为是“粗暴野蛮”，19 世纪被认为是“落后”，战前被认为是“不发达”的地区，现在变成了“欠发达国家”或“贫困国家”——此外，还有“新兴国家”和“发展中国家”。

但是，如何获得发展？尽管政治上的独立能够通过立法来实现，经济上的独立却不能。民族主义能够强化加速经济交革的要求，却不能主观促成这一进程。明晰发展的动力是需要的，而且，为了支持这些动力而制定适当的政策则是必不可少的。要完成这一使命，就需要经济学家们的积极参与。

---

① 《落后地区的工业化》，第ⅲ页，第 2 页，第 20 页。若要了解有关曼德尔鲍姆早期研究的最新评论，见《发展与变化》，第 10 卷（1979 年）中汉斯·辛格的《后来的一代》。与曼德尔鲍姆在一些方面类似的另外两项早期研究是 A. 勃内的《中东的经济发展：有计划的复兴概要》（伦敦：基根·保罗出版社，1945 年）；P. 萨克达斯爵士与其他人的《印度经济发展计划》（伦敦：企鹅出版社，1944 年）。

② 1954 年，柬埔寨、老挝和分裂的越南获得了自主；1957 年，马来亚从英国的统治下获得了独立。在非洲，利比亚独立了，厄利特里亚加入了埃塞俄比亚，索马里于 1960 年独立。苏丹、摩洛哥、突尼新和埃及摆脱了帝国主义控制，黄金海岸变成了独立的加纳。多哥、喀麦隆和几内亚不久也宣告独立。在加勒比，波多黎各和荷属安第列斯获得了新型的自治政府，英属西印度联邦在英联邦中获得了独立。见路波特·艾莫逊：《从帝国到国家》（波士顿：比肯出版社，1960 年）；亨利·格里玛尔：《非殖民化》（伦敦：劳特莱杰与基根·保罗出版社，1978 年）。

殖民地经济的早期研究已经不能满足需要了。从前有关殖民地经济的课程，主要是为满足那些在殖民地当局工作或希望进入殖民地的人而开设的。回想起来，在这些课程中，世界被假定为静止的。贸易波动一直是两次大战间歇时期的基本问题，并且主要目标——至少是间接地——是稳定经济。这既反映了争夺殖民地权力的需要（特别是那些对商品出口举足轻重的非洲感兴趣的人），又反映了当时盛行的凯恩斯模式。就社会和政治变革而言，它被描述成需要经济稳定的渐进过程，政府的经济作用十分有限。战争不仅瓦解了殖民体系，而且冲破了人们观察问题的狭隘方法。新独立的国家继而承受的是经济发展的压力，而不是稳定经济的压力。

20世纪40年代以前，人们很少使用“经济发展”一词。[①] 在开创时期，大多数经济学家都把经济发展的标志解释成不发达国家人均实际收入的增长。然而，一些人则强调发展意味着增长加变化，特别是价值观和制度的变化。[②] 对于不发达国家，赫拉·明特还把这些国家的自然资源“不发达”与居民的经济“落后”区分开来。明特提出：“研究落后国家比研究发达国家更需要透过传统的社会表述的帷幕，深入到它的需要、活动和环境的相互适应的真正过程中去……实际上，不从主体方面考虑落后地区人的基本问题，单纯构想经济的宏观模式是很危险的。”[③]

---

① H. W. 阿恩特：《经济发展：语义上的历史》，载《经济发展与文化变革》（1981年4月）。

② 伯特·F. 豪斯利茨在这一领域作了实质性的研究，参见他的《不发达地区的进步》（芝加哥：芝加哥大学出版社，1952年）；《经济发展的非经济障碍》，载《经济发展与文化变革》（1952年3月）；《社会结构和经济增长》，载《国际经济》（1953年8月）；《经济发展中的非经济问题》，载《美国经济评论》（1957年3月）和《经济增长的社会学方面》（格兰科，伊利诺斯州：自由出版社，1960年）。

又见E. F. 哈根：《经济发展过程》，载《经济发展与文化变革》（1957年4月）。

J. H. 波克有关社会两元性的探讨引起了早期的兴趣：《二元社会的经济学和经济政策》（纽约：太平洋关系研究所，1953年）。B. H. 希金斯：《不发达地区的二元理论》，载《经济发展与文化变革》（1956年1月）。

③ 赫拉·明特：《经济落后的解释》，载《牛津经济论文》（1954年1月），第149页。

发展的含义，在数量上也有所描述。西蒙·库兹涅茨不辞辛劳地收集了大量经验数据。[①] 在强调一个国家累积的大量的人均产量增长时，库兹涅茨还提到增长率的含义——必然随之产生结构的变化以及社会和制度的极大改善以确保人均产量的增长。

然而，在这以前，雅克·维纳对流行的发展标准进行了强烈的批评。他提出，即使人均财富、收入和生产都在增加，人口仍可能大量增长，生活在贫困线上或贫困线以下，没有知识、病弱、营养不良的人数可能与全部人口的人均收入同步增长。[②]

如果新兴的国家面临发展问题，他们就必须把视野越出殖民地经济的局限。诺贝尔奖获得者冈纳·缪尔达尔发现，“殖民地理论”仅仅是一种遁辞，企图为殖民统治造成的不发达状况推卸责任。[③] 发展的不成功常常被归咎为热带的气候条件、人口压力、资源匮乏，或是太僵硬的不合理体制和使人们对增加收入、提高生活水平的机会缺乏反应的价值观，而战后非殖民化浪潮使形势完全不同了。

再者，在主要资本主义国家政府看来，如果从前的殖民地国家没有什么社会进步，他们落入共产主义统治的危险是很大的：投资机会、进入市场的途径和原料来源都将会缩减。此外，战争宣传强化了平均主义和人道主义的倾向，因而，50 年代产生了来自富国的大规模财政和技术援助的政治基础。欧洲和北美的许多经济学家开始分析“不发达问题”。

---

① 西蒙·库兹涅茨：《国民经济增长的数量方面：Ⅰ. 水平和增长率变化》，载《经济发展与文化变革》（1956 年 10 月）；《国民经济增长的数量方面：Ⅱ. 国民产品和劳动力的工业分配》，载《经济发展与文化变革》（1957 年 6 月）；罗伯特·莱卡奇曼编辑的《国内外经济福利和国家政策》中的《走向经济增长理论》（纽约：哥伦比亚大学出版社，1955 年）；《经济增长和收入不平等》，载《美国经济评论》（1955 年 3 月）；及《经济增长六篇论文》（格兰科伊利诺斯州：自由出版社，1959 年）。

② 雅克·维纳：《国际贸易和经济发展》（牛津：克莱林顿出版社，1953 年），第 99 ~ 100 页。S. 赫伯特·弗兰克尔在他的《不发达地区国际经济发展的某些概念方面》中也强调了这一引言。《普林斯顿国际金融论文》，第 14 号，（普林斯顿大学出版社，1952 年 5 月），第 3 页。

③ S. 格拉斯曼和 E. 伦德伯格所编：《世界经济秩序：过去和前景》（伦敦：麦克米兰，1981 年），第 502 页 ~ 506 页，冈纳·缪尔达尔的《不发达国家的改革需要》。

所以，发展经济学的起源是“政治策略的殖民地经济学”。[①]

（二）战后国际组织

战争期间，罗斯福总统宣称“四个自由”，包括“在世界的每一个地方……消除贫困的自由”作为战后西方盟国的目标。《联合国宪章》在其目标中也包括了致力“提高生活水平，充分就业和社会经济条件的进步和发展”。然而，布雷顿森林会议仍旧没有实现这些愿望，尽管在这以后国际货币基金组织和国际复兴开发银行（世界银行）似乎更重视国际发展的重要性。

从成员国来看，似乎很清楚，布雷顿森林会议的主要目的是建立国际货币基金组织，成立世界银行显然是第二位的。大多数发展中国家仍旧是殖民地，只有其中一部分，主要是拉美独立国家应邀到会。政治力量掌握在美英手中。很显然，发展问题一开始就没有被提到布雷顿森林会议的议事日程上来。

关于应邀参加布雷顿森林会议的国家，凯恩斯爵士在给英国财政部

① 都德莱·西尔斯：《发展经济学的产生、生存和灭亡》，载《发展与变化》，第10卷（1979年），第708页。

S. 赫伯特·弗兰克尔于1946年被任命为牛津大学殖民地经济事务教授；赫拉·明特主持了1949—1950年不发达国家经济学研讨会；彼得·阿迪和鸟苏拉·希克斯于50年代前期在牛津作了关于发展问题的另外一些演讲。W. 阿瑟·刘易斯于1947年被任命为伦敦大学（伦敦经济学院）殖民地经济学的讲师，并于1948年前往曼彻斯特，大约在1950年，他在那里系统地讲授发展经济学。1952—1953年，亨利·沃里奇在耶鲁大学开了一门有关发展的课程，第二年，亨利·布鲁顿也为研究生讲授了发展课程。1953—1954年，约翰·肯尼斯·加尔布雷思在哈佛举办了经济政治发展研讨会。20世纪50年代在哈佛讲授发展问题的还有亚历山大·埃科斯坦、A. J. 梅厄、罗伯特·鲍德温、大卫·贝尔、E. S. 梅森和古斯塔夫·帕潘奈克。1955年，G. M. 米耶和大卫·麦克莱兰德在威斯列安大学主持了一个将经济学理论和心理学理论相结合的经济发展理论讨论会。麦克莱兰德还将该讨论会写入他的《获得成果的社会》（新泽西州，普林斯顿：冯·诺斯特朗德出版社，1961年）。同一时期，米耶和R. E. 鲍德温写了《经济发展：理论、历史、政策》（纽约：威利出版社，1957年）。

整个50年代，有关发展经济学的刊物也在增加。《锡兰经济学家》于1950年开始发行；1952年发行了《经济发展与文化变革》、《巴基斯坦经济和社会评论》、《印度经济评论》；1953年发行了《印度经济杂志》、《社会和经济研究》（西印度大学）；1954年发行了《东非经济评论》、《中东经济论丛》；1956年发行了《马来亚经济评论》；1959年发行了《尼日利亚经济和社会研究杂志》。《经济文章索引》中所载的关于发展理论和发展政策的文章数量在1950—1954年与1960—1964年之间增加了三倍。

的信中写道："有21个被邀请的国家成事不足而败事有余。这些国家是哥伦比亚、哥斯达黎加、多米尼加、厄瓜多尔、萨尔瓦多、危地马拉、海地、洪都拉斯、利比里亚、尼加拉瓜、巴拿马、巴拉丰、菲律宾、委内瑞拉、秘鲁、乌拉丰、埃塞俄比亚、冰岛、伊朗、伊拉克、卢森堡。最可怕的乌合之众聚会了几年。这些国家或许还应该算上埃及、智利以及（在现在的情况下）南斯拉夫。"①

在布雷顿森林，发展中国家更倾向于把自己看做是新的原料生产国，而不是面临着普遍的发展问题的国家。发展的综合战略和加速国家发展的政策仍然没有明确。巴西代表团提出了一个关于召开稳定国际初级产品价格国际会议的草案，宣称"两次战争间隔时期初级产品价格的波动与大规模失业循环一样是一种祸根"，为了成功地达到国际货币基金组织和世界银行提出的目标，促进原料和农产品价格的稳定被认为是必要的。古巴赞同召开一个会议，促进主要商品的有秩序的买卖。哥伦比亚代表团提出今后的商品政策和协定应当考虑到"扩大食品和原料消费市场的需要，这些商品战前的价格同工业品价格显然远远不成比例"，而"初级产品生产国不得不从大工业国购买这些工业品"。玻利维亚关注于组织和执行旨在维持公正和稳定的价格的国际商品协定方面的合作，以及保证在全世界有秩序地分配原料的条款。但是，同秘鲁、巴西、智利、玻利维亚和古巴提出的"对生产者和消费者都公平的价格进行主要商品买卖"的联合议案一样，这些提议都落空了。②

1947年，53个国家的代表云集哈瓦那，讨论成立国际贸易组织（ITO），作为国际货币基金组织和世界银行的补充。《哈瓦那宣言》建议，国际贸易组织不仅要抑制贸易壁垒，还要处理私人对外投资、幼稚工业、国际商品协定、政府贸易、卡特尔和限制性商业行为问题。关税及贸易总协定（CATT）起初只是《哈瓦那宣言》被批准之前制定的暂

① 唐纳德·莫格里治编辑的《约翰·梅纳德·凯恩斯论文集》（伦敦：麦克米兰桥大学出版社. 1980年），第26卷，第42页。

② 美国国务院：《联合国货币和金融会议记录及文件》（华盛顿特区：美国政府印刷所，1948年），第1卷，第332～336页，第429～430页，第482～485页。

时的权宜之计。但是，由于国际贸易组织遭到美国国会的反对，[①] 关税及贸易总协定就作为差强人意的替代物而存在下来，并从 1955 年起成为永久性的协定。

在最初的条款里，关税及贸易总协定的确减轻了不发达国家的一些负担。协定特别提到"只能维持低生活水平和处于发展的初级阶段的国家"，这样的国家获得了下列特权：有权撤销关税减免、为保护幼稚工业提高税率、"为保障其对外金融地位和保证足够的储备以执行其经济发展计划"而对进口实行配额限制。[②] 在以后的条款里，发展中国家能够实行进口替代计划和以维持国际收支平衡为由实行进口配额来保护本国工业。

然而，关税及贸易总协定并没有允许发展中国家享有如他们在《哈瓦那宣言》中寻求的那种特殊待遇。是否允许不同发展阶段的国家制定不同的贸易准则仍然是一个有争议的问题。对不发达国家实行特殊的有区别的待遇的要求，在建立新的国际经济秩序的呼声中仍然十分强烈。

（三）早期联合国报告

国际货币基金组织、世界银行与关税和贸易总协定一起构成了一个国际公共部门的轮廓。它们为达到充分就业、世界贸易的自由和扩大、汇率的稳定等多重目标，采取有目的的行动。但是，战后建立的这些机构对于新的发展中国家有什么直接利益呢？这些机构是不是仅仅为了对付从前的经济危机——30 年代的大危机而建立的呢？每一时期、每一地区的经济学不仅反映当时的政治需要，而且反映对过去实际发展情况从专业角度进行的关键性解释。英美经济学家仍然在经济学同行中居统治地位，他们在 1945—1950 年业务探讨的主题并不是 1939—1945 年的战

---

① 见小威廉·戴波德：《ITO 的结局》，《普林斯顿国际金融论文集》，第 16 号（普林斯顿大学出版社，1952 年 10 月）。

② 见关税及贸易总协定第 12、14、17 条。50 年代，《关税及贸易总协定》的工作小组报告和其他研究都提出了发展问题。特别值得注意的是以哥特弗里德·哈伯勒为主席的专家小组的报告。这个报告考察了发展中国家维持和扩大出口利润的重要性和前景。关税和贸易总协定（哈伯勒报告），《国际贸易趋势》（日内瓦，1958 年）。

争，这一问题很难用专业性的工具来分析或恰好符合经济学理论的争论。30 年代大萧条仍然是首要的令人关注的题目，学者们对这一时期仍然怀有一些内疚感。经济学家在认识萧条的程度以及分析它的原因或指出恢复经济的途径方面进展很慢。然而，20 世纪 40 年代后期的凯恩斯革命在此之前解决了全部问题，并且建立了“新经济学”以避免 30 年代悲剧的重演。国内制定了充分就业计划，在国际上，布雷顿森林体系又提供了制度上的支持。

联合国区域性委员会在考察发展问题方面也起了积极作用。最突出的是 1948 年成立的设在智利圣地亚哥的拉美经济委员会（ECLA）。1950 年，劳尔·普列比什被任命为拉美经济委员会的执行秘书。在这前一年，普列比什撰写了《拉丁美洲的经济发展及其主要问题》一书，[①]以这一研究及以后的研究为基础，拉美经济委员会成为拉丁美洲经济发展问题的公认代言人。在最初的五年里，拉美经济委员会一直精心研究普列比什在上述著作中提到的发展学说。此后，拉美经济委员会致力于以“规划未来发展”为目的的拉美经济研究。[②] 大约从 1958 年起，拉美经济委员会又把注意力集中在拉美经济一体化和经济合作上。

制定规划对于在经验基础上建立总的和部门的计划提供数量指导特别有意义。他们考察了用于以下规划及计算的各种技术：根据对消费预算的研究制定的国内需求计划，以创汇情况为基础制定的进口量计划，对储蓄率及资本—产出率的估计以及对各种投资准则和投入—产出的分析。在确定了增加人均收入的目标之后，这些方法使我们能够选择达到目标的发展途径。

拉美经济委员会的另一部分引人注目的工作是宣传“结构主义”。[③]简而言之，就是这样的论点：拉丁美洲通货膨胀的原因并不在于过度需求，而是在于发展过程中出现的特殊的结构上的瓶颈——特别是农业和

---

① 纽约：联合国，1950 年。

② 拉美经济委员会：《规划方法导论》，最初在 1953 年拉美经济委员会会议上提出，1955 年出版。弗南多·亨利克·卡多索在罗斯科教堂学术讨论会的《副本的原件：拉美经济委员会和发展思想》，载《走向发展的新战略》（纽约：佩尔加蒙出版社，1979 年）。

③ 结构主义后来发展为“依附”理论，见保罗·斯特利顿在《发展二分法》中的讨论。

出口部门的供给不足。[①] 通货膨胀被认为是不可避免的。正统的货币主义方法只能以停止经济发展的进程来抑制通货膨胀。但人们认为结构性的通货膨胀可以用精心设计的经济发展计划来医治。为了克服农业瓶颈和外汇短缺，拉丁美洲国家被建议改变他们的产业和进出口结构。通过进口替代实现工业化成为值得提倡的战略。进行这一分析时，拉美经济委员会的政策强调，需要通过以保护主义政策为基础的进口替代，有计划地实现工业化。

在1949年到1951年间，联合国赞助的几个专家小组发表了三份重要报告。第一份报告——《充分就业的国内和国际措施》（1949年），主要是出于避免30年代悲剧重演的愿望。尽管如此，由于它提倡以发展为目的的国际投资，要求扩大国际货币基金组织和世界银行的活动范围，这篇报告仍然推动了经济发展。

第二份报告——《不发达国家的经济发展手段》（1951年）公正地提出了发展中国家的特殊问题，考虑了为促进发展必须克服哪些障碍，提供哪些“稀缺因素”。[②] 这份报告强调了实物资本积累，指出：“经济进步是新的资本形成率的函数，这是常识。在大多数经济迅速发展的国家里，国内净资本形成至少是国民收入的10%，在一些国家实际上还要高。相比之下，大多数不发达国家，净资本形成不到国民收入的5%，其中甚至还包括了外国投资。这些国家中许多国家的储蓄只够维持人口增长，所以只有很少量的新资本——如果存在的话——实际可用于提高平均生活水平。因而，如何提高资本形成率是一个很急迫的问题”。[③]

---

① 结构主义者对拉丁美洲的通货膨胀的解释同国际货币基金组织所作的货币主义解释相对立。参见A. O. 赫尔希曼编辑的《拉丁美洲问题》（纽约：二十世纪基金会，1961年）中罗伯托·坎帕斯的文章：《关于拉丁美洲通货膨胀的两种观点》；都德莱、西尔斯的《以拉丁美洲经验为基础的不发达国家的通货膨胀和增长理论》，载《牛津经济论文》（1963年6月）；大卫·菲利克斯的《结构不平衡，社会冲突和通货膨胀》，载《经济发展与文化变革》（1960年1月）；列奥波尔多·索利斯的《战后墨西哥经济政策：墨西哥经济学家的看法》，载《美洲经济评论》增刊（1971年6月，第34~43页）。

② 第一个专家小组由约翰·莫里斯·克拉克、尼古拉斯·卡尔多、阿瑟·史密西斯、皮埃尔·尤里和E. 罗纳德·沃克组成。撰写第二份报告的小组有阿尔伯托·巴尔特拉·科尔台兹（智利），D. R. 加格尔（印度）、乔治·哈基姆（黎巴嫩）、W. 阿瑟，刘易斯（美国）和T. W. 舒尔茨（美国）。

③ 联合国经济事务委员会：《不发达国家经济发展措施》（纽约：1951年），第35页。

考虑到各国为资本形成调动资源的各种方法，报告注意到剩余劳动的存在。“在很多不发达地区，附着在土地上的人口如此之多，以至于能够在资本技术不改变和农业产量不下降的情况下从农业抽出大量人口。如果将这些劳动力用于公共事业，不用降低产量和总消费，就能够积累资本。”①

第三份报告——《稳定国际经济措施》——要求人们注意“较穷的不发达国家的特殊困难”。这份报告提议采取国际行动以减少不发达国家的经济对贸易量波动的脆弱性，促进更大量的国际资本的流动，减少初级产品的价格波动，维持稳定的发展计划。②

（四）形成的影响

在国家获得独立和新的国际机构形成的时候，产生了对发展问题的政策建议的需要，人们要求经济学家提供这方面的建议。但他们的政策建议从何而来？在寻求系统表述发展进程的分析，探索政策上的结论的过程中，开拓者们受到了一些经济背景的影响，即苏联计划经济、大危机中的国民经济管理、战时资源流动以及战后恢复西欧经济的马歇尔计划的经验。这些经验对于发展策略有一定的意义，但是能够立即应用于欠发达国家所面临问题的发展经济学的明确理论却尚未出现。③

苏联的经历展示了中央计划的可能性。战前，苏联采取有目的的工业化战略，这个战略由一系列五年计划贯彻执行。

30 年代的危机还引起了对蒙受商品贸易条件恶化以及外汇损失的初级产品生产国的境遇的特别关注。大萧条经历使人们对于初级产品

---

① 联合国经济事务委员会：《不发达国家经济发展措施》（纽约：1951 年），第 41 页。赫伯特·弗兰克尔在《联合国发展初探》，载《经济学季刊》（1982 年 8 月），以及 P. T. 鲍尔在《联合国关于不发达国家的发展报告》，载《经济学杂志》（1953 年 3 月）中，对这个报告提出了批评。

② 第三个专家小组由詹姆斯·W. 安格尔、G. D. A. 麦克多哥尔，赫拉·明特、特里弗尔·W. 斯旺和杰维亚·马盖组成。

③ 1949 年，劳奇林·居里指导了第一个世界银行的国别研究工作——对哥伦比亚的研究。他回忆道：“这种工作没有先例，也没有被称之为发展经济学的东西。我只是假定了一个将各种经济学分支应用于解决一个具体国家的问题的案例。相应地，我召集了一个由财政、外汇、运输、农业等方面的专家组成的小组。”劳奇林·居里：《发展的障碍》（东兰星：密执安大学出版社，1967 年），第 30～31 页。

的出口产生了悲观的看法。出口价格下跌、初级产品的低价格弹性和低收入弹性、不稳定的外汇收入——所有这些有害的特征导致了悲观主义。许多国家——特别是拉丁美洲国家——在危机中转向进口替代，而不是依靠初级产品出口。进口替代战略在战争期间更加强烈地得以实施。

大危机还使凯恩斯主义分析应运而生。尽管人们认为遍及穷国的失业与凯恩斯所说的萧条期间先进工业国由于总需求不足造成的大量失业类型不同，凯恩斯分析对发展经济学仍有很大影响。[①] 与正统经济学相对立，凯恩斯为解决经济问题提供了另一条可供选择的途径。他赋予公共部门更大的作用，从而也为相机性国民经济管理准备了实例。在国民经济中，公共政策的制定成为更加积极的力量。充分就业、社会保险、政府的社会政治责任——所有这些福利国家的属性都等待新兴的国家去实现。

这些发展经济学家的早期观点在政策上具有乐观主义的精神特征。这种乐观主义源自于战争时期所展示的这一现象：一旦一个国家被赋予了主要目标和首要任务，通过资源的动员能够达到怎样的成就。此外，通过外援和一定的经济计划与合作，西欧战后成功的复兴使人们对拉丁美洲、亚洲和非洲的经济发展持乐观态度。

战时计划的经验对于消灭贫困的“战争”产生了影响。计划被看成是克服市场价格体系的不完善和谋求公众支持以实现国家目标的手段。在英国，《就业政策白皮书》（1944 年），关于“自由社会的充分就业”的贝弗里奇报告（1945 年）和牛津统计研究所的《充分就业经济学》（1945 年），强调在和平时期像战时一样需要为达到充分就业制定国民就业计划。对一些经济学家，如关注英国萧条地区的汉斯·辛格来说，欠发达国家存在着类似的问题。保尔·罗森斯坦－罗丹认为国际上五大萧条地区，远东、殖民地非洲、加勒比、中东、东欧及东南欧，存在“共同的不发达特征”。[②] 对于一些经济学家来说，国内范围的福利应当

---

① 有关凯恩斯及其追随者对发展思想影响的挑衅性解释，参见伊丽莎白·S. 约翰逊和哈里·G. 约翰逊的《凯恩斯阴影》（牛津：布莱克威尔出版社，1978 年）第 17 章。

② 保尔·N. 罗森斯坦－罗丹：《经济落后地区的国际发展》，载《国际事务》（1944 年 4 月）。

上升到福利世界的高度。

再者，在战争期间，英属非洲和英属加勒比的殖民政府，为了符合英国的援助标准，不得不制定一些计划。战后，《英国殖民地发展和福利法案》（1945 年）也要求进行计划工作。法国人、葡萄牙人和比利时人也为他们的殖民地制订了计划。

战后，对于工业化战略、进口替代战略以及就国家发展所需要的资源动员来说，关于计划作用的争论变得意义深远了。奥里弗·弗兰克斯的《战争与和平时期的中央计划和控制》（1947 年）、詹姆斯·E. 米德的《计划与价格机制》（1948 年）和 W. 阿瑟·刘易斯的《经济计划原理》（1949 年）等有影响的著作，尽管没有直接论及欠发达国家，但对发展计划来讲很有意义。

虽然人们否认在发展中国家存在凯恩斯主义者所说的那种失业类型，50 年代的其他主要论文——强调资本积累、工业化和计划——仍然可以追溯到凯恩斯主义。以哈罗德—多马公式（$g=s/k$，g 是增长率，s 是储蓄率，k 是资本产出系数）为形式，将凯恩斯短期就业理论拓展为长期增长理论，意味着增长率能够通过产出增长的边际储蓄率的最大化和资本—产出系数（ICOR）的最小增长来达到最大化。[①]

本书的一些作者重新强调了资本积累。所以，拉格纳·纳克新注意到以“平衡增长”——资本同时运用于广泛的工业领域——打破“贫困的恶性循环……经济进步不是自发的或自动产生的事情。正相反，在这个体系中显然存在着试图使它停留在一定水平的自发力量……根据消费偏好结构，成比例地广泛增加消费品的生产确实能够创造对消费品的需求……当任何一个工业部门中私人企业大量资本的运用受到现存市场局限性的阻碍时，正面进攻——在一系列不同的工业部门的投资浪潮——可能在经济上取得成功……通过在广泛的活动领域中运用资本，经济活动的总水平提高了，市场扩大了……（平衡增长）是打破常规的一种手段，

① R. F. 哈罗德：《动态理论论文》，载《经济学杂志》（1939 年 3 月）；哈罗德：《走向动态经济》（伦敦：麦克米兰出版社，1948 年）；伊夫塞·多马：《资本扩张、增长率和就业率》，载《计量经济学家》（1946 年）。

是在扩大贸易和外资这些外部动力迟滞失灵时促进增长的一种手段”。[①]

莫里斯·道勃也得出这样的结论：“主宰一个国家生产率的唯一关键性因素是该国资本生产工具的贫富。我认为在资本工具存量增长——数量和质量同时增长——的意义上，如果把资本积累看做是经济发展过程中的症结所在，我们就不会出很大的差错。[②] 纳克斯和道勃都提出剩余劳动能够用来创造资本。”[③]

一些开拓者还回顾了对工业化的强调。20 世纪 50 年代，印度引起了人们的特别注意。作为印度第二个五年计划基础的“马哈拉诺比思模式”，得到了相当的关注。这个模式考虑了生产消费品的机器和制造生产消费品机器的机器之间的投资选择。它得出了这样的结论：向后一种重工业而非轻工业主导的产业组合方式的转移，在一段时间以后会导致比以生产消费品为重点的投资规划更高的消费水平和更快的消费增长率。[④]

---

① 《不发达国家的资本形成问题》（牛津：布莱克威尔出版社，1953 年），第 10 页、第 13～15 页；《平衡增长和国际专业化的冲突》，载《经济发展讲演录》（伊斯坦布尔：伊斯坦布尔大学经济学院，安卡拉大学政治学院，1958 年），第 171～172 页。

② 《发展经济学的一些方面》（德里：德里经济学院，1951 年），第 7 页；道勃：《经济增长与计划论文》（纽约：每月评论出版社，1960 年）。

比较阿列克·卡恩克劳斯 1953 年在国际经济学会圆桌会议上关于经济进步的论述：“夸大资本与经济进步的关系比低估这种关系更危险……左右发展的最强有力的影响……并不是利率或资本的丰裕，左右资本积累的最强有力的影响，即便在现在，也不是技术进步。”《资本在经济进步中的地位》，载列昂·H. 杜普里兹编辑的《经济进步》（卢万：经济和社会研究院，1955 年）第 248 页。

③ 啥维·莱宾斯坦的论文：《临界最小努力》也引起了人们的兴趣，见《经济落后和经济增长》（纽约：威利出版社，1957 年）第 8 章；又及，莱宾斯坦：《落后经济的不充分就业理论》，载《政治经济学杂志》（1957 年 4 月）。

④ 为了深入研究，见下面的《发展二分法》，以及贾迪什·N. 巴格瓦蒂和苏哈默·察克拉瓦尔蒂：《对印度经济的贡献：一个考察》，载《美国经济评论》（1969 年 9 月），第 5～8 页；M. 布朗芬布伦纳：《简化的马啥拉诺比思模式》，载《经济发展与文化变革》（1960 年 10 月）当代有关印度计划经济发展的讨论，见 B. 达塔的《工业化经济学》（卡尔科塔：世界民间出版社，1952 隼）；B. R. 什诺：《印度经济发展问题》（伦敦：亚洲出版社，1958 年）；及什诺：《印度经济发展和计划》（伦敦：亚洲出版社，1963 年）。

T. 巴劳格也探讨了工业化的战略问题：《关于更高收入的审慎的工业化评论》，载《经济学杂志》（1947 年 6 月）；H. 贝尔肖：《更高收入的有目的的工业化评述》，载《经济学杂志》（1947 年 9 月）；W. S. 布坎南：《更高收入的有目的的工业化》，载《经济学杂志》（1946 年 12 月）；及 H. 弗兰克尔：《农业国的工业化及劳动的新国际分工的可能性》，载《经济学杂志》（1943 年 6 月～9 月）。

在一些人对初级产品的出口和谋求出口导向的发展能力得出悲观结论的同时，人们对通过在发展计划中扩大公共部门和执行广泛的国家政策来加强发展的能力表示乐观。这种对外悲观和对内乐观的结合，在一些开拓者的著作中有所反映。尽管一些人提倡通过市场体系，实行较弱的计划，[①] 但一开始就有一种依靠综合控制建立中央计划的更大热情。

早在1951年，联合国专家小组就建议"不发达国家应当建立一个中央经济单位，其职能是考察经济、制定发展规划、就执行计划所必需的措施提出建议以及对这些规划的执行情况定期作出报告。发展计划应当包括资本预算，后者体现资本的要求，以及其中多少来自国内，多少来自国外。"[②]

不久，发展规划、国家计划委员会和工业发展公司层出不穷。此外，经济学家的工具箱开始提供一些能够有助于发展计划形成的现代化技术——特别是投入产出分析、动态规划和模拟增长模式。这些技术为计划的一致性、均衡性和可行性提供了检验工具。考察团和外国专家开始同当地计划机构在分析和制定发展计划和政策建议方面进行合作。发展计划一般以强制性起飞和高速度增长为目标，以巨额的公共投资和有目的的工业化为核心，用政府在大量直接具体决策中的实际计划来代替市场机制。[③] 较低层次的计划中，投资技术分配引起了更大的关注，对投资标准的不同看法传播开来。[④]

在强调资本积累、工业化和计划过程中，出现了外援问题。为完成

---

① 哈里·G. 约翰逊提供了一个将市场机制作为周密计划的对立物和更好的经济发展工具的有力实例：《经济发展中的计划和市场》，载《巴基斯坦经济杂志》（1958年6月）。

② 联合国经济事务委员会：《不发达国家的经济发展措施》。

③ "苏联工业化道路"对刺激发展中国家的计划有一些影响。见莫里斯·道勃：《经济发展的一些方面》；保尔·巴兰：《落后的政治经济》；载《曼彻斯特经济与社会研究学派》（1952年1月）；巴兰：《落后的政治经济》（纽约：每月评论出版社，1957年）。

④ W. 加兰森和H. 莱宾斯坦：《投资标准、生产力和经济发展》，载《经济学季刊》（1955年8月）；A. K. 森：《有关发展计划中资本密集选择的一些评论》，载《经济学季刊》（1957年11月）；森：《技术选择》（牛津：布莱克威尔出版社，1960年）；H. B. 钱纳瑞：《投资准则应用》，载《经济学季刊》（1953年2月）；阿尔弗雷德·E. 卡恩：《发展规划中的投资准则》，载《经济学季刊》（1951年2月）；O. 埃科斯坦：《经济发展的投资准则和权宜福利经济学理论》，载《经济学季刊》（1957年2月）；H. R. 钱纳瑞和肯尼斯·S. 克里斯墨：《经济发展的资源分配》，载《计量经济学》（1956年10月）；H. 莱宾斯坦：《为什么我们在发展的投资政策上意见不一致》，载《印度经济杂志》（1958年4月）。

发展计划的目标增长率所需的国内投资同国内储蓄的可能量之间的资源缺口需要靠外援来弥补。

1951 联合国专家小组的报告对于 1950 年至 1960 年期间为维持人均收入每年 2% 的增长率，所有发展中国家需要的全部资本作了估计。在每年所需的 190 亿美元总额中，估计只有 50 亿由国内储蓄来满足，其余约 140 亿需要外国资本。人们指出，大部分外资必须来自外国政府和跨国公司的捐赠和其他优惠援助。

在 1949 年的就职演说中，杜鲁门总统宣布了技术援助的“四点方案”。经济学家们确信，随着外资流入，从国外借用新技术，获得“诀窍”，从而更迅速地吸收增加的资本，这样做是可取的。为有效地运用资本流入，发展中国家就必须获得自身所缺乏的技术、技能和管理等，而这些都被认为是可以进口的。

（五） 主要问题

为了确定增长的源泉，勾画发展战略，开拓者们不得不提出概念、推导原理、构造模型和建立经验上的联系。在这一工作中，经济史领域由于发展的前景重又恢复了生气。[①] 然而，有关发展政策的理论更多的是提出挑战和需要新思想。回想起来，奇怪的是，大多数开始为不发达国家创立学说的竟是发达国家的公民。但是，尽管英美经济学传统占据统治地位，很多早期发展经济学象却开始对新古典学说和凯恩斯主义分析同新发展问题的联系产生了怀疑。

例如冈纳·缪尔达尔号召不发达国家造就新一代经济学家，他们可能创立一个对于自己国家的问题更实际、关系更密切的智囊机构：“在这个伟大的觉醒的时代里，如果不发达国家的年轻经济学家迷醉于发达国家的经济学思想中，将是令人遗憾的。这种思想不仅妨碍着发达国家

---

① 除华尔特·罗斯托的《经济增长的阶段》（如《发展：马歇尔的长期政治经济学》一章中所讨论的）之外，H. J. 哈巴库克和亚历山大·哥根克朗强调了经济史中的发展教训。见哈巴库克：《经济进步基本条件的历史经验》，载列昂·H. 杜普里兹编辑的《经济进步》（卢万：经济和社会研究院，1955 年），第 149 ~ 170 页；哥根克朗：《社会态度、企业家和经济发展》，载《创业史探察》（1953 年 10 月），第 1 ~ 19 页；哥根克朗：《从历史角度看经济落后》（马萨诸塞，坎布里奇，哈佛大学出版社，1962 年）。

的学者们致力于合理的研究，而且将扼杀不发达国家经济学家的智慧。我希望他们有勇气抛弃那些庞大的、没有意义的、不相干的、有时显然是不适当的教条结构和理论方法，通过研究他们自己的需要和问题产生新思想。”①

同假定市场机制能够顺利起作用的新古典经济学家不同，一些早期发展经济学家对发展问题采取了更为结构主义的方法。结构主义的分析试图指出具体的刚性、缺口、不足和剩余、供给和需求的低弹性，以及发展中国家影响经济调整和发展政策选择的其他结构特征。② 本书的一些作者——刘易斯、缪尔达尔、辛格和罗森斯坦－罗丹背离了新古典经济学所说的灵活性和替代性，引入了结构分析的成分。

拉格纳·纳克斯的论点也很突出，他认为发展中国家不能够再依靠世界对其初级产品出口需求的扩张，从外部诱导经济增长，欠发达国家必须致力于与国内需求的收入弹性相符合的平衡增长。③

其他很多经济学家尽管并不像缪尔达尔或结构主义者那样极端，却广泛地提出这样的问题，如何使传统的分析得到修正和拓展，使之更适用于发展问题。在新兴国家里，我们不能简单地对市场价格体系作出假定，而应首先创设这一体系。人们很难看到这只无形的手。

然而，许多早期拒绝新古典经济学说的同一些发展经济学家在警告人们关于发展问题的分析中，认为不应“没有价格”，不应忽视价格的作用，不应忽视私人对刺激的经济反应，政府应干预市场价格体系。这种观点在 P. T 鲍尔和 B. S. 卫的《不发达国家的经济学》中占重要地位。④

在贸易政策问题上，对进口替代和保护主义政策存在着值得注意的批评。雅克·维纳否定了普列比什－辛格关于发展中国家长期贸易条件

---

① 冈纳·缪尔达尔：《肥沃的土地与贫穷》（纽约：哈帕出版社，1957 年），第 103 ~ 104 页。

② H. B. 钱纳瑞：《经济发展的结构主义道路》，载《美国经济评论》（1956 年 5 月）。

③ 拉格纳·纳克斯：《不发达国家的资本形成问题》，第 1 章；威克塞尔的演讲：《贸易和发展的模式》（斯德哥尔摩：阿尔姆魏斯特和魏克塞尔，1959 年）；及《平衡增长和国际专业化的冲突》。

④ 芝加哥：芝加哥大学出版社，1957 年。

恶化的说法，并反对进口替代的工业化。[①] 维纳指出："非农业人口占总人口的比例确实同人均收入成高度正比例关系，但工业化程度可能，而且往往是繁荣水平的结果而不是其原因。什么地方农业繁荣，不仅第三产业或服务行业会自然长，而且以来自农业繁荣的可支配剩余收入辅助不经济的城市业的倾向也广泛存在，并带来这样的结果：尽管人均收入总的水平比较高，但比城市工业没有受到人为刺激时要低。"[②]

哥特弗里德·哈伯勒在考察了国际贸易的动态利益以后得出结论，贸易"对于19世纪和20世纪欠发达国家的发展作出巨大贡献，如果允许这一过程自由发展，它在将来也会作出同大的贡献"。哈伯勒申辩道："发展政策可以通过价格机制的大力量并在其辅助下而不是在与市场力量的对抗中起作用。这点对国际贸易和国内贸易领域中的对策都是适用的。我想重申我深信后者——教育、卫生、公共管理的投资活动——比限制进口的消极政策更重要。当然，后者要比前者易行。正由于此，后者易于有过之，而前者则易于被忽视。[③]"

J. R. 希克斯强调了贸易的动态利益，把增长的收益和投资的生产率同贸易量相联系，反对对国内消费品市场的贸易保护，预见了不发达国家成为工业品出口国的可能性。赫拉·明特关于国际贸易的文章也有重要意义。[④]

一些人可能倾向于对20世纪50年代发展经济学的主流作出这样的概括：它是结构的，具有贸易悲观主义的色彩，强调有计划的新实物资

---

① 雅克·维纳,《国际贸易和经济发展》(牛津：克莱林顿出版社，1953年)。查里斯·金德尔伯格也对所谓的国际贸易条件恶化产生了疑问。《贸易条件：欧洲实例研究》(纽约：麻省理工学院出版社和威利出版社，1958年)；及《贸易条件和经济发展》，载《经济学和统计学评论》，附录40(1958年2月)。又见T. 摩根：《农业与工业的长期贸易条件》，载《经济发展与文化变革》(1959年10月)。

② 《国际贸易和经济发展》，第97页。又见维纳的《稳定和进步：较穷国家的问题》，载道格拉斯·啥格编辑的《世界经济的稳定和进步》(伦敦：麦克米兰出版社，1958年)，第41~101页。

③ 《国际贸易和经济发展》(开罗：埃及国家银行，1959年)，第6页。

④ J. R. 希克斯：《世界经济学论文》(牛津：克莱林顿出版社，1959年)：第161~195页。赫拉·明特：《国际贸易利益和落后国家》，载《经济研究评论》，第22卷，第58号(1954—1955年)；及《国际贸易的古典理论和不发达国家》，载《经济学杂志》(1958年6月)。

本的投资，利用剩余劳动力储备，采取进口替代的工业化政策，崇尚变革的中央计划和依靠外援。[①] 但是也存在一些相反意见。这一阶段以对一些重要问题的热烈争论为特征。[②] 特别突出的有平衡增长同非平衡增长，工业化同农业，进口替代同促进出口，依靠计划同依靠市场价格体系的争论。其中一些争论至今未见分晓。

在下面的文章中，开拓者们再一次表述了他们的观点。他们应邀扼要地复述了他们早期研究的主要议题，申明他们反对或支持哪些理论观点和政策，考虑如何根据过去四分之一世纪的发展经历而可能改变了他们的立场。

关于他们的文章，读者现在也许会问：开拓者们是否将发展经济学建成了经济学的一个特殊分支？在他们的贡献中，哪些仍然是有洞察力的和有事实根据的？哪些问题还没有解决？发展经济学这门学科将从此走向何处？

① 伊安·M. D. 李特尔深信这些“是权威流派的主要特征并且只是被略微丑化了”，《经济发展》（纽约：基础读物，1982 年），第 119 页。

② 《经济发展与文化变革》（1952 年 3 月），第 3 页，其社论论述道：“即使随意浏览现存的著作也会看出不仅缺乏令人满意的理论，而且缺乏观察者在显而易见的问题中对挑选有意义的研究课题的一致看法。寻找通向充分发展理论道路的研究者们没有找到捷径，却遇到了恶性循环，变化障碍以及经济发展的必要（但决不是充分）前提条件的真正混乱。”

中国经济50人论坛
Chinese Economists 50 Forum

一　鲍尔勋爵

Chinese Economists 50Forum

Chinese Economists 50Forum

P. T. 鲍尔于1915年出生于布达佩斯。他是英国科学院院士，以及剑桥冈维尔与凯厄斯学院的会员。1956—1960年，他任剑桥大学联邦研究院的斯马茨讲师；1960—1983年，出任伦敦经济学院经济学教授（专门讲授欠发达国家的经济发展问题）。他于1983年被封为贵族。

他的早期著作来源于对马来亚和西非洲的实地调查，著作有：《橡胶业》（马萨诸塞，坎布里奇：哈佛大学出版社，1948年）；《西非洲贸易》（英国，剑桥：剑桥大学出版社，1954年；伦敦：劳特莱杰与基根·保罗出版社，1963年）；与B. S. 亚梅合著：《欠发达国家的经济学》（芝加哥：芝加哥大学出版社，1957年）；《欠发达国家的经济分析与政策》（北卡罗来纳，达累姆：杜克大学出版社，1957年；英国，剑桥：剑桥大学出版社，1958年）；《印度的经济政策与发展》（伦敦：艾伦与恩温出版社，1961年；孟买：大众出版消息，1965年）；与B. S. 亚梅合著：《市场，市场控制，市场改革》（伦敦：韦登费尔德与尼科尔森出版社，1968年）；《对发展问题的不同意见》（伦敦：韦登费尔德与尼克尔森出版社，1971年；马萨诸塞，坎布里奇：哈佛大学出版社，1972年）；《事实与雄辩：发展经济学研究》（马萨诸塞，坎布里奇：哈佛大学出版社，1984年）。

论文有：《橡胶管理的作用》，载《经济学杂志》，1946年9月；与B. S. 亚梅合著：《经济进步与职业分布》，载《经济学杂志》，1951年12月；与F. W. 佩什合著：《初级产品生产者收入的波动幅度下降》，载《经济学杂志》，1952年12月；与B. S. 亚梅合著：《东西/南北》，载《评论杂志》，1980年9月。

鲍尔勋爵发表了大量著作讨论经济发展领域内的主要论题，它们涉及贸易活动的作用；发展中国家非正式部门的意义；农业经济作物对发展的作用；经济进步与职业分布的关系；关于物价与收入的稳定在理论上与实践上的问题；以及商品协定的实施等。其贡献还包括，对一些已被公认的观点的评判，例如，贫穷的恶性循环，国家内部与国家之间收入差别的扩大，外国援助的效果，发展计划的理论与实践等。他的著作还涉及经济学方法论问题，特别指出现代经济学忽视了变量与参数的相互作用。

以往研究的回忆：追溯第一步

战后初期，涌现出了大批有关发展问题的著作。下面我就扼要叙述一下这些著作的主要内容[①]。

对外贸易对于欠发达国家的经济发展通常是有害的，或者至少是无益的。欠发达国家的进步依赖于充足的资本供给来为基础设施、制造业的迅速增长以及经济与社会的现代化提供资金。由于低收入的限制（贫穷与停滞的恶性循环），国际上的示范效应以及由于穷国狭小的本地市场所造成的私人投资机会短缺更加为此推波助澜，因此，所需资本不可能从欠发达国家的自身形成。总体水平的落后、经济迟钝以及缺乏进取心几乎成了所有欠发达国家的通病。要想获得经济上的重大进展，欠发达国家政府必须责无旁贷地广泛地实行具有决定意义的大规模变革，并彻底清除巨大的障碍，为增长与发展铺平道路。

上述观点构成了主流学派发展经济学著作的核心，并一直是制定国家政策与国际政策的基础。虽然一些主要论点从很多学术著作中消失了，但是它们仍然支配着政治和公众论坛。这可作为被放弃观点的滞后效应的一个例子。

我最初对于欠发达国家经济状况的研究并不是由于受了这些观点的影响；事实上，可以说是与此毫不相干[②]。我通过两个方面的研究涉足

---

① 对早期发展文献的详细阐述可参见拙作：《对发展问题的不同意见》（伦敦：韦登费尔德与尼科尔森出版社，1971 年；马萨诸塞，坎布里奇：哈佛大学出版社，1972 年），书中处处可见，特别是第 1 章和第 2 章。

② 我的研究成果可见下列出版物，P. T. 鲍尔：《橡胶业》（马萨诸塞，坎布里奇：哈佛大学出版社，1948 年）；《马来亚小自耕农地橡胶生长情况调查报告，1946 年 7 月—9 月》（伦敦）：殖民部，1948 年；《西非洲贸易》（英国，剑桥：剑桥大学出版社，1954 年；伦敦：劳特莱杰与基根·保罗出版社，1963 年），《欠发达国家的经济分析与政策》（北卡罗来纳，达累姆：杜克大学出版社，1957 年；英国，剑桥：剑桥大学出版社，1958 年）；与 B. S. 亚梅合著：《欠发达国家的经济学》（芝加哥：芝加哥大学出版社，1957 年）；以及一些短文，发表于《市场，市场控制，市场改革》（伦敦：韦登费尔德与尼科尔森出版社，1968 年）。我有必要澄清一下，自从 1951 年以来我与 B. S. 亚梅密切合作。本文中的许多论点是我们两个人的。只是为了叙述的便利，我在本文中对我们共同合作的工作与我个人的没有加以区分。

这一广泛的领域，一个是对东南亚橡胶工业的研究，另一个是对前英属西非贸易组织的研究。40 年代与 50 年代我主要是在这两个地区进行研究，这花费了我十余年的时间。我所看到的情况简直完全与上面提到的主流发展经济学的基本内容不符。对于这两个地区的经济、社会、政治生活的调查与研究引起了我对发展经济学的极大兴趣。虽然完成这些研究以后，我的观点有了很大程度的变化，但与 50 年代的发展经济学正统学说以及后来修正过的理论相去甚远。

（一）

甚至在我到东南亚与西非洲之前，就知道它们在经济的许多方面发展很快（尽管这些地区是殖民地！）。毕竟，不需要接受发展经济学的指导即可知道，在 1885 年之前，马来亚没有一棵橡胶树，英属西非洲也没有一棵可可树。而在 30 年代，这两个地区分别出现了百万英亩的橡胶树、可可树及其他出口农作物，其中的大部分由本地人所有和经营。令我感到惊奇的是，在大部分地区发生了范围广泛的经济变化，而且大多数居民的经济生活充满了活力。例如，在马来亚（现称马来西亚），畅通无阻的交通、绝大多数非欧洲人（即本地人）生活的繁荣景象，反映出了一个与 19 世纪杳无人烟、经济发展迟缓的马来亚全然不同的世界。在西非洲，多少与此相做，虽然范围还不够广泛，但情况也有明显的改变；变化最显著的是南部尼日利亚与黄金海岸（现称加纳）。如果当时发展经济学的中心论点反映了现实的本质，上述情况又怎么可能发生呢？

在最初阶段，当地的资本供给是极其微小的。然而在东南亚，橡胶的出口市场及数量极少的其他产品如锡，吸引了欧洲企业的投资，尤其是基于这一目的——在迄今空寂的热带丛林中建立橡胶园。由于本地劳动力供不应求，在马来亚与苏门答腊，外国企业大规模地招募新手以及主要来自中国与印度的目不识丁的移民。西方企业的活动导致了未曾意料的后果。例如，中国商人也被吸引进橡胶贸易，有些人已开始经营种植园，而另一些人则携带着种子与消费品来到马来亚与印度尼西亚，从而鼓励了本地居民种植橡胶树并为市场而生产。在 30 年代后期，东南亚一半以上面积的橡胶为亚洲人所有，这表明尽管存在着最初的低收入，直接投资的效果仍十分显著①。

西非的情况稍微有些不同。在这一地区没有欧洲人所有的种植园（包括现在）。种植着可可、花生、棉花、可拉果的大片土地完全由非洲人所有和经营。可以得到的大量资本，部分来自欧洲的各贸易公司为本地商人提供的资金，部分来自非洲人的直接投资。后者主要是来自远方移居农民的投资。

所有这些，商人在其中起着决定性的作用。基思·汉考克爵士恰如其分地称西非洲为“商人的国度”。商人提供了消费品与有效的生产投入，并为经济作物打开了销路。商人的活动刺激了投资与生产。过去被称之为“诱导（商）品”——曾经是一个家喻户晓的用语，但在现代发展著作中很难见到——的作用格外重要。事实证明，国际示范效应的观点是不适当的。这个观点认为以增加廉价消费品，特别是进口品来提高本地居民消费倾向会妨碍欠发达国家的经济发展。

本地居民在农业上的大规模积累是这些地区经济迅速发展的主要原因，这显然和“贫穷与停滞的恶性循环”的观点不相一致。如果我只看到欠发达世界的两个地区冲破了这一经济学法则，那么上述情况就是一种偶然现象。可是在事实上，恶性循环的观点认为贫穷状况是与世长存的，这显然与发达国家和欠发达国家的现实相背离，也严重违背了发达国家的历史。

50 年代出现的流行观点认为，出口商品生产的好处仅仅落在西欧人手中，而本地居民没有从中得益。这显然也不能作为“恶性循环”的根据。正像我已经指出的那样，生产的大部分有时甚至全部产出由本地居民所有。与之有关的贸易与运输的情况也是如此，否则，出口农产品的发展就不可能改善本地居民的生活。在这些地区及许多其他地区，普遍的经济进步使得更多的人口寿命延长并且生活水平日益提高。

在东南亚与西非洲，发展基础设施不是生产农业经济作物的先决条

---

① 橡胶种植业包括小自耕农地，其地产在 100 英亩以下；超过 100 英亩的地产为种植园。小自耕农地的数量远远超过全部橡胶种植面积的一半并完全由亚洲人所有。现在，一半以上的种植园同样也由亚洲人所有，其中主要是华裔。曾经担任国际橡胶协调委员会首席统计学家多年，随后在国际橡胶研究小组任职的 W. G. G. 凯利特，1983 年 1 月写信告诉我说，现在橡胶业主中亚洲人已占 90% 以上。

件。在其他地区也往往如此，基础设施也是随着经济的发展而发展的。把苦心经营代价高昂的基础设施作为必不可少的基础条件是没有历史根据的。成千上万从事贸易与运输的人，在不断改善着通常与资本密集型基础设施相联系的公共设施。例如，人力与畜力运输，在大量商人之间以及一系列中介人之间的联系是可以部分地但却有效地代替造价高昂的公路与通讯系统的。

（二）

我所述及的历史情况（许多欠发达国家也有极相似的情况）并不是对人民强行动用其人力、财力的结果，也不是强制推行举止与行为模式的现代化，或大规模由国家出资的工业化，或其他任何形式的“大推进”的结果。而且，它也不是由于政治上的独立或对本地居民反复灌输具有民族特点的制度，或用经济发展的抽象口号激发起民众的高昂热情，或其他任何形式上的政治或文化上的革命所导致的结果。同样，它也不是由于有意识地从事国家“建筑”（人民就像是无生命的“砖”，由建筑大师搬来搬去），或由于政府把经济发展作为正式的政策目标与诺言所带来的结果。实际的情况是：机会的出现与增多，大都来自与外部的广泛接触，并主要通过以市场为主的各种信息渠道，促使人们做出自发反应。经济发展是在一个坚定但干预有限的政府领导下取得的，没有大量公债基金的支出以及接受外国援助。

我所披露的事实表明，各种所谓规范的理论或规则是空洞无物的。事实也证明了欠发达国家的普通居民并不是所说的那样愚钝、顽固地墨守陈规旧习，经济上缩手缩脚，天生缺乏远见以及普遍地缺乏进取心。橡胶树与可可树需要五年的生长期，在10～20年的期间里，东南亚与西非洲目不识丁的农民种植了几百万英亩这种他们从未见识过的经济作物。

为此目的所需的大量的直接投资使人们在行为、观念、动机方面均产生了自发转变，同时，也放弃了闲暇的生活，人与人之间的关系淡化了。但在某些人的笔下，马来亚人、印度尼西亚人、非洲人缺乏长期的观点、没有增殖资本的能力以及墨守陈规陋习（虽然他们有时确是如此）。

生产农业经济作物具有企业活动的性质。同样，本地居民所从事的无所不在的商业贸易以及运输也是如此。那种认为欠发达国家缺乏企业家的技能与魄力的论点显然是不能成立的。确实，当地居民总是采取与人们的态度和嗜好以及本地的条件和机会相一致的行动方式。在欠发达国家的许多地区，有证据表明，进取心与冒险精神经常体现在个体的小规模层次上，但这决不是意味着只局限在商业与农业的范围内。

对经济发展作出贡献的大批大、小企业家（农民、商人、实业家等等），是欠发达国家政府振兴企业但一般成效甚微的主角——其中的大部分费用来源于国家对农业经济作物生产者的税收。发展理论常常断言许多欠发达国家缺乏企业家，并以此为理由，认为需要国家对经济的广泛控制与管理。即使退一步说，某一国家确实缺乏企业家人才，那就很难相信出自同一国家的政治家与行政官员能够弥补这一缺陷。

在欠发达世界，对自我奋斗的渴望以及富于冒险精神并不只是企业家特有的品质。成千上万的极端贫困、没有土地的农村居民为改变自己的命运不惜迁移几千英里。从中国东南地区和印度南部地区向斐济、马来亚、印度尼西亚的大规模人口迁移是众所周知的。在我的著作中，描述了目不识丁的穷人如何对远方和异国的经济情况了如指掌，以及他们对各种机会的高度敏感性①。

（三）

我开始从事理论研究工作时，出现了一些观点，认为经济发展取决于劳动力与资源（土地资源及其他自然资源，资本）之比，对于一定的人口，则取决于物质资源。除年龄与性别的差异外，从经济观点来看，人都是一样的。这些观点可从当代经济增长模型的结构以及由其所引起的讨论中见到，但逐渐地对人的差别（源于人所代表的资本）有所强调。

我对上述观点很早就持怀疑态度，在东南亚的所见所闻更使我确信这一怀疑是正确的。在不同群体之间的经济实效以及由此产生的经济成果确实有着明显的惊人的差别。最为有力的证据是，即使人们受到的教

---

① 参见《橡胶业》第15章与附录D；《经济分析与经济政策》第1章。

育相同，在那一地区的经济情况下也很难同等看待他们的作用。

许多橡胶种植园保存着每个树液采集者日产出量的纪录，并且分为中国工人与印度工人两类。尽管他们都使用同样的开孔刀、橡胶杯、提桶，中国工人的产量却经常是印度人的两倍以上。1946 年，我在马来亚参观了几百处小自耕农地，在华裔、印度裔和马来亚人小自耕农之间效率上的差别也是如此，甚至更大一些。华裔与印度裔之间的差别不能归因于各自有什么特殊之处，双方都是新到不久的移民。印度裔与华裔的绝大部分都是没有受过教育的廉价劳动力，因而他们在效率上的差别不能用受教育程度的不同来解释。在马来亚，华裔的表现之所以非常突出，不仅由于中国移民实在太贫困了，而且还由于他们广泛地遭受到来自英国管理当局与当地马来亚统治者的歧视与非难。

当然，不同群体之间的效率差别不仅仅局限于割胶或橡胶生产的其他专门技能。它们还广泛地存在于种植园的建立与经营，存在于矿山、工业和商业活动之中。这些差别决不是由于资本的不同而造成的。事实上，这些差别意味着不同群体对资本积累所做出的贡献有着天渊之别。差别不仅决定于生产能力的不同，而且决定于个人偏好、动机以及社会组织的不同。在西非洲、地中海东部沿岸诸国、印度以及其他地方，我也遇到过与此相类似的情况。

我不应该对我的发现如此大惊小怪，因为我毕竟知道，不同文化群体在经济效率上的显著差别是经济发展史的主要特征，并且某些受排斥的群体恰恰是特别有效率而富有成就的。我的一时疏忽大概是由于屈从于西方经济学的流行观点——刚开始研究的欠发达国家总要有些不同之处。我同样也成为把物质资源（包括资本）作为实际收入的决定因素的观念的俘虏，这一观念把物质资源（包括资本）抬到至高无上的地位——短时期的偏差使我忽视了经济发展史。我和很多人一样，被全体人口平均收入数字搞得昏头昏脑，却没有留意人口的民族（以及年龄）构成。

在这里我应该指出的是，迄今为止，第三世界成千上万一贫如洗的人民业已拥有可耕地，经典的劳动力与土地之比的概念已毫无意义。土地肥沃而贫困的土著居民、俾格米人以及其他各个非洲部族只是一种极端的情况。甚至在印度，许多土地被定为不可耕地而实际上是可用的。

在第三世界，许多农民小规模低生产力的经营方式，根本原因在于缺乏抱负、能力和技术，而不是缺乏土地与资本。不可耕地的概念是不确切的，因为土地是否可以耕种在很大程度上取决于人们的经济手段以及影响土地使用的官方政策，后者包括政府的价格政策、对移民资本流人的控制和国有土地的使用条件①。

虽然对这方面的讨论在战后发展著作中被视为禁区，但经济效率上群体差异的事实及其重要性则不可回避。即使在马来亚和其他一些国家，群体差别已成为制定官方政策的主要基础，但我的同行们仍对此视而不见。

对群体差异的原因及其长期影响的可能性，只能进行一些探索性的讨论，而经济理论也无助于这些问题的研究。但这并没有为经济学家们全然忽视群体差异提供任何借口。群体差异在经济形势、第三世界国家前途（其他国家也是如此）以及人口压力的本质与概念的评价上的重大作用是显而易见的。同样可由此得出结论，把对经济发展与人口增长关系的研究，建立在数字与资源的简单基础之上，是不切实际的徒劳。

（四）

鉴于上述考虑，我不愿意为经济发展建立什么理论，并对建立在历史阶段的延续或传统的经济增长模式上的理论持否定态度。对十分明了的经济衰落现象（无论是绝对的还是相对的）解释上的无能，充分暴露了这些理论的局限性。再者，经济发展只是社会发展史的一个方面，尽管有很多卓越的学者研究这一问题并企图建立历史的一般发展理论，但从来都以明显的失败而告终。毫不奇怪，虽然一些这方面的探讨对人们有所启迪，但作为发展理论的基础都不具备足够的普遍性。

在经济领域内，一些传统增长模型所用的理论探讨方式不仅无用而且易使人误入歧途。这种探讨只是集中在几个在我看来并不重要的独立变量上。况且，它还忽视了所选择的变量与参数之间的相互作用。在这些模型里，把一些决定性因素如政治形势、人们的偏好、科技状况看做

① 可耕地与不可耕地的区分是比较主观的。亚当·斯密认为可以在苏格兰种植葡萄。荷兰、威尼斯、以色列及其他一些中东国家等地区的耕作经验可以突出地看出这种区分的主观性。

是既定不变的常数①。例如，依靠特别税制或进口限制增加资本存量对这些既定量以及其他参数有很大影响，其后果远远超过资本增长对发展的影响。产生这些缺陷的原因同资本概念与度量以及投资与消费之间的区分等基本问题无关。这种区分在欠发达国家特别模糊不清；在这里，诱导商品对改善经济实效常起一定作用，从而消费与储蓄及投资互补而非互斥。

第二次世界大战后，总量分析与定量分析在发展经济学中居于主导地位，这也许是受了只局限于研究资本、劳动力、消费总额的增长模型的影响。这种通用方法的采用是非常省力气的，对欠发达国家经济的研究可以建立在容易到手的统计资料之上，完全可以不必进行直接调查，通常也不必去管那些非数量化的数据，而这种忽略又导致了不加批判地承认所用的统计资料。在许多发展经济学著作中，对国际收入统计中随时而异的巨大偏差视而不见。并且，在发展经济学的统计中，农业的直接资本积累作用不是被低估就是完全被忽视。然而，农业的直接资本积累对于许多在很大程度上仅能维持生存的欠发达国家的发展来说，无论在质量上还是在数量上都是至关重要的。或许更为严重的是，这种忽视使得经济增长分析以及相应的建议都无视农业资本积累的作用。譬如，加速资本积累的财政政策总是认识不到它对农业直接资本积累的必然影响。在实践上，这种不良后果已纳入忽视价格作为经济选择的决定因素的惯例（总量分析更助长了这一倾向）。②

专业统计的运用提供了一些有借鉴意义的例子，即发展经济学的统计不适当地依赖容易得到的资料，忽视（甚至放弃）直接考察。例如，专业统计表明：欠发达国家几乎全部人口都在从事农业。在我初次调查西非洲前，这就是有关西非洲的官方报告的主题，我所查阅的有关论文即以此为基础。但在官方普查报告以及海利爵士的《非洲调查》（伦敦，

---

① 我曾在别处指出过，这些增长模型来源于凯恩斯的思想：“我们假定现存技术、可利用的劳动力数量、现存可利用设备的质量与数量、现存技术水平、竞争程度、消费者习惯与偏好不变，假定不同的劳动强度的负效用、管理活动、组织活动以及社会结构均保持不变……”（J. M. 凯恩斯：《就业、利息与货币通论》，伦敦：麦克米兰出版社，1936 年，第 245 页）。这种过分简单化的分析是否适用于工业发达国家的短期经济增长尚存很大疑问，对于欠发达国家经济的长期增长就完全不适用了。

② 参见《经济分析与经济政策》第 2 章；《欠发达国家的经济学》第 10 章。

1938年）中几乎没有涉及贸易和运输。因此当我在西非洲见到大量的贸易活动以及为数众多的商人时，感到非常惊讶。很明显，官方统计是错误的，因为它没有也不可能反映当时还不完全的职业专门化。在农业中，家庭分工通常使一些家庭成员正式地或断断续续地从事贸易活动，而且性别与年龄的差异并没有成为这一活动的障碍。[①]

西非洲的情况绝不是独一无二的，或许只是在参加贸易的范围上有些特殊。因此我认为，经济发展所引起的劳动力由第一产业向第二产业然后向第三产业流动的克拉克—费雪模式是站不住脚的[②]。我指出，这个理论是以错误的统计方式为基础的；第三产业内容庞杂，其唯一共同点只是非物质产出的经济活动；它们并不都具有高收入弹性的特征，而且对于穷国来说，由仅能维持生存的经济中产生大量第三产业是一种必然现象；在欠发达国家，劳动力在小规模的贸易与运输中代替资本是轻而易举的事情；确信物质生产部门的技术进步必然高于劳务部门是没有根据的。再者，把经济活动总体分为三个相互区别的部分，对于经济分析或切合实际的决策都是没有什么价值的。然而，这一理论观念还在广泛流传，认为经济活动的三产业分类法不仅站稳了脚跟，还成为制定政策的基础。

我还必须指出，在发展经济学的一般内容里，除上述各种不妥的分类法之外，还有一种更为流行的习惯方式，这就是把整个世界分为两种性质不同的集团：富国和比较发达的国家为一方，贫困的停滞不前的国家为另一方。后者是一个相当大的集团，包括整个亚洲、非洲以及整个拉丁美洲。这一集团内部在性质上被视为大体相同，都处于贫穷的恶性循环之中，与富国的收入水平差距越来越大，因而远远落在富国的后面，并饱受与富国集团进行国际贸易所带来的贸易条件日益恶化之苦。

事实上，这幅图画与实际完全不符。对于人类社会的多样性，欠发达国家的实践以及许多原来贫困的国家的高速增长，区域性集团的繁荣等等，这显然是一种不切实际的描绘。把众多的国家统一地称为欠发达

---

① 参见《西非洲贸易》第2章。

② 参见科林·克拉克与A. G. B. 费雪在《市场，市场控制与市场改革》第1章和第2章中的有关论述。这是两篇发表在《经济学杂志》（1951年12月，1954年3月）上的论文（与B. S. 亚梅合著）的修订稿。

国家是不适当的，这使得经济学家及其他人很难不受这一流行的观念的影响。对此，我在本文开头已提醒人们注意，并因此而认识到由这一观念所派生的政策也是不恰当的。现在我更加确信，把整个世界划分为想象上的两种集团是十分错误的。

（五）

在战后早期发展经济学著作中，贸易活动被严重地忽视了。在统计方面，在有关发展前景的讨论中，有关计划的论文里，甚至就连计划本身都没有对贸易活动给予应有的重视，即使有所涉及，有关贸易的讨论也含贬意。譬如，贸易被看做不完善的温床，是一种浪费现象。因而，与此相适应，由建立国营商业与国家主办的合作社来代替私人贸易就成为一种政策目标了。

然而与此相反，就我调查所知，在东南亚与西非洲及其他欠发达国家，商人的作用极为重要，特别体现在经济作物的发展上。

我已经陈述了经济史学家、行政官员以及其他评论者的论述。商人提供和扩大市场，因而为生产者与消费者提供了更多的机会①。商人提供新产品和更为廉价的商品，大大方便了周围的居民，带来了良好的经济效果。有时，小商人早在探险者与行政官员之前就已经进入一些偏僻的地区。没有贸易活动就不可能有农业剩余。商人是连接生产者与消费者之间的桥梁，它创造了新的需求，并促进了生产，甚至使某些生产成为可能。更为重要的是，商人使人们了解了市场经济的运转，提高了人们适应市场的能力。由于商人的活动扩展了人们的经济视野，并建立了新的联系，使得人们重新思考旧的风俗习惯，促使人们的行为和习惯与物质进步相一致。而且，贸易超出了自身的范围，促进了企业的发展。富于进取精神的成功的商人们，有不少本是兼职农民。贸易还使得一些看准机会而投身其中的企业家走上舞台。因而，成功的运输业与制造业有很多由本地或国外移居的商人建立是毫不足奇的。

---

① 由于我的调查是在战后初期，因而使用了过去时态。然而，只要有商人的活动，他们仍会发挥一定的作用。参见《西非洲贸易》第 2 章；以及《市场，市场控制与市场改革》第 1 ~3章。

在战后发展经济学的著作中，上述商人活动的动态作用普遍被忽视。商人所带来的有效的跨时空的产出作用可能受到了较为普遍的承认。然而，即使承认了这一点，商人活动与贸易组织仍旧动不动就遭到错误的分析与非难。例如，商人的众多分工以及贸易活动垂直细分为许多连续的层次就经常受到抨击。我曾指出，这些特点的存在是由于资本与管理技能的相对稀缺，在贸易中可用劳动力代替资本，以及有众多的人可以从事兼职的或专业的贸易活动。我对贸易活动及其结构的调查和分析，后来促使经济学家和人类学家许多著作的问世。沃尔特·埃尔肯教授甚至认为这些早期著作提供了如何识别欠发达国家非正式部门的存在及其重要意义的工具，并开创了非正式部门经济学的研究课题①。

而且，我的研究成果使我完全能够指出流行的调整欠发达国家商业部门的建议与政策的内在缺陷。这些措施或是把私营商人的活动限制在一定范围内，或是在商品分配的某个环节消除他们的作用，或是由国家支持的供销合作社与国家贸易组织取而代之。采用以上措施，使得许多欠发达国家的生产者与消费者的贸易机会受到限制。商业部门工作的低效率已经根深蒂固②，妨碍了经济进步并严重影响人们去不断扩展自己的视野。这些所谓的改革给人们带来广泛的灾难，并把人们限制在仅供生存的生产里，不能越雷池一步③。

（六）

至少从30年代起，无论是通俗的还是学术的著作都极力反对初级产品的价格波动，特别是欠发达国家的初级产品。商品价格稳定方案作为议事日程的核心内容已有好几十年。

商品规划通常被用来作为减少价格波动的手段，事实上其后果却是垄断价格的提高。当如今我们把商品规划视为把资源由西方国家转移到

---

① 沃尔特·埃尔肯与他人合著：《内罗毕的擦皮鞋经济学》，载《非洲形势》，第81卷，第23期，1982年4月。

② 合作企业具有如此特殊的经济优势以至于应该受到国家的广泛支持与保护的理论在早期发展经济学中几乎被普遍作为公理。要解释原因是相当困难的。合作社仅仅是经济组织的一种形式，它在效率上并不是一定优于其他私人的，或公共的组织形式。如果合作社确实效率很高，就无需官方的支持了。我的有关论点集中于《欠发达国家的经济学》第14章。

③ 参见《市场改革经济学》，以及鲍尔与亚梅合著的《市场，市场控制与市场改革》。

第三世界的一种形式时，这一点看来已十分明显了。在两次大战之间的规划中，垄断倾向已有了苗头，国际橡胶规划就是如此。我曾仔细研究过这个问题，并把研究结果付诸文字。结论是，橡胶规划没有起到稳定价格的作用[①]而是加大了产出的波动并可能影响生产者的收入。其恶果之一是使那些即将从事生产的人背上了沉重的负担，他们比起受益者一般说来要穷得多。

以后，我详细地探讨了西非洲官方销售局的作用[②]。这些国营组织独占为出口而购买国外产品以及出口所辖产品的权力。它们的目的旨在稳定生产者的产品价格，并力图使价格趋于合理。而实际上，它很快成为一种使生产者只能得到远远低于产品的市场价格的价格体系。这一体系实际上是沉重的、持久的、具有歧视性的税收工具，它使得生产价格与生产者的收入在长期内得不到稳定。我还对繁重的税收所带来的主要后果进行了探讨。最明显的后果是：经济作物与私人储蓄的增长严重受阻，非洲农民与中产阶级的繁荣受到严重影响；税收成为拥有政治权力者的主要财源。因而，颇有矛盾意味的是，虽然稳定物价的招牌一般是用来掩盖生产者价格的垄断性提高，而在上述情况下，这个招牌却被用来掩盖官方销售局依靠长期压低生产者价格的垄断性购买[③]。

我对橡胶规划与销售局的研究工作还得出另外一些结论。首先，消除波动的手段必须与政府的其他手段明显地加以区别。例如，后者可能是价格的垄断性提高或税收引起的生产者收入减少。第二，即使消除波动确实是真正的目标，那么实现这一目标势必遇到理论上的与实际上的问题，其中包括：能否及时地预测价格的长期变化趋向；生产者价格的制定是由权力机关来决定呢，还是根据某一个公布的方案，是选择价格的稳定呢，还是选择生产者收入的稳定；对于生产价格的调整采取什么

① 参见《橡胶业》，处处可见，特别是第3部分与统计附录2。

② 参见《西非洲贸易》第5篇；及《市场，市场控制与市场改革》第8、9章。

③ 在我首次发表了我的见解之后，引起了官方发言人与经济学同行们的愤怒。直到50年代中期，销售局的支持者们仍声称，销售局所从事的活动仅仅旨在稳定价格。在60年代，人们承认它始终是税收手段。而现在则普遍同意这种税收所得基本上是被浪费掉了。

实际上销售局在很大程度上来自未能发财的私营的买方卡特尔；在这些卡特尔成员的鼓动下，又成为国家垄断。参见《对发展问题的不同意见》，短评12；最初版本载自《皇家统计学会杂志》（1954年）第1卷。

样的间隔与幅度。我的研究结果以及对弗里德曼教授[①]作出的回答使我提出这样疑问：如果生产者认为需要价格与收入的稳定，那么政府干预对此是否那么必要或是令人满意？如果生产者确实希望税后收入的稳定，就会自动有所储备以应急需，必要的话生产者会自行组织协会达到这一目的。

（七）

法国有句古语，“过细观察，方得真知”，在东南亚与西非洲工作时我一直把这一真理铭记在心。这一研究工作所披露的现象与联系，在以前对这些地区的研究以及经济教科书中均未认真涉及。我仅罗列一些本文未加详述的论点，在我的其他著作中可以见到更为完整的论述。但其中所提出或描述的某些问题具有普遍意义。

小自耕农的橡胶供给通常被当做是向后倾斜的供给曲线的典型范例。而事实上，不仅能够证明供给曲线向右上方倾斜，而且在官方政策的贯彻执行中这一点早已被完全认识到了（例如，橡胶管理条例以特别出口税来削减小自耕农的橡胶出口）。小自耕农地的橡胶种植密度远远高于种植园，这通常被认为是小自耕农所采用的粗糙方法。而事实上它是由于两者在生产条件上的不同造成的。即使橡胶的短期供给价格不能简单地以当时的费用来估计，而必须同时考虑当时含胶树皮的耗损率来预测未来收入的减少。受当时生产价格的影响，生产成本的变化很大（大于经营规模的影响）。因而生产成本及供给价格不但主要取决于未来价格的预期也取决于当时的价格[②]。认识了生产成本受到当时价格与预期价格的影响，就不应再认为供给独立于需求（但微观经济学理论却这样认为）。

我发现有关垄断标准的阐述及其衡量是不完全的，甚至是错误的。橡胶规划涉及成千上万的生产者，他们之中最大的生产者所控制的产量

---

① 米尔顿·弗里德曼：《初级产品生产者收入波动幅度的减小：一个综评》，载自《经济学评论》（1954 年 12 月）。

② 有关橡胶的供应，参见《橡胶业》一书第 4 章与附录 E。

也超不过全部高标准产品供给的 2%，因而无力影响价格。而在另一方面，管理当局所面对的却是远非完全弹性的需求。这种耐人寻味的结合与垄断理论的分析风马牛不相及。在对西非洲贸易的研究中，我所接触到的统计数字显示出，标准化产品的集中程度从整体上来看比差别产品高，这与当时有关产品差别的论述相冲突。在东南亚与西非洲，由城市中心到广阔的乡村，商业网点在不断地递减。可是我并没有发现这与竞争强度有什么系统上的联系：垄断的有效程度并不完全根据商人的数量来推断。偏僻乡村的小商人要遭受到来自多方面的竞争，其中包括流动小贩以及业余经商的农民。其结果，在经商受到官方限制的情况下，商人数量的多少对于竞争强度的大小起着重要的作用。而商人之间的差异（如种族差异、经商时间的长短不同），也可以改变商人数量对竞争的影响。

由马来亚橡胶出口的官方价格统计中可看出，详细统计数字颇能说明问题。其中透露了限制的确切范围以及大量小自耕农的极低的橡胶供给价格。仔细审查全部种植园与当地注册公司的统计，可以发现，橡胶规划使得英国注册公司所得利益远远大于当地注册公司；种植园所得利益远远大于小自耕农。同样，此统计还可用来衡量 100% 的超额利润税对于生产水平的影响。

直接调查以及分析某些统计数字，特别是运输统计，有助于剖析可拉果的生产和贸易在尼日利亚的重要地位。可拉果的经营完全掌握在非洲人的手中，然而在实际上没有引起官方和其他人的注意。而且，详细地查阅西非洲战时与战后的进口与价格管理的情况可以看出，表面上无关痛痒的官方措施会产生相当巨大的政治与社会影响。

（八）

50 年代后期，我开始撰写发展经济学有关通盘规划与外国援助两个主要问题的著作。以后，由于这两个问题在发展经济学学术著作中，甚至在公众讨论中都广泛地受到重视，我又进一步扩展了我的分析与结论。并指出，通盘的中央计划对于经济进步并不是不可缺少的，它反而会妨碍经济进步，它并没有导致资源的扩大，而仅仅是把资源从公众与私人的手中转移出来；它强化了在许多欠发达国家中普遍盛行的权力主义传统；而且，它把生产与消费者需求相分离，限制了人们的选择范围①。

有关外国援助的问题我写的不多，仅指出外国援助对于穷国的发展并没有多大的作用，它实际支持与延长了以实施通盘计划为名的极为有害的政策。

在这篇总结我早期著作中观点的论文里，我认为没有什么理由收回这些结论与评价。但我必须承认犯了一个严重的判断性错误，我没有意识到欠发达国家经济生活政治化的普遍意义。除了有关西非洲销售局的论述以外，我倾向于着重分析其经济含义与个别政策措施的影响，而没有充分意识到这些措施对于许多欠发达国家经济生活的政治化具有何等重要的意义。在50年代后期，这些主要措施包括：主要工业部门与贸易的国家垄断，其中还包括农产品出口的国家垄断；由官方控制的、工业与其他经济活动的许可证制度，对进出口与外汇实行统制管理，建立许多由国家所有的和国有的企业，其中包括所谓由国家支持的国营合作社。上述几项措施使得政府对整个国计民生实行严密控制。这些措施的同时采用，使统治者掌握了更多更大的权力。

在这种情况下，取得政治权力并加以运用就成为至关重要的了。因而，为谋取政治权力的斗争，其胜败得失的筹码不断增加。特别是许多欠发达国家，存在着多民族、不同的宗教信仰以及不同语言的集团，政治权力斗争的发展更加剧了不稳定、忧虑与政治紧张局势。因此，使得人力与资源从经济活动中转移到政治竞争场所。

50年代后，为谋取政治权力的斗争的加剧极为明显和具有普遍性。不仅经济活动要由政治和行政当局决定，甚至就连广大人民的生存也要由此来决定。其中，少数民族受害最为显著。因而，我在50年代的模糊认识已成为我近期著作中的主要论题。

---

① 我以后有关计划与外国援助的理论可参见《对发展问题的不同意见》与《平等，第三世界，经济幻想》（伦敦：韦登费尔德与尼科尔森出版社；马萨诸塞，坎布里奇：哈佛大学出版社，1981年）。后来我又著书专门讨论了这两方面的问题，见《事实与雄辩：发展经济学研究》（伦敦：韦登费尔德与尼科尔森出版社；马萨诸塞，坎布里奇：哈佛大学出版社，1984年）。

评　论（一）

迈克尔·利普顿[①]

1946年，一位年轻的经济学家受雇于英国殖民部。他视察了马来亚橡胶小自耕农地，他的《报告》真实生动，内容详细。他没有只是一味地描述路旁的农场，因而他的调查避免了偏见。在每一次采访中，他反复核对收入与支出的记录。尤为重要的是，在研究中他获得了深厚的农作物专门知识，因而他能够透彻地解释为什么禁止种植新橡胶树而允许再种是不公平的和缺乏效率的。这有利于大种植园，而使小自耕农的利益受到了损害[②]。他还指出，橡胶小自耕农地具有高效的增长潜力，为穷苦工人的自我改善提供了极好的机会。然而，它们却成为保护强大的、相对缺乏效率的欧洲人所有的种植园的牺牲品[③]。反对小自耕农的工具包括：存有偏见的政策与研究；地方贸易垄断；在政府不从事具有竞争性的贸易方面，不为小自耕农提供投入与研究；不确保小自耕农的代表在重要的决策机构中有一席之地；甚至不协助小自耕农排除水涝。[④]为弥补这些不足，作者提出许多建议。其中建议政府从事一些专门的、有前途的与富于想象力的事业[⑤]。鲍尔不具有这样的长处吗？

在鲍尔的著作中（与巴托克的著作一样），人们必须承认存在三个

---

① 迈克尔·利普顿时为苏塞克思大学发展研究学院的会员。

② P. T. 鲍尔：《马来亚小自耕农地橡胶生长情况调查报告，1946年7～9月》（伦敦：殖民部，1948年），第10、11、25页。

③ P. T. 鲍尔：《马来亚小自耕农地橡胶生长情况调查报告，1946年7～9月》（伦敦：殖民部，1948年），第23、64、44页。在这篇调查报告中，鲍尔对穷苦人的命运与前途充满了同情和特别的关注（见第27、144页），这与他新近的一些著作形成了明显的对照。例如“救助贫困或其他与发展无关的工作”（见P. T. 鲍尔：《外援与多中心的理论解释》，载自《平等，第三世界，经济幻想》（伦敦：韦登费尔德与尼科尔森出版社，1981年），第101页）。

④ 《马来亚小自耕农地橡胶生长情况调查报告》，第40～57、60～63页。

⑤ 《马来亚小自耕农地橡胶生长情况调查报告》，第64～65、87～90页。

时期：从事复杂的实地调查的青年时期；富于挑战性与高谈阔论的超越经验主义的中年时期；心平气和的成熟时期。这篇论文又一次重申援助与计划对经济发展既非必须又无补于事，但已不像他在中年时期那样将其视为死敌①。本文容纳了不少分量的“中年鲍尔”，可以与他早期的实践经验与理论的建立相比较。

鲍尔是一位古典经济学家，视企业、贸易、市场的扩大为经济发展的引擎。鲍尔没有像新古典主义者那样断言，所有的经营者都力图利润最大化或是使福利最大化。在鲍尔看来，最重要的是由生存经济向更为广阔的市场发展。在持有重视贸易作用这一古典经济学观点的同时，他在马来亚工作的论文还注意到不时形成的买方集团以及商人享有过高的边际收益，因而认为需要大量的“政府购买站”来进行竞争②。也可能是由于鲍尔越来越担心走向政治化，因而现今避而不谈由国家保护穷人不受托拉斯之害的古典主义论调。根据亚当·斯密的观点，“从事同一贸易行业的人们很少见面，甚至在娱乐与消遣时也是如此，见了面无非是在共谋坑害公众或是策划提高价格”③。鲍尔的研究表明，现今他没有李嘉图式的担心：（无论是石油输出国组织、地主还是正规产业的）级差地租或垄断准地租在国民收入中比重的增加会侵蚀企业的报酬与资金的融通。

然而，鲍尔反对对贸易、投资、人口流动设置壁垒。他还赞美“主要通过市场的媒介……使人们注意到一些由于与外界接触而创造的机会……这些机会得到千万人的自愿的响应”的观点，这可作为他的古典研究方式的范例。鲍尔依据马来亚与西非洲极为广泛的企业家，特别是小农的上述响应为基础建立了他的经济发展理论。鲍尔坚持反对大城市里的学者们并作为首倡者之一提出，小农是敏感的利润追求者及有效的革新者，通常比大种植园的效率更高。鲍尔在赫尔希曼之前提出，公众对基础设施的投资是在形成之前而不是之后④。（还可指出，一个错误的基础设施，例如，过早地给予大量生产竞争者以补贴等措施，会使当地

① P. T. 鲍尔：《对发展问题的不同意见》（伦敦：韦登费尔德与尼科尔森出版社，1971年），第69～94页。

② 《马来亚小自耕农地橡胶生长情况调查报告》，第61页。

③ 亚当·斯密：《国富论》第一版，1776年（纽约，现代图书馆，1937年）第128页。

④ 参见A. O. 赫尔希曼的《经济发展战略》（耶鲁大学出版社，1958年）。

企业被消灭在萌芽状态之中。）

然而，巴伐利亚古典主义有一个古怪之处，这就是既确信发展经济学的市场理论又与哈耶克－波普——伦敦经济学院相一致反对“一般的历史理论”。从两方面来连接古典理论与反对论之间的鸿沟，其结果是两者都不能成功。

首先，鲍尔在特定的国家发展了一个以事实为基础的准古典发展理论，但同时否定一般的、规范的宏观发展模型及其资料依据①。否定的理由是这些模型中的变量相对来说并非重要，（我在下面将继续论述）以及所用资料不够可靠。后一理由对于亚洲与拉丁美洲的绝大多数国家来说已经过时。过去，一些重要的无法测量的数量现今均所知甚多。50年代以来，自足农场的产出也被包括在其中（依靠对农作物的抽样调查）。在印度，乡村的非农业就业人口一直在测量范围之内，这种调查现已遍及其他国家的各个角落，甚至以农为主的农民也没有漏掉②。鲍尔时常关注的“国际间收入统计的偏差”，在50年代后期通过各国间购买力的比较已得到了纠正。许多发展中国家已具有这些纠正过的数据③（归功于克拉维斯在世界银行赞助下的研究工作）。无论如何，如果这些数据不可靠，我们就没有理由接受或是反对鲍尔的三个研究成果：（1）他早期对一些情况的准古典增长（虽然存在一定的国家干预）的描述；（2）他随后断言，没有援助与计划的经济最利于发展；（3）否认任何发展途径的可靠性。模型与资料，无论是明确的还是暗含的，都是检验各种理论的唯一途径。

再者，鲍尔反对从理论到理论（metatheories）。（因为他认为准古典经济发展道路有时成功，有时失败，可用内因性的社会经济学来解释。）

---

① 参见本文及《平等，第三世界，经济幻想》第26～266页。

② 艾尼那·西塔与卡尔·E. 里艾多姆：《农村的非农业就业现状》，密执安大学农村发展论文第4卷（东兰辛：密执安州立大学，农业经济系，1979年）；以及最近印度的《国家抽样调查》摘要。

③ 这一进程开始于50年代米尔顿·吉尔伯特与欧文·B. 克拉维斯为欧洲经济合作组织（现为经济合作与发展组织）所做的研究工作。在克拉维斯的领导下，世界银行国际比较中心已经研究了25个发展中国家。欧文·B. 克拉维斯、艾伦·赫斯顿、罗伯特·萨默斯合著的最新著作引用了早期研究的成果，《世界产品与收入：实际总产值的国际比较》（马里兰，巴尔的摩：约翰斯·霍普金斯大学出版社，1982年）。

在他看来，一国具有的特定的文化和种族集团能起决定性的作用。例如，他谈到中国橡胶工人要比印度工人工作得更为刻苦，认为有一些集团就是“特别能干”。[①] 虽然这种结论很难算是什么解释，但是值得认真加以研究而不是加以排斥[②]，经过仔细探讨可以发现，决定“经济成果群体差异”的因素几乎总是表现为内因的和一时的，而不是外因的和遗传的（例如旁遮普的情形[③]），而且（特别是在异族通婚、移民、带有高尔顿所指出的遗传学特征的均化以及基因库的形成），以“X 集团工作更加刻苦”来解释这种差异是无法令人满意的，这种解释其实只是无知的表示。在未被科学阐明之前，人们曾将闪电归因于上帝的直接干预。

由于一个极为有趣的原因，鲍尔不得不在古典理论与反对论之间摇摆。他早期从事的是对东南亚与西非洲一些处于发展中的出口农产品为主的经济的研究。在那里，为建立古典模型的假设基本上都兑现了。出口农产品吸引了“欧洲企业的投资”，使东南亚的种植园得到了发展。而且来自欧洲贸易公司的大量资本流入西非洲。这些农产品的价格具有诱惑力，“大片空闲”的可耕地，（至少在初期）需求的高收入弹性与高价格弹性，使得当地的小自耕农产生从事企业的欲望。（在马来亚）鲍尔针对马来亚的情况勇敢地想方设法使小自耕农摆脱压在他们背上的殖民政权（基本上是欧洲大资本的代表）的重担，从而使他们能够种植更多的橡胶以及获得适当的研究与投入[④]。在西非洲，正像鲍尔所指出的那样[⑤]（在他警告之后仍有扩大趋势），广阔的前程由于销售局与其他机构而被蒙上一层阴影。声称是为了稳定，但实际上是把资源从生机勃勃的穷苦农民手中转移到迅速发展的、缺乏效率的城市政治机器手中。

---

① 令人遗憾的是，没有根据地认定美国印第安人缺乏能力的论调出现在《对发展问题的不同意见》第 97 页上。

② 宣扬或无根据地相信智力遗传（甚至认为与种族有关）是正确的（证据已表明是错的）即可以低智商、中智商或高智商（无论是遗传的还是环境造成的）为理由，使人类种族歧视合法化。所有这些都同样是可耻的行为。

③ M. S. 兰德哈瓦：《绿色革命》（纽约：威利出版社，1974 年）。

④ 《马来亚小自耕农地橡胶生长情况调查报告》，处处可见，特别是第 87 ~ 90 页。

⑤ P. T. 鲍尔：《西非洲贸易》（伦敦：劳特莱杰与基根 · 保罗出版社，1963 年）；《西非洲法定出口垄断的运转与影响》，载《皇家统计协会杂志》，第一卷（1954 年）。

"在当今的发展世界中，几乎没有（如果有，也是极个别的）哪一个国家能够重现40年代末期的马来亚与黄金海岸的农产品出口经济所处的环境与适宜条件了。"①

因而，在我看来，鲍尔爵士一直试图把他早期研究——在那些国家，自然资源与市场机会吸引了外围私人资本，推动了当地的经济发展，他的早期研究反映了古典理论——的脆弱的理论嫁接到其他发展中国家去。鲍尔认识到，尽管各国的政策千差万别，但几乎没有哪一个国家能像马来亚与加纳那样把经济发展扩展到千千万万生产出口产品的小自耕农身上②。因而，古典发展途径不能作为发展理论的通用起点。鉴于40年代马来亚与西非洲的经验，鲍尔坚持古典模式并寻找种族的、文化的以及从理论到理论的原因，去解释为什么没有一个模式可以适用于所有地区。

鲍尔对海外资本、援助、商品协定以及哈罗德—多马模型和贫穷的恶性循环的一般性论述是很精辟的。在1900—1940年之间，荷兰与英国的一些殖民地的出口农产品生产和贸易有效地吸引了国外私人资本的流入。这些地区的农民与商人拥有大量多余的土地，并享有低于穷国现行人口增长的人口增长率；经济上卓有成效的发展在很大程度上取决于这些资本的流入。由于橡胶（锡）以及当时的可可、咖啡市场很景气，国际商品卡特尔甚至商品协定都是不必要的与有害的。但是因为这些实际的历史情况太特殊、太短暂就不能在其他情况下重演吗？难道鲍尔对古典市场模型的依恋促使他反对普遍化、综合化，甚至理论本身，从而可使他所详细了解的早期成果与过去30年带有偏见的、不能令人满意的、部分计划与部分援助的，但不可辩驳的增长与发展现实调和起来吗？

我们可以把鲍尔关于"传统增长模型"的评论作为一个有益的开端。他认为传统增长模型所强调的变量并不重要。这些带有说明性质的变量往往是国内与国外的储蓄与投资。它们在传统模型里是通过储蓄倾向和资本的边际生产力与经济发展相联系的。（所有这些论点可以分散处理，而且也往往如此处理。）在鲍尔的早期著作里，种植业与贸易方

① 迈克尔·利普顿：《为什么穷人摆脱不了贫困》（马萨诸塞：坎布里奇，哈佛大学出版社，1977年），第294～296页。

② 波利·希尔：《加纳南部的可可种植农》（纽约：剑桥大学出版社1963年）。

面的国外私人资本在空闲土地上开发重要的农业出口产品。由于传统增长模型的变量（储蓄、投资、资本生产率）的数值总是处于一个十分有利的范围内，反而确实成为“不重要”的了。

鲍尔谈到，“高速的经济进步”包括“当地居民在农业上的大规模资本积累”，“与贫穷和停滞的恶性循环不相一致”。正相反，如果随着最初资本的流入，提供了广阔的机会，那么双方可以分享进步成果；如果没有最初资本的流入，将仍然是停滞的恶性循环。这是同一问题的两种说法。在印度旁遮普，1960年以来政府对水利、辅助设施、科研等方面提供了大量的早期投资，其发展进程与我所描述的情况相类似。良好的自然资源（特别是大量的良田与人们技能的改善）、最初非当地资本的流入以及市场的景气使高资本边际生产率与高储蓄倾向所吸引的大量国内储蓄转化为生产性投资。

这些变量虽然看起来“不重要”，但却非常有效——它们的相互作用有助于欠发达国家摆脱恶性循环。当循环为恶性时，这些“不重要”的变量是不利的。在孟加拉等地，低收入限制了国内私人储蓄率，而低储蓄率所造成的投资不足又会造成人们的低收入。因而公债与外援对于弥补储蓄不足以及提供旨在提高资本生产率的研究与训练经费上起到了至关重要的作用。（顺便谈一句，储蓄与投资都可以方便地重新定义，其中包括卫生与教育的支出。）在恶性循环地区，饥饿压抑下的生产力反过来只能压低粮食生产并维持饥饿状态。根据鲍尔在西非洲与东南亚的经验，必须有机会以吸引私人资本的最初流入，而居民对此作出反应以改变停滞的恶性循环为高储蓄、高投资、高收入，复又高储蓄的良性循环，或是高劳动生产率、多食品、少饥饿、复又高劳动生产率的良性循环。

鲍尔年轻时多在理想的年代、理想的地区为古典发展理论提供例证。然而在今天的孟加拉国不可能有大量私人资本的流入。这是因为孟加拉的主要出口农产品是黄麻与茶叶，面临的是低价格弹性与低收入弹性的市场需求[①]，加上社会的不稳定，对于投资者没有什么吸引力。除

① 虽然孟加拉的两种主要出口品黄麻和茶叶的价格弹性极低（都在 -0.33 左右），由于孟加拉黄麻产量占世界总产量的很大部分，因此孟加拉增加黄麻的生产和出口反而会减少其收入。而孟加拉的茶叶占世界茶叶出口份额极小，增加生产所增加的收入将使其他出口国（均为发展中国家）受到双倍的损失（由于需求的价格弹性约为 -0.33）。

非有一个可靠的国际商品贸易协定，不然情况就不会有所改变。而且在孟加拉，肥沃土地上的人口密度如此之高，以致没有多余的土地种植任何农作物[1]。况且，孟加拉人（与1945年的马来亚人和加纳人不同）基本都十分贫困，不可能有较多的储蓄。这个国家的人口增长率接近3%，人均收入刚刚超出贫困线，而边际资本—产出率至少为3。无论人们对这些数字持什么样的怀疑态度，恶性循环确实是客观实在。特别是许多农民如此饥饿，以至于影响了粮食的生产率。古典增长模式的全部要素——外国原始资本的流人，农产品出口市场的景气和富于弹性，多余的土地，人们可以进行储蓄并能将其转化为投资——具备这些典型条件的幸运国家构成了鲍尔勋爵的思想模式。然而，孟加拉根本不具备这些条件：循环是恶性的；资本、储蓄以及资本—产出和储蓄—收入的相关参数是至关重要的；大量优惠性资本的流人对于变恶性循环为良性循环只是必要条件还不足构成充分条件；非弹性的商品需求以及不利的价格变动更加剧了不稳定的局势。因而通过国际商品协定来保持相对的稳定，尽管不足以迅速推动经济发展，但却是重要的和有用的手段。

鲍尔勋爵对古典发展模式在适宜地区的实际可能性提供了许多具有远见卓识的理论。其他幸运的地区，如韩国与中国台湾，由于在占领国的控制下对土地进行了有利于高效率小农的再分配（以及占领国的大量援助与市场的适当开放），虽然最初采用了贸易保护措施，并坚持有计划的信贷与投资并且存在一些附加的政治压力，但所获得的成功仍然类似于新古典模式。在世界其他一些国家，如古巴与中国，据可靠方面声称，虽已普遍消除了赤贫，但同时存在着低效率，经常的负增长率，采取的也是政治压制手段。

在我看来，斯里兰卡、哥斯达黎加以及印度的一些地区有许多极为有趣的现象，那里国营经济成功地起到大体上减少贫困的作用，虽然存在着严重的、持续的低效率与不公平，但始终存在实际增长与政治自

① 所谓“第三世界的许多规模小、生产率低的农场主要是缺少抱负、能力、技术而不是土地和资本”的论点，对于印度尼西亚、埃及、印度和孟加拉的绝大部分地区是完全不适用的——一个重要的反驳可见鲍尔笔下的马来亚小自耕农。在马来亚，小农每增加一英亩的净产值几乎总是超过规模较大者。（R. A. 贝里与 W. R. 克莱因：《农业结构与发展中国家的生产力》，马里兰州：巴尔的摩，约翰斯·霍普金斯大学出版社，1979年）。

由。而且这些国家和地区也都得到了外援和一些私人资本。世界上没有哪一个国家和地区的情况能够完全符合某个人的经济发展模式，但是对一般理论的研究还必须进行下去。

评 论（二）

T. N. 斯瑞尼法桑[①]

鲍尔勋爵的本篇论文同他早期的绝大多数著作一样，又一次表现出尖锐与辛辣。他虽然坚持自己的观点长达 30 年之久，并只承认对欠发达国家经济生活政治化的普遍意义估计不足的严重判断性失误，但本篇论文仍是一个调子平和的概述。他的未加粉饰、剑拔弩张的论述则可见之于他在 1981 年出版的著作[②]。

要想与鲍尔对早期发展著作的扼要概括论一短长是相当困难的事情。然而值得指出的是，当时的开拓者们，特别是那些来自发展速度相对较快的发展中国家的开拓者们，认为中心问题是要经过一代或两代人的努力所获得的发展水平必须相当于发达国家经过几代人的努力才能达到的水平。此外，苏联的计划经济所导致的迅速转变是当时唯一的经验。当然，我们以后才认识到，人们也许会责备一些早期作者过分天真，因为他们当时确信苏联中央经济计划模式对于那些没有苏式政治体制的欠发达国家也是可行的。

鲍尔在本论文的第二部分简洁地总结了他有关经济发展进程的观点。然而他对艾里・马兹路易的著作《非洲形势》的评述却更为含糊其辞。许多发展中国家的思想家认为，经济与社会的发展是一个现代化过程，也就是采用科学方法与科学技术而不放弃传统的价值观。鲍尔与此不同，他认为："纯粹物质进步的概念，人们对周围环境的控制能力的不断提高，是西方的概念。人们的行为方式也源于此……因而没有西方化的价值观的现代化设想是自相矛盾的。"[③]

---

① T. N. 斯瑞尼法桑时任耶鲁大学经济学教授。

② P. T. 鲍尔：《平等，第三世界，经济幻想》（伦敦：韦登费尔德与尼科尔森出版社，1981 年）。

③ P. T. 鲍尔：《平等，第三世界，经济幻想》（伦敦：韦登费尔德与尼科尔森出版社，1981 年），第 205 页。

像两奥多·舒尔茨这样的开拓者强调人力资本积累——教育与技能的发展；能够提供刺激并允许个人做出积极反应的制度的发展；这些对于现代化起着决定性的作用。鲍尔谈道：“非洲有着极为丰富的自然资源，但是却发展缓慢，这是说明物质进步依赖于人的素质、社会制度、社会风俗习惯的一个明显例证。发展不仅仅依赖物质资源，还需要有利于人们努力工作与获得成就的政治环境。有才能与有效率的人的相对缺乏是决定性的。”① 但是在鲍尔看来，只是经济论证还不够。他继续着手把不充足的人力资本积累与人们所谓的“民族特点与民族态度”联系起来。例如，他忍耐不住地指出：从整个历史时期来看，黑非洲所获得的成就（指非洲的绝大部分地区）与亚洲和欧洲相比较是微不足道的。这决不是为奴役与屈辱作辩护……非洲在19世纪最后几十年里还没有文明或是现代生活的迹象。例如，在欧洲人来到撒哈拉大沙漠地区之前，当地所有的运输都依靠人力。而几乎全部人力运输都是在没有车轮的情况下进行的……西伐·南波尔在他最近所写的《南方之北：非洲之行》一书中对赞比亚的论述适合整个黑非洲：“如果矿山、医疗卫生、工厂、工学院和大学没有来自国外的人员，这个国家就会土崩瓦解。赞比亚将什么都生产不出来，什么都创造不出来。外来的英语教师颇有歉意地指着有限的几本书，说，‘就是这些，这是赞比亚全部文学作品’。对他来说，真正令人窘迫的是资料的缺乏：‘我深切地渴望为我的学生讲一点赞比亚，但在什么都没有的情况下我又能干点什么呢’”。②

带着将整个非洲大陆全盘否定的心情，鲍尔声称：“对于印度的物质进步，不利的民族特点是很独特的并且非常突出。如种姓等级制度，对牛的尊崇，不愿杀生，悟性的而不是基于实践的世界观。

尽管印度人具备许多有价值的经济素质，特别是当他们不为社会环境所限的时候。但是与中国人相比，印度人无论如何在独创性、能力、机智、勤劳等方面都要逊色很多。从中国移民与印度移民之间的成果比

---

① P. T. 鲍尔：《平等，第三世界，经济幻想》（伦敦：韦登费尔德与尼科尔森出版社，1981年），第193~194页。

② P. T. 鲍尔：《平等，第三世界，经济幻想》（伦敦：韦登费尔德与尼科尔森出版社，1981年），第194~195页。

较中已经可以看出这一点。[①]”

一个简单的事实是，与经济发展的口径不一致的素质若确实束缚了经济发展，在适当的环境下就会自动消失。毕竟，到今天为止，许多西方观察者都持与鲍尔相似的观点来观察日本人！巴格瓦蒂引用了一个澳大利亚专家1915年受日本政府之邀所写的报告：“我本来认为你们的劳动力是廉价的，但一亲眼看到贵国人民是怎样工作的，这一印象就彻底破灭了。无疑他们的报酬确实很低，但劳动效率同样很低。他们在工作中的态度使我觉得贵国是一个不在乎时间并满足于现状的民族。一些管理者告诉我，要想改变一个国家的传统习惯是不可能的”。[②]

可以预言鲍尔会推崇什么政策：严格限制政府干预，几乎全部依靠市场，其中包括世界资本市场，而不是依靠外援等等。虽然他也确信，西方国家减少对来自第三世界进口的关税壁垒有助于第三世界的经济发展，但他更对自由移民持慎重态度。如果贸易自由化取得了实质性的进展，鲍尔倾向于考虑“在某些国家实行更为自由的移民政策”。[③]

他认为，外援应该由自愿的慈善机构来做。应该采取工程项目专用赠款的形式。他对于国际开发协会的专款，以及世界银行的研究有如下看法：“1976年6月，瑞士政府提出一个提案，为国际开发协会提供巨额专款旨在救济第三世界政府，结果提案灰溜溜地被否决了。然而与此同时，瑞士为援助意大利地震灾民以及为第三世界贡献了大量捐款。因而，公众对于官方援助与慈善捐助是有所区分的……

用世界银行的名义，高级职员所发表的报告与专题论文竟公然违背常识、事实与逻辑。对于世界银行的蹩脚出版物的赞美之词远远多于批评，部分是由于世界银行的声望与实力，部分是由于其观点受到学术界与报界的赞成。世界银行的援助常常用于支持第三世界某些高压政策。但它的地位与声誉并没有受到任何损害，也基本上没有受到什么批评。”[④]

---

① P. T. 鲍尔：《英国援助与印度经济发展》（华盛顿：美国企业协会，1959年），第23、112页。

② 巴格瓦蒂：《发展经济学：我们学到了什么?》，著名讲演稿，马尼拉，亚洲发展银行，1983年10月。

③ P. T. 鲍尔：《平等，第三世界，经济幻想》，第131页。

④ P. T. 鲍尔：《平等，第三世界，经济幻想》，第129、131页。

我同意鲍尔勋爵所提倡的发展中国家要更加广泛地依靠市场来发展经济的主张，但我发现在他的著作里，争执有余而深度不足。肯尼斯·阿罗在给美国经济协会所作的主席报告中，对市场作用与经济发展的分析仅用了几页就深刻得多。澳大利亚经济史学家 E. L. 琼斯对欧洲为什么得到了很大的发展，而印度与中国却发展缓慢的原因所做的历史分析是很引人入胜的①。在这里，我只涉及阿罗教授的论点。

他指出，“事实表明，浮动汇率作为处理国际金融的一个可行手段，是对实践中旧有信念的理论胜利。”新古典经济学的两个主要失败之一是由于它的理论体系中“资本主义历史的失业周期与新古典模型的一般市场平衡相矛盾。”阿罗教授所指出的另一个错误与本文关系较大。他说：“国家之间经济发展水平的差异以及国家内部集团与地区之间经济发展的差异，对于新古典理论来说增加了第二个多少有一点复杂的问题。纯粹的新古典理论对不同的人均收入的解释将会由于按人口计算的实物资产与人力资本而有所不同，这必然引起进一步的疑问，为什么会这样呢？这就需要一个完全动态的模型来给予回答。但是更为棘手的问题是，收入差别太大，不能用要素差异来解释。的确，由于国际贸易，特别是国际资本的流动，工资差异就会大幅度减小（与封闭国家相比）……”②

阿罗教授指出，可以用不同国家的“生产能力组”的差别做出回答。但又只能放弃这种局部的解释，因为它会引起更多的问题：同时代人之间生产能力组之间的差别只能是由于知识的转移受到国界的限制。这使他发现期货市场失败的原因，部分由于期货契约的实施成本大于现货契约，部分由于未来的不确定性。他指出，尤其是信贷市场与资本期货市场的不完善或不存在更会导致期货市场的失败。甚至仅有一个市场不完善或不存在也会影响到其他市场，破坏竞争均衡的最优状态。

一旦承认市场机能的不完善或不存在，则全球竞争均衡的规范描述，如反映资源在国家与个人之间的帕累托最优配置就不复存在了。如果市场失败，阿罗教授认为，其他社会手段很可能出现，如政府干预；

① 《欧洲奇迹》（纽约：剑桥大学出版社，1981 年）。

② 肯尼斯·阿罗：《有限的认识与经济分析》，载《美国经济评论》（1974 年 3 月），第 1~10页。

经济代理人的行为准则；或出现一些经济组织，其权力介于新古典主义竞争性公司与支配一切的政府之间。

目前较为热门的研究领域之一是在缺少保险与期货市场的情况下，代之以何种制度的与合同的作用。事实上，发展中国家各种形式的土地租赁、劳动力雇佣、信贷、销售协定等，都是针对市场缺乏而在体制上的反应。制定发展政策要以对具体社会经济条件的整体作用的充分了解为基础。如果缺乏这种了解，对于市场地位或中央计划地位的讨论不可能有什么圆满的结果。再者，由于政府与市场一样也可能是不完善的，而且都会受政客的影响，依靠政府干预来弥补市场的不完善，可能要比一点都不干预糟糕得多。不能像鲍尔那样严厉地指责政府的干预，我们极需要对发展进行认真的分析。应当把政府视为影响发展进程的众多力量之一，并要认真分析丰富的各国经验的比较资料，世界银行肯定有这方面的资料。

二 科林·克拉克

科林·克拉克1905年生于伦敦。他曾就读于温彻斯特和牛津大学，1928年获文学士学位，1931年获文科硕士学位，1971年获得文科博士学位（牛津）。在获得第一个学位后，他参加了莫色赛德（Merseyside）的社会考察，并于1930年至1931年间在英国咨询委员会工作。1931年至1937年任剑桥大学讲师。从1928年到1952年，他在澳大利亚政府任各种高级职务，包括劳工与工业部副部长、财政部的金融顾问和昆士兰工业局长。1953年，他回到牛津任农业经济研究所所长一直到1969年。之后在澳大利亚昆士兰大学任经济系研究顾问。

他的著作有：《国民收入，1924—1931》（伦敦：麦克米兰出版社，1932年）；《国民收入与支出》（伦敦：麦克米兰出版社，1939年）；《收入统计研究》（伦敦：麦克米兰出版社，1939年）；《经济进步的条件》（伦敦：麦克米兰出版社，1940、1957年）；《1960年的经济学》（伦敦：麦克米兰出版社，1942年）；《增长的性质》（伦敦：经济事务学会，1961年）；与哈斯瓦尔合著，《自给自足农业的经济学》（伦敦：麦克米兰出版社，1964年）；《饥饿还是富足?》（纽约：泰玻林格出版社，1970年）；《人口增长与土地使用》（伦敦：麦克米兰出版社，1967、1977年）；《政治面临的贫困》（伦敦：经济事务学会，1977年）；与卡鲁萨斯合著：《水利经济学》（利物浦大学出版社，1981年）；以及《地区与城市布局》（圣罗西亚：昆士兰大学出版社，1982年）。

他的大量著作和文章的研究范围是，国民生产额的国际定量分析、资本投资作为增长因素的探究、征税的限度与减税的建议、发展中国家农业作用的分析、对人口增长有益效果的认识。

发展经济学的早期年代

1931 至 1937 年在剑桥期间，我开始对英国国民生产额——或像人们当时常说的，国民收入进行研究。能找到的最后研究成果，是勃雷与斯坦帕提出的、出版于 1927 年的资料且仅涉及 1924 年的情况；而那以后直到我开始研究前没有人提出更新的资料。

直至现在才知道，英国政府曾准备进行一次官方的国民收入研究，虽然也仅涉及 1924 年的情况，却含有一些在别处无法获得的、令人感兴趣的要素分配数字①。然而，工业雇主们报怨这些数字会不利于他们的工资谈判，由于这一特殊的原因，出版遭到制止。

我关于英国国民生产额的论著包括了 1924 至 1931 年的情况，第一版于 1932 年问世。更加透彻的研究成果出版于 1937 年，同样也是对长期的历史比较和近期的季度资料进行的尝试性研究②。然而，这部著作却是我以 1940 年《经济进步的条件》③ 出版告终的国际比较研究中的一个转折。

（一）

《经济进步的条件》及其全部章节的纲要是在 1935 年一个春光明媚的日子里开始起草的。当时我已订婚，我的未婚妻愉快但坚定地向我指出，我正过着一种过于闲散的生活。

现在，认识凯恩斯的人已日渐减少。正是凯恩斯在 1931 年推荐我为剑桥大学经济统计系的讲师。我出席了那次讨论会，会上凯恩斯第一次发表了杰文斯的传记。凯恩斯称杰文斯是把“自然科学家探索的目光和控制得当的想象力”带给经济学的第一人。这使我深受鼓舞，因为我

---

① 《关于国民收入的国内收入报告，1927》，剑桥大学，1977 年。

② 《国民收入，1924—1931》，伦敦：麦克米兰出版社，1932 年；《国民收入与支出》，伦敦：麦克米兰出版社，1937 年。

③ 伦敦：麦克米兰出版社，1940 年、1951 年、1957 年。

一直从事自然科学的研究。也是在这篇论文中，凯恩斯做了这样一个咄咄逼人的比较。“杰文斯在岩石上刻凿，而马歇尔用羊毛编织”。我一直深深地相信，经济学应当基于经验观察和对已实际发生的现象进行分类，而理论只是第二位的。正是基于这个原则，我写了《经济进步的条件》一书。有人告诉我，这一著作对经济思想产生了一定影响（在日本战时，甚至有一个秘密译本流传）。

从在英国政府的经济咨询委员会工作的初期开始，我就逐渐赞赏这样的信条，经济学应当是从比较性的观察，而不是从事先的假设中推演出来的。经济咨询委员会是一个庞大而不灵活的机构，与科学家、商人和银行家相比，经济学家寥寥无几，它早期进行的讨论混乱而漫无目的。凯恩斯及时主持了委员会的工作。我为委员会准备了几份统计报告，凯恩斯对这些报告的内容产生了浓厚的兴趣。

此后不久，经济咨询委员会主要关心的是如何抵制30年代世界经济大萧条的迅速扩展的影响，然而毫无建树。我当时是经济咨询委员会的工作人员，我能够提出的首次观察结果之一，是30年代英国失业人数的上升完全可以由出口损失来说明，而出口损失又可以由初级产品生产国购买力的严重下降得到更完整的说明，购买力的下降又与其产品价格在世界市场上极度下跌为起因。英国当时的两个主要出口市场是印度和澳大利亚。

当时凯恩斯刚完成他的长篇论著《货币论》，现在，这部著作几乎完全被他后来写的《通论》所遮盖。那时他正加快修改早期著作的许多观点。在白厅和剑桥观察后来在《通论》中问世的凯恩斯思想是如何发展的，这的确让人着迷。

那时的大部分英国经济学家——但不是凯恩斯——处于极度悲观的心境中，可能是因为第一次世界大战痛苦的后果仍在延续，他们的很多朋友在战争中死去。他们不仅悲观地认为世界性衰退的影响根本无法抵制，而且对早在衰退开始前的英国经济形势也持悲观态度。凭借当时可获得的原始资料，我能表明，20年代英国工业劳动生产率已经表现出稳步的增长。当时那些最主要的经济学家们只是拒绝相信这一简单的事实罢了。

然而，不久以后，以凯恩斯为首的主要经济学家，更不用说那些政治家，认识到了这个明显的结论，即对世界性萧条可以采取的最好对策，是通过抛弃悠久的英国自由贸易传统，并通过关税和其他手段限制进口，从而把萧条的后果转移给其他国家。这一行动的后果可能没有带来英国出口额的进一步下降。这与目前的形势有一种明显而可悲的相似之处。

凯恩斯在自由贸易问题上的主要对手是莱昂内尔·罗宾斯，他最近被任命为伦敦经济学院教授。当时，凯恩斯谨慎地主张增加公共投资和暂时容忍预算赤字的政策，而罗宾斯采取了相反的立场。根据一种奥地利经济学家提出的极不现实的理论，他认为在极度萧条的时期最好的办法是继续限制消费。

罗宾斯勋爵最近对其当时的立场表示懊悔。哈耶克教授在维护他的一般理论的同时，也赞同在1925—1931年英国汇率高估的特殊环境下，一般性的需求扩张是正确的政策。

现在对于当时应做些什么是再清楚不过的了，我们应当采纳凯恩斯扩大需求同时保持使其他国家分享利益的自由贸易政策。这种政策必须以汇率贬值为前提。尽管如此，汇率贬值发生于1931年9月时，凯恩斯和罗宾斯都没有表示支持。当时唯一支持汇率贬值的知名人士是工会领袖厄尼斯特·贝文，他后来在丘吉尔和艾德礼政府中出了名。英国当时（不像现在的地位）在世界贸易中仍居举足轻重的地位，这一政策可能会带来世界经济的复苏。

当时在不列颠发生的与在其他所有先进经济中发生的情况相似，他们完全陷于自身的问题之中，根本无暇顾及贫穷和发展中国家的困难。

一句常言说得千真万确：掌握信息重要，但及时掌握信息更重要。虽然这似乎奇怪，但《经济进步的条件》确实几乎是不同国家实际生产额比较的唯一信息来源。1941年初，在评价交战国当时的相对经济资源时（包括德国占领区域），《伦敦时报》不得不从昆士兰①的工业出版局援引资料。这种信息缺乏的状况在战后延续了多年。

（二）

我初次关注发展中国家的经济学，始于与奥斯丁·罗宾逊（现在是

① 澳大利亚州名——译者注。

爵士）的一次随便但又深刻的谈话。他说：经济学教程的正确开端应当是告诉你的学生，印度的人均实际收入大约仅为英国人均收入的四分之一或更小的比例。（当时我们对此尚无见解的原因是什么？）

奥斯丁和琼·罗宾逊在印度曾度过一段时间，20 年代他在那里担任过格瓦利尔王公的私人教师。当时四分之一的印度由世袭的王公们统治着，而英国当局只进行间接的监督。两位罗宾逊对印度经济问题发生了兴趣。他们受托准备一份有关一个非常复杂问题的报告，研究在建议重组的印度政府中，王公属下各邦的财政地位问题。

以后的半年多中，印度和其他发展中国家吸引了奥斯丁·罗宾逊的大部分注意力。琼·罗宾逊在 1928 年一回到剑桥，立即开始忙于她的《不完全竞争经济学》的广泛研究。后来，她试图否定书中的大部分内容，然后把注意力转向了宏观经济学，把虽然不是全部，却也相当多的注意力集中在对发展中国家，最后是中国的研究上。

在与奥斯丁·罗宾逊最初的对话不久，我被任命为 V. K. R. V. 拉奥的指导人。他当时是一个敏锐但默默无闻的学生，随后有了一番多变而重要的经历，包括德里大学的副校长、印度中央政府的交通部长。拉奥那时正在写论文，最终以《英属印度的国民收入，1931—1932 年》问世（不包括王公统治下的各邦，有关情况几乎无从知晓）。我们发现在剑桥从事这一研究没有什么不合适，那里看来可以找到大部分参考资料，一些技术问题可以通过少量通信询问得到补充。

然而这并不是有关印度国民收入的首次研究。第一次是由纳奥罗吉早在 1869 年所做的对增长速度的近似估计。这是一位极不寻常的学者，他作为激进派参加竞选并在英国国会获得了一个合法的席位。在此之后到拉奥以前的一些研究表明，印度的人均实际收入虽然可能在提高，但提高的速度极为缓慢。

印度计划委员会邀请我就经济发展的前景写一份报告，在印度获得独立的几个月以后，即 1947 年 11 月，我准备了这篇报告。我进行了两次极有趣味的会晤，一次是与总督蒙特巴顿勋爵，他娴熟地操纵着权力的转移。另一次是与甘地，会见的几周后他遭到暗杀。甘地（没有人会相信）被证明是一位令人信服的自由市场经济学家，对价格管制、配额及尼赫鲁政府当时采取的农作物强制购买政策持强烈的批评态度。他说，正确的解决办法是提高食品价格，这样人人都不得不更努力地工作，印度问题的根源是人们过于闲散。

对1947年极度贫乏的信息所做的研究表明，过去人均实际生产额的长期增长率一直是平均每年0.5%。当时，大部分印度经济学家感到未来的情况也不会好转——的确，如果没有充足的国外资本流人的话，情况甚至会更坏。事实上，尽管犯了种种错误，后来实现的人均增长速度比当时预料的要高两倍。人口增长可能毕竟是个有益因素。

在剑桥的研究人员中，我当时负责指导的有：现已获爵士称号的卡恩克劳斯，他那时正研究19世纪英国投资史；现已获爵士称号的斯通，他青年时代曾在印度生活过几年，其父在那里担任过法官。然而这一次，他对拉奥试图获得印度国民生产额的衡量方法深表怀疑。

从那以后，印度一直是一个我与之保持最密切联系的发展中国家。我以官方或非官方身份曾十几次访问印度。我还分别在1947年和1952年应邀准备斯里兰卡与巴基斯坦（当时包括孟加拉）的官方经济报告。对非洲和拉丁美洲国家，我曾进行过短期访问。

（三）

就像印度的情况一样，如果没有关于国民生产额的资料，那么无论拥有多么近似的数据，我们都难以在发展中国家的经济学上起步。有关进出口的资料通常可以得到，但这不能把我们引向深入。另一类主要的信息来源是人口普查。但即便在先进国家，人们目前也失望地发现，在这种人口普查的资料中，有许多重要的计算被遗漏。这种情况在发展中国家可能更为突出，一般未受过教育的人仍然认为，人口普查和兵役或税赋之类的事情有关。因此，我们不可能得到哪怕是人口增长率的准确估计值。

国与国之间人口普查的质量确实差异悬殊。其中最差的典型是尼日利亚，为了在联邦议会获得更多的席位，人口普查的结果经过精心的伪造。

经济学家希望获得有关就业分布的人口普查资料。但印度的人口普查是世界上最差的之一。这不仅因为其界限模糊，而且由于急剧改变的标准。但从表面上看，印度的人口普查似乎表明，自1881年第一次人口普查之后，从事农业的劳动力比例几乎没有变化。这是经济增长极为缓慢的确实迹象。

经济进步将引起农业劳动力比例的下降，这一点目前已为人们普遍承认（虽然我不认为这是我写《经济进步的条件》时的实情）。然而，一些发展中国家的政策制定者似乎把这种关系看成是可逆的，就是说，好像创造工业就业机会就可以自动使国家富裕。这是一种灾难性的错误。印度在某位权威科学家的引导下，遵循着一种古怪的推理式。这位科学家指出：人口正在增长，因而我们需要更多的食品，要生产更多的食品我们就需要化肥。至此，他是正确的；然后我们就必须生产化肥——显然没有考虑到进口的可能性；要建设化肥厂我们需要钢，因此我们应当把尽可能利用的资源去建设钢铁厂。可能是由于生产钢铁的特殊条件，钢铁诱发了感情冲动从而阻碍人们理智地讨论问题。一次，当有人问我印度是否应该进一步投资建设钢铁厂时，我回答说：这是一个信念而非理性的问题。

印度远不是出现这种错误的唯一发展中国家。讽刺文章也有一定道理，即发展中国家的真正需要是一个钢铁厂、一家航空公司、一条6车道的公路以及对总统赴华盛顿新闻俱乐部讲演的一次邀请。这种愚蠢之举的后果之一是，世界目前已经令人沮丧地难以容纳所有这些钢铁厂和航空公司了，要吸收这种过剩将要花费很长时间。

在这种错误判断的全部实例中，最糟的要算是毛泽东领导的中国了。不知什么人告诉了毛泽东，随后他在《社会主义高潮》一文中写道：大约有三分之一的农业劳动力是多余的，应该转入其他职业。1958年的大跃进，就是事实上试图这样去做。当时毛泽东相信（至少是暂时的）仅在一年内收成翻番的消息，现在已承认当时的后果是灾难性的饥荒。

我们不了解为什么毛泽东会获得了这些错误信息——有一个时期，他好像有一些印度顾问！

简单参考一下布克在30年代收集的已很丰富的信息（《中国农业经济》，南京大学出版社）就可以知道，除了12月和1月两个寒冷的月份，中国的农业经济通常是处于一种劳动力短缺而不是就业不足的状况。简而言之，如果要用锄头开垦一个像中国那样大的国家，这将需要大约6亿人。

（四）

对于发展中国家农业劳动力过剩的假设存在很多误解。这起源于观察以年为基础的资料的方法。一旦按月分析劳动力需要量，我们就会发现发展中国家的耕种者经常面临着阶段性的严重劳动力短缺，在稻子播种和收获季节尤其是如此。这是在长达数月的被迫性闲散之后——在那些月份里，气候过于干燥或过于寒冷，农业作业须视情况而定。中国情况就是如此，那里的大部分地区，只有在一年中最冷的两个月才能找到空闲的劳动者。然而，在更先进的农村经济中，比如在日本，这种季节性的劳动力需求波动，可以通过精心的作物多样化和家禽生产使之减少到非常低的水平。

1935年，我开始研究发展中国家的农业产量，并为英国科学进步协会当年召开的年会递交了一篇开拓性的论文。这导致了在《经济进步的条件》中对农业每个劳动者平均产量的最初的国际比较。1951年，我在食品与农业组织的那段时间，又开始了对这一问题的更透彻的、新的研究，最后于1954年在《皇家统计学会杂志》上发表①。

无论是以每人还是以每公顷衡量，在农业生产率上存在着巨大的国家差别。以我的工作为基础，海阿梅以三种不同的价格衡量体系对1960年前后的情况继续进行国际比较。通过海阿梅与鲁坦②的工作，现在已经清楚了，在有些国家，农业生产的限制因素是土地、化肥、农药等，可被视为“土地补充”（land supplement）的因素。我们必须把这种情况与农业生产的限制因素是劳动，可以通过机械化成功地得到补充的情况区别开来。加尔布雷斯教授作为美国驻印度大使的活动之一，就是说服人们把化肥视为“土地的替代物”。

（五）

现在讨论我们的中心问题，即实际收入的国际比较。货币工资的国

---

① 《世界农产品的供给与需要》，载《皇家统计学会杂志》，第3号（1954年），第117卷。

② 《农业发展的国际透视》（马里兰州，巴尔的摩：约翰斯·霍普金斯大学出版社，1971年）。

际比较有时是适用的，但问题是获得价格国际比较的有关信息。

经过不列颠贸易委员会（当时负责统计工作的政府部门）在1904年就实际工资进行的一些国际比较的初步尝试性的努力以后，20年代国际劳工部第一次对此作了系统的研究，该项研究以工资数据为基础，并与初步的国际价格比较相关联。这些价格比较基本限于食品、燃料和租金。国际劳动部的研究由福特汽车公司赞助，这个公司在全世界都建立了分支机构。他们认为，在世界上进行工资比较是其义务。

1935年，我在巴黎统计局楼梯上吃惊地看到了一个装满遗抛衣物的大柜子，一件色彩粗狂狡犷、质地厚粗的方格衬衣十分引人注目。这件服装在底特律被视为下等人的工作服，在巴黎却被视为只有上等富有青年男子在特殊商店才能买到的时装。由于希望把服装纳入价格比较，福特汽车公司实际上提供着能够纳入价格指数的统计样本。

当公布统计结果引起政治风波之后，福特公司的工作遇到很大麻烦。意大利在国际价格比较表中处于不利地位是理所当然的，但却使刚握有专治大权的墨索里尼大为恼火，认为这是在国际上对他的国家的污辱。其他一些国家对于他们所处的相对比较位置也很敏感。因此，只能停止这项工作。那次研究只涉及发达国家的价格比较，对发展中国家则并未接触。

然而，我只能以那次研究为基础继续我的工作。此外，可获得的还有国际劳工部关于租金及一份“奢侈品价格”国际比较的资料（虽然现在不这么称呼了）。以替代和假设的指数集合为基础的、改进后的国际价格比较于1938年发表①。

1934年，在欧洲经济合作组织的主持下，米尔顿·吉尔伯特和欧文·克拉维斯对一些先进工业国的货币购买力进行了综合比较（包括资本货、公共开支和私人消费）。② 即便这样，若假定货币购买力与汇率相等，国际比较将会得到错误的结论。除了特殊情况，低收入国家的实际货币购买力必定高于用汇率表示的购买力。哈罗德1933年在《国际经济学》中首先清楚地表述了这个情况。

---

① 《国民收入的国际比较》，载《世界经济档案》，第47号，1938年。
② 《国民生产额和货币购买力的国际比较》（巴黎：欧洲经济合作组织，1954年）。

让我们把事情简化。假定进行比较的两个国家的交换产品分别是工业品和农产品，这些产品可以在国际上自由交换，而两国的劳务类产品则仅能在本地出售。以此出发，我们可以得到下述普遍成立的判断。总的来说，一定时间内国家间服务业的生产率不像第一组产业（指国际上自由交换的工业品和农产品。译者注）的生产率增长得那么迅速。在国际上自由交换的第一组产业中，工资和其他要素收入以两国之间的相对汇率来调整。在先进国家中，尽管服务业的相对劳动生产率不像国际交换产品那样大大高于贫困国家，但又不得不付出与前述产品相似的工资和其他要素收入。可以想象，既定质量下的服务相对价格在高收入国家中显然偏高。从总体上看，依赖于不同要素在特定阶段的相对重要性，低收入国家的实际购买力必定高于用汇率表示的购买力。因此，两国人均收入的差别要低于把国民收入转换为由粗略的国民产品所反映的汇率后所表示的购买力差别。

最近，吉尔伯特－克拉维斯的研究已由其他人及他们本人所进行的更为透彻的研究作了补充。这项研究已经包括了若干发展中国家，[①] 有些成果是令人吃惊的。比如，若想比较印度和美国的人均收入，就必须选取若干因素对以卢比为基础的汇价进行调整。

从1935—1939年，我为写《经济进步的条件》做准备工作。为了出版英国国民收入的详细研究成果，1936年我不得不中止了准备工作。1937年，这项工作又为两年后发表的《俄国统计批判》[②] 的短期研究所打断。那篇文章试图用西方流行价格标准评价苏联农业和工业的产出率，这种方法是由波兰依首先提出的，但使用它的效果不尽人意。对于苏联的情况，我开始并不打算从政治角度进行评论，而只想做出马尔萨斯式的解释（恰如凯恩斯对待耸人听闻的俄国1921年大饥荒那样）。然而，评论文章很快指出，俄国人口正逐步减少。斯大林禁止公布1937年人口普查结果，因为普查的结果数字太低（正如人们所料到的，斯大林把人口普查官员说成是法西斯分子、托派分子）。事实上，人口普查

① 见由克拉维斯等人所著的《购买力和总产品的系统国际比较》、《实际产品和购买力的国际比较》、《世界的生产和收入：实际总产品的国际比较》、《一百多个国家实际国民生产值的平均资本》等著作。

② 伦敦：麦克米兰出版社，1939年。

到 1939 年才进行，统计的结果与斯大林在几年之前宣布的人口数是一致的。但从 1929 年到 1933 年，在农业“集体化”和随后的饥荒中生长的人数估计约有 600 万。

关于服务业，我们几乎没有什么资料，这方面的有些资料是从一些国家的社会保险统计中得到的，另一些则从人口普查的结果中获悉，大量的资料是关于农业、工业、建筑业和采掘业的。

1932 年，我在皇家统计协会组织了一个英国服务业研究组。那时，除了对自身的知识贫乏百般焦虑之外，我们不能有任何作为。即使现在，我们对许多服务业的价格和生产率仍然一无所知。在国民账户和国际收入比较方面，这样的服务（如教育、政府服务、家务作业）只能以就业量表示，也就是说，以假定劳动生产率从未改变为前提，这显然是不真实的。尽管如此，当我们从国家统计分析深化到地区统计分析后，我们发现，若以广义的服务业定义计算（包括交通和商业），在先进经济中的服务业比重竟占 80% 。

共产主义国家把这些全都忽略了。以奇特的唯物论为基础的马克思主义否认服务是一种生产形式——虽然像运输、销售等与“物质产品”结为一体的服务不在此列。住房、卫生、教育、政府工作等诸如此类的服务业只能作为一种消费形式而不是作为国民产品的一部分来对待。

亚当·斯密有一个离奇的定义：国民产品以耐用性为基础，修理业是现实的，因为它生产了能使产品延续下去的物，但是音乐师却没有生产产品，因为他们的表演仅在即时享用。

除马克思主义者外，不能理解服务业能提供国民产品的人仍大量存在。英国的爱德华地安有一个著名的推理链：一个每年收入 5000 英镑的富人用 500 英镑佣了一个秘书，后者又用 50 英镑雇佣了一个园丁。国民收入统计学家认为，他们的总收入为 5550 英镑，但推理却认为真正的数字只有 5000 英镑，其他人的收入有赖于第一个人的收入。这显然是一种当代的重农主义理论。重农主义主张只有农产品才重要。这种看法一直延续到今天。

我遇见这种观点持有者是 1938 年的事，那是在新西兰出版社一次激烈的辩论之中。按当时的标准，新西兰是世界上最先进的经济之一并拥有庞大的服务业。那时出版的新西兰统计是以粗略的方法进行的，并忽略了服务部门，这使国民产品额过低。经过独立调查后，我指出了这种现象并提出了一个高得多的估计。这时，新西兰人并没有高兴，反而被激怒了。

（六）

威廉·配第爵士在17世纪第一次提出了这样的判断：在就业和对国民生产额的相对重要性上，农业将趋下降；相对于服务业而言，制造业的比重先是上升然后下降。在《经济进步的条件》中，通过对目前和历史资料的研究，我把这个主要命题放在观察的首要位置上。那本书还不能充分地说明这个主题，即便今天也难以做到这一点。因此，我们只能对三个产业的需求价格和收入弹性、对每个产业单位产出所需要的劳动投入进行测算。过去我们常假设农业生产率提高得缓慢而平衡，但在1955年后，一些国家的农业劳动生产率大大加速，明显的一个原因是拖延使用的技术被积累起来。生产率加速对农业劳动力的需要使世界农产品贸易条件产生了出人意料的结果。

所观察的国家中（除印度之外），农业中的劳动力所占比例有长期下降趋势，但下降的速度却不相同。在人口高增长的发展中国家，这种相对下降趋势可能仍然意味着农业就业数量的绝对上升。制定经济发展政策的人理应考虑到这些因素，但他们经常不这么做。

相反，先进国家农业就业人口在绝对下降，即使在美国这样的农业出口国也是如此，1920年，美国的农业人口就达到了顶点。

在英国政府的经济咨询委员会工作时，我必须为移民委员会工作。人们普遍认为，把英国的失业人口送到澳大利亚和新西兰去务农是一条出路。当我发现新西兰农业绝对人口也在下降时，委员会大为震惊。那种状况至今记忆犹新。

既然已经掌握克拉维斯购买力国际比较的最后成果，我们可以进而考察服务价格的国际比较分析。对价格测量的方法是，把产量与劳动投入量联系起来。因为服务业劳动生产率上升不像农业和制造业那样迅速，我们预计低收入国家的服务价格要相对偏低，在更小的范围内，我们可以对产品与劳务相结合的建筑业进行同样的判断。克拉维斯所概括发展中国家的结果有些混乱，如人们发现，印度的服务业和建筑业的价格相对偏低，但肯尼亚却不是这样，其他发展中国家的结果也似是而非。

如果我们掌握一个国家商品和服务价格的长期资料，就可以对服务业的相对生产率进行判断。在日本和法国可以获得这些资料，令人遗憾的是，他们的结果是背离的。1926 年，日本资料表明了服务价格与商品价格的一致性，也就是说，两者劳产率上升同速。法国在 1900 年的资料表明，服务相对价格偏低，这明显地表明服务业的劳动生产率不像商品劳动生产率增长得那么快。当然，可能存在这种情况，两个产业的收入分配是不均等的。人们可能会对日本的数字提出质疑，这大可不必，因为日本统计数字历来比较精确。日本的结论总的来说是由国际比较支撑的。当然，我们无法用此判断服务质量是优是劣。

结合各国历史（包括美国）和国际比较，我们得出了一个初步结论：在低收入水平上，服务业的生产率能够同产品生产率同步上升（虽然不一定总是这样），但是，达到某种程度后，服务业的生产率上升就不那么迅速了。

事实表明了服务业的高收入弹性，同时价格需求弹性也有很大潜力。家务作业和餐旅业是劳动含量很高的服务业的两个典型行业。工资上升，服务业的价格也肯定会相应提高，可能这就是需求的价格弹性。在先进国家，这几乎决定了对家务服务的需求，并对餐旅业的预期需求增长起着控制作用。

（七）

1938 年我在澳大利亚昆士兰州政府任职。我是州财政部的经济和金融顾问，管理某些浩大的公共工程，充当州统计师，并对其他许多工作负责。与此同时，我还与新西兰政府进行了讨论。对我来讲，事情很清楚，无论是澳大利亚还是新西兰，在经济政策中最首要的问题是预测未来农产品的国际贸易条件将会怎样，我开始集中力量攻克这个难题。其成果就是写于 1940 年、出版于 1942 年的《1960 年的经济学》。[①] 那时我预料战后世界农产品的贸易条件将大为改善。事实上，只是短期出现

① 伦敦：麦克米兰出版社，1942 年。

了这种改善；1951 年达到最高水平，然后是农产品价格的持续下跌。

追溯一下《1960 年的经济学》一书对多少错多少是值得的，这可以对那些致力于长期经济预测的人示以鉴戒——虽然这些预测对制定合理的政策是绝对必要的。

在该书结尾一节，我对人们有时称之为长波或康德拉季耶夫周期作了推测。康德拉季耶夫最初的命题仅与价格运动有关，后来的思考则把它与投资运动、国际贸易和初级产品的贸易条件联系起来。我认为这一思考中含有一定的内容。当时和现在，我都认为它是一个占支配地位的投资周期。国内和跨国境的全球投资因种种原因而加速，直到世界达到了一种“资本饱和”状态，然后是长期的投资减缓。

扩张期的贸易条件对初级产品相对有利，而衰退则相反。整个周期大致是 50 年时间，大约一半时间“投资饱和”，一半时间“投资饥饿”，尽管周期会受到战争和人口变化的干扰。我那时估计（现在也是），饱和阶段始于 1929 年的前几年，但是世界范围的战时资本耗失很快导致这一阶段的结束，并形成了始于 1945 年的、比一般资本饥饿时期长的资本饥饿时期。那时我没有冒险预言，下一个长波的谷期将始于 70 年代中期，尽管我完全可能这样做。

《1960 年的经济学》有个惊人的预言，即俄国将成为世界上最大的农产品进口国，这个预言现在几乎已成为事实——虽然远在 1960 年之后。另一个预言是世界人口出生率下降的趋势将会扭转，人口增长会又一次加速。这在 50 年代的确发生了——虽然这个预言是以直觉而不是以正式分析为基础的。

预测中主要有如下错误：

1. 对先进国家的食品需求的收入弹性估计偏高。我的数字得自对家庭开支调查中的收入弹性的观察。但是，这些代表了含有大量运输、分配和类似成本因素的价格。食品需求的收入弹性在农户中就要低得多。我们还应考虑这一整体性问题，即用静态的横断面研究方法是否可以对预期的动态变化提供有效的说明。

2. 农业劳动者的人年均劳动生产率是估计出来的，根据截止到当时的经验，每年仅以 1.5% 的速度提高。正如上面提到的，1945 年之后，这一速率在大部分先进国家突然发生了变化。

3. 发展中国家工业化的可能速度，更准确地说，非农业就业增长率被过分夸大了。

我很快就认识到上述第三点是最重要的问题。1952 年我为巴基斯坦准备的经济报告把它放在中心地位。（那时，这是一个不准备公开发表的机密外交文件，然而我后来得知，巴基斯坦议会的记录文件全文公布了这一文件。）这篇报告的观点是：无论环境怎样有利，非农业就业增长的绝对（不是相对）比率总有一个最高界限。我当时手头可供比较的资料，涉及自 19 世纪 70 年代开始的整个工业化时期的日本、20 世纪最初 10 年空前增长时期的加拿大和斯大林时期的苏联。以日本的资料为主要论据，我得出了这样的结论：无论人口增长率是高还是低，任何一个国家非农业就业增长率的最高限是每年 4%。俄国是验证这条规则的例外。斯大林 1928 年后加快这一步伐的企图不仅招致了农业混乱和饥荒，而且造成了工业和交通运输业的崩溃。据报道，斯大林曾在 1933 年说："我不能再驱使这个国家向前了。"对发展中国家来说，非农业就业的增长速度要比非农产品的增长速度更容易衡量。至于预测两者的关系，我们可以认为它是非线性的。开始时期，规模经济可以在管理困难、基础设施紧张和其他因素具有相反效果的地方实现。

然而，以后有证据表明，4% 的界限过于慎重。近年来很多国家都显示了远远高于此的增长速度。领先的韩国直到最近一直以 8% 的比率稳步增长，尽管最近这个国家出现了无组织状态。然而，可能应当对世界范围工业化速度的这种普遍提高有所预测。教育、交通、通讯手段较之作为基础衡量标准的 19 世纪的日本有了巨大的进步。

（八）

由于我们已经体察发展中国家的贫困及其对迅速发展的需要，就会产生一种倾向，即认为这主要是因为资本缺乏造成的，通过适当的资本转移就可以迅速解决问题。著名的哈罗德－多马模型旨在表明一个国家如何依赖自身资本积累而实现经济增长——却没有考虑来自外部的资本移动。产出被视为资本和劳动投入的简单的科布—道格拉斯函数，每一个变量各自具有自己的指数，指数相加为 1 或近似为 1，由于规模经济而允许有细微的差别。所有推理都以上面提到的错误假定为前提。尽管投资毫无疑问是经济增长的必要条件，但决不能视为充分条件。组织上的困难、管理技术的不足、基础设施的短缺或其他因素引起了，事实上决定了非农业就业的最大增长率是每年4%～8%，无论资本投入是多少。

正是在50年代，与美国的索洛、斯堪的纳维亚的奥克拉斯特和尼坦莫一起，我们开始以对资本投入历史水平的认识为依据研究长期生产函数。科布一道格拉斯函数只有在众多因素综合影响下才有效力。这些综合作用至今令我们难以区分——技术革新、规模经济、更合理的组织、教育及其他可能的作用。

当时并至今仍在困扰我们的另一个问题是，像现在这样的资本转移最好发生于私人部门还是公共部门。一些国家公共部门投资支出的过度和浪费已引起非议。

这里的根本问题是政治问题。剑桥的政治学教授丹尼斯·布拉根有一句著名的话："亚洲的政治家喜欢他们的胳膊被人捆束。"其含义是：发展中国家的政治家处于朋友、家庭、部落协会势不可挡的压力之下，这些人要求从被他们视为战利品的基金中分享到一个份额，以至于政治家们难以禁止自己挪用其所掌管的某些基金。除非像丹尼斯所说的，他们处于更强大的国际压力之下。世界银行因其严格而享有很高的声望（我希望这一点能够得到发扬），正是出于这种严格，它不信任各国政府而派出自己的会计人员和工程师去检查其所提供基金支出时的各个细节。

对处于经济发展初级阶段的国家来说，最有价值的投资是基础设施，尤其是交通。如果没有交通，只能建立一种地区性的自然农业。还有供水，没有供水，就无法有效地控制传染病。道路和供水必须是公共投资。运输经济学家向我们提出了一个有趣的悖论："一个国家越穷，就越需要好的道路。"因为坏的道路会加快运输工具耗损，从而很快地扩大资本损失，这又会大大超过好路与坏路之间的成本差异。

当时，我们也倾向于夸大对资本的需要。1949年在成功湖畔召开的联合国发展大会全体会议上，我的论文对资本需求的数据提得过高。那时人们广泛相信正常的资本产出比率是4，事实上，即便包括住房和公共投资在内，也很少有这么高。日本的经验表明（我们有日本整个发展周期的完整资料），20 年代资本产出比率达到最高，然后就下降。很多技术和组织变革可以节约资本，这是古典经济学家未能认识到的事实。

后来的一次与波兰计委主任的有趣会谈，使我研究了农业投资需求量。当时（60 年代），波兰计划当局认为，农业资本需求量相对高于工业，因此波兰经济的长远策略最好是出口工业和矿产品而进口农产品（这种计划是多么错误）。我发现，按照当时一般的方法，农业单位产出要求的资本数量与工业比较的确要高，但这主要是把所有权分解成非最优化规模单位，从而使每单位产出对建筑物、设备和牲畜需求过高的结果。农业可以期望通过技术变革和减少就业带来资本产出率的大幅度提高。

（九）

像现在大多数人一样，当时几乎所有的人都倾向于把人口增长视为一种不利因素。为了在人口增长的同时把人均资本维持在特定水平上而耗尽了有限的资本供给，没有什么余裕用以“深化”人均资本。哈根在 1953 年的收入和财富研究协会会议上最早从根本上指责了这种见解，事实上，他的论文很久以后才发表。国际比较表明：人口的地理密度和人口增长速度两者都会大幅度地减少人均资本需求，换句话说，产出扩大的边际资本需求似乎远远小于人均资本需求。

哈根提出了一个更为重要的观点。用他新奇的语言来表述，迅速的人口增长具有使一个国家从投资偏误中“解脱”出来的效果。我们都很清楚，无论是公共还是私人投资的决策都可能出现严重偏误。但在人口增长时，一种错误的有形投资比人口增长停滞时更容易找到其可选择的用场。

凯恩斯 1926 年发表《放任主义的终结》时曾作出类似推断。他认为，当时的欧洲接近人口增长停滞状态。他用相反的方法表述自己的命题：过去私人投资的错误决策对经济的损害相对要小些，但人口停滞时其损害则更大，因而更需要政府的调节——那时人们相信政府调节总是明智的。然而，凯恩斯在 1937 年巧妙地转换了自己的论点。他认为，自由的私人投资自然会符合需求，这在人口增长条件下可以更有把握地达到。

直到60年代，我才开始形成自己的思路。它体现在《自给自足农业经济学》一书中①（与M. R. 哈斯瓦尔合著），农业生产率的提高应视为工业发展的另一个必要条件。国际比较和历史发展都表明，只有农业生产率上升，而且以加速度上升，非农业就业比例的增加才是可能的（非农业劳动力就业比例的增长是农业劳动生产率的对数线性函数）。唯一的例外是，当一个发展中国家可以生产我们所称的“食品替代物”——矿产品、林产品或偶尔的制造品，这些产品可以在国际市场上出口——并能够带来对自己的农业劳动生产率起到部分替代作用的进口食品。这一观点当然基于最简单的常识：如果不能养活工业人口，就不能雇佣这些人口。另外，经济发展有必要增加进口量（尽管许多计划工作者似乎忽视了这一点），对进口品不得不付出代价，而大部分发展中国家（除上述的例外），唯一可能的出口物是农产品。

日本早期发展情况集中体现了这一原则。19世纪90年代以来日本制造品出口支持了农业生产率的增长，奠定了大大超过任何其他国家非农业就业增长速度的基础。

日本美籍经济学家中山完全否定这种观点。虽然他能够指明早期对农业产量的一些错误观点，但他的大部分例子被速见和山田完全推翻。②这决不仅仅是一个日本经济史上的简单问题，因为它涉及最为重要的发展原则中最为主要的范例（除矿产资源极为丰富的国家），这就是，对于成功的发展来说，提高农业生产率是一个先决条件。

---

① 伦敦：麦克米兰出版社，1964年。

② 在K. 奥卡瓦编辑的《农业与经济增长：日本的经验》中，（新泽西，普林斯顿：普林斯顿大学出版社，1969年）。

评　论

格拉海姆·波亚特[1]

多年来，科林·克拉克就许多问题著书立说。但作为一个发展经济学的开拓者，对其贡献的评价却主要集中在三个领域，他在这些方面的贡献最引人注目，即，

1. 随着实际收入的提高，在农业、工业和服务业之间部门均衡的演进；

2. 用已逐渐为人们了解的购买力平价表示的实际收入的国际比较；

3. 农业生产率的决定因素和人口增长的经济后果。

对科林、克拉克来说，这三个题目并不是相互独立的。如果他在这些方面的贡献并没有结为一个完整的理论体系，那么我们至少应承认，像他说的那样，这些方面的贡献都是在“1935 年一个春光明媚的日子”里提出来的。当时，作为对未婚妻善意地责备他懒惰的回应，他草拟了创造性的著作《经济进步的条件》的最初纲要。如果我在这里评价这些贡献时不够严格的话，那部分原因是我唯恐他没有得到应有的承认；另一个原因大概是，对他的贡献要以一种无须由当今的经济学家认为理所当然的目光来评判。

克拉克可能也有与后一点类似的想法，他写道：《经济进步的条件》的“第一版写于 1935—1939 年之间，在 1939 年初为第一版写的前言，可能以一种不必要的激烈言辞，悲叹英国学院经济学家继续偏好把经济学作为以思辨和理论推断为基础的研究，而不是一种基于对经济世界的实际事实进行收集和验证的科学”[2]。

那些与霍利斯·钱纳瑞工作多年的人会十分熟悉他挂在办公室墙上

---

① 格拉海姆·波亚特时任世界银行发展研究部高级顾问。

② 见《经济进步的条件》，1951 年第 2 版。

的醒目条幅："如果事实与理论不符，那就是错误的事实"。由克拉克提出的问题依然存在，当他后来看到我已引述的内容时，认为"当时所说的（指第一版序言）现在幸好已经完全过时了"，这并不是克拉克最后一次被证明是错误的。我从未有机会询问钱纳瑞，一个人意在违背他的座右铭时处于一种怎样的精神状态。当然，不容争辩的是，从克拉克到钱纳瑞，在发展模式的调查研究上存在一种主要的思想传统的连续性，他们的差距不是方法上的，而是资料基础不一致。

克拉克坚持以实证方法作为经济学固有的基础，这种方法贯穿在他的工作之中。他在筛选与核对资料方面显示出旺盛的精力和极大的韧性。作为实证方法的斗士，他不止一次能够用引证事实揭露那些时髦理论。科林·克拉克完全可能受到指责，因为他在论证先验的推理对经济科学发展的重要性问题上，没有维护一种更中庸的观点。事实上，今天他很可能被归入经济统计学家而不是经济学家之列。至于他本人，我猜想，他更乐于得到"政治算术家"的头衔。不仅仅是17世纪这种"算术家"的伟大先驱——威廉·配第爵士和格利高里国王显然属于克拉克崇拜的英雄之列，而且，他研究经济学的方法也反映了这个学科的特点，这个学科在辞典学上被列作政治科学的分支，又依次从属于历史学，最终从属于伦理学。他后来在一篇论文中曾评论道："印度是否应建立更多的钢铁厂是一个比较宗教信仰问题"。这也使人们得出这样的结论：聪颖多智的克拉克在经济学家中是一位历史学家，而且，这不是将他与西蒙·库兹涅茨直接相提并论的唯一原因。

（一）农业、工业和服务业

随着时间的推移和社会在经济上变得更为进步，农业的就业人数相对于制造业的人数会趋于降，随后，制造业的就业人数相对于服务业的人数也趋于下降。

——《经济进步的条件》第三版

克拉克做出的这一归纳由他追溯到了威廉·配第爵士（大约1961年），也许最好称之为"配第—克拉克定理"（尤其是，如果命名更强调潮流的话，它和首先由恩格尔的名字命名的定理有十分相似之处）。这一定理被克拉克称为“广泛、简洁和意义深远的概括”，这一概括由大量经验例证和概念的结构因素所支撑，这些例证和因素又是从最终需求的收入和价格弹性、中间产品的重要性以及劳动生产率变动的典型事实中得出的。

这一成果非常著名，以至于在这里做出这样两项评注就足够了。首先，据我所知，这一定理还缺乏一种对其本质的严谨、正规的分析说明，虽然，正如已经指出的，这在许多非总量宏观模型中也有含蓄的说明，并且与著述的格局有着千丝万缕的联系。其次，在科林·克拉克的论文中，显然他关心的是定理的逻辑被人曲解了，这些人从定理中推演出制造工业就业必然提高实际收入的不正确结论。科林·克拉克未能提及其他更合理的推论，以支持制造业早起步会符合一国长期发展利益的结论，我不知道这种做法是否十分公正。他在论文中引证的印度与中国的实例使我感到。与其说这与工业化有关，不如说与闭关自守有关更有说服力。

（二）实际收入和实际生产额的国际比较

毫无疑问，科林·克拉克不仅是发展理论的先驱，而且也是国民账户理论的开拓者，这已为他在《国民收入和产出》（1937 年）中的可观成就所证实。这两条线索在《经济进步的条件》一书中交织在一起——我怀疑在科林·克拉克的思想中，两者是否分开过。在该书中，各国之间一定阶段的实际产出额比较是分析的最初核心，尤其是在第二版（1951 年）和充分扩展了的第三版（1975 年）之中。不幸的是，克拉维斯和其他人[①]并未提到这一领域中著作的思想史，因而也没有提到科林·克拉克在其中的地位。然而我听说，当克拉克本人在《经济进步的条件》第二和第三版中做出更早的详细论述时，理查德·斯通爵士也正在从事这项工作。可能是这样，克拉克个人不朽努力的结果，是一组不少于 29 个国家的细致的国际（美国）单位和东方（印度）单位的国民产出额的估计值。在读到第三版的 71 页时，人们不能不对克拉克的宽

① 克拉维斯、克莱赛、艾伦·赫斯顿、萨默斯合著：《总产值和购买力的国际比较体系》（马里兰，巴尔的摩：约翰斯·霍普金斯大学出版社，1975 年）。

宏留下印象："在上述内容被分类之后，米尔顿·吉尔伯特和克拉维斯公布了对5个领先国家的新的、经过很大改进的比较，……以前的研究仅涉及可消费品和服务的价格，而此次的研究还包括投资品和政府服务"。由于美国商业部提供的以1939年不变价格计算的1950年及中间年代的国民账户，以及隐含的通货膨胀扣除率，使突破成为可能。科林·克拉克使这些新数据对在更大的样本中编制出许多国家的长时期数列起到了良好的作用（也为库兹涅茨的《1869年以来的国民产出额》一书引用）。

虽然科林·克拉克在他更早的版本①中已经指明了道路，但即使近年来有原始资料的来源②，服务业的恰当处理仍然是个恼人的问题。并且，对捷径或减少信息量方法的需要仍然存在。为了满足这种需要，恢复使用克拉克早年采用的方法，似乎已经证明是恰当的。承认科林·克拉克不仅在计算购买力平价的方法设计上，而且在运用它们去理解发展问题上都是开拓者无可否认是正确的。

（三）农业生产率与人口增长

恰如我先前指出的，这里选择讨论的三个题目在克拉克的思想中决不是孤立的。在阐明了前面引用的有关农业、工业和服务业就业的相对规模问题之后，克拉克接着评价配第对这些现象的理解，以及这些现象与比17世纪的英、法相对更高的丹麦人的生活标准之间的关系："他（配第）发现，优秀的政府是国家昌盛的一个意义重大的因素，但他对密集人口的经济后果的评论却十分不恰当。经过一个半世纪的马尔萨斯主义的宣传，我们逐渐对包括我们自己在内的密集人口抱着怀疑的态度，并且已经忘记了这一明显的事实：如果人口密度未达到一定程度，文明是根本不可能产生的"（《经济进步的条件》第三版，492～493页）。当克拉克引用埃弗雷特·哈根在这一问题上的观点时，也同样涉及随人口增长资本需要的经济后果问题。援引哈根大概是为了强化"马尔萨斯主义的宣传"的含义这一总的论据，为此，克拉克在1954年提

---

① 他用于国民收入国际比较的"国际单位"，首次出现在1937年发表的一篇文章中。

② 世界银行参加国际比较项目，可以追溯到1968年。

交皇家统计学会的论文中又加上了其他内容①。

这些其他内容一方面涉及对消费和恩格尔定理的详细分析，另一方面，涉及对农业劳动生产率的水平和趋向的相似调查。当然，在可能的条件下，两者都采用了国际单位和东方单位（这有些区别）。

如同在其他地方一样，科林·克拉克在这篇论文中的基本观点是，国际比较显示出农业劳动生产率增长的巨大潜力。皇家统计学会对论文接着进行讨论时，都德莱·斯坦帕、阿瑟·刘易斯爵士和其他人一起，对这一观点从与土地的生产能力相比较出发，提出了质疑，因为正是土地处于潜在的供给短缺状态。正如刘易斯所说："如果世界的食品变得稀缺，将会找到增加供给所需要的全部劳动力和设备，但能找到土地吗"？科林·克拉克的回答是引用荷兰的例子，在那里"维持一个人所需要的面积不是1英亩"。他结合斯坦帕教授在讨论中曾做出的评论说："如果我们寻求增加世界食品生产的话，最容易的方法是去考虑一下全部农业大国中仍然最不发达的一个，这就是美国"。从而驱开了声言世界食品短缺的马尔萨斯幽灵。

结果历史证明了这一事实，对此科林·克拉克可能得到了一些满足，尽管他没有预见到美国作为主要农产品出口国的发展。的确，他在1954年做出的预测是与事实截然相反的。

在克拉克的分析中，另一个更大的弱点是他草率地处理了低收入国家的问题。这一点由于可获得的资料相对有限，在一定程度上是不可避免的，但这与低收入国家人口数字的重要性是不能相提并论的。我们现在知道，无论如何，运用国际标准衡量，大部分第三世界国家每英亩的生产率是高的。有证据表明，这一点很多年来都是真实的，但维持生计却一直是个问题。因此，论文认为在战后的印度，"人口增长可能毕竟是一个有利因素"，这种说法令人难以苟同。需求压力可能会提高总产量，但几乎不可能提高人均产量。

在结论中，我乐于提出三个要点。

首先，科林·克拉克为我们理解发展的事实做出了巨大的贡献。他个人的劳动生产率（没有计算机!）令人吃惊，他从这些事实中提炼出

① 《世界农产品的供给和需求》，载《皇家统计学会期刊》A辑117卷。

的结论已被证明是发展经济学的基石。

其次，在他大部分著作中，有一种不愿意形成理论框架的含意。科林·克拉克显然情愿采集更多的事实，这当然是他历史性著作令人赞叹的特征，但在一定程度上，却导致了在顺序上缺乏最终的衔接，就像在他的《国民收入和支出》或论文《世界农产品的供给和需求》那样。

第三，我回到克拉克自己的原则体系，政治科学高于经济学而低于历史学。他偶尔最有力地表达了政治对经济事务的平缓规律进行干预的潜在力量，特别是在国际水平上。但是，在他的主要著作中，几乎不存在发展的政治经济学和涉及人口中财产与权力的分配问题。作为一个历史学家，科林·克拉克观察到了（如在农业中）存在着的潜在趋势，但是他很少或根本没有告诉我们如何才能实现它。他的贡献是提供了基于合理的经济学概念和广阔的历史与国际背景的事实。如果我们在别处寻求如何看待这些事实时，我们不应低估这样一个人的贡献，他在提出卓越见解方面起到了如此巨大的作用。除此之外，科林·克拉克最大的贡献，可能是他对发展的预见实质上是乐观的，不是将发生什么，而是能够发生什么。

三　阿尔伯特·赫尔希曼

阿尔伯特·赫尔希曼1915年出生于柏林。1933年他离开德国先后在巴黎、伦敦和特利斯埃特大学研究经济学，1938年在该校获博士学位。1939—1940年他在法国陆军中任职，1941年移居美国。在加利福尼亚大学（伯克利分校）度过两年并在美国陆军中工作三年之后，他在1946年进入联邦储备委员会，从事西欧战后重建中的财政问题研究。从1952年到1956年，他生活在哥伦比亚的波哥达，先是作为国家计划委员会的财政顾问，以后是私人顾问。1956年，赫尔希曼到耶鲁大学，后又在哥伦比亚大学（1958—1964年）和哈佛大学（1964—1974年）执教。自1974年以来，他一直是新泽西州普林斯顿高级研究所的社会科学教授。

他的早期著作仍然很有影响：《国家权力与外贸结构》（加利福尼亚大学出版社，1945年；修订版，1980年）；《经济发展战略》（耶鲁大学出版社，1958年）；《进步的历程》（二十世纪基金会，1963年）。

在他大量其他著作和文章中，下列题目可以表明他创造性的思想和内容广泛的贡献：《发展项目观察》（华盛顿，1967年）；《出路、呼声与忠诚：企业、组织和国家衰落的思考》（哈佛大学出版社，1970年）；《希望的偏差：发展与拉丁美洲文集》（耶鲁大学出版社，1971年）；《热情与利益：资本主义胜利前的政治依据》（普林斯顿大学出版社，1977年）；《不拘一格：从经济学到政治学及其他》（剑桥大学出版社，1981年）；《改变内含：私人利益与社会活动》（普林斯顿大学出版社，1982年）；以及《市场社会的竞争说明：开化、破坏或削弱》，载《经济文献杂志》（1982年12月）。

一个离经叛道者的自白：《经济发展战略》回顾

呵，你怎么了？你——我所记述和描绘的思想！不久之前，你还是光彩照人、生气勃勃又不怀好意，遍布荆棘又充满神秘的乐趣，真让我兴奋异常。可现在呢？你已经褪去了新奇的外表，部分恐怕就要成为真理：他们看起来已是永恒的，如此可望而不可即，如此令人生厌！

——尼采

当我接到邀请，与普列比什、缪尔达尔、刘易斯等发展经济学的名家一起，作为"开拓者"参加这个专题论坛的时候，我先是吃了一惊。这倒不是我怀疑自己的名家地位，而是因为在我心目中，我仍是一个离经叛道者，一个正统发展理论第二代的持不同意见者。当这一理论还自认为是新奇的异端时，已在50年代迅速确立了自己在发展问题上的正统地位。一旦我大胆的叛逆思想成了为人推崇的经典理论，它是否会像尼采悲叹的那样，变得"可望而不可即"，而且"令人生厌"了呢？这是可能的。无论如何，我必须改变自己过去的自我形象了。纵观历史，在形成发展经济学这一新的研究和知识领域总的思想流变中，我的不同意见无论怎样有力，也带有异端的性质①。它与旧的正统理论（后来被称做新古典经济学）像与新的正统理论一样大相径庭。然而，回顾以往，把我的研究与我最初选作目标的著作联系起来却是十分自然的。

---

① 还有其他的异端学说。与我的思想不谋而合的是斯特利顿的文章：《不平衡增长》，载《牛津经济论文》第2卷（1959年1月），第167～190页。这篇文章与我的《经济发展战略》（在长时间内使用的题目是《不平衡增长经济学》）都是完全独立完成的。斯特利顿告诉我，他的文章因印刷工人罢工而推迟了数月，不然的话，他的不平衡增长方面的答辩会先于我的著作出版。

我在一篇早期的论文中①，尽可能客观地分析了发展问题。为了尽量简练地概括我的观点，在这篇文章中我将反其道而行之，采取完全主观和自我为中心的论述方法。首先，我试图说明在《经济发展战略》中见解的个人背景和主要动机。其次，我将根据后来以至今天发展的现实评价我在这本书中提出的观点。

（一）观点的形成

没有什么办法能像讲一个巧妙的故事那样使半真半假的事情变得令人信服。很长一段时间，当人们问起我在《经济发展战略》中提出的看法是如何形成的时候，现成的回答是：我在1952年初去哥伦比亚时，对经济发展问题尚一无所知。这反而成了一种实际的优势，使我不带有任何理论上的先人之见看待“现实”。后来，在有了四年半的官方和私人顾问的切身经历再回到美国后，我才攻读了有关文献，并且发现，我已有了一种与流行的理论信条迥然不同的独立见解。

这是段精彩的台词，而且没有明显破绽。可是现在，我要讲一个更复杂的故事。

1. 参与马歇尔计划和其他个人背景

在去哥伦比亚之前，我没有很好阅读过当时的发展理论文献②。但是，自1946年到1952年，作为联邦储备委员会的经济学家，我却满怀热忱地直接参加了战后西欧经济复兴与合作问题的研究工作。

尤其是，我参与了法国和意大利的经济复兴计划，以及对欧洲经济联合各种方案的研究，如马歇尔计划的核心：欧洲支付同盟。从这些经历中我得到如下印象或结论：（1）对战后混乱的西欧经济，传统的对策

---

① 《发展经济学的兴衰》，参见《不拘一格：从经济学到政治学及其他》（英国剑桥与纽约：剑桥大学出版社，1981年，第1章）。除此之外，本文还多次提到《经济发展战略》和《希望的偏差：发展与拉丁美洲文集》，这些书名在本文中将分别称为《不拘一格》、《战略》和《偏差》。

② 我参加过1951年在芝加哥大学召开的发展问题会议，一些杰出的人类学家出席，特别是A·格生克隆将他的杰作《经济落后的历史透视》公之于世，使此次会议非常引人注目。这一会议起源于《不发达地区的进步》（芝加哥大学出版社，1952年）一书的发表，其中有我的一篇论文，《工业化对工业国市场的影响》，是个与发展经济学相差甚远的题目。这次会议引起了我对发展问题的兴趣。

是制止通货膨胀和调整汇率。从长远的观点看，这种政策在政治上是幼稚的，在经济上是抑制生产的，对社会来讲也是爆炸性的。那些传统政策的支持者自大萧条以来，似乎“没有忘记也未学到任何东西”。（2）“持续贷款”（Lasting credit）的发明者们，建议把他们创造性的治疗方法纳入马歇尔计划，并且在论证过程中，又提出了像“结构性美元短缺”（Structural dollar shortage）之类的新教条，他们不久就变成了一些空谈家。

这些发明家们显然把他们自己和他们的看法看得过重了，特别是他们的国际收支计划。由于援助是根据未来国际收支逆差的比例提供的，所以，计划的实施在政治和经济上具有关键意义。为了在行政部门和国会中赢得广泛的支持，我们对统计估计数不得不表示比我们的已知和预知的综合知识更多的自信。这种不和谐的状况，导致了一部分人形成江湖医生的作风，而另一部分人则对此做法深恶痛绝，拂袖而去。并且，为了尽可能地避免对出现的问题承担责任，马歇尔计划的制订者们试图通过对受援国与国际收支有关的国内计划和政策施加影响，来使他们的预想成为现实。

在华盛顿的六年中，总的来说我是站在这种发明家们一边的，但不无保留。在法国和意大利我度过了30年代，由于目睹了法国经济的不幸遭遇，当我离去时，非常注重价格体系的效率，特别是汇率的变化对国际收支的作用①；由于目睹了1936年至1940年的法西斯主义经济政策，相应地，我非常怀疑和平时期的控制、分配和夸张的计划。在研究了纳粹德国对西欧和西南欧的扩张之后（这是我的第一部著作《国家权力与外贸结构②》的背景），我对强大的国家通过经济事务来控制弱国的倾向，已有了一种特别的敏感。因此，当马歇尔计划的制订者们把他们有关国内适宜计划和政策的观点，强加于像意大利这样大规模的受援国时，我自然感到关切和反感。他们这样做是出于良好的动机——不仅为了弥补意大利的国际收支逆差，而且真诚地希望意大利能有更繁荣的经

① 见我的论文：《贬值与贸易平衡：一个值得注意的问题》，载《经济学与统计学评论》，第21卷（1949年2月），第50～53页。这是我那番经历后所结的果实。

② 加利福尼亚大学出版社，1945年。

济和更平等的社会，可能是因为他们觉得自己已经禁绝了帝国主义者的欲念，因而完全有理由以专横的方式去寻求他们的目标。幸而马歇尔计划完全按照最初的时间安排，于五年后结束了对欧洲的援助，因此也就终止了美国的大部分影响。

2. 拒绝在哥伦比亚的工作安排

所以，我终究是带着某些先人之见去哥伦比亚的。在哥伦比亚的最初两年，我曾任新成立的国家计划委员会的经济和财政顾问。世界银行向我推荐这一职务，但我是与哥伦比亚政府直接签订合同的。结果，这种隶属关系上的含糊不清，给了我某种行动的自由。我是受雇于哥伦比亚政府，但显然又与世界银行有着特殊关系，世界银行先是积极参与了筹建计划委员会，随后又为它聘用了我。

我在选择工作上的爱好，是投身于各种具体的经济政策问题，希望藉此能够尽可能详细地了解哥伦比亚经济，并对改进政策制定工作有所贡献。但不久后从世界银行总部传来的消息，是希望我尽快发起制定雄心勃勃的经济发展计划，包括未来几年中哥伦比亚经济的投资、国内储蓄、增长和外援指标。所有这些对掌握新规划方法的专家来说，都被看成是十分简单的事情：显然已经有了足够的知识，甚至无须去深入研究地区环境、储蓄和资本一产出比率的大致情况及其估计值，并结合国家近期国民收入和国际收支账户，无须如此，也能够得出所有需要的关键数字。我拒绝了承担此类规划工作，在深入了解了该国许多现实问题之后，我认为，哥伦比亚最不需要的就是在那种“史诗般的”估计基础上编制出来的综合发展计划。这无异于在更为不利的条件下（成员的素质更低），再次承担我在参与马歇尔计划时最厌恶的工作。

这件事情有一个方面使我甚为不安，此项工作被看成对哥伦比亚的发展至关重要，然而还没有发现一个哥伦比亚人对经济规划的方法略知一二。有关知识只有几个将新的增长经济学介绍给他们的外国专家知晓。对那些努力通过各式各样的个人决定和公共政策，去解决在许多领域中的问题的哥伦比亚人来说，所有这一切似乎是一种嘲弄。我的本能是试图更透彻地理解他们的行为方式，而不是从一开始就保证，只有引进一套他们一无所知的方法，才能使他们得到发展。确实，这种家长式的方法受到有些哥伦比亚人自己的怂恿，他们至少是把外国顾问看做是魔法师的新招牌，他们还利用任何机会自我解嘲地抱怨“在这个问题上我们已经用尽了所有错误的办法”。但外国专家和顾问们只知照字面理解这句话，许多哥伦比亚人并不真正认为他们所有做法都是不恰当的。至少对他们当中的一部分人来说，这句话的含义是，在他们采取措施的特定环境中，他们历经挫折却也摸索出了老练的行动准则，虽然他们很难说是有意识的，在旁观者看来可能也并不正确，但事实上证明十分有效。

3. 探求隐含的合理性

这正是我认为值得探索的目标。我开始寻找在哥伦比亚的现实中，可能是以隐蔽的，未被见识的方式发生作用的因素和过程。这种对隐含的合理性的探求，在我的研究中是比不平衡增长思想更为重要的基础，但也是众矢之的。

揭示那些看起来古怪，不合理或受人指摘的社会行为中隐含的合理性，自曼德威尔和亚当·斯密以来，一直是社会科学家重要的并且十分值得尊重的消遣①。如果获得成功，这一研究将导致社会科学为之繁荣的——“反直观的惊人”发现②。

我在此方面的主要发现是以下现象可能的合理性：（1）短缺，瓶颈和其他发展过程中不平衡增长的后果（见《战略》第 3 ~ 7 章）；（2）资本密集型产业的发展过程（第 8 章）；（3）由通货膨胀和国际收支逆差对决策者形成的压力（第 9 章）。下面将详细讨论我的著作中的这些主题，但现在，我必须先就那些受人攻讦的结论赖以存在的发现一陈己见。

一旦这些发现被自豪地公之于世，随即招来了令人难堪的责问：“难道你为不平衡增长、资本密集型投资、通货膨胀以及诸如此类的东西辩解吗”？虽然不太让人满意，诚实的回答只能是：不错，但有着十分严格的限度。毫无疑问，不平衡增长战略可能被施之过滥，带来可怕的后果。但我坚持我与林德布鲁姆合写的一篇文章中提出的看法，它显

① 在人文科学中，传统已远远地倒退，至少倒退到伊拉斯马思的《赞美愚蠢》。

② 见“道德与社会科学：持久的紧张”，《不拘一格》第 14 章。

示了我们的方法在不同领域中的相似性：

“经济发展的‘不平衡’、研究与发展的‘脱节’（Lack of intagration）、政策制定过程中暗藏凶险的‘分裂’，这些都是有限度的。并且，要想预先确定不同条件下各种政策的最佳限度显然也是不可能的。促进经济发展、研究与发展以及制定建设性政策的艺术，首先在于对总体构成的认识，其次在于对这些限度的感受能力。一旦我们不再毫无保留地坚信‘平衡’、‘协调’、和‘综合观念’之类虚假的思想，这种艺术……将得到更充分的施展”[①]。

与那个令人难堪的责问相联系，又出现了另一个难题。揭示社会活动隐含合理性的社会科学家应该明白，他们是在经常充当令人扫兴的角色。一旦发现并说明了不平衡增长或通货膨胀的作用，如果再去有意识地使用这些概念或重复以往的成果，由于种种原因，将会使他们陷入困境。这首先是由于，那些本来仅只是借此退避一时的政策制定者，现在会过度使用或滥用这种新的思想[②]。并且，各种装腔作势的政党因预料到将来实施的政策，率先采取行动，从而抵消了政策的大部分作用，这与合理预期学派的论据倒是恰相吻合。

因此，发现隐含的合理性明显地带来了“危险的知识”，但是众所周知，知识本来就是危险的。这个简单的道理使我有机会反将批评家们置于不利的地位。只要我所提出的发现是危险的，它就至少有可能构成新的知识。这比在“发展计划的原则”或“资源有效的配置”的旗帜下，喋喋不休地表露一番乏味、平庸的恭顺之辞要更有意义。

揭示隐含的合理性使我能够反对两种截然不同又相互关联的弊病。一方面，正像前面提到的，我对访问经济学家综合征（Visifing-economist syndrome）颇为反感，也就是说，反对那种在对“患者”知之甚少的情况下，根据或新或旧的一般经济学原理和治疗方法提出专断的建议和指示的习惯。但随后，另一个目标在我心目中占据了更重要的地位，即反对许多哥伦比亚人和拉丁美洲人由于妄自菲薄的态度而不能与访问经济

① 《偏差》，第83～84页。

② 我以前曾论及50年代的许多国家，将通货膨胀与高估汇率结合起来，以促进为实现进口替代的工业化提供资金。见《不拘一格》第110页。

学家密切配合的倾向。正像我在《战略》以后不久发表的一篇文章中写道的："我的一些主要论点有助于使拉丁美洲人与他们的现实协调起来，有助于使他们认识到，诸如瓶颈和不平衡之类的普遍现象，并不能证明他们措施不力和手法拙劣，恰恰相反，这些现象是发展过程中不可避免的，甚至对发展起到了促进作用①"。

由于拉丁美洲人习惯对他们的观点提出表面的空泛的谴责，所以也不能从中总结经验。后来，在对经济政策制订的详细分析中，我把这种特点称为"失败情结"（Failure Complex），或西班牙与葡萄牙语中的fracasomania②。

然而在这个问题上，我刻意揭示隐含的合理性的倾向有可能暗藏着另一种危险。在那些社会中，经济增长每到转折关头总为过时的制度、观念以及过度特权所阻碍，这种倾向是否会使我对变革的必要性视而不见呢？在为现存秩序（或混乱）解释的过程中，我的事业是否不再是伟大的实践？这些问题从未让我感到十分忧虑，很简单，这是由于我所探求的隐含的合理性，明确地说，主要是我研究的社会中已经发生的增长和变革的过程，是那些当局者及外国专家和顾问未曾注意到的过程。我并不是寻找为现存秩序辩护的理由，而是寻找旧秩序已经发生变化的原因。为此，我试图分辨出那些需要认识和帮助的进步的经济、政治力量。我的这一立场，完全不同于那些断言现存社会已经"腐败透顶"的人，他们认为如果不立即进行全面改革的话，现存社会将不会出现任何变化。但在我看来，这种"输入革命"（Visiting revol-utionary）的乌托邦式的梦想，是访问经济学家平衡增长和综合发展计划的一个组成部分③。

4. 是我自己的范式吗

我在发展问题上的第一篇论文，说明了我揭示隐含的合理性的基本思想，这篇论文写于1954年，即我到哥伦比亚的第二年，是为参加在

---

① 《拉丁美洲经济发展思想》，初次发表于1961年，后辑人《偏差》第310～311页。

② 见我的《发展的历程：拉丁美洲经济政策制定的研究》（纽约：二十世纪基金会，1963年）和《拉丁美洲的政策制定与政策分析》（1974年），后辑人《不拘一格》作为第6章。这两本书特别是在后一本中，我指出，失败情结将导致真正的失败。

③ 详见《历程》，第251～256页。

麻省理工学院召开的投资评价和经济增长会议而写的[①]。在这次会议上，我提出了一篇题为《综合投资计划的神话》的评论文章，另外还有两个可作为投资评价标准的经验观察成果。其一是在哥伦比亚发展航空运输还是公路运输的方案比较（总的来说，航空运输在足够的维护和有效运行方面远优于公路运输方案），这一成果后来使我得出了欠发达国家在某些活动中具有比较优势的基本假设。另一个成果我当时将其描述为“二级生产对初级生产的冲击”，后来称之为“后向连锁”（Backward linkage）。这两个成果有助于证实按一般常识来看是值得怀疑或错误的投资方案（航空运输）或投资后果（后向连锁）的合理性。

这两个经验分析成果是在1954年分别得出的，但三年后我在《战略》一书里构造的概念结构中，它们仍然是关键的组成部分。我现在试图找出能够把二者（以及其他有关命题）连结起来的总经济原则。为达此目的，我提出不发达国家需要特别的“压力机制”（Pressure machanisms）或“加速装置”（Pacing devices）以发挥出它们的潜力。在最为概括的阐述中我曾写道：“经济发展与其说是取决于既定资源和生产要素的最佳结合，倒不如说更取决于如何将隐藏的、分散的和利用不当的资源与能力动员起来用于发展之目的”（见《战略》第5页）。

我把这一点视做不发达国家的典型特征，并含蓄地承认，在赋有的资源和生产要素基础上，先进国家仍然被传统的最大化和最优化原则主宰着。实际上，在先进国家，许多经济学家做出的重要贡献不久或已经对这一原则提出了指责。在企业领域，西蒙提出了与“最大化”相对立的“满意”原则，在这一开创性工作基础上，赛尔特和马奇说明了“组织松弛”（Organizational Slack）的重要性。罗森伯格运用“诱导机制”（Inducement machanism）的思想表明，发达国家的发明和创新，并未随着市场的扩大和知识的积累而得到更多的发展时机，却受到了罢工和战争之类“诱导”事件的强烈影响。最后，里宾斯坦创立了他的X-效率理论（X-efficiency theory），说明在缺乏特别压力的情况下，组织松弛

① 后编人《偏差》作为第1章。

是普遍现象，而努力却是偶然的、靠不住的[①]。

所以，我专门为不发达国家创立的经济学的特征，似乎有着更为广泛的，甚至是普遍的意义。它不是为一些特定的国家确定特别的发展战略，而是为理解变革与发展提供了一种更普遍有效的方法。换言之，我从理解别人出发，到理解我们自己终结。

正像许多人类学家所发现并告诉我们的，人类思想和认识的发展绝不是反复无常的，如果我必须放弃揭示不发达社会的显著特征的借口，那对我来说也不是一件扫兴的事。在我走过的思想历程中，总是有着一些令人啼笑皆非的际遇，更不要说矛盾冲突了。起初，我反对其他人旧的和新的范式，并强调投身于哥伦比亚的现实的重要性，但随后我得出了我自己成功的范式！在这一点上，我非常乐于放弃这一主张，[②] 只要我的许多发现和建议（经常仅仅从我的整体理论结构中推演出来）仍然具有活跃的生命力。我现在要表明事实的确如此。

（二）某些特殊见解的生命力

1. 连锁理论

如果就我在《战略》一书中首先提出的各种论断举行一次知名度测验，获得头奖的肯定是关于优先发展具有强烈的后向与前向连锁效应的产业的思想。连锁理论得到了最大的成功：时至今日，它是发展经济学很大的组成部分，引用这一理论通常已不再提及其创始者的名字。

我在《战略》中挑起的一场重要论战，就是反对当时具有广泛影响的“平衡”发展或“大推进”（Big push）工业化理论，亦即反对这样一种看法：只要我们把工业化当做一场大规模的战役，经过周密计划，同时发起全线攻击，即可大功告成。为了驳斥这一思想，我主要分析了

---

① 西蒙：《理性选择的行为模式》，载《经济学季刊》，第69卷．第1期（1955年2月），第99～118页：赛尔特和马奇，《企业行为理论》（1963年）；罗森伯格，《技术变革的方向，诱导机制与聚化方法》，载《经济发展与文化变革》第8卷，第1期（1969年10月），第18页。以及里宾斯坦，《分配效率与X－效率》，载《美国经济评论》，第56卷，第3期（1966年1月），第392～415页。《超越经济人》（马萨诸塞，坎布里奇：哈佛大学出版社，1976年）。

② 为了不致受到误解，我必须强调，我并不否定我的基本思想（即关于加速机制等思想），只是否定当时得到的有关某些国家（经济欠发达国家）的典型特征的见解。

在哥伦比亚和其他发展中国家可以观察到的工业化过程。他们的企业家，不论是本国的还是外国的，显然找到了许多“顺序的”而非“同时的”解决工业化问题的办法。但从先进国家的经验标准看，他们典型的部门发展顺序往往是不同寻常的。正是由于这一原因，这些顺序不被轻易察觉，或者一旦注意到，随即被指斥为工业化拙劣、无效率或（按60年代时兴的说法）“依附性”的特征。

我的思想方式与此截然相反。我追随着格生克隆的脚步，从发展中国家背离传统工业国家的发展道路，从跳过某些发展阶段和从发明貌似“错误颠倒”独特发展顺序中，我看到了创造与开拓。这种态度无疑促使我追寻到了后向与前向连锁的动力。提出了被认为是辩证——自相矛盾的理论[①]，即后来被蔑视地称为进口替代工业化的理论。在进口替代工业化过程中，一国将从进口产品中获得比较优势，这是因为，某种消费品进口增长越快，它们就越容易以汉塞尔及格雷坦尔方式为新兴的国内工业所“吞吃掉”（见《战略》第7章）。我的主旨足强调各种动态理论的重要性，以及当时受到怀疑的顺序发展方法的可行性。但正像不平衡增长一样，我提出的动态理论也可能被滥用，甚至会导致低效率的产业结构。然而，如果要求内燃机的发明者应当立即设计出控制污染和安全装置，这种要求是合理的吗？

即使如此，在过去的25年中，连锁理论作为一种分析工具仍表现出活跃的生命力。在用于发展中国家的历史分析时，这一理论是颇有效验的[②]。但将连锁标准（即对具有强烈连锁效应的产业优先投资）与投入—产出法相结合，变为一种工业规划的编制方法，却是十分困难的。在如何采取适宜的衡量标准问题上，曾经众说纷纭[③]。至今此方面最广

---

① 见《不拘一格》127页。

② 阿尔伯特·费雪洛：《美国铁路与南北战争前经济的转变》（哈佛大学出版社，1965年）；J. 坦德勒：《巴西的电力：公营部门的企业家》（哈佛大学出版社，1968年）；M. 罗莫：《探索增长：秘鲁出口带动的发展1959—1967》（哈佛大学出版社，1968年）；S. R. 皮尔逊：《石油与尼日利亚经济》（斯坦福大学出版社，1970年）；R. 韦斯克夫与E. 沃尔弗：《连锁与漏洞：飞地经济的工业轨道》，载《经济发展与文化变革》，第25卷（1977年7月），第607～628页。

③ 见连锁效应衡量的专题讨论，载《经济学季刊》，第90卷，第2期（1976年5月），第308～343页。

泛和最成功的研究，是由国际劳工局拉丁美洲和加勒比地区就业规划（PREALC）做出的[①]。它将连锁理论用于衡量创造就业，而不是工业净产值的增长。这一思想当然会有助于制定使就业最大化的工业化战略。此项经验研究有一个十分引人注目的发现：如果考虑到通过后向与前向连锁产生的间接就业效果，对拉丁美洲的工业先进国家来说，在大规模产业（资本密集产业）的投资所创造的职位，与在小规模产业（劳动密集产业）的投资是同等的。

连锁理论本来是用以更好地理解工业化过程的，最初也的确应用于这一领域。但不久后，这一思想甚至被用于分析那些过去（或现在）以初级产品出口为主要增长动力的发展中国家的增长模式。而出口铜的国家又探索着与咖啡出口国有很大差异的增长道路，其间的差异是传统的宏观经济理论难以解释的。连锁理论提供了一种更为细致的观察方法，但却未能有效地用于整体描述，这方面的研究一直是依尼斯及其他所谓重大课题的研究者们从事的领域。

由此，连锁思想开始繁衍开来。根据后向与前向连锁类推，消费连锁（Consumption linkage）被定义为初级生产者的新增收入引致消费品的进口，继而又为国内（工业或农业）生产所取代的过程。与其类似，财政连锁（Fiscal linkage）则是指国家向新增殖的收入课税，从而为经济领域中新的投资筹集资金的现象。这种财政连锁或者以直接的形式，即由国家通过出口税或租费吸掉一部分出口商的利润，或者以间接的形式，即不对出口带来的各种利润和收入直接课税，而是让它产生进口流，再通过进口关税增加财政收入。

一旦初级产品出口推动经济活动的各种途径显现出来，即可清楚地看到，一些连锁效果的产生并不带来其他方面的副作用。从各种初级产品中可以看出灿若群星的连锁效果，由此，我们有可能分辨出早已设计好的“出口导向的增长”，并把它视为一个完整、清晰的过程。更为重要的是，这种方法几乎是强迫人们去考虑以社会结构和政府为一方、以纯粹经济因素为另一方的交互作用。

---

① N. E. 加西亚与 M. 马凡：《产业结构与就业连锁》（智利，圣地亚哥，1982 年 12 月），以西班牙文和英文出版，作者同国际劳工局写了前言。

2. 实施标准的机动幅度

当连锁理论以其不断增加的大量变种，帮助我们理解经济发展中由此及彼的过程时，一个更为根本的问题是，怎样使一家企业或生产单位成为经济体制中一个有效率的运行单位呢？对这一问题的回答导致了我在哥伦比亚的另一发现，它源于前面提到的关于飞机与公路比较效率（和维护）的经验研究，并在《战略》一书中（第 8 章）发展成为全面的观点——有时也被称做赫尔希曼假设，即机器加速与操作者加速型设备之间以及工艺集中与产品集中化生产活动之间的比较[①]。这意味着在一个几乎没有什么工业传统的国家中，采用某种资本密集的先进技术要比劳动密集的技术和“傻瓜”设备——相对于外国专家坚持采用的高速、自动化的设备而言——更为适用。

我热衷于这种观点是出于几方面的原因。首先，它使我明确了另一个隐含的合理性：在发展中国家采用先进技术和发展资本密集型产业过程中，引起广泛注意的效果问题，并不仅仅是由于好大喜功带来的破坏性的偏差。

其次，我找到了有助于理解一些社会和经济过程的思想或标准，实施标准或大或小的机动幅度（latitude）或不良实施的容许限度，是所有生产任务固有的特点。当这一机动幅度较严格时，相应的任务不得不正确地完成，否则就根本不会完成或招致过大的风险（如维护和操作不当的飞机有坠毁的很大可能性）。缺乏机动幅度给效率、高质量实施和良好的维护习惯等带来了强大的压力。它由此取代了本来就不很充分的动力与态度，这种动力与态度并不是决定着，而是包含在或产生于严格的机动幅度之中的。

这又构成了另一个大有希望的“错误颠倒”的后果。自马克斯·韦伯以来，许多社会科学家将文化方面“正确的”态度与信念看做经济进

---

① 这一假设使自己面对经验数据的考验，如果它是真实的，先进国家与欠发达国家之间的生产率差异，在某些类型的产业中将会比其他产业更大。这方面的大量验证和评论见西蒙·泰特尔的《生产率，机械化与技术：对拉丁美洲工业中赫尔希曼假设的验证》，载《世界发展》，第 9 卷，第 4 期（1981 年），第 355 ~ 371 页，以及 M. S. 阿莱姆：《赫尔希曼的产业分类法：一些假设和依据》，载《经济发展与文化变革》，第 32 卷（1984 年 1 月），第 367 ~ 372 页。

步的必要前提或“先决条件”，就像早期的理论强调种族、气候和自然资源赋有量一样。50 年代在发展问题上，新形成的文化理论与经济理论（强调资本形成）展开了激烈的对抗。这种文化理论是将韦伯的基督教新教伦理（Protestent Ethic）花样翻新，形成了麦克莱兰德的“成就动力”作为进步的条件，以及本菲尔德的“非道德性家庭主义”（Amoral familism）作为进步的障碍。根据我的思想方式，这种被称做工业化先决条件的态度，是可以在具有某种特点的工业化过程中产生的①。

强调实施标准的机动幅度是一个影响效率的变量，与将某种经济机制作为发展的必要条件，两者是相互联系的。在许多经济学家看来，竞争是一种促进效率提高的无所不能的社会机制。奇怪并有些前后矛盾的是，这些经济学家中的一部分人却热衷于承认竞争将导致垄断。但既然竞争总是这样虚弱无力，反对低效率和腐败的斗争又总是这样艰难，为什么就不能寻求其他的机制，按卢梭的看法，去强迫人们提高效率呢？在《战略》一书中，我认为缺乏机动幅度意味着在提高效率方面尚有巨大的潜力。20 年后，我强调另一种此类机制，当组织的产品质量恶化时，消费者，更主要的是组织的成员将会提出各种抗议、报怨和批评。我将此概括为“呼声”（Voice），并将呼声与竞争的交互作用概括为“出路”（Exit）。这促使我开始另一本书的写作②。

在我的思想基础中，我到现在才吃惊地注意到这样一个问题，即在我分别提出的这两种机制之间似乎存在一种实际的密切联系。机动幅度严格的任务如果实施不利或带来灾难性的后果，将会引起公众强烈的关注和抗议（呼声），这在飞机坠毁的事例中是显而易见的。在《战略》中还有另外一个有关机动幅度严格的任务的具体实例，即采用某种技术的道路施工。我引用了一位公路工程师的看法，他赞同运输量不大的路线采用廉价沥青路面，而不是砾石或石头路面，这是因为“如果维护和翻修拖延了，地方上会向公共工程部施加压力去维修廉价沥青路面上形成的深坑，这种压力比砾石或石头路面恶化时所引起的压力要更大③”。

① A. 因克尔斯与 D. H. 史密斯，《现代化》（哈佛大学出版社，1974 年）。

② 《出路，呼声与忠诚》（哈佛大学出版社，1970 年）。

③ 《战略》第 143 页。这一段是一位公路工程师写给我的一封信中的部分内容，他当时作为世界银行的顾问在哥伦比亚工作。

对廉价沥青路面的维护就是一项机动幅度严格的任务，如果被忽略，则很容易迅速引起强烈的呼声（不能容忍的实施不利的后果）。

有人可能会争辩说，在这个例子以及在飞机的事例中呼声是唯一可获得的机制，这是因为它们也都存在着自然的或机构的垄断（在航空运输为一家国有航空公司独占的情况下）。然而事情并非如此，即使机动幅度严格的产品或服务（如药品）竞争十分活跃，也总是存在公共规定，这证实了仍然存在公众的关切和情绪：由于可能出现的灾难性后果，对“正确的”质量水平的保证不能听任市场力量的左右。我在此之前曾指出，当涉及公共利益的时候——如对健康和安全的关心，呼声倾向于居首要地位①，机动幅度严格的标准导致了同样的结果。

如果说在严格的机动幅度与呼声之间存在十分密切的联系，人们会希望在出路（即竞争）与机动幅度宽松的产品、服务之间也存在相应的联系。这些产品可以在差异悬殊的质量水平上生产和交换，却不致因降低质量带来灾难性的后果。对于这些产品和服务来说，比较购买和竞争会对它们自身产生特别的影响，这确实是正确的。米尔顿·弗里德曼曾建议将竞争引入初等和中等教育，其吸引人之处即源于教育机动幅度宽松的特点。事实上存在着教育质量差异，并且这种差异性既是不可避免的（由于教师的素质存在差距），也是为公众容许的，无论低劣的教育将会给个人和社会带来怎样灾难性的后果。这里，我必须假定教育是一项其实施可以通过竞争加以改进的工作。然而，出于我在别处已讨论过的原因②，在我看来，教育质量的维护和改进仍然需要强有力的呼声。

甚至在我开始论述出路与呼声之前，缺乏对不良实施的容许限度的思想，继续产生着分支。在《发展项目观察》一书中③，题为“机动幅度与纪律”的一个主要章节，涉及了根据各种项目的特点对实施的多种强制、空间或选址机动幅度、建筑的临时规定、腐蚀的容许限度、数量代替质量的机动幅度等等。这些种类的机动幅度对了解不同项目的特殊困难是很有助益的。

---

① 见《不拘一格》第 217 页。

② 《不拘一格》第 219～222 页。

③ 华盛顿，1967 年。

然而后来我才发现，我绝不是机动幅度及其应用思想的发明者，我还有一些杰出的前辈，如孟德斯鸠、斯图亚特爵士！这些思想家显然并不关心发展项目的作用或工业的效率，他们心目中自有一些了不起的问题，最使他们关切的是国家事务实施的容许限度。但是，他们在此问题上的推理过程却与我的十分接近，他们寻求缩小国务的机动幅度和表现统治者"欲望"的方式，并且自认为在利益与市场的扩张中找到了解决的办法。我并不想在此复述这个论点，只是要指明，我对哥伦比亚的飞机和公路的比较效果的兴趣，与《欲望与利益》① 的主题有着一派相通之处。在此问题上，我还遇到了机动幅度的限度这一障碍，但这是另一个问题了。

3. 关于通货膨胀和国际收支平衡问题的观点

写一本书比写一篇文章更让人感到愉快之处，是作者有着充分的余地，可以将开始时的想法充分展开，并将在开始时尚不能预料的各个方面进行扩展。《战略》一书即是如此，这本书在不平衡增长及解决问题的方法方面的基本命题，最终形成了我在通货膨胀、国际收支不均衡和人口压力（第9章）以及地区发展（第10章）等问题上的立场。下面我想仅就其中的两个主题作一陈述②。

通货膨胀。由于短缺和瓶颈，我所描述的最典型的不平衡增长道路，"传递着几乎可由人们实际感觉到、有助于一国经济的通货膨胀震荡"（第158页）。因此我认为，相对价格的上涨通过或多或少的弹性供给反应，在克服不平衡过程中起着重要的作用。然而在这一过程中，"在任何即定的货币及财政管理者的技能和决策水平的条件下"（第158页），总价格水平将受到上涨压力的影响，当诸如食品和外汇等关键部门中供给反应微弱或迟缓时尤其是如此（第162～163页）。就这样，我提出了有关通货膨胀的观点，当时，这一观点在联合国拉丁美洲经济委

---

① 普林斯顿大学出版社，1977年。

② 我的著作发表时，最"遭人非议的"是我对人口压力的解释。我坚持认为，在某种环境下，这种压力可被视做发展的刺激因素而不是抑制因素。我不想在此重温这场争论，只是想指出，我的看法后来得到了E. 博瑟拉波富于影响的著作的有力支持，她强调人口增长对引进农业新技术产生的效果，参见她的著作《农业增长的条件》（纽约，1965年），和新著《人口与技术变革》（芝加哥大学出版社，1981年）。

员会上，作为一种与“货币学派”相对立的“结构学派”的方法，得到了详细的阐述。正是这一观点，在70年代的石油危机及由此引起的货币反应期间，曾以“供给震荡型的通货膨胀”为名风靡了北方，当然丝毫没有提到它在南方的先例①。

在把通货膨胀描述为某种增长过程中不幸的，但却可以预期的副作用时，我心里想的是哥伦比亚和巴西当时（50年代）所经受的比较适度的通货膨胀，有着20%～30%的通货膨胀率。我从先进国家与国际金融机构（国际货币基金组织与世界银行）的角度提出了一个含蓄的问题，它们当时是把任何两位数的通货膨胀都看做放纵的财政与货币政策的证据，并且，这些政策在进一步的金融发展之前必须予以纠正。特别是在库比茨切克时代的巴西，这种政策在我看来是受了完全错误的劝告所致，并且我依然相信，这种政策应为自1958年巴西政治“出轨”到1964年的军事接管的悲剧承担部分责任②。

国际收支平衡问题。这把我带到了发展中国家的国际收支平衡问题中来。我再次把对一个国家国际账户的压力视为“不平衡增长过程的一部分”（《战略》第167页），而不是首先作为国内储蓄与投资之间的宏观经济失衡的反映。依此来看，发展中国家对国际财政援助的需要并不是完全出于这样的现实：它们已经穷得不能节省下实现增长目标所需要的资金——这是当时关于外援流行的基本理论，而是出于增长过程中的不均衡性。在某些阶段，扩展中的经济对进口投入的需要超过了其增加出口的能力，除非这个国家十分幸运，能够生产出一些投合国际市场正迅速扩大的需求的产品。换言之，对国外财政援助的需要，绝不是一国最穷的时候需要量最大，而是取决于发展过程中的扩张（可能有数次），当此之时，某些进口密集的经济活动正在付诸实施。这一观点又一次脱离了某种过分简单的发展模式，而去探讨国际收支平衡的压力问题，就像通货膨胀问题一样，它并不是放纵财政与货币政策的必然反映。

增长对国际收支平衡的效应就谈到此。同样重要的逆关系——外汇

---

① 对这一问题详细的回顾见我的评论文章，“通货膨胀的社会与政治，根源：拉丁美洲的经历”，《不拘一格》第8章。

② 对世界银行50年代的巴西政策的苛刻评价，见爱德华·S. 梅森与罗伯特·E. 爱舍：《布雷顿森林会议以后的世界银行》（华盛顿，1973年），第660～662页。

充足或短缺对增长有什么效果呢？在此问题上，我提出了一个我一直运用于日益广泛领域的思想①。它基于一个简单的观察：在一段时间的外汇相对充裕，导致了以进口为基础的某种消费习惯之后，外汇短缺的状况经常会引起工业投资，以生产过去进口而现在又痛苦地失去了的商品。看起来似乎是，对一些进口商品的替代和困难时期（就外汇的可获得性而言），能够十分有效地培育工业发展。在《战略》中，我就地区发展问题（第10章）提出了一个相似的观点。我发现与国内更先进的省份紧密结合的不发达地区（如巴西东北部）有着某种优势，而从退避与孤立中能够产生另一种发展的激励因素。后来，我论述了与外资、外贸的联系中的若即若离摆动的好处。

这一论点使我既不会在南北脱离联系（delinking）的主张者，也不会在其新古典主义对手那里受到欢迎②，并且它肯定又一次让那些寻找实施政策建议的人大失所望。首先，在外汇充裕与匮乏之间波动的最佳幅度是无法明确的；其次，这种上升与下降一般并不仅仅受到一个国家的控制。即使如此，我的论点仍然有其重要的蕴含，它使得政策制定者们知道，每一形势都孕育着自己的一系列机会（和可能的灾祸）。

摆动原理（The Principle of Oscillafion）明显是不平衡增长战略的近亲。尽管不平衡增长战略在我的著作中居统治地位，在这里却没有得到同等的讨论。因为我在这一问题上又有了一些新想法，我在结论部分再详加论述。

4. 不平衡增长的政治

著文称道：不平衡显然是一种必须为之付出代价的挑衅。最严酷的惩罚并不是来自批评家，而是那些自称是忠实的门徒而把各种可怕的东西都冠以你的名字的人。下面就是这种遭遇的一个突出例子。

1968年前后我访问阿根廷，那是在推翻依利亚的文官政府并使昂格

① 这一思想最初的表述，是在为1957年国际经济协会在里约召开的一次会议而写的一篇论文。见埃利斯所编，《拉丁美洲的经济发展》（纽约：圣马丁出版社，1961年）第460页；和《战略》第173~176页。

② 对脱离联系思想的支持与反对意见的出色概括，是阿利安德罗的《南北脱离联系：解放还是混乱?》，参见费雪及其他人合著的《世界经济中的富国与穷国》（纽约，1978年），第87~162页。

尼亚将军执政的军事政变发生之后不久。一位高级官员告诉我："我们所做的一切都是在运用您的不平衡增长思想。我们不可能在阿根廷马上实现我们所有的政治、社会和经济目标。因此，我们决定分阶段进行，就像不平衡增长的链条一样。首先，我们必须整顿经济问题，也就是恢复经济稳定并刺激增长；随后，我们再谋求更充分的社会公平；只有到那时，这个国家才有条件恢复公民自由和政治进步。"我当然为如此"运用"我的思想而大为惊骇，这在我看来无论如何是荒唐透顶的。我所谓不平衡比较起我的阿根廷对话者提到的不平衡，内容要狭小得多。它仅局限于经济领域，且仅涉及部门之间的不均衡，诸如工业与农业之间；并更多地涉及经细分类的子部门之间的交互作用。由于存在投入—产出意义上的经济相互依赖性，可以依靠一个部门优先于其他部门的扩展去启动运转（相对价格的变化以及迫于人们对短缺的抱怨而制定的公共政策），这将趋向于减少最初的不均衡。在给曾就我的著作写过一篇更为透彻的评论文章的弗兰克的一封信中[①]，我写道：

"如果要从一种均衡状态（直接）过渡到下一均衡状态，由于我认为理所当然存在着的不连续与不可见性，'大推进'或'最小关键努力'是必不可少的。但是，如果我们假定刺激发展的不均衡这一中介状态至少维持一段有限的时间，那么，我们就可以设法将大推进分割为一系列更小的步骤。换言之，我赞同将既定最小规模的经济核心结为一体的力量，用于建立这些核心（1959 年 8 月 18 日，重点是原文加的）。"

这一段文字除了阐明我对不同意见的不同意见（并未回到最初的正统观念）之外，还说明了我的不平衡增长过程的思想。将各个部门与经济分支"结为一体"并保证各种不平衡会得到大致的自我校正的"力量"，支持与证实了不平衡增长的过程。

至于部门间的不平衡，总的来说，我主要关心的并不是赞美不平衡，而是明确了"强制的"与"容许的"后果之间的区别。在这一区别基础上，我指责当时占压倒优势的强调基础结构投资的观点（《战略》第 5 章）。并且，我注意到，由于有利于恢复地区间平衡的力量薄弱，

---

① 《加入不稳定性，赫尔希曼的经济发展战略》，载《经济发展与文化变革》，第 8 卷，第 4 期（1960 年 7 月），第 433 ~ 440 页。

不平衡增长过程中的地区发展，从根本上不同于部门意义上的不平衡增长（第10章）。因此，在没有使人非相信不可的理由去说明某一方面为何优先发展，并确保不平衡将启动校正力量的情况下，引入不平衡增长的思想是不合道理的。在我前面引用的阿根廷的例子中，谁也不可能了解是否存在这种校正力量，除非他相信新政权自称的目的（这肯定毫无意义），或者相信那种乐观的政治发展理论家所提出的可疑的观点，即认为经济成长与民主成长是相伴而生的。

但是，还有另一种可能更为有趣的方式，阿根廷由此可得到与我所谈论的有所不同的链条。我的阿根廷对话者，很合宜地没有提及军人政权已下令严格限制政治自由。无论新政权将会带来的是怎样的经济进步，都是以牺牲过去公民的政治和公民权力为代价取得的。随后这些权力将被恢复——会不会又是以牺牲过去的经济增长为代价呢？这种（冲突的）链条与我的想法很不相同，在我的方案中，一个部门，如制造业，是在没有动力、运输或农业的同时扩展情况下超前发展，但当然不以其他部门为代价。不过，这里有些方面是需要反省，最终是自我批判的。《战略》一书所描述的不平衡增长过程，绝不意味着任何经济力量会出现实际的倒退，这是真实的吗？大概不是的。当制造业有所发展而使用原有的动力和运输设施，并且这些设施又没有剩余的生产能力时，对原有的使用者来说，可获得的此类设施会更少，它们的处境因此会更为糟糕。同样的例子很容易举出，在农业产出量停滞不前的情况下，工业独立地发展会带来更严重的后果①。

因此，看起来是出于这些目的，我不得不再画一些图表，试图借此描绘出不平衡增长的过程②。图1的模式是相对无害的，而由此通过进一步的思考转换成的图2的方式却很成问题，在连续的增长过程中，两个部门之一获得收益是以另一部门减少收益为代价的。如图所示，随着

---

① 详细论述这一问题显然需要相当多的笔墨。在一个两三个部门的经济中，不平衡增长对部门收入产生的影响，取决于部门间的贸易条件，可以想象，扩张中部门产生的收益将会下降而不是上升。H. G. 约翰逊的经典性文章《经济扩展与国际贸易》，对分析各种可能性仍然是一个很好的起点。见《曼彻斯特经济与社会研究学派》，第2期，第96～101页。

② 最简单的此类图表见已引证的文章，与C. E. 林德布鲁姆合著，《经济发展：研究与发展和政策制定：一些综合的观点》，第65页，在《战略》中第87页，有一个相似的，但更为复杂的图表。

产出量最终的全面增加，两个部门获得的收益在整个过程中都是在增长的。但在任意一点上，部门A获得收益是以部门B减少收益为代价，反之亦然，形成了所谓的抵消增长过程。注意抵消增长不同于零合增长（Zoro-Sum growth）。图为实际上已获得了全面的增长。

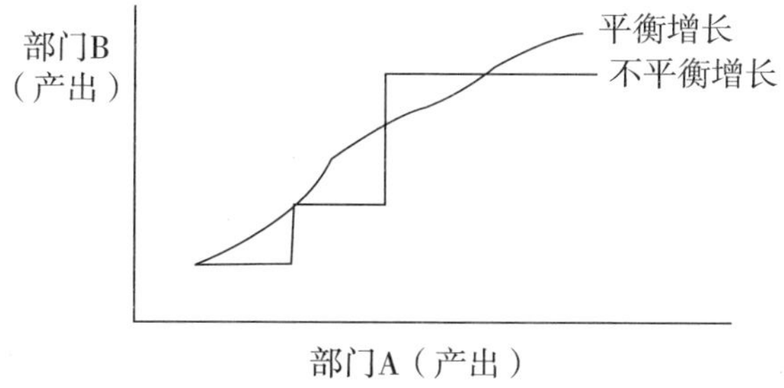

图1　平衡与不平衡增长

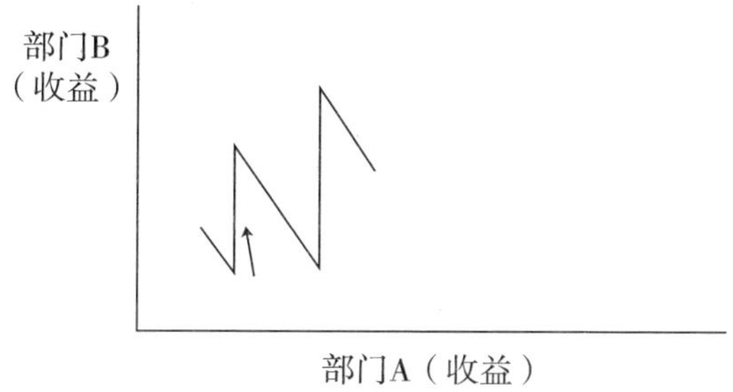

图2　抵消增长

我以前未曾注意到我的不平衡增长道路有这些抵消的内涵。如果我曾注意到的话，我会探究这一过程的政治后果和必要条件。为了阐明这一过程，看起来有必要确定增长过程中不平等加剧的某种容许限度。后来，我在《经济发展过程中收入不平等的容许限度》中分析了这一问题[①]，但只是在发展过程的潜势已经导致了国内战争和其他各种灾难之后。所以，与其他开拓者一起，我被判有对我们提出的经济发展理论的

① 初版于1973年，后辑人《不拘一格》第3章。

政治内涵未曾给予充分注意的罪名①。

但是，我们过去缺乏远见和思想狭隘大概并不完全是一件不幸的事。我们如果更有远见并且不拘成法，大概会因为惧怕潜伏的危险和可能发生的灾难，而不敢建议采取任何政策。

以我的例子来说，在充满希望的50年代，我发现提出与图1相应的增长模式是十分大胆，并且是自相矛盾的。我不得不压抑着这样一种思想，即图1所描绘的过程在一定程度暗示着图2显示的抵消过程。可惜在25年后，我了解了社会变动所带来的大量困难和紧张，以至于图2表现的抵消增长过程，看起来已不再像以前那样会带来无偿的痛苦了。实际上，我现在要说明的是，抵消的不平衡增长过程——可称之为“逆风行船”——比人们想象的要更为普遍。

在图2中，我们可以自由地使用两个同等的象征，不是两个重要的社会集团的收入，如工人与资本家，而是更为概括的两个重要的社会目标，如经济稳定（内部与外部的）与增长，或增长与公平（不平等的收入与财富分配），或与此有关的公平与稳定。一旦我们照此做了，随即会明白，逆风行船实际上说明了西方社会前进时，是怎样频繁地摇摆不定。

我想举出两方面的原因。首先，其中的每一个目标都是非常难以实现的，在其中的一个方面取得进展，需要智能与政治资源的最大限度集中。结果忽视了其他关键目标，这种疏忽随后引起了公众的注意；随之而来的批评导致了航向的改变，朝向新的目标，尔后是新的疏忽。

其次，我想表明，逆风行船模式是与政府的民主形式，特别是以民主治理的两党制相适应的。如果在这一制度中，两党都保持着各自的鲜明特征或意识形态的始终如一，那么，每个党在增长、公平与稳定之类的社会目标中都有其独特的侧重：随着两党的轮流执政，在最好的环境下，社会就像逆风行船一样摇摆前进②。

乍看起来，这确实是一种古怪，甚至是不正常的前进方式，在这一

① 最早的批评，见W. F. 埃尔奇曼与R. C. 巴基夫，《平衡思想与经济增长》，载《经济发展与文化变革》，第14卷，第4期（1966年7月），第385~399页。

② 对12个西欧与北美国家战后期间所做的经验研究与核实，D. A. 西伯斯，《政党与宏观经济政策》，载《美国政治科学评论》，第71卷，第4期（1977年11月），第1467~1487页。

过程中，某些重要的社会集团不断受到侵害与打击，某些基本的社会目标总是受到轻视甚至被拖向倒退。然而，在一个靠竞争政治原则维持生存的社会中，这恐怕是唯一可以找到的进步方式。这样一个社会有必要分为“执政党”与“在野党”，后者的利益与愿望受到忽视，直至轮到它接管政权并将对手置于不利地位。

简而言之，在民主政治中将社会推向前进的艺术即在于此，尽管在一些社会主要集团一方存在实际与合理的不满，接下来是另外的集团一方相似的不满。在任何一个时间点上，不仅总是有着矛盾、斗争与冲突，而且总是损失一些过去取得的有价值的成就。然而，在冲突中的政党与集团背后，实现全面的进步是完全可能的。在各党几番轮流执政之后，各个集团逐渐发现，很奇怪，他们的目标都已实现，此时，民主政治是稳固的。

当然，这里描述的抵消运动，实际上并不一定得出如此令人满意的成果。他们也可能走向反面——图 2 的抵消增长就明白地显示出，发生了与图中所示乐观的箭头相反方向的运动。在这种情况下，民主据称已陷入危机，并且被卷入了一场一方受益另一方相应受损或两方皆受损的游戏。人们现在正寻找着“根本性的”解决方法，如结束“破坏性的”党争以及在基本目标上取得举国一致，从而使社会能够沿着“平衡的”道路前进，同时在每个一致的目标上都取得进展。在一个多元的制度运行不良时，各阶级合作主义者和独裁主义者都是有吸引力的。我们的抵消增长或逆风行船增长模式表明，还可以找到另一种解决办法，它具有不抛弃竞争政治模式的突出优点。

至此，我对不平衡增长的自我批判显然出现了奇怪的转折。开始，我是挑剔自己在提出不平衡增长过程中，未能从中分辨出这样一种含义，即初始没有扩展的部门的收益会出现暂时的下降。但随后，我在这种抵消增长模式与民主典型进程的笨拙方式之间建立了联系。因此，我的自责脱离了轨道，并以一种奇特的社会发明结束了这一增长模式的描述，通过这一发明，多元政治与多种社会目标的实现协调起来。

我所做的是要再一次表明，在《战略》中，最初只是为了更好理解发展中国家过程的不平衡增长模式，稍加转变即可用于说明先进国家的政治经济学问题。这一论证使我相当满意：先进国家最终也被迫采用笨拙的方法来解决它们的问题，它们干的事情表面上看起来也是完全错误的。

（三）结论

我们从这些讲座的组织者那里得到的指示——虽然不是原话，即应当对我们过去的思想既要称颂又要批判（根据有关的事件和经历）。像我那些杰出的共同开拓者们一样，我也感到这一双重的任务是难以把握的。并且，十分奇怪的是，在各个方面的罪行坦白最后变成了对信念的告白。

在25年后回顾以前的研究，断言某些思想依然有效，而另外一些已被证明不成立，某些产生了有益的影响，而另外一些则是有害的，随后再从基本原则上做一折衷，这种做法似乎是无益的。像克劳斯题为《黑格尔哲学中什么还有生命力》的著作一样，试图评价我们的研究中哪些还有生命力、哪些已经死去，这样则更有意义。并且很自然地，作者自己是拙劣的评判者，他们可能做的一切就是使读者相信，他们过去"记述和描绘的思想"仍然富于生气，并且他们继续从事着饶有兴趣的研究。

最后的评论是关于新思想的冲突。回溯50和60年代，由于我在发展问题上的思想主要是对新旧正统理论的批评与反对，引起了活跃的争论，因此，我的思想与其他人的贡献，有助于使发展经济学这一新领域富于吸引力和令人兴奋。我认为这是我的研究及其引起的冲突的主要积极贡献。

这里可能有着普遍意义。新理论和思想的效果远不像我们想象的那样直接，在相当大的程度上，它带来了对某一研究领域的推动力。作为很少贡献的结果，这一领域突然开始了活跃的讨论和争辩，并且吸引了一代人中某些更聪慧，更有精力并更富于献身精神的成员。此即新思想的间接效果或称感召效果，它是与仅为人们想到的直接效果或说服效果相对应的。感召效果比说服效果经常要更有意义且更为持久。感召效果的重要性说明了，在其他事物中，为什么新思想是不可预见的，为什么让知识界为实际政策制定、更不用说为政策结果承担责任是困难的，甚至经常是荒唐可笑的。

发展研究领域就是个恰切的突出例子。在马歇尔计划成功之后，亚非拉的不发达状况显露出来，成为任何“为改善世界的议事日程”中尚未解决的主要经济问题。同时，在如何最好地解决这一问题上出现了各种见仁见智的看法。这种环境综合的感召效果是引人注目的。由于这一问题实际上比我们当中任何人所预料的都要更难解决并有更多的分支，这是最为幸运的，因此，我们这些所谓的开拓者可以引以为骄傲的，并不是已经解决了发展问题，而是已经吸引了许多人来继续这一领域的研究。

评　论（一）

卡洛斯·F. 戴茨·阿利安德罗[1]

赫尔希曼反对的是什么？他的论文给了我们大量的线索，30 年代的法国使他怀疑金本位制的正统观念和类似人民党主义主张的天真，就像人们希望年轻的智利人从他们的国家 70 年代的过度行为中有所解悟一样。希特勒和墨索里尼就计划问题向赫尔希曼提出了警告。甚至萧条的 30 年代，他也能够观察到价格制度的力量以及轻率的干涉主义的危险；如果他没有变为一个通过价格弹性来解决问题的乐观主义者，至少变成了通过货币贬值解决问题的乐观主义者，因为他发现经常账户状况越坏则越有可能在贬值之后出现改进。马歇尔计划的经历使他更为怀疑计划工作，在这种计划中，“如果你阻止我，我会使你下降”。

以此为起点，赫尔希曼继续探索“隐含的合理性”。这一方法论的关键性决定，使他跻身于主流经济学，甚至是处于先锋行列。80 年代年轻的经济学家，受的是在情况不确定掌握信息不全面和忽略市场的前提下，选择理论模式的训练，他们与其说把赫尔希曼看成不是那样的一个异端叛逆，倒不如说看做先行者和思想丰富并有可以验证的假说的人。赫尔希曼自己则注意到，现在的产业组织文献是怎样强调一些在他早期论著中业已提出的思想。有人甚至试图指出，在赫尔希曼与旧芝加哥学派保守经济学家之间有着相通之处：怀疑计划，坚信农民和其他私人机构的合理性（隐含的或非隐含的），对外援和管理外援的官僚主义“专家”持怀疑态度，喜好惊人的非直觉的结果。一个乐观主义者，并且，希望有很多主流经济学的批评家真是攻击型的。但也有一些重要的区别。在探求诱导机制过程中，赫尔希曼的探索超出了市场的刺激，因此不把政府看成生来就是愚蠢和无效率的。赫尔希曼早年接触黑格尔、马

① 卡洛斯·F. 戴茨·阿利安德罗自从离开耶鲁大学后，任哥伦比亚大学经济学客座教授。

克思和其他欧洲大陆思想家的思想，不仅使他具有这些伟人不朽思想的风格，而且给了他令人钦羡的意志力去探索市场以外的内容，并宣称社会科学之间没有界限。由于对当今所谓道德公害、不对称信息、代价高昂的管理（如与道路维护相比较：飞机维护是一个典型例证）的实质有清楚的了解，赫尔希曼对“看不见的手”的效率，表露出比旧芝加哥学派更强烈的怀疑态度。

所以，赫尔希曼作为一个叛逆和持不同意见者，与其说是反对主流的学院经济学的主要传统，倒不如说是反对简单化、陈腐和实际正统与异端思想的局限性，反对实践者敷衍了事的欺骗行径以及“苍白的思想”。赫尔希曼的反抗最精彩之处，是他对强加于弱者或被征服者的庸俗处理方式兴师问罪。

现在，让我来谈谈赫尔希曼风格中的批判精神。他在他的论文中提到了早就出现的不同意见：什么是他著作中能够付诸实施的内容；他的政策建议的准确含义是什么，他真的是指应当有意识地制造不平衡吗？赫尔希曼的王国不再属于那一领域了，他断然回答，这不干他的事。在一个以经济顾问委员会的候选人供给过剩且以在大众传播媒介中不体面地急切兜售治世良方为特征的职业中，我认为他的回答十分令人满意，并且使人耳目一新。从前的实践者变成了一个饱学的挑战者、只对提出扩大才智的概念和维护学术完美无缺负责的光辉典范。

赫尔希曼的答案经常包含这样的结论：某些东西有一些是好事，但是太多了就不是好事了。在他的分析中强调时机与强度，但仍然是定性的分析，缺乏公式化与定量化，而非此无以确定最佳度。可惜的倒不是因为政策制定者没有得到行动的方法，而是因为他的论断的科学实在性得不到现成的检验，并且，他的分析风格就像热带地方的劳动密集型技术一样，可以说产生了过多的自行其是的后果而草率从事的模仿则发生太大的偏差。与此相反，主要依靠资本密集型的定量化和建立正规模型的分析产生的偏差小并且步调大致是机械性的。

我们能够设计出全部课程与诱导机制从而产生两个、三个或更多的赫尔希曼吗？对他的风格的赞誉和对他的批评，使他没有留下可供建立一个学派的基础。我们不应悲叹莫扎特未能留下如何在每一代中产生至少几个莫扎特的公式，而应当为得到一个绝无仅有的天赐而感到庆幸。

如果不介意令人不愉快的任性的话，还可以考虑最后一个批评，在探求热带地方“隐含的合理性”过程中，难道赫尔希曼不曾做过了头，为完全错误的政策辩护吗？在他满怀同情地努力去理解时，难道不曾原谅得过多，沉醉于一种新的家长式作风吗？令人不免想起在进口替代工业化及其鼓励机制问题上旧有的争论，如果不是回忆起这些大辩论，我会认为在这一批评中没有太多的东西可说。

最后，让我以评论赫尔希曼论文中的一些疏漏以及对发展经济学的思考作为结束。在哥伦比亚历史中的R. 皮克拉时期，看起来对赫尔希曼有关民主政府崩溃中政治与经济相互作用的思想没有什么影响，这是一个使赫尔希曼和其他对70年代的拉丁美洲感兴趣的社会科学家不得不受到诱惑的题目。另一个疏漏大概是由于他十分勉强地说过，“我已经告诉过你，”因而进步同盟问题被好心地忽略了。

赫尔希曼在论文中提到，在草木繁茂的热带地区首先得到观察与分析的明显不正常的现象，后来，在世界上的凉爽地区也得以发现。像赫尔希曼这样的开拓者开创的发展经济学，充其量可能称做“诽谤学派”(School for Scandal)，这是一个专业团体降低其对认识不一致进行辩护并使自己吃惊的领域。不可避免地，许多“发现”经进一步观察即行消逝，而坚实的发现则汇入了主流经济学。只要作为外围的热带地区不和我们在一起，那些愿意肩负起发展经济学饰以凤凰的旗帜的冒险探索者就有市场。由于他曾把我们召集到这一色彩缤纷的旗帜下，并以这面旗帜直指大大小小的专制暴君，因此，我们感谢离经叛道的阿尔伯特·赫尔希曼。

评　论（二）

保罗·P. 斯特利顿[①]

赛伦的波的王子们，什么事情都做不好却能得到幸运的结果，他们在数量上为墨菲工程师的弟子们所超过，而对他们来说，任何能出毛病的事情都会出毛病。

——查尔斯·金德尔伯格
《政府与国际贸易》（普林斯顿国际金融文集）

读了阿尔伯特·赫尔希曼的论文之后，我为其辉煌的成就和如此多不同思想的结合而感到眼花缭乱。“唯一联系”与联系的联系！这个世界有了意义并且每一事物都已各得其所。

但当眩目的光彩退去时，就出现了某些人们想提出的问题。首先，在赫尔希曼的分析中有着一种系统性的不对称，他本人在一本书的标题中称之为“希望的偏差”。如果我们不仅有权期待无偏差的分析，事情实际上会好一些。当然，不平衡增长的确鼓励了决策，产生最重要的信号和推动因素。如果我们的任务是创造对行动施加推动的压力，不平衡增长确是一条这样的出路。但它肯定也制造出了阻力、抵抗和反压力。众所周知，进口替代工业化就相应地产生了十分强大的既得利益，它坚决要求制定更为外向型的政策。我们需要的是能够制定积极刺激超过消极刺激的政策，这是平衡增长的论据之一。不平衡增长作为一个过程或一个目标是可以理解的，如果积极刺激超过消极刺激，前者更有意义。

在他的抵消增长图示中，赫尔希曼想象出这样一种可能：我们在一条坐标轴上有所失但在另一条轴上得到的更多，因此方向是朝上的。他

① 保罗·P. 斯特利顿时任波士顿大学经济学教授与世界发展研究所主任。

邀请我们在两条轴上置放不同的政策目标，那就放上充分就业与价格稳定吧。可惜，曲线滑向了西南角，我们现在得到的是更高的通货膨胀率和更多的失业。这有些像期望与压力的结果，这种压力通过停停走走的政策建立了一种不平衡增长的形式。由于许多国家已经成功地把高通货膨胀率、高失业率和巨额收支逆差结合了起来，人们可以指望，在一个对称的宇宙中，政府政策有相反的趋向，就像把袜子翻个里朝外，将会把所有天赐福祉结合起来。但宇宙看起来似乎不是对称的。

再举一个例子。根据隐藏的手原理（Principle of the Hiding Hand），人们易于低估他们准备从事的工作的困难，但也易于低估预想不到的幸运事件，它作为向人类创造性的挑战，可使灾难和失败变为成功。然而，就不可能存在预想不到的不幸事件吗？隐藏的手原理认为：对困难的低估，可以抵消低估对这些困难的创造性反应，但是，创造性反应是以存在施展创造性的时机为先决条件的（亚当·斯密认为："很多人对自己能力估计过高的自负，是为所有时代的哲学家与道德家注意到的古老的罪恶[①]"）。秘鲁的圣罗伦索水利工程不幸推迟了，但这却得到了其学习效果的补偿。由于埃及的阿斯旺大坝妨碍了尼罗河肥沃的沉积物的淤积，不得不代之以人造肥，就需要以可改善埃及农民生活的大量电力来弥补这一损失。我们不能构想出与墨菲定律相联系的"隐藏的拳头原理"（The Principle of the Hiding Fist）吗？根据这一原理，"任何能出毛病的事情都会出毛病"。保险公司试图为患者花钱复查可以减少不必要的手术，结果是更多的手术。那些不想挨一刀的人，本来抗拒的是一个医生的话，现在却受到两个医生的劝说。缩小机动幅度就像在哥伦比亚飞机维护的例子中一样，可能会增加良好实施的刺激，但加大机动幅度却可能减少这一刺激。当汽车配有更多的安全装置，事故反而增加了，因为司机更加冒险；当几年前，国会意欲保证不使大石油公司垄断原油供应，它为小炼油厂制定了低原油价格，这导致了低效率的小炼油厂的繁荣和因新汽车需要的汽油形成的炼油厂生产能力的短缺。在《改变内含》一书中[②]，赫尔希曼认为人们有一种为参加而参加公共活动的爱好，

① 《国民财富》，E. 坎南编，（伦敦：1950 年），第 1 卷，109 页。

② 《改变内含：私人利益与公共行为》（普林斯顿大学出版社，1982 年）。

但他却不去考虑，当这种内在的乐趣使我们失望时，我们也可能为了厌恶而厌恶公共活动。凡此种种。

只要把它引向具有另一种倾向的相抗衡的偏差时，赫尔希曼的偏差即可被证实。但作为对所发生事物的全面分析，在我来看它的确是不平衡的，这一方面在赫尔希曼的方案中当然会加以介绍。另外一个问题是，他仅指出了可能性，而没有指出必然性或者是或然性，但这是如何给人启发的呢？如果我姑妈有轮子，她就会成为一辆公共汽车。这对交通部长是一句有用的格言吧？

赫尔希曼说存在着连锁的扩展。确实，存在着生产、消费和就业的连锁，横向和纵向的连锁；前向、后向和侧向的连锁；财政、外贸和投资/储蓄的连锁；还有信息、技术、财务、采购的、地区的、管理的、价格的以及其他的连锁。

但是，连锁思想是以一个没有限度的经济为前提。瓶颈不是资源而是决策。在资源还是决策阻碍进步问题上的争论，是有关发展——的确，有关经济政策——的论战的主要基础。假设有两个代表团到一个国家指导税收问题。第一个代表团认为资源稀缺，决策将自动地跟随着资源的可获得性。他们建议为了释放资源以用于重点目标应增加税收。另一个代表团认为决策是稀缺因素，只要企业家的才能被注入活力，资源随即会流动起来。他们建议减少税收，因为这将向决策者传递信号和刺激。到底哪一个是正确的政策，当然部分地取决于所讨论的经济，但是，在资源与刺激、手段与动机、意愿与方法之间，两难的选择却仍然存在。一本《失望的偏差》会表明，只要存在意愿就不存在方法，只要存在方法就不存在意愿，就像永远修不好的漏屋顶一样。

我想提出一个更有建议性的建议，邀请阿尔伯特·赫尔希曼把他的不平衡增长理论，在思想与行动的历史中应用于观念与利益的相互作用。凯恩斯认为，观念的力量好歹也比既得利益更重要。马克思认为，正是阶级利益决定着观念的上层建筑。符合赫尔希曼方法的意见是，在利益与观念之间存在着不断的相互作用。这大概值得在特定的领域，如工业对农业的论战、人口问题或迁移与人才外流问题，来探讨这一相互作用。在那些强调无知与愚蠢是进步的主要障碍的人（如奥克森斯蒂尔纳伯爵），与强调邪恶、自私或贪婪作为主要障碍的人之间，这种方法与“希望的偏差”一起，会成为一种平衡的力量。我们大概看到，进步已经取得，并且在观念与利益领域中的新问题，经常是对首先产生的问题的成功解决办法所带来的结果。

反直觉的结论具有不可抵制的吸引力，社会科学家以此得到极大的发展。但是我们不能仅仅由于其真实性而厌恶自明之理。当然，新真理的不断发现经常是悖论性的。但是在阅读阿尔伯特·赫尔希曼的理论时，我们有时不禁想道：“这不仅仅是悖论，也是错误的”。

中国经济50人论坛
Chinese Economists 50 Forum

四 阿瑟·刘易斯爵士

Chinese Economists 50Forum

Chinese Economists 50Forum

诺贝尔奖金获得者阿瑟·刘易斯于1915年出生在英属西印度群岛的圣路西亚。14岁时完成学业并开始在行政部门供职。1932年，通过了由圣路西亚政府提供奖学金的考试，并被选送到伦敦经济学院就读。在1937年与1940年他分别得到商学士学位和工业经济学博士学位。1938—1948年任伦敦经济学院讲师。1948年任曼彻斯特大学教授。在曼彻斯特大学，他开始对发展经济学进行系统的研究，并同时研究了1870年以来的世界经济史。

自1957年以来，刘易斯在行政事务与学术研究两方面所花费的时间几乎各占一半。在1957—1963年的六年中，他先后任联合国经济顾问、加纳总理经济顾问、联合国特别基金会副主席、西印度大学副校长等职务。1970—1974年任加勒比开发银行总裁。

他在1963年起任普林斯顿大学政治经济学詹姆斯·墨迪逊讲座教授。1978年获英国女王勋章。1979年因为他对发展经济学的开创性研究成果而获得诺贝尔经济学奖金。

刘易斯早期的发展著作有：《牙买加的经济计划》，载《记事》，第3卷，第4期，1944年11月；《波多黎各的工业化》，载《加勒比经济评论》1949年12月；《加勒比地区的工业发展》，特立尼达，西班牙港：加勒比委员会，1949年；与他人合著：《欠发达国家经济发展措施》，(纽约；联合国，1951年)；以及《工业化形势》，(开罗；埃及国家银行，1953年)。

刘易斯有关发展经济学的驰名著作写于50年代中期：《劳动力无限供给条件下的经济发展》，载《曼彻斯特经济与社会研究学派》第22卷，第2期，1954年5月；《经济增长理论》，(伦敦：艾伦与恩温出版社，1955年)。

刘易斯还有其他许多著作。例如：《经济观察，1919—1939》(伦敦：艾伦与恩温出版社，1949年)；《经济计划原理》(伦敦：艾伦与恩温出版社，1949年)；《西非洲的政治》(伦敦：艾伦与恩温出版社，1965年)；《发展计划：经济政策的本质》(伦敦：艾伦与恩温出版社，1966年)；《经济发展的某些形势》(阿克拉：加纳出版公司，1969年)；《热带地区贸易形势，1893—1965》(斯德哥尔摩：阿尔姆魏斯特与魏克塞尔出版公司，1969年)；《增长与波动，1870—1913》(伦敦：

艾伦与恩温出版社，1978年）；以及《国际经济秩序的演变》（新泽西，普林斯顿：普林斯顿大学出版社，1978年）。

从刘易斯的50余篇论文中，特列出下面这些篇：《世界生产：价格与贸易，1870—1960》，载《曼彻斯特学派》第20卷，第2期，1952年；《制造业的国际竞争》，载《美国经济评论》第47卷，第2期，1957年；《无限劳动力：续论》，载《曼彻斯特学派》第26卷，第1期，1958年；《欠发达地区的就业政策》，载《社会与经济研究》第7卷，第3期，1958年；《发展计划评价》，载《加纳经济会刊》第3卷，第6~7期，1959年；《经济发展评论》，载《美国经济评论》第55卷，第2期，1965年；《重温二元经济》，载《曼彻斯特学派》第47卷，第3期，1979年；以及《增长引擎的减慢》（诺贝尔奖演说），载《美国经济评论》第70卷，第4期，1980年。

50年代的发展经济学

主编给我的任务是，让我宣扬我自己，回忆在50年代，我思考的是什么以及事态是如何发展的。这样虽然有助于我的一些早期著作的销路，但我仍抵制了这一诱惑。我选择了写一篇当时发展经济学家所争论问题的简短概略，只是在必要时才提到我自己。同时，把讨论局限于当时令人着魔的两个主要问题：什么是工业部门的适度规模和如何为现代化提供资金？①

（一）工业化

是什么限制了工业部门的规模？最初的回答是詹姆斯·斯图亚特所提出的——那些把剩余农产品用来交换工业制成品的农民的生产力。②这一观点长期存在于我们的著作中。在亚当·斯密那里，这个观点成为理解他所说的“富裕的自然增长”——也就是我们今天所说的“发展经济学”的钥匙。亚当·斯密还加了一条：如果农民的剩余产品很少，那么工业的发展仍可以通过出口工业产品的途径来解决。③

这些观点在50年代鲜为人知，或知而不解。故在工业的支持者与农业的支持者之间展开了无休止的争论。我对双方都支持。我在1949年所著《英属西印度群岛的工业化》中提到，“一个穷人在食品和住所上要花费收入中的绝大部分，只能有一小部分收入用在工业制成品上。在目前的低生活水平上，由于西印度人的购买力所限，工业的就业水平只能是极低的。”④ 我认为像西印度群岛和印度那样人口过剩的国家，即使在以后的25年中仍无法解决粮食自给自足的问题，而不得不进口粮

① 历史演变模型，如W. W. 罗斯托的模型；科林·克拉克、西蒙·库兹涅茨以及霍利斯·钱纳瑞与发展有关的部门演变的定量研究等重要课题均从略。

② 詹姆斯·斯图亚特爵士：《政治经济原理研究》，第1卷，第8、20章。

③ 亚当·斯密：《国富论》，第3卷，第1章。

④ 《英属西印度群岛的工业化》，载《加勒比经济评论》，1950年5月，第50段。

食和原材料，出口工业产品。[1] 而对于黄金海岸，我强调把农业政策与进口替代政策放在同样重要的地位。[2]

农业面临两个选择：出口或为国内市场生产。[3] 因此，对于工业化有三种战略可以利用：（1）出口更多的农产品（或矿产，对此将不再讨论）；（2）发展自足经济，强调国内市场的作用；（3）出口工业产品。三种战略都包含着强有力的工业政策和农业政策。它们的区别仅在于对外交换的条件和收益的不同。

在理论上，无需在它们之间进行选择。因为需要同时得到每一种战略的最大收益。如果对于综合发展计划的制定有相应资料的话，资源在国内贸易与国外贸易之间就会达到最优配置。但是，既没有可资利用的资料又没有关键的对未来的预测。实际上，每一种战略都是在实践中成长起来的。有了相应的制度、权力结构、社会基础以及前景，其结果是其中之一可以达到影响决策的地位。即使没有在实际上形成推动这种趋势的某种经济力量，经济学家们也会在感情上固执地强调其中一种战略而极力反对另外两种。

由于 50 年代争论最多的就是发展战略，即为某一发展战略辩护或是抨击某一发展战略。我就以此作为我评论的框架。

（二）农产品出口

我先从以出口农产品为基础的发展战略开始。有关这一内容的争论热度是众所周知的。明特[4]从亚当·斯密的“剩余的出路”中得出了自己的观点，我们可以列举一些符合明特模式的实例，如缅甸、泰国、黄金海岸、乌干达以及其他一些国家。出口究竟是经济增长的引擎或只是一种陪衬是无关紧要的，如果为满足国内市场的工业生产的增长引起了进口增加，则必须增加出口，或者，如果农产品出口增加，超过 1 的贸易乘数将会刺激满足国内市场的工业生产。历史学家想知道究竟是哪一

---

① W. A. 刘易斯：《经济增长理论》（伦敦：艾伦与恩温出版社，1955 年，第 329 页，351 ~ 352页）。

② 《黄金海岸工业化报告》，阿克拉：政府出版社，1953 年。

③ 也可以同时为出口与国内消费生产。例如，缅甸的水稻。

④ H. 明特：《古典国际贸易理论与欠发达国家》，载《经济杂志》，1958 年 6 月。

种情况先出现，而经济学家则关心的是，今后彼此之间能相互协调发展。

在50年代，出现了两种反对农产品出口战略的理论：贸易条件论和依附论。贸易条件论由历史和理论两方面内容构成，历史的论点认为，长期以来农业在商品贸易条件中处于不利地位，所以应该避免初级产品的生产。我从来不赞成这种观点，在1949年出版的《经济观察》中，我提到："在过去的一百年中，初级产品的生产与制成品的增长是一致的。如果亚洲经济的发展能从知识与资本的流入中得益，这种流入将刺激工业生产与初级产品生产的双方面发展。因此没有什么充分理由认为这两方面的增长是不相容的。"[①]

这一论点所引用的绝大部分资料，无论是工业产品还是初级产品都是与英国物价相联系的。我的贡献就是创立了热带产品的物价指数和工业产品的物价指数。这些指数表明，在1870—1927年之间的贸易条件是相当稳定的，在大萧条时期开始下降，到了50年代又恢复到原有水平。但是这个指数直到1969年才发表。[②]

理论的论点与历史的不同。无论过去发生了什么事情，如果初级产品出口的增长超过了工业国家的需求，则贸易条件一定不利于初级产品生产国。我花费了一些时间设法计算出究竟多大的初级产品的贸易增长率会使贸易条件不变而处于长期均衡状态。最后我认为这个增长率应为经济合作与发展组织成员国工业生产增长率的85%左右。[③] 塞尔莫迪格里亚尼以及波拉克也得出同样的结论。[④]

这是一个短期的结论。我在1954年的一篇论文[⑤]谈到欠发达国家在长时期中，是贸易的要素条件决定其商品的贸易条件，而不是相反。从

---

① W. A. 刘易斯：《经济观察》，（伦敦：艾伦与恩温出版社，1949年，197页）。

② W. A. 刘易斯：《热带地区贸易形势，1893—1965》（斯德哥尔摩：阿尔姆魏斯特与魏克塞尔出版公司，1969年）。

③ W. A. 刘易斯：《世界生产，价格与贸易》，载《曼彻斯特经济与社会研究学派》，1952年5月。

④ 汉斯·纳塞尔和弗朗哥·莫迪格里亚尼：《国民收入与国际贸易》（厄班纳：伊利诺斯大学出版社，1953年）；J. S. 波拉克：《国际经济系统》（伦敦：艾伦与恩温出版社，1954年）。

⑤ 《劳动力无限供给条件下的经济发展》，载《曼彻斯特经济与社会研究学派》，1954年5月。

19世纪初，贸易的要素条件就一直持续地不利于欠发达国家。根本的解决途径是不断提高欠发达国家的农业生产力以满足国内市场，从而提高出口农产品的供给价格。

依附理论与通常的反对进口的理论不同，后者针对货币成本与实际成本的差别，而前者主要针对权力及其累积增长。在这里提供一个简短概要。一个开始出口农产品的附属国由于被剥夺了工业起飞的机会而陷入困境。它的贸易和一切与贸易有关的海运业、银行业、保险业、港口设施等落入极少数外国人手中，间或与少数当地富人有一些联系。贸易所带来的利润没有被用于国内投资而是转移到了国外。最好的工作只限于外国人去做，本国人才得不到应有的训练，既无力在老的行业中竞争，也不可能从事新的事业。有才能的青年的积极性受到挫伤，失去自信心，或移居国外，或是眼界更加狭小。国内工业受到进口的打击。外国公司感兴趣的是对外贸易，如果可能的话，它们将阻止任何建立有损于外贸或抬高其成本的新产业的企图。大量的广告宣传使得人们去消费进口产品而对本国产品不屑一顾，从而，加剧了不用国内资源而进口外国产品、原材料以及机械设备的倾向，这不但危及国际收支平衡造成就业更加困难，而且促使失业工人又回到生产生活必需资料的部门。①

尽管这种描述夸大了外国人的增殖份额，忽视了对学校及其他设施的高额投资以及殖民地的人均最高出口额，但它仍不失为对20世纪前半叶绝大部分热带殖民地状况的合理描述。令人费解的是，为什么独立国家也会落入同样的陷阱。例如，在1880年左右已经开始出现工业资产阶级的巴西，以及在本国大地主统治下而不是外国资本家统治的阿根廷，都没有摆脱困境，而且东南欧国家在整个19世纪都处于停滞状态。这对于经济发展的分析者来说，就像墨西哥的历史一样令人伤透脑筋。

基于以上原因，我在1955年出版的著作中承认依附理论原理的正确性，但其价值有限。我在1962年的国际经济联合会上的一篇论文，②尽管赞赏有增，但限语同前。在我看来，依附理论对于研究理解19世

① 这是许多作者的论点。依附理论的代表人物是安德里·甘德·弗兰克，例如他的论文：《资本主义与拉丁美洲的欠发达经济》（纽约：每日评论出版社，1967年）。

② 《经济增长理论》，第347～350页；E. A. G. 罗宾逊主编的《经济发展问题》中的《经济发展与世界贸易》（伦敦：麦克米兰，1965年）。

纪后半叶是恰如其分的，但不适用于20世纪后半叶。因为那时各独立国家政府着手调整了外国人在本国的地位。作为一种贡献去决定农民应该被鼓励去种植更多的茶叶或是橡胶，这在我看来是毫无意义的。

依附理论归于这样一种理论范围，即否认经济学家通常所寻求的价格与边际成本相等时的产出最大化，而是谋求高速的独立增长。这种理论要求在几套形成不同产量与价格的制度中选择一套（例如，选择家庭农场制而不是大种植场制），其中也可以包括一种基本需要战略。共同面临的主要问题是，由于价格反映原始资源并干预了资源分配，人们可以得到若干个帕累托最优价格与配置“方案”，但没有一个具备明显优势。当人口在宗教、民族、语言、部落上都一致时，就会带来相当坏的结果。在不一致的多重社会里，政府选择何种技术，选择什么样的地区布局和目标依据得益者和受损者的人口特点。这样做可能并无恶意，而是为了维护国家的统一。我们的福利经济学不如说是西方政治哲学的一个分支，它没有提供“科学”的答案，多重社会必须建立自己的评价体系。

（三）进口替代

正像许多经济学家一样，上述问题暂置不论。除了怀疑出口初级产品的作用以外，发展经济学家还从事自己的传统职业，去说明为什么不加以控制就会引起进口过度。

传统的论点之一是，由市场反映的货币成本并不是实际成本。马努尔里斯克在1932年详细地说明了这一点，声称工业的工资水平总是高于农业，所以增大了工业产品的实际成本。围绕这一论点，我们可举一个工业上的成功导致失业的事例。牙买加的铝土矿是出口产业，能够付给高于其他产业三倍以上的工资。这一工资水平引起了其他产业超出自身承担能力的工资上涨，从而引起其他产业更多人的失业。虽然如此，却保证了外汇充足，不存在货币贬值的压力。我在1964年曾阐述了本观点，几乎与此同时，都德莱·西尔斯利用工资基金分析法在委内瑞拉得出了类似的结论。[①] 荷兰开始出现同样的情况以前，我们的观点一直

① 《牙买加的经济问题》（牙买加，金斯顿：格林那公司，1964年）；都德莱·西尔斯：《开放石油经济的机制》，载《社会与经济研究》，第13卷，第2期，1964年6月。

没有引起较多的注意，现今却被称之为荷兰病了。由于现象的欧化，提高了它的学术地位。分析的线索导致了对影子价格和成本利润的分析——危险的沼地，但要进行有关国际贸易的决策就不能回避这些问题。

除涉及影子价格的论点外，发展经济学家还使时间（学习因素）、规模、外部事物、互补（即网络）等论点趋于完善。这些论点已存在于理论著作中，但一般都未进行案例分析。而且还发现了两个相当关键的缺陷，一个与资源流动有关，另一个涉及出口收入的非弹性。

国际贸易理论的结构是，商品可以转移到国外，在世界各地可以是同样的价格（不包括运输费用），而资源——劳动力、土地和资本——不能转移到国外，并且价格相异。如果人们论及20世纪20年代末依赖移民劳动力和外国资本的糖产业，国际贸易理论就很难适用了。资本和劳动力通过移动使其边际生产力在各处均等，其结果，处于边际以下的国家就不存在人口了。为象牙海岸拟定政策时，是把来自上沃尔特的移民列入收入将最优化的那一类呢，还是把他们作为在预定价格下的一种投入？上述疑点对于人们论及关税同盟、欧洲共同市场、最优货币区域有着特别重要的意义。当英国经济学家被问及是否赞成加入共同市场时，一半人表示赞成，并谈起比较成本法则，而另一半人表示反对，担心会使英国的熟练工人、资本、企业家流入欧洲大陆，从而造成岛上的经济停滞。究竟是要优化谁的福利呢？

移民的作用由于“增长点”现象而增大了，这是指人们大批向大城市集中的倾向。缪尔达尔与赫尔希曼等发展经济学家对此做了详尽的阐述。[①] 在20世纪以前，大城市人口很少有超过100万的，而现在却上升到1300万；地理相近所带来的边际收益超过了人口密集所引起的成本。如果我们想要确定结成关税同盟的效果，必须知道增长点在哪里，人口向什么方向流动，比较成本在这里只是一个次要因素。关税同盟在过去30年中之所以令人失望，就是因为它运用了外贸理论，而不是选址论。

50年代还出现了无弹性出口收入的情况。国际贸易理论假定一个国家总是能够通过出口更多的商品和劳务来换取更多的外汇。然而，合乎

---

① A. O. 赫尔希曼：《经济发展战略》（纽黑文：耶鲁大学出版社，1958年）；G. 缪尔达尔：《经济理论与欠发达地区》（伦敦：G. 达克瓦斯出版社，1957年）。

逻辑的可能是，一个国家要达到这一目的是相当困难的，由于贸易壁垒、低供给弹性、低需求弹性或是由于工资水平与生活费用紧密相连，以至于货币贬值引起成本同比例的增加。这揭示了若干个可能性：

两缺口模型，主要由钱纳瑞所研究。[①] 认为由于额外储蓄不能转换为资本品的进口而遭受挫折。

结构性膨胀，都德莱·西尔斯介绍给以英语为母语居民的一个概念，[②] 它认为边际进口倾向大于边际出口倾向。这个概念起源于拉丁美洲，在英国采用这一概念解释自己的停滞增长体制之前，一直未引起经济合作与发展组织发言人的重视。而现在则被视为一项准则。

平衡增长，这一理论归功于罗森斯坦－罗丹。[③] 如果进口与出口都不能增加，则生产必须走平衡增长的道路，这可由发布指导性计划得以实现。那些参加关税同盟的小国也会促进这种平衡增长，因为在关税同盟中规模较大的工业效率更高。

在我看来，这三个模式的推理是无可非议的。在出现的大量批判著作中，从未有过我一份。绝大部分的批判忽视了基本前提，所以毫无益处。只有赫尔希曼论述使进口转向进口替代的原因的令人兴奋的著作除外。[④] 我曾研究过罗森斯坦－罗丹的模型，特别是指导性计划的制定与关税同盟的创立。[⑤] 但是这两项动议都没有达到预期的成功，部分由于模型是基于出口创汇的困难而导出的，但实际上，并没有我们所担心的那么困难，部分是由于计划者不了解市场价格要比部长演讲更有刺激力。

（四）自给自足

自给自足是与满足国内市场的粮食生产有关的进口替代战略的一部

---

① 有关此模型的实施，见 H. B. 钱纳瑞与 P. 埃克斯坦：《拉丁美洲的其他政策》，载《政治经济学杂志》，1970 年 7 月，第 2 篇。

② 都德莱·西尔斯：《增长与通货膨胀理论》，载《牛津经济论文》，1962 年 6 月。

③ P. N. 罗森斯坦－罗丹：《东欧与东南欧的工业化问题》，载《经济杂志》，第 53 卷，1943 年 6 月—9 月。

④ 赫尔希曼：《经济发展战略》。

⑤ 在总结若干经验的基础上，我写了有关制定指示性计划一书：《发展计划：经济政策的本质》（伦敦：艾伦与恩温出版社，1966 年）；以及我在 1950 年的论文：《英属西印度群岛的工业化》，其中有关税同盟的论据。

分，一旦人们理解了农业与工业互相提供产品市场时，理论争端也就结束了。实际生活中的计划的难度更大，我们无法精确地知道究竟支出多少才能促使粮食生产走上3%或4%的增长途径。我们确实了解粗放机制的扩张，但是农业生产的其他方面的调整都需要时间，从而陷入自己的管理瓶颈，所以选择了似乎既有管理活力又适当有效地运用财力的计划。

在这个方向进展有限的主要原因是，在粮食赤字开始引起外汇债务的提高之前，大多数发展中国家没有认识到农业的重要地位。总的来讲，经济学家们不应对此负责，在50年代，没有比以公正和预期产出效果为理由的土地改革更受经济学家们欢迎的事了（我写了有关本题目的两篇论文①）。第三世界农业上的失败主要归结于政治原因，在那种体制中，小耕作者的政治地位太低。

农业问题并非简单。湿润热带地区能使粮食生产在未来的30年中以每年4%的速度增长，而在干旱热带地区，每年平均只增长2%也决非易事。至少有5亿人口居住在降雨量不足或不稳定的亚洲和非洲的沙漠边缘地区，这是发展中国家之间增长率和人均收入差距很大的原因之一。差距将继续扩大，除非农业学家对热带干旱农业的研究有重大突破。

（五）出口工业产品

最后一个选择是出口工业产品。很明显，这是人口过剩国家的战略，从40年代起，一些经济学家就已经讨论过这点。但目前的出口扩张并非如此产生，而是产生在进口替代之后。储备金能使满足国内市场的工业在20年内以每年7%～10%的速度增长，在储备耗尽之后，只能以出口产品来支撑高速工业化。这就如打破了一种符咒，在一个多世纪以来，热带地区人民一直被告知，他们的国家不适于工业生产，他们的比较利益在于出口农业产品，而当欠发达国家的工业产品突然出现在发达国家的市场上时，发达国家的领导人极度恐慌，采用专门的歧视性措

① 《土地垦殖政策的问题》，载《加勒比经济评论》，1951年10月；以及《土地垦殖的思想》，载《农业经济学杂志》，1954年6月。

施把来自欠发达国家的工业制成品拒之门外。这是一场精神革命，不亚于1936年30多岁的经济学家们的皈依于凯恩斯主义。令人忧虑的问题是，工业品出口依赖外国企业家。1950年以前，在没有跨国公司集团的情况下，不发达国家集中致力对农业、公用事业、银行业、批发业的管理，而现在基本上已不复存在了。在制造业中，跨国公司集团为技术变化十分迅速的产业提供高级技术，但是只有富有经验的欠发达国家才能问津，而对于鞋、水泥等一些标准产品的技术，任何发展中国家都可以得到，甚至可以购买现成的工厂。更有意义的是，跨国公司集团往往还可以提供进入市场的途径，这些市场可能是跨国公司供应进口物的国内市场，在那些跨国公司向自己已站住脚跟的市场推动制成品出口的地方，跨国公司就变成不可缺少的了。国内企业家也在学习如何向国外售卖产品，但外国人总是先行一步。

我从不认为欠发达国家由于畏惧跨国公司而应当抑制工业部门的多样化，因为在独立国家中，跨国公司必须按当地条件行事。最重要的控制是工作许可证，迫使公司在管理与专业阶层中雇佣并训练当地人。我的这个观点在过去的30年中受到过很多批判，但由于第三世界政府在谈判技能上提高了自信，批判的热度在逐渐降低。

无法预言出口工业产品的前景。当世界工业生产每年增长仅在5%～6%时，工业产品的世界贸易不可能无限期地维持每年10%的增长速度。发达国家的行为同样不可预料，它们对工业制成品自由贸易的态度取决于它们是否能够重新取得国内生产总值的高速增长。第三世界内部的相互贸易只是刚刚起步，它们有可能在工业国家实行贸易保护主义的同时而高速度发展，如果工业国家打开大门，这种发展却有可能减速。

（六）金融

在50年代，我们不仅着迷于工业部门的适度规模，而且窘困于如何为现代化供给资金。对后者的讨论相当广泛、人数众多，但尚不居于绝对支配地位。许多老经济学家认为，世界资本是稀缺的，应该投到获益最高的地区，如果高收益地区为富国，穷国的状况只好任其恶化。其他经济学家认为，由于吸收能力有限，所需资本量不成问题——甚至缪尔达尔也竭力称许低吸收容量。欧琴·布莱克在1951年告诉包括我在内的联合国代表团，第三世界每年能吸收银行贷款的最大数额为25亿美元。我从未对此结论产生过兴趣，因为我母亲在我童年时期就教育我确信，别人能够做到的事我们同样能够做到！这虽然不是科学命题，事实却是如此，自从1960年以来，由欠发达国家的低资本产出率说明，它们的资本吸收能力很强。

（七）资本密集度

我们非常关心资本的经济使用。在50年代初出现了大批有关著作。由加兰森和里宾斯坦所著著名论文[①]主张资本密集型战略。与此相同，P·C·马哈拉诺比思为印度陈述了自己的计划结构。但绝大部分经济学家拒绝他们的理论，宁愿选择新古典影子价格的分析和结论。印度政府为使小规模工场和手工业的现代化投入了大量资源，我在1955年的书中有几页谈到这个论题，我们绝未赞同舒马赫的极端主义立场[②]，但我们大多数人希望有新的、更多的适用技术被设计出来并加以利用。

争论着眼于现在或未来。是采取缩减当前的大量消费以支持更快的产出增长率呢，还是以减少10年后的消费为代价来换取目前更多的消费呢？在1955年著作的附言中，我阐明了中间立场。目前流行的看法认为50年代的经济学家忽视了分配未免离题太远，我曾提到，我们都赞同土地改革是基于公平与产出。有关城市工人，我在1955年写道："没有任何理由拒绝开展一套适当的社会服务——医疗服务、失业津贴、退休金等——缺少上述服务，产业工人就会被迫在农村保留一席之地，以便遇必要时返回。社会服务的功效是：健康的劳动力，生活更加稳定，更盼望改进工作。虽然要花费很多，但偿还的却是更高的生产力和人类的幸福"。[③]

那时，我不关心支付给城市工人的货币总额，我已假定它直接与小农生产力相关联，我关心的是社会工资，特别是：教育、健康服务、供水、雇员补偿、失业津贴、退休金等。作为一个社会民主主义者，我认

---

① W. 加兰森与H. 里宾斯坦：《投资准则，生产能力与经济发展》，载《经济学季刊》，1955年8月。

② E. F. 舒马赫：《小是美好的》（纽约：哈珀与罗出版社，1973年）。

③ 《经济增长理论》，第193～194页。

为这项社会福利是过去100年中最好的成果之一。我一直是推崇教育的，在1955年用了35页的篇幅探讨“知识”的优先地位，“教育的难点在于，它既是消费同时又是投资。就投资而言，教育直接为产出的提高作出贡献。”[①] 以后我还有三篇论文及《发展计划》[②] 中的一章论及教育。由格雷·贝克在1964年所引起的大量论著洪流没有把我卷进去。这是由于，无论计量经济学的运用对私人报酬率的测定有多大价值，它对于社会报酬率的测定，特别在发展中国家，只能使人误入歧途。我的研究方向趋向人力预算——一个更少争议的题目，尽管存在不足，官方也不得不采用。

（八）资金来源

政府要想从事社会计划和资本积累则需要大量资金。1956年，我同阿里森·马丁一起对政府收支标准开始系统地探讨，并引起许多其他作者的有关论文。[③] 然而，在国际货币基金组织的人员手中本论题却变了形，成为考察在不同的经济结构中，政府税收多少才算适当，它甚至似乎可以成为决定一个国家得到多少援助的尺度之一。

事实上，作为一个整体，欠发达国家政府已经通过各项指标。目前在校学生是1950年的四倍，婴儿死亡率降低了四分之三；医院床位倍增；农村水管、不受季节影响而通行的公路及其他众多服务比发达国家历史上任何一个时期发展都快。大部分对过去30年成果不满的主要原因是由于人们不了解社会工资的重要意义，不了解1950年群众的状况，或忘记了大部分欠发达国家人民居住在半干旱地区。对于干旱，我们仍没有任何技术上的突破。

结果，对于资本积累的资金来源，部分的回答是征税。欠发达国家政府需要使税收与公营企业利润之和超过当年支出，而实际上已超过很多。即使有国外援助，大部分资金供应还是不得不依赖于私人国内储蓄

① 《经济增长理论》，第183页。

② 这三篇论文是：《教育与经济发展》，载《社会与经济研究》，第10卷，第2期（1961年）；《教育与穷国的科学职业》，载《美国艺术和科学学院院刊》，第91卷，第2期（1962年）；以及《次级教育与经济结构》，载《社会与经济研究》，第13卷，第2期（1964年）。

③ 《政府财政收支模式》，载《曼彻斯特经济与社会研究学派》，第24卷，第3期，1956年。

的增长，问题是要阐明储蓄如何发生。

19世纪储蓄是怎样产生的呢？在欧洲，储蓄源于国民收入中利润份额的增长。那么是什么引起利润份额的增长呢？新古典经济学无助于此。凯恩斯模型指出，利润份额增长为周期性上升。然而，事实表明，英国与美国的利润份额与储蓄份额在1870年以后长期处于基本稳定状态。新古典主义者给了我们什么呢？无论是杜生伯莱、弗里德曼还是莫迪格里亚尼，都只论证了如何把长期储蓄的稳定与短期储蓄的易变结合起来。但这对于我们无济于事，因为我们试图了解的是储蓄倾向的长期增长。

1952年8月的一天早晨，当我正走在曼谷的一条街道上时，突然想到，唯一需要做的是放弃劳动力供给固定不变的假定——通常是由新古典宏观经济学家提出的假定；而假定它是无限弹性的，并且资本主义部门生产率与所得利润是不断提高的。这也使我想到，此模式可以解释从大学时期起就一直使我迷惑的问题：钢和咖啡的比价由什么来决定？过去被告知，它决定于边际效用。但是对于这种答案我无法接受。如果假定，粮食产业的劳动力对于咖啡产业及钢铁产业均为无限弹性，则使钢与咖啡之间的贸易要素条件固定不变；边际效用论就被扔到了窗外。

由于一个假设的修正，三分钟之内解决了两个问题。为此，我写了四篇有关论文，费景汉和拉尼斯①以及其他人又做了进一步的探讨。那时，一连串的辩护、抨击、检验、修正、指责及赞成的论文蜂拥而至，一度成为一个发展特别快的学科。这一模式从问世之初就明确指出，它只解释某些时期内某些地区的问题，而对其他时期或其他地区的问题可能无能为力。

什么是接近无限弹性的根据？批评家们缠住六个人口过剩国家小农业生产中存在的隐蔽性失业不放。但这只是长达四页的第一篇论文中的一项内容。其他还有：技术性失业，马克思认为技术性失业本身即足以形成劳动力剩余；现在被称为非正式部门的城市失业；妇女从家庭走向劳动力市场以及人口的增长。其中人口增长是决定性因素，只要每年人

---

① 费景汉与G. 拉民斯的一篇论文及所著：《劳动力过剩经济的发展》（伊里诺艾，哈姆沃特：李查德·D. 欧文出版社，1964年），使此模型形式化，并激起了人们极大的兴趣。

口增长率为3%，则劳动力的供给不能不具备很高的弹性。

应该给予人口以足够的重视。我认为50年代的发展经济学家所犯的最大错误就是对人口的可能增长估计不足。我们曾期望人口增长率为1.5%，但从未想到在下一个10年里，死亡率会下降到10‰~15‰。

人口高速增长对欠发达国家的经济发展是一个打击。可罗列如下而无需详尽阐述：它使半干旱地区本来已经尖锐的粮食问题更趋恶化；给国际收支平衡造成很大的压力；对于已经人口过剩的国家，它减少了储蓄潜力；导致以极端昂贵的基础设施为代价的城市化的加速。

人口的高速增长同样使城市失业问题难以解决。1954年加纳的情况使我深切地感受到这一点。我在1957年所写的论文里谈道："（城市失业）也部分地源于工资差距扩大本身。城市就业人员工资水平的提高，吸引了越来越多的人进入城市，如何应付城市失业人口的增加是极其困难的事情。一般解决失业的办法是提供工作，但无济于事，反而会使问题全然恶化。由于在城市中提供的工作越多，移入城市的人口也就越多，你在这场竞赛中很可能以失败告终……在这种情况下，无人敢说他有诊治失业的良方。"①

城市失业依然悬而未决，除非为农村提供更多的工作。托达罗模型②及随后有关人口迁移与劳动力市场的论文令人确有启发，但是我们需要增长点与人口迁移之间更为透彻的联系。除了工资差别的原因以外，我们还需要更多地听听社会学家与历史学家有关人口移动的见解。

现在，让我言归正传。以前现代化的资金是从哪里得到的？简短的回答是，由于劳动生产率的提高快于工资的提高，因而国民收入中利润份额增大。常常有人攻击我推荐收入分配的这种变动，但是我并不是在提供良策，只是试图揭示事物的本意，它不仅是资本主义的解答，对于苏联也能得出同样的结论：国营公司的利润与营业税作为储蓄增长的来源执行着同样的职能。

---

① 《欠发达地区的就业政策》，载《社会与经济研究》第7卷，第3期（1958年）；以及《发展中国家的失业》，载《今日世界月刊》，第23卷，第1期（1967年）。

② M. P. 托达罗：《欠发达国家劳动力流动与城市失业模型》，载《美国经济评论双月刊》，第59卷（1969年）。

（九）通货膨胀

拉格纳·纳克斯开辟了一条乍看起来是很顺利的解决途径：利用剩余劳动力从事资本积累。许多建设可以不要很多设备，如公路、桥梁、灌概渠、梯田、泥土保持坝等等。关于什么是剩余劳动力，他发表了一系列于事无补的论文。纳克斯确信在不减少其他产出的情况下可以发动人们在某些季节从事基建工程。工程与劳动力都在农村，很显然，人们可以在农闲季节的六个月中从事基建，而在四个星期的收割期就无法从事这项工作。争论的核心是，印度的一些地区耕种五英亩以下的小农若减少5%的劳动力是否会减少总产出。争论这个问题的原因不清楚，因为基建确在农闲季节中进行并没有和农忙季节相冲突。根据定义，剩余劳动力的利用基本上不减少其他产出，特别是在很长的农闲季节，所以实际上是没有成本的。在50年代，我们曾对公社发展运动使用不计报酬的劳动力寄以厚望，一些国家的政府推崇这一政策，但是热情不能长久维持，因为无论是否是剩余劳动力都必须支付工资。

由于剩余劳动力的使用引起产出的增加，因此人们总想依靠货币供给的增加来促进它。采取这一措施究竟会引起多大程度的通货膨胀，必须依据两个不同的层次进行分析。第一层次，通货膨胀总量应当决定于剩余劳动力被用于何种用途。如果被用于生产性用途，例如挖掘灌溉渠，因此能增加消费品的产出，额外货币与额外消费品相抵，通货膨胀则会受到抑制。然而，如果额外货币被用来支付给士兵或文官，而不存在相应的消费品的增加，就会导致严重的通货膨胀。

第二个层次是对第一层次所产生的通货膨胀的反应。所支出的货币进入流通，成为各种人的额外收入。如果得利者将其得利投资于生产性用途，可得到第二轮的额外资本积累。如果没有用于生产性用途，则得利者的消费多于他人。得利者能否保持其收益取决于损失者是否头脑简单或无权，如果后者有能力使自己免受通货膨胀之苦——例如，使他们的工资与贷款随物价浮动——储蓄倾向就会保持不变。

大部分有关通货膨胀的讨论仅限于第二个层次发生了什么，而没有注意到不管第二层次的结果如何，第一层次的支出目标已经决定了这一事实。将两个层次综合起来，可为我们提供两种选择：一种选择是把额外货币用于生产性用途并与提高储蓄倾向结合起来，所引起的通货膨胀可被抑制；与其对立的选择是用于非生产性用途，储蓄增长为零，其后果只能是通货膨胀更为严重。在50年代初，我的立场是坚定地站在前者一边；但在50年代末曾沮丧地认为情况可能与此恰恰相反，这就是说，在1950年我寄希望于像印度这样的国家能着手一个庞大的土壤改良规划，而不必仅仅由于可能为此使得物价水平每年提高3%而有所退缩。印度确实有一些这方面的规划，主要是在灌溉方面，但规模不够大。由于“合理预期”流行起来了，它使拉丁美洲大陆通货膨胀更为严重，上述两个层次都没有为拉美的资本积累做出有意义的贡献。1963年，在拉美关于通货膨胀与增长的里约会议上，我就此指出，“因为严重的通货膨胀极易为人们所察觉，为保护自己而要求更高的货币收入，持续下去必然转变为螺旋式上升的通货膨胀。由于漫长的大幅度螺旋式上升的通货膨胀，拉丁美洲不但已耗尽了通货膨胀潜力，而且严重地阻碍它转向有益的自偿作用的通货膨胀。”①

里约会议颇为重视货币均衡与国际收支均衡的关系——有关这一课题，拉美经济学家与国际货币基金组织的争论贯穿了整个50年代。在60年代，发达国家同不发达国家一样也面临着布雷顿森林体制的矛盾。70年代开始延用本来源于拉美的理论。现在，这门学科的内容已空前庞大了。②

（十）国外援助

50年代的经济学家寻求三个问题的答案。第一，为什么欠发达国家需要国外援助，而发达国家当初就不需要它？随着时间的推移，我们的一些答案已被证明不够妥善。

我们过去常常论及强力推动的必要性，以及低水平平衡陷阱，而现在却偃旗息鼓了。

我们过去曾指出，工业国家都曾在某些方面做为债务国——就连18

---

① 《结语》，参见W. 皮尔与I. 克思坦尼兹基主编的《拉丁美洲的通货膨胀与增长》，(伊里诺艾，哈姆沃特：李查德·D. 欧文出版社，1964年，第31～32页)。

② 我的一点贡献是：《欠发达国家与稳定的汇率》，联合国国际货币基金组织柏·雅考伯森讲座，载《国际货币制度的运转》，华盛顿特区，1977年。

世纪的英国与19世纪的美国也不例外。但其借款数量很小。

我们提出两缺口模型以展示为什么国家可能被迫减少储蓄。但是其结论很难与50年代与60年代的世界贸易繁荣相一致。

我们注意到欠发达国家的增长大约是欧洲国家19世纪增长的两倍——部分是由于人口爆炸——因此需要更高的投资率。

最后，我们还知道欠发达国家的城市化速度也是西欧在1900年左右的两倍，其代价极为高昂。

第二个使我们为难的问题是：谁应该得到国外援助？问题涉及的不是由政治路线所决定的双边援助，而是已存在一定规模的多边计划。欠发达国家坚持要求联合国大会建立庞大的优惠基金，问题在于，什么是优惠基金分配的依据呢？

为此，有许多方案可供选择。罗森斯坦－罗丹发表了一系列方案，其中强调吸收能力，[①] 进步同盟着重良好的社会政策及经济政策；我则认为应当重视储蓄与税收在国民收入中所占的份额；[②] 钱纳瑞强调国际收入平衡的需要，特别是表现为两缺口式的无力状态的国家。而最后所决定的方案却是把基金以贫穷程度为基准，越穷越多。联合国列出了一个最穷的25个国家的名单，并要求双边与多边赠与者优先考虑这些国家。虽然这种选择依据冒着浪费的最高风险，但可能也是最值得的。

第三个问题是如何向富国证明它可在援助穷国中受益。我们有研究这一题目的理论工具——规模经济、外部经济、贸易条件、比较成本、增长点——但是由于正反答案均有可能，我们必须收集大量的资料，测定大量的弹性以及推测各种可能性才能得出最后结论。因此，对诸如此类的问题还没有令人满意的、具有分析水平的答案。我信奉这一准则："富人应当帮助穷人自立"。但这不是经济原则。

（十一）结语

最后谈一谈金融问题。给我留下极为深刻的印象是，欠发达国家通

① P. N. 罗森斯坦－罗丹：《对欠发达国家的国际援助》，载《经济学与统计学评论》，1961年5月。

② 《经济发展评论》，李查德·T. 艾列讲座，载《美国经济评论》，1965年5月。

过自己的努力所获得的成果超出了我们的预料。由于国内储蓄与政府收入的提高，私人消费份额在国民收入中所占比重，20 年之间下降了 10%。无论是取得这一成就的国家还是为之做出贡献的经济学家，都应为此而感到欣慰。

各国所获成就大相径庭。在造成一些国家经济发展缓慢的原因中，影响最为突出的是政治不稳定，而发展最快的国家，人民认为在国内储蓄与投资是安全的。我们在 50 年代低估了这一因素的作用，第二次世界大战后，一些新产生的独立国家已获得经验与合法性，这一因素可能退居次要地位。我们同样也过高地估计了新政府的效率以及它们对改善穷人状况的措施（其幅度变化很大）。

同时，1973 年开始的世界性经济衰退，工业国家贸易保护主义的抬头，石油涨价以及由之而来的巨额债务，都威胁着所有欠发达国家。而这些灾难已经超出了欠发达国家的控制能力，它们要求整个国际社会采取特别措施。但是，欠发达国家在正常时期（如 50 年代与 60 年代）所表现出的生命力是无可非议的。

评 论

阿诺德·C. 哈尔伯格[1]

刘易斯教授追溯了50年代的发展经济学——一个愉悦、沉思又充满怀旧心情的回顾。文中还交融着许多远见卓识与智慧，刘易斯教授为此得到理所当然的声望。由于情理并茂，也提高了我进行评论的兴致。

确切地说，刘易斯教授的回顾在我来看是必不可少的，它使得50年代的方法与观点与目前流行的方法与观点有所对比，重点是在思想上的发展。早期某些很引人注目并流行的理论在逐渐衰弱，甚至经过一段时间后几乎销声匿迹，而早期某些几乎无人问津的幼苗却在后期的理论行列中茁壮成长，并最终占据重要的地位。

智慧与此相反，虽然在哲学意义上它们不一定能与世长存，但它们提供的洞察力与思想至少不会局限于我们所能看到的某一短暂的时期。

下面，我试图在刘易斯论文的每一个主要部分中，探讨二者的相互关系。

（一）工业化

为提出这一论题，刘易斯教授概括出三种实现工业化的战略，出口更多的农产品，发展自足经济，出口工业产品。他用两句话描述它们："在理论上，无需在它们之间进行选择。因为需要同时得到每一种战略的最大收益。"

这是一个牢固的"永恒"的经济命题，这一思想经过展开可以详细地阐述这一领域的政策经济学的主要内容。紧接着，第二句话："如果对于综合发展计划的制定有相应资料的话，资源在国内贸易与国外贸易之间就会达到最优配置。"

---

① 阿诺德·C. 哈尔伯格是芝加哥大学哥斯塔夫·F及安·M. 斯维夫特讲座的经济学教授。

这句话使人想起一个早已过去的时代——当时各国投入了大量的资源来拟定自己的发展计划，而且很重视所得数据，这种无效的努力经过多次重复才被认识，而不再流行。我认为现在应当把第二句话改写为：如果我们对外汇的社会机会成本有恰如其分地估计，并且，如果我们所贯彻的政策可促使经济活动家觉悟到：（1）（对于他们）所费外汇的本国货币的有效成本是低廉的，（2）（对于他们）无论出口产品还是进口替代所得到的外汇相对于本国货币的收益是有效的，则在进口、出口、非贸易产品和劳务的生产之间，资源就会趋于最优配置。

从而，刘易斯教授的第一句话可归结为“正确”。而第二句话在我看来，因为它只是对过时事物的不必要的口惠则大为减色。

（二）农产品出口

在农产品出口一节中，我们第一次感受到了智慧。就长期所形成的对农业的偏见，刘易斯引用了他 1949 年的断言：“在过去的 100 年中，初级产品的生产与制成品的增长是相一致的。……没有什么充分理由认为这两方面的增长是不相容的。”

我认为这一结论是由历史数据推断出来的，同时也是应用理论的演绎结果。

但是很难理解刘易斯在此之后的评述，“从 19 世纪初，贸易的要素条件就一直持续地不利于欠发达国家。根本的解决途径是不断地提高欠发达国家的农业生产力以满足国内市场，从而提高出口农产品的供给价格。”

在这里，其出发点是：通过技术进步农民为国内市场生产农产品能够挣得高收入，那么，市场均衡要求出口的农产品也获得更高的收入，出口农产品的供给曲线向左移动，国际市场价格则会趋向提高。然而，并没有充足的理由期望技术进步会局限于满足国内市场的农产品生产，况且，技术进步本身会使农产品的供给曲线向右移动，造成农产品价格的下跌趋势。（国内农产品生产的技术进步要想引起资源向农业流动，除非农产品需求的价格弹性大于 1——这对仅为本地市场生产的农产品来说，几乎是不可能的事情。）

以上是关于欠发达国家农业生产力的提高来源于技术进步的解释。

另一种解释则是通过国内市场对农产品需求的提高使出口产品的供给价格上涨。这必然降低了出口的有效供给，在一定的技术条件下会引起农产品生产力的下降。或许刘易斯教授对此早已心中有数。

我的主要看法是，一般来讲，无论是提高农业生产力以满足国内市场需要，还是提高出口农产品的供给价格，都并不是那么轻易地受欠发达国家政府政策的支配，除非利用税收、补贴或其他手段来干预市场。刘易斯教授没有提到这种干预方法可用于纠正原来存在的消极的外部因素。因此，我断定，他并没有提供政策解决的严肃答案。

（三）依附理论

在我看来，刘易斯教授对依附理论的评价是直截了当的："在我看来，依附理论对于研究理解 19 世纪后半叶是恰如其分的，但不适用于 20 世纪后半叶。因为那时各独立国家政府着手调整了外国人在本国的地位。作为一种贡献去决定农民应该被鼓励去种植更多的茶叶或是橡胶，这在我看来是毫无意义的。"

在以上论述之前，刘易斯描述了附属国的全部特征。在外国人（或殖民主义者）的控制下，本地人才的机会受到限制，国内经济发展严重受抑，并有意识地使之推而广之或永久化。我认为此描述对于附属国十分适用，远比那种认为小国的繁荣在很大程度上依赖主要出口产品的价格变动的简单论据准确可靠得多。堪萨斯（美），阿根廷，蒙大拿（美），亚利桑那（美），智利和扎伊尔等虽都主要依赖一种产品的出口，但情况各异。

（四）进口替代与关税同盟

在刘易斯教授有关进口替代与关税同盟的论述中，对移民现象做了极为深刻的阐述："（对于）20 世纪 20 年代末依赖移民劳动力和外国资本的糖产业，国际贸易理论就很难适用了。……为象牙海岸拟定政策时，是把来自上沃尔特的移民列入收入将最大化的那一类呢，还是把他们作为在预定价格下的一种投入？……（涉及）加入共同市场时，一半人（英国经济学家）表示赞成，并谈起比较成本法则，而另一半人表示反对，担心会使英国的熟练工人、资本、企业家流入欧洲大陆，从而造成岛上的经济停滞。究竟是要优化谁的福利呢?”

但是，把这些耐人寻味的评论罗列在一起，我们又发现了对两缺口模型，结构性通货膨胀以及平衡增长（与指示性计划的使用有关，对于小国，则与关税同盟有关）的口惠。刘易斯谈道：“在我看来，这三个模式的推理是无可非议的，在出现的大量批判著作中，从未有过我一份。”并断言，绝大部分的批判文章是“无益的”，忽视了基本前提。但是，他在这里没有论述到问题的实质——两缺口模型的热衷人（或其他论点）在所有的政策尺度上不愿意认真考虑这些模型的典型特征，即夸大了外汇与资本的影子价格，结构性通货膨胀缺乏严肃的根据，除非以印刷钞票弥补长期财政赤字，才可被视为结构性现象（货币主义者同结构主义者赞成这一主张），“如果进口与出口都不能增加，则生产必须走平衡增长的道路。”起码，这一陈述的前提是令人难以置信的。

然而，有特点的是，在本节结束时他有力地提出：“但是这两项动议（指示性计划的制定与关税同盟的创立）都没有达到预期的成功，部分由于模型是基于出口创汇的困难而导出的，但实际上，并没有我们所担心的那么困难，部分是由于计划者不了解市场价格要比部长演讲更有刺激力。”

（五）自足经济

刘易斯教授在评论自足经济时，既有一个令人费解的前奏，又有一个令人清醒的尾声。其前奏是：“自给自足是与满足国内市场的粮食生产有关的进口替代战略的一部分，一旦人们理解了农业与工业相互提供产品市场时，理论争端也就结束了。”

我始终认为，自足经济意味着国内供给等于（或大于）国内需求。它可以是粮食、木材、糖、钢材或是任何其他物品的自足经济。经济只要不是完全封闭的（或是通过常年出超来否定自足经济），人们只能得到部分产品的自足，而绝不是全部。此外，即使在食品与农业产品不完全自给的情况下，也可采取坚定不移的进口替代战略（例如，保持30%的关税）。所以，我无法理解自足经济与满足国内市场的粮食生产有什么特别的联系。我认为更为重要的是，大量的争论（无论是理论根据还是政策根据）涉及以什么作为国内粮食生产或其他生产的刺激手段，如果这种刺激手段有的话。我对刘易斯的论述所赋予的现代化解释，在前面已做出解答，并由此说明为什么有时候国家应承受巨大的国内资源成本为进口粮食来生产替代品，而不生产某些进口替代品，这一系列的论证在文章中丝毫没有触及。

刘易斯教授令人清醒的尾声："（尽管）湿润热带地区……粮食生产（能）以每年 4% 的速度增长。而在干旱热带地区，每年平均只增长 2% 也决非易事（未来 30 年）。至少有 5 亿人口居住在（干旱地区）……这是发展中国家之间增长率和人均收入差距很大的原因之一，差距将继续扩大，除非农学家对热带干旱农业的研究有重大突破。"

刘易斯教授虽非正面论述自足经济，却正确地认识到，5 亿热带干旱地区人民的命运与农业紧密相连的状况很可能要持续几十年的时间。满足本地消费的粮食生产无需与需求的增长相相对应，主要短缺可由棉花、黄麻、羊毛、茶叶等商品的出超增长来弥补，当然，这决不是要求采取以牺牲工业产品、手工艺品等为代价来促进粮食生产和其他农业生产的政策。但它反映了一个相当有力的判断：热带干旱地区 5 亿居民的工业与手工业不太可能成为经济增长的主要成分。

（六）出口（工业）产品

在出口（工业）产品这一论题中，我们又一次从刘易斯教授的见识与判断中受益，"令人忧虑的问题是，工业品出口依赖外国企业家。……我从不认为欠发达国家由于畏惧跨国公司而应当抑制工业部门的多样化，因为在独立国家中，跨国公司必须按当地条件行事。最重要的控制是工作许可证，迫使公司在管理与专业阶层中雇佣并训练当地人。"

利用良好的外部条件提高本国劳动力的素质是无可非议的。此外，跨国公司与其他外国公司利用本地训练有素的人才取代高工资的国外雇员，最终证明不但人员素质很好而且成本低廉，往往得多于失。刘易斯的政策性建议起了促进作用，它使本地人口与外国公司在这一过程中同时受益。

（七）关于欠发达国家的成就

刘易斯教授确信并强调，在过去的 20～30 年中情况确实有所改善：

"事实上，作为一个整体，欠发达国家政府已经通过各项指标。目前在校学生是1950年的四倍；婴儿死亡率降低了四分之三，医院床位倍增，农村水管、不受季节影响而通行的公路及其他众多服务比发达国家历史上任何一个时期发展都快。"

有关欠发达国家问题的讨论，着眼于它们与世界发达国家的差距不断扩大的说法不胜枚举。如果把寿命的增加、教育水平的提高、婴儿死亡率的下降这些福利范围内的因素考虑进去。事实上，两者的差距从相对的意义上来说，已经引人注目地缩小了。而这些福利因素在实际收入与产品的宏观经济测量标准中是无法直接反映的。

（八）无限弹性的劳动力供给

无限弹性的劳动力供给的设想构成了刘易斯教授最出名的早期著作以及大部分后来著作的基础。由此所引起的轩然大波持续了大约30年，无疑，在这里争论也未平息。也许我能够根据自己的见解澄清已提出的一些争论点。争论基本上可分为两方，一方（刘易斯的批评者）几乎一致用精确的、技术性的方式来解释无限弹性的劳动力供给的概念，另一方（包括刘易斯教授）则对这一概念的解释不是非常严格。

按照字义，无限弹性的劳动力供给意味着在一定的工资水平上，任何人可以雇佣到全部他想雇佣的人，如果低于这一水平，就一个人也雇佣不上。这与农业工资的季节性变化不相一致（农业工资季节性变化很大，例如印度与其他一些亚洲国家）。此外，在对无限弹性的劳动力供给的严格解释下，很难合理地说明实际工资的提高。（在公开市场上）去年的失业人员与今年新增劳动力在实际工资增加以前就一定不能被全部吸收吗？这时，剩余劳动力真是未被全部吸收吗？

刘易斯在他的论文里，列举了劳动力供给的无限弹性的一些来源："什么是接近无限弹性的根据？批评家们缠住六个人口过剩国家小农业生产中存在的隐蔽性失业不放，但这只是长达四页的第一篇论文中的一项内容。其他还有：技术性失业，马克思认为技术性失业本身足以形成劳动力剩余，现在被称为非正式部门的城市失业，妇女从家庭走向劳动力市场以及人口的增长。其中人口增长是决定性因素。只要每年人口增长率为3%，则劳动力的供给不能不具备很高的弹性。"

仔细阅读可以看出，上述理由没有一个在需求减少时会导致劳动力供给的消失。其中每一个理由都完全与劳动力需求减少时的工资下降和谐共存，并与劳动力需求增加时的工资提高相一致，同时也是为什么实际工资提高趋势不明显的最好解释。但是，这不是劳动力供给无限弹性的论据。

问题相当尖锐，因为很多由无限——供给——弹性模型推论而出的结论都要依靠对其作出严密的解释（而不是依赖一些不够严密的说法）。

（九）流动性失业

从刘易斯的论文中我欣喜地看到了一个较久的引证，说明他在早期已具有流动性失业的概念（以后被哈雷斯·托达罗、我以及其他许多人所强调），根据这一概念，城市失业可作为一个平衡现象。当某种力量促使城市工资水平高于供给价格时，人口就会由农村移动到城市，这种移动将持续下去直到某些阻碍因素引起较高的城市失业率为止。刘易斯教授在 1957 年谈道："（城市失业）也部分地源于工资差距扩大本身。城市就业人员工资水平的提高，吸引了越来越多的人进入城市，如何应付城市失业人口的增加是极其困难的事情。一般解决失业的办法是提供工作，但无济于事，反而会使问题全然恶化。由于在城市中提供的工作越多，移入城市的人口也就越多，你在这场竞赛中很可能以失败告终……在这种情况下，无人敢说他有处治失业的良方。"

（十）通货膨胀

刘易斯教授的论文中，富有怀旧之情的内容之一，无疑是对通货膨胀的论述。他先引用了拉格纳·纳克斯的利用剩余劳动力从事资本积累的观点，然后谈道，"根据定义，剩余劳动力的利用基本上不减少其他产出……所以实际上是没有成本的。在 50 年代，我们曾对公社发展运动使用不计报酬的劳动力寄以厚望，一些国家的政府推崇这一政策。但是热情不能长久维持，因为无论是否是剩余劳动力都必须支付工资。"

寥寥数语可使我们看到劳动力市场的形象在 30 年里变化的程度。头两句话反映了当时的看法——除非把人们从其他就业岗位中吸引出来，否则他们的劳动就是"实际上没有成本"。然而，所谓剩余劳动力进行的各种活动确实具有某些价值，至少对于那些劳动者（或是他们的家庭）来讲是如此。这种替代价值或机会成本可由正的劳动力供给价格反映出来，所以，刘易斯在回顾推行不计报酬的计划时指出。这种劳动“必须支付工资”。刘易斯基于计划失败而断定“无论是否是剩余劳动力，都必须支付工资。”现今的许多经济学家会指出，若对劳动必须支付工资，它就不再是纳克斯－刘易斯概念上的剩余劳动力（没有成本的）。

刘易斯教授的下一个论点涉及以印刷钞票雇佣剩余劳动力与随之而来的通货膨胀之间的关系，“如果（剩余劳动力）被用于生产性用途……额外货币与额外消费品相抵，通货膨胀则会受到抑制。然而，如果额外货币被用来支付给士兵或文官，而不存在相应的消费品的增加，就会导致严重的通货膨胀。”

以上论述尽管多少有点与“真实票据学说”（real billsdoctrine）不同的外观，但仍可觉察出其中的味道。探讨这一问题的现代方式是用数字表示的。比如说，初始国民收入为100，货币量为20，物价水平为1.0。若其他因素不变，而货币量自发增加5个单位，物价水平则提高到1.25。然而，如果新增加的5个单位货币量用在投资货物上，它每年又有（相当高的）20%的实际边际生产力，于是产出将达到101个单位，而物价水平只达到1.24。的确，额外货币用于高度生产性用途和用于非生产性用途之间存在着差别。但是，这个差别（伴有合理的参数）是如此之小，以致于在实际中可以把它忽略掉。

在最后，阿瑟·刘易斯又提出了一个正确的判断：“一种选择是把（新印刷的货币）用于生产性用途并与提高储蓄倾向结合起来，所引起的通货膨胀可被抑制。与其对立的选择是用于非生产性用途，储蓄增长为零，其后果只能是通货膨胀最为严重。在50年代初，我的立场是坚定地站在前者一边，但在50年代末曾沮丧地认为情况可能与此恰恰相反。”

现今，我们可能会使用不同的表达方式，但最终都会得出这样的结论：无论借助于什么通货膨胀的财政手段，所产生的效果都会被物价水平的移动所淹没。

（十一）结束语

现今我们已经看到，刘易斯教授的论文不但唤起了强烈的怀旧感情，而且从50年代他的许多思想中显示出了非凡的预见。并且，他还站在80年代的高度上，对以往提出判断并从毕生的专业经验中提取精华。与此同时，他随时准备吸收新的经验并始终保持着对新事物的敏感性。

但是人们不得不面对存在某种“代沟”的现实。与经济发展领域的其他论题相比较，他相当强调储蓄的观点，着重储蓄的观点意味着追求国民收入中私人消费份额的减少，但却没有对国营经济成分中的浪费给予充分的注意。

最后，刘易斯的文章几乎没有提到过去20年的一些主要教训，例如，在论文中只字未提贸易商品与非贸易商品的区分，以及贸易商品中的出口商品与进口商品的区分，而它们在70年代的贸易与发展经济学的论文中受到极大的重视。此外，既没有提及60年代以来有关有效贸易保护思想的论述，也没有提及围绕这一思想的大量著作（理论和经验两方面）。货币政策与汇率政策也受到冷遇。而发展中国家在过去的10年中饱尝了通货膨胀之苦，受害国家增多，各国通货膨胀形式各异。贸易与汇率方面的情况也是一样，各种新的体制不断涌现，有如雨后春笋。

我指出本文对上述问题的忽视，决不是为了非难——因为一篇题目为《50年代的发展经济学》的论文，当然有权使其内容集中于50年代——而是为了指出本文的本质特征。本文不是以当前经济科学的立场来考察50年代，而是以一个为早期发展经济学勾画轮廓的元老的视野来回顾那激动人心与富有成果的年代。

中国经济50人论坛
Chinese Economists 50 Forum

五　冈纳·缪尔达尔

荣获诺贝尔奖的冈纳·缪尔达尔1898年生于瑞典索尔瓦搏的一个村庄。在完成了关于经济不稳定条件的价格形成的论文之后，1927年获斯德哥尔摩大学的经济法博士学位。此后，他获得了30多个荣誉学衔。

他的许多职务和荣誉包括：1933年至1939年获斯德哥尔摩大学政治经济学和财政学拉斯希亚塔讲座教授，1935年至1938年和1943年至1947年任瑞典国会的参议员，1943年至1945年任瑞典商业部长，1947年至1957年任联合国欧洲经济委员会高级干事，1961年至1965年任斯德哥尔摩大学国际经济学教授和国际经济研究所所长，1974年，缪尔达尔获诺贝尔经济学奖。

在欧洲经济委员会工作了10年之后，他对亚洲的发展问题进行了10年的研究，结果发表了他的不朽著作《亚洲的戏剧：对贫困国家的调查》（纽约：潘松出版社，1968年）。此前发表的与发展问题有关的著作有：《经济理论与不发达地区》（伦敦：达克瓦斯，1957年，迈苏恩，1963年）；该书也以《富裕国家与贫困国家》一名发行（纽约：哈帕出版社，1957年）；《国际经济：问题与展望》（纽约：哈帕出版社，1956年）。

他的其他著作有：《货币的均衡》（1931年，译本由伦敦威廉·霍奇出版社，1939年出版）；《美国的困境：黑人问题与现代民主》（纽约：哈帕出版社，1944年）；《经济理论发展中的政治因素》（伦敦：劳特莱杰与基根·保罗出版社，1953年，瑞典文原版，1930年）；《社会理论的价值：方法论论文选》（伦敦：劳特莱杰与基根·保罗出版社，1958年）；《超福利国家》（纽黑文：耶鲁大学出版社，1960年）；《向富裕挑战》（纽约：文特格，1962年）；《社会研究的现实性》（纽约：潘松出版社，1969年）；《对世界贫困的挑战：世界反贫困计划纲要》（纽约：潘松出版社，1970年）；《反潮流：对经济学的批判》（纽约：潘松出版社，1973年）。

他引人注目的贡献是：种族问题的研究，与价值前提相关联的方法论的探究和经济理论形成中的政治因素，研究社会问题的制度分析方法，以及对将传统经济理论应用于发展中国家的批判。

国际不平等和外援的回顾

这篇论文旨在说明良心上不断加剧的痛苦①。最初对不发达国家的发展问题产生研究兴趣时，我曾提出不成熟的论证支持这类思想，发达国家应对发展中国家提供财政援助。在我国瑞典，为了实现相对慷慨和统一的援助计划，我曾积极活动。发展援助逐步达到一定水平，在国际上有时公开申明的援助目标是占有1%的国民收入额，计划中的未来目标比这还要高。然而，最近在不发达国家和世界上普遍发生的情况，使我对当时主张的正确性持有疑虑。政治问题始终有道德内核，援助问题从本质上说有赖于道德判断。

（一）

我并不属于那些真正的开拓者，他们在战后殖民地解放运动一兴起，甚至在世界政治局势尚未发生这一革命性转变之前，就已开始从事不发达国家的发展问题的研究。1942年，在完成我的《美国的困境》②一书回到瑞典后，我完全投身于政府的计划工作，并作为战后的商业部长，致力于引导瑞典恢复在欧洲的贸易和金融关系。对其他大陆的不发达国家，我的看法是模糊和比较零散的。

然而1947年初，我离开瑞典成为联合国欧洲经济委员会（ECE）的高级干事时，更多地接触到了发展问题。举例来说，一些国家，特别是东欧和南欧国家，比其他国家相对贫困，这种情况必须在秘书处的年度经济报告中加以说明。但根据一般的见解，并不把这些国家的发展问题与财政援助问题联系在一起。

使我对亚洲和非欧洲不发达国家的发展问题产生兴趣的更重要原因，是与其他两个经济委员会的干事之间的密切合作。这两个委员会是

① 我这篇论文以个人和自传为主题，是本书编者们同意的，事实上是根据他们的意见写的。
② 纽约，1944年。

为亚洲和拉丁美洲问题而迅速成立的。与这些合作相联系，我有机会特别是在南亚做长途旅行。我还周游了中东。当作为联合国成员国的以色列运用其权力参加了 ECE，以努力打开对欧洲国家的贸易时，我为试图吸收阿拉伯国家也参与 ECE 而积极活动。与 ECE 的同事们一起，我还花费了一些时间对苏联在南亚的边境地区做了专门的研究。这一研究中我的主要兴趣在于，在苏联的总预算中是如何拨款资助不发达地区的发展的，这实际上意味着在一个国家之内进行大规模的发展援助。

在那些年里，我开始研究欧洲之外的那些真正不发达国家的赤贫问题。由于我在瑞典的政治背景，我把这些国家的经济不发达视为国际分配不均等是自然而然的。我们应当为创造一个"福利世界"而努力，就像我积极协助瑞典去实现福利国家的理想一样。

应埃及中央银行的邀请，1955 年我在开罗做了四次演讲，中心是国际分配不均问题，后辑录成书以《经济理论与不发达地区》为名发表。

在那些早期工作中，以威克塞尔的"循环和累积的因果关系"的启发为基点，我表明了如果没有抵制政策的话，无论在国际还是在国内，这种不平等怎样会加剧①。在富裕国家中福利国家成为现实正是这种政策干预的结果。我同样讨论了传统国际贸易理论对贫困国家的偏见，尤其是对那种不现实的思想，即在经济学家中流行一时的关于贸易商品以要素价格，尤其是以工资平等交换的想法②。

在这本书及其他我的早期著作中，并不存在这样的思想，即在那些不发达国家中，权力和资源存在极大的不平等，本身就是他们不发达问题的部分解释。那是这样一个时代，发展一般被简单定义为"增长"，这种概念至今还在经济学家中占有一席之地，加大内部不平等甚至被一些经济学家认为是增长的不可避免的结果，这种观点我从不敢苟同。相反，我一贯认为更充分的平等是更有潜力的增长的条件。

（二）

这就是我当时考虑发展与不发达问题所达到的程度。1957 年，为了

① 《经济理论与不发达地区》（伦敦，1957 年），第 2 和第 3 章。

② 出处同上，第 11 章。

得到更充分的时间去研究南亚国家、中国西部和苏联，特别是印度的发展问题，我辞去了联合国的工作。在这一研究上花费的时间，远远超出了我与研究的赞助者“二十世纪基金会”的估计，研究的结果就是《亚洲的戏剧》①。

在这次研究中，我回到20年前、我很天真地承担美国黑人问题的研究时被迫采用的制度研究方法。当时我很快发现，我面对的是从美国人口中地位最低下的大群体的工作和生活条件出发，来分析整个美国文化。

大量的通俗与科学文献反映出了美国人在种族问题上的不同观念存在的尖锐冲突。这使我更深刻地认识到，对事物的不同看法取决于人们的立场。我不得不认真研究各种显而易见的价值观。在《美国的困境》中，对这些价值标准，针对不同的问题做了详细说明，并且，它们都从属于我称之为“美国信条”的追求幸福自由且机会均等的观念。

在亚洲国家中，由知识界和政府以不同的内容表述的“现代化理想”，经说明和解释后被作为进行新的研究的价值标准前提。那些经常被称做世代相传的“亚洲价值观念”，只要需要则予以考虑并与发展目标结合起来。

制度研究方法意味着，把研究的范围扩大到包含我概括为“态度与制度”的内容中。这些方面是那些国家不发达的重要原因，为了加速发展，就不得不予以改变。

从方法论上说，《亚洲的戏剧》在一定意义上成了《美国的困境》的复制品。我仍然保持着对平等问题的兴趣，虽然在新的研究中，这是对不发达国家的国内条件而言的②。

在20和30年代的研究和政策制定都集中在瑞典的内部条件时，我曾持有这样的观点，即有利于低收入阶层的平等，对人的素质及其生产率也是一种生产性投资。比较不同富裕国家增长的统计资料，我找到了支持这一观点的证据。看起来很明显，收入平等对不发达国家在这方面

---

① 纽约：1968年。

② 现今非常集中的概括，见《世界经济秩序：回顾与展望》（纽约：圣马丁出版社，1981年）的第14章“不发达国家的改革需要”，501～525页。

将会产生更大的效果，在那些国家，人民大众忍受着营养、住房及其他任何方面消费的严重不足。提高消费水平带来的生产能力，在我看来，是不发达国家制定发展政策的主要动力。提高消费水平是更快、更稳定增长的条件。

然而在不发达国家，这一收入再分配政策，不可能通过向富人征税、通过社会保险制度和其他提高穷人生活水平的措施从而把收入转移到穷人手中得以实施。穷人比比皆是而富人寥寥无几，在富人中偷税又是如此普遍。要提高穷苦大众的生活水平，需要的是根本的制度改革。这将有利于增进平等和经济增长的双重目标。这两个目标不可分割地交织在一起。这一点与发达国家有着根本的区别，在发达国家，这两个目标能够，并且经常是分别实施的。

（三）

因此，《亚洲的戏剧》的主要篇幅是论述变革制度的政治问题，这在当时及现在，是多数一般经济学家在发展问题的论著中回避的。这本书不得不包括人口与人口政策、土地所有权及租田制度、疾病和健康状况、不同阶层和不同地点的教育及其质量等有关章节。我成为描述“软政府”（soft state）并特辟一章写贪污受贿问题的第一个经济学家。在这一章中，我表明它的盛行是如何阻碍经济增长的。贪污受贿即使渗透了整个社会，也只是有利于富人和当权者。由于考虑了所有这些方面，使得这本书非常庞杂，特别是由于我不得不以大量篇幅在正文和附录中做出方法论的解释。

这部著作相对来说包括很少的数字。这不是因为我不情愿使用定量方法，而是因为制度方面的事实非常复杂，难以简化为统计分析，特别是在研究整个国家的概况时，不得不以一种有失精确的方法表述。并且，制度研究不能借助一般经济文献和对发达国家研究中所使用的概念，如收入、储蓄、供给、需求和价格，都是市场经济中的，并且都是在总量或平均意义上的概念。把这些概念用于分析不发达国家的现实很少是适当的。

例如广泛使用的失业与就业不足的概念，在不发达国家就没有准确的含义，除非是在少数部门，并且是有保留的。在发展中国家，没有一个完善的劳动市场——在这个市场中，工人根据作业而区别开来，他们具有市场知识，并积极地寻求就业。实际上无事可做的人们的很大部分不能以这些概念分类。

（四）

在印度解放和残酷的党派冲突之后，我立即看到，它在许多方面是一个对未来充满希望和信心的国家。在艾德礼首相领导下的英国没有发动殖民地战争就给予印度以自由，欧洲其他宗主国就不是这样。给印度人留下的是这样的自由：他们感到自己的独立是经过斗争得到的，在他们一边并没有流血同时得到人民的支持。与巴基斯坦一样，印度不像这个区域的其他国家在战争中受到日本的侵略。而在英国指挥战争下的印度士兵却在海外侵略过其他国家。

印度承继了一批文职人员，包括一些受过训练、有组织、效率很高的当地人。在英国统治的末期，文职人员几乎杜绝了受贿。至今仍然存在的受贿现象发生于低级印度官员，尤其是在乡村之中。高级文职人员确实经常保护普通百姓免受不公正的待遇。

国民大会在殖民地时期就建立起来了，虽然他们权力有限。在此半个多世纪之前，就建立起了准备改革的皇家委员会，比如在教育领域。虽然他们的意见并不经常得到贯彻，这是一个自由印度可以继续遵循的传统。

二次世界大战之后，尽管自己面临巨大的财政困难，英国还是付还了一些在战时从印度得到的强迫性贷款。自从通过协议最终取得解放之后，已经建立起来的与过去宗主国的贸易关系可以不中断地继续下去。

然而，由于现代的、廉价的医学技术的迅速推广，人口爆炸没有被预料到，而在其他发展中国家直到1960年左右的人口普查之后，才发现了这一问题。但是在印度，甚至在独立之前，广泛控制生育的研究和建议就提了出来，印度明智的领导人接受了控制人口增长的思想。

尼赫鲁作为内阁总理掌权时，在许多领域进行了伟大的和明显成功的首创，他们都致力于民主和平等的目标，王公的邦国被结为一体。印度很快在男女都具有普选权的基础上建立了新宪法。

为在平等方面取得进展做准备，宪法中增加了一整套“指导性原则”。不过在宪法中，等级制度已被废除和禁止。由乡村行政委员会组成的地方政府已经建立起来，家庭法现代化是如此之迅速以致难以为村民所理解。

并且，印度开始实施其五年计划，计划委员会根据指导性原则成立于1950年。尼赫鲁亲自就任主席，并写了一份简介以强调印度政策的平等目标。

尼赫鲁亲自发起了一场教育运动，有时对大群的平民百姓一天演讲几次。印度应在合作的基础上成为一个无阶级社会，宣布了“土地归耕者”的土地改革，教育应以尽快使全部人口知识化为主要目标快速改革。

这是我在印度刚一独立后所看见的情况。那时它明确地朝着平等的理想方向迈进。

（五）

但在1957年底我为研究而再抵印度时，情况发生了变化，并继续朝着不太让人振奋的方向发展。像其他许诺不考虑私利而致力于印度前途的、上了年龄的“印度公仆”一样，尼赫鲁没有改变自己的理想，但却看到了将理想付诸现实的巨大困难。不久，尼赫鲁甚至打算辞去他的总理职务，成为一名莫罕莫德·甘地精神的巡回传道士。人们说服了他承担自己的政责，他又继续他的民主印度教育运动，但实现他的理想的可能性却越来越小。

从一开始，印度就是很不平等的社会。在殖民统治时代，宗主国的势力与殖民地的特权集团几乎自动地结为同盟，并不断地制造出这样的新集团。为了维护自己的统治，殖民政府维持甚至加强传统的不平等社会结构。

独立之后仍然掌握实际权力的上层阶级的构成十分复杂，从大实业家、高级官员、中等特别是高等学校的教师，到农村的土地所有者、放债人及与之冲突的地方官员。政治党派尤其是国大党变得越来越在财政上依赖少数富人。

经济基础和社会结构的改革并没有实施或者说是被阉割了。我记得有一次，一位偏激的国会成员把新税法的特点归结为“免税法”。

甘地主义者为印度独立而赶走英国人的斗争是十分简单的事情，易于为几乎所有的人理解和接受，甚至是最贫穷和头脑最单纯的人。但是为了变革独立的印度需要面临的新问题却十分复杂，不那么容易为广大民众所理解。富人和当权者对改革有更深入的理解，他们感到自己的利益受到威胁。而那些利益将受到保护的穷人则轻易地被欺骗和分化。

印度有种类繁多的租田形式和大量的无地者，其中多数是属于下层社会，在这样一个国家，土地改革是复杂的事情。即便是只有小块土地的独立农民也能被鼓动起来反对土地改革。

虽然并不是把他们的土地送给那些完全无地的人，人口的逐渐增长也带来了困难，特别是在人口密集的地区。还有其他一些争端特别是在贫困和无知的阶层中造成了分裂。

即使在法律废除了等级制度之后，等级制度和等级感仍然是现实。另外，甚至与巴基斯坦分裂之后，印度还有大量的有着不同生活方式的穆斯林。等级与宗教的紧张状况仍在持续，有时还导致暴力冲突。这种四分五裂的状况明显阻碍着把穷人组织起来去进行符合他们共同利益的、亟待解决的改革。普遍的腐败现象愈演愈烈是另一个障碍，大笔的贿赂打通了上层人士，上层人士接着又去贿赂政党及其代理人。

称印度是世界上最大的民主国家是恰当的，它的政府由人民选举的国会为基础，人民的参政程度甚至比美国这样的国家还要高。但恰如我指出的那样，国会不是在照顾人民的利益，这样的改革没有进展，或者说仅取得了一些不正当的改革成果。而没有被实施的恰是最基本的改革，这些改革是使自由印度承袭下来的非常不平等的社会实现民主化所需要的。

在这个地区我着手研究的其他国家的情况与印度截然不同，就它们取得自由的时间，取得自由的方式，以及它们起步的经济水准而言，这些国家之间也存在差别。

我发现对它们的发展使用一个简单和通用的模式是不可能的，除非它们像印度一样总是回避进行制度改革，而这恰恰能够提高穷人的消费水平及他们的生产率。

一个例外情况是小小的新加坡，它是不发达世界中少数积极地与受贿斗争并推行有效的住房政策的国家之一。但是新加坡的平均收入水平过去是并且现在还是印度的10倍。华人占新加坡人口的大多数可能同样具有意义①。

我曾在《亚洲的戏剧》中表述的观点是，这一地区所有贫穷国家的问题，并不是他们由于外汇短缺而努力限制进口，特别是非必需品的进口。问题是他们在商业利润的压力下，没有通过应采取的制定法规或征收特别税的方式去纠正产业发展的方向。他们的进口限制结果是刺激了用于国内的非必需品的生产，这当然会有碍于出口生产。

由于政治原因，中国台湾和韩国一开始就从美国得到了远远超过印度和这一地区其他国家所能得到的人均援助，这减少了他们对进口限制的需要。并且，美国强制他们采取彻底的土地改革政策——就像在战败的日本所做的，日本对此现在会感到满意。战后的最初几年，美国倾向于在可能的程度上积极关注这些国家的经济，这说明了这些国家为什么在出口工业的投资上有更大的自由，他们要做到这一点并不需要特别重视出口。

并且，所有这些小型经济曾长期受中国文化的影响。与印度及这一地区的其他国家不同，它们未受等级制和宗教制造分裂的制度之害。在中国，如果一个农村的穷孩子成功地得到了受教育的机会，（当然这很少发生）并且最终成了达官贵人，那么不再会有人问起他的身世。

（六）

在《亚洲的戏剧》中，我把制度研究方法和现代化的价值标准前提贯穿始终。同时我还坚信，为提高穷人消费水平的平等的制度改革，通过提高人们的生产率，将成为更迅速发展的条件。当我后来写《对世界贫困的挑战》② 时，我像现在一样坚持这一观点。这本书试图把我以前内容更广泛的研究浓缩到更少的篇幅中，并明确地强调政策问题。因此这本书包括制度研究方法、平等问题、土地改革、人口、健康、教育、“软政府” 和腐化倾向等章节。

---

① 自我的研究完成后，这一地区北部的几个小型经济与新加坡一起，实现了迅速的经济发展，它们是中国台湾，韩国和中国香港。在经济文献中，这被归因于他们更重视出口而不倾向于阻碍进口。

② 纽约：1970 年。

然而，在这本新书中，我也讨论了发达国家的责任。我批评了它们的贸易政策，特别是援助政策。了解了影响拉丁美洲和非洲的环境和政策之后，我把批评扩大到包括这些地区及其与发达国家的关系。

在过去的10年中，我一直在研究其他问题。在那种社会科学家也不能幸免的保守主义的影响下，恐怕总有一天我不得不去解释我在不发达国家的发展问题上的看法。我已更详细地重复了我在早期著作中形成的观点，能够改变我的观点的新思想只涉及援助问题，在其他方面，我认为有充分理由仍然保持早期形成的观点。

在对不发达国家的援助问题上，我的新思想是在当前世界性危机过程中产生的影响下形成的，其影响波及所有发达与不发达国家。因此，我第一次发现，对当前世界性危机中给不发达国家带来的变化做一番概括的描述是切实可行的。

对那些在文献中广泛引用的有关不发达国家经济增长的数据的可靠性，我总感到怀疑。我的怀疑是根据我所知道的情况：这些人均实际收入统计的原始资料是如何收集的，然后是如何汇总成一个不发达国家的平均值，随后又是如何根据名义汇兑率换算成美元，并由联合国统计署公布的。

不能说这些数字低估了实际发生的情况。1982年联合国关于世界社会形势的报告指出，1981年是25年来第一次统计数字没有显示出增长的一年，这是意味深长的。从那以后的发展肯定没有出现积极的变化。

工业发达国家的萧条是一股至今没有遏制的潮流。减少对不发达国家原材料和更多的工业出口产品的需求，当然有害于不发达国家。同时，石油价格的大幅度上涨，也使大多数依赖进口石油的不发达国家增加了负担。

他们被迫在资金市场上寻求贷款，负债迅速增长。信用市场上的利率一直在上升，这使他们的国际收支状况更为恶化。很多不发达国家的债务很快达到了他们发现已难以还本付息的程度。除了用于这一目的的款项之外，新的贷款变得越来越难以获得，如果得到允许，他们只会增加未来偿还的负担。

我这里指的是那些本国只有少量或根本没有石油的大部分不发达国家。位于波斯湾的小产油国和其他几个情况类似的国家，不在讨论之例。

但少数不发达的新石油输出国，如尼日利亚和墨西哥，滥用他们的石油收入，使得大面积的农业地区继续或更加贫困，允许商业中心在各种各样的投机冒险中迅速膨胀的结果使他们自己陷于财政困境。

同时，那些阻碍不发达国家发展的长期趋势仍然不可逆转。人口爆炸在继续，尽管一些国家在人口控制方面已取得了一些进步，但随着贫困的加剧已难以继续。并且，由于目前人口的年轻化，人口增长在几十年间至少仍保持同样的水平，特别是进入下一个世纪才达到工作年龄的人已经出生了。在许多不发达国家，带来更多困难的另一个长期潮流是迅速地砍伐森林，这破坏了土壤并对气候和人口增长造成了恶劣的影响。

发展的努力经常被导向建立现代化的工业部门，虽然在任何地方，它都只能雇佣全部增长的劳动力中极小的一部分。在扩大着的城市贫民窟中，大部分人不是在那里出生的，也不适合于未来工业化的需要，他们只不过是从人口过剩的农业部门迁移来的难民。在农业中，土地和人均生产率保持在极为低下的水平上，并且使得那些无地的人在一年中有几个月或全年都没有工作。

结果是日益加剧的贫困。饥荒成为一个更棘手的问题。有资料表明，从饥饿中幸免于死的穷家儿童常患有脑发育障碍，并将成为一种毫无希望的、心智不全的人。这又增加了由于缺少初等教育和由于不充足或不恰当的学校教育所造成的危害。

我认为，不发达国家的贫困，目前在任何地方都有增无减并趋于极点。前世界银行总裁罗伯特·麦克纳马拉养成了一种谈论“绝对贫困”的习惯。我预期这种状况会变得日趋恶化，尤其是在那些最穷的国家中。在所有不发达国家里，那些受贫困打击的人恐怕正占有着人口中越来越大的比重。

另外，在大部分不发达世界中，国与国之间的冲突以致公开的战争已变得越来越普遍。一般来说，不发达国家承受着越来越沉重的军备开支负担，即使有超级大国给予的补贴，也还是如此。不发达国家的政府也越来越落入富豪与权贵的手中。大部分不发达国家处于军事独裁的统治之下。

与此同时，由发达国家提供的财政援助保持在很低的水平上，最近又有所降低。发达国家有时声言，目标是把援助提高到占国民收入的1%或占国民总产值的0.7%，这一目标反为一些斯堪的纳维亚的小国与荷兰实现了。即便在这些国家，援助也趋于减少。使援助不受援助国出口限制的原则，甚至在瑞典也已被弃。工业大国的官方援助处于更低的水平。特别是美国，援助不是从受援国的需要，而是从美国在冷战中的利益出发的。

考虑到不发达国家对援助巨大的、不断增长的需要与发达国家提供的少量的资金，我的结论必然是，任何可获得的援助，应用于帮助那些最贫穷国家与其他不发达国家中不断增加的穷苦大众，援助也应用于帮助这些国家中更为常见的大灾变的牺牲者。

对援助的需要在继续增长，对此我当然不会做出减少援助拨款的劝告，而是继续要求更多的援助。目前情况下，我所找到的“发展援助”的最好用场，是采取最简单的、成本最低的措施增加食品生产，提供卫生设施并提高其利用率，提供净水，尽可能地加强卫生保健。特别是对穷国家庭，使他们的孩子受到更多更好的学校教育。这些与保证避孕用品一起，可以概括任何所谓发展援助的内容。无论什么可获得的另外的援助，也为供应食品所需要。

我认为，我们应中止对工业项目，特别是大规模的工业项目的援助（为这些项目花的钱会减少用于帮助穷苦大众的基金）。无论如何，此类事务不应由专门制定不发达国家援助计划的行政部门去处理，而应当交于援助国的贸易和外事部门。

我不认为这种援助方向的改变会与发达国家的公众舆论相反，如果他们信息灵通的话。不仅在瑞典而且在所有富裕国家，为他们提供援助而做的大量宣传，都在强调不发达国家人民大众的绝对贫困如何危害儿童。他们不幸的面孔和大肚子的照片也被广泛使用。只有当援助问题提交政府和国会时，这一问题才受到商业利润的影响。

（七）

在不发达国家，政府都是掌握在上层阶级的杰出人物手中，即便在那些非军事独裁的国家也是如此。所有商业协议的谈判与鉴定都不得不受到政府的干预，甚至连援助问题也不得不由政府去安排。正像人们指出的，结果是发达国家的穷人纳税去“援助”不发达国家的富人。

近年来，不发达国家越来越普遍地建立起对发达国家的共同防线，甚至在援助方面也是这样。他们要求，援助的方向与资金的使用应是他们自己的事，援助项目应符合他们的计划。这些要求大部分为援助国所接受，这些国家开始把他们的援助称为“合作”。

在大多数不发达国家的政府素质较差的条件下，我认为这种妥协是错误的。我相信，提供援助的发达国家的选民，如果得到适当的信息，将会同意我的看法，去要求更严格地控制援助的使用方式和方向。但我非常明白这种控制是很难实现的。

发达国家的非官方组织，如红十字会和各种宗教、慈善团体，比政府代理人更为成功地使他们在不发达国家的活动免受其政府的侧面影响。在我看来，他们应在更大的程度上掌握甚至是官方援助。

总之，提供援助的政府应坚持有效地控制对不发达国家援助的资金使用，即使这会增加管理援助的费用也在所不惜。在发达国家，这种保证将提高人民提供援助的意愿。如果这种有利于遭受贫困打击的人的援助方式得以普遍实行，它甚至会成为在一些不发达国家促进民主政治的一个因素。

由于这些原因，我直到经受了目前世界经济危机的震动后才改变自己对不发达国家援助的看法，对此我深为自责。

（八）

我将通过改善不发达国家状况的两项建议的论述来结束这篇文章，这两项建议在我来看是无意义的。面对不发达国家日益增长的大量贫困现象，布兰特委员会在 1980 年提出了从发达国家向不发达国家进行大量的资本转移的建议①。这将使这些国家增加开发性产品的进口，并带来生产和就业的提高。如果政府愿意的话，还可以进口消费品以解决人民的饥饿。不发达国家总是利用一切可能的手段去增加进口，同时，这

① 国际发展问题独立委员会（布兰特委员会）的报告：《南北合作：求生的方案》（马萨诸塞，坎布里奇：麻省理工学院出版社，1980 年）。

也会增加富裕的发达国家的就业并提高其生产设施的利用率。因此，这样的资本转移将会有利于双方。

这个建议至少是在欧洲，可能也在美国，与大多数职业经济学家的劝告是一致的。这些经济学家敦促他们的政府在实行扩张主义的经济政策方面携手合作。但是这个意见没有被采纳。我们见到的国际合作越来越少，同时国际相互依赖性却变得比以往任何时候都要大。我们从来没有为了国际合作而召开过如此多的国际会议，并且从来未有过如此少的国际合作。其解释是滞胀，这是一个新现象。每个国家都不得不与通货膨胀与失业作斗争，并且不得不采取互相残杀的政策措施。

由布兰特委员会提出的建议中的唯一创见，是新的合作应成为两组国家即发达国家与不发达国家之间的合作。这个报告在世界上得到广泛同情，却没有带来发达国家方面的行动。三年以后，委员会又提出了一份新的报告①。这份报告表明，在首次报告之后的数年中，不发达国家的形势严重恶化。第二份报告还评述了国际通货与信用制度十分严峻的形势，并指出，不发达国家由于缺乏取得新贷款的能力，且又对旧债无力还本付息而濒临崩溃。

在这一点上，布兰特委员会与已经采取的援助行动是一致的。报告坚持要求加快这些行动，并敦促增加国际货币基金组织和世界银行可获得的基金。这项建议将对未来产生更大的影响，因为，它与已经实施的政策是一致的，这些政策符合发达国家及其提供大量贷款的银行的利益。但仅仅只靠这一建议，几乎不能使不发达国家得到更多新的资金。

（九）

在一个较长的时间内，不发达国家已经联合起来，不论其本国政府是什么类型的，都迫切要求改善他们与发达国家的经济关系。联合国贸易和发展会议就是这种斗争的早期产物，它在一些次要问题上已经顶着很大的阻力并取得了一些成果。

最近，不发达国家已提出了他们的抗议，要求建立“国际经济新秩

① 布兰特委员会：《共同的危机：为世界复苏的南北合作》（马萨诸塞，坎布里奇：麻省理工学院出版社，1983 年）。

序”。为考虑这个要求召开了一次又一次的国际会议。但在不发达国家中，对国际新秩序的含义有不同的理解，并且具体内容相当含糊。但要求之一就是更多的援助。

一些发达国家对这种斗争表示同情，甚至对自己的援助政策做了小的调整。瑞典已经免除了一些贷款的偿还，但那已是在自己的账面上注销了的。由于世界经济危机一直在继续，这种会议恐怕仍将毫无结果。1981 年在布兰特委员会建议召开的坎昆会议上，甚至美国也迫于压力同意由联合国召开这种类型的新会议，但至今未能成为现实。

虽然发达国家在与不发达国家的关系方面不准备做出任何实质性让步，但他们通常决不询问不发达国家是否需要在国内建立新秩序，以此来表示礼貌。

在这种条件下，通过把他们的兴趣如此绝对地引向这一毫无意义的问题是方向的偏误。我相信，不发达国家是把对国际新秩序的要求变为一种不必改革其内部治理方式的托辞。通过我在这篇文章中强调的国内改革，不发达国家将得到经济和社会双方面的成果，与此相比较，他们在这种会议中所能得到的任何让步都是微不足道的。

知识分子，尤其是学者，他们的责任应该是迫切要求国内改革，但现在他们的责难完全集中在来世的国际问题上。这样做，他们逃避了在现行统治下的国家中承担有作为的叛逆者的角色。

评　论

赫拉·明特[①]

缪尔达尔教授相信，不发达国家的经济增长比官方统计数字所显示的要低得多。他认为，大量的贫困事实上“目前几乎到处都在加剧并趋于极点”。他还认为，这不只是短期世界经济衰退的后果，而且是一系列长期因素，特别是仍在持续的人口爆炸带来的结果。他把这些问题的根源归于，不发达国家杰出人物的政府未能实行根本的制度改革以抵制自由市场力量逐渐加剧的倾向，这种倾向导致了现存的“不发达国家内部在资源和权力上的严重不平等”的继续恶化。现在他感到，对不发达国家的援助，应主要采取可被称为对大量贫国和灾难的“救济援助”的形式，而不是采取注重大规模工业项目的传统“发展援助”。他把自己的论文描述为“旨在说明良心上不断加剧的痛苦”，因为“直到经受了目前世界性危机的震动”，他才改变了对援助的看法。

我的评论将集中在三个方面。(1) 我认为，对不发达国家在目前的世界性萧条加深之前几十年间取得的成就，缪尔达尔持有过于悲观的看法。虽然对此成就不应该满足，但他对更长时间内的长期因素的看法未免过于伤感。(2) 我同意他的看法，许多国家经济效果低微，应归咎于没有进行国内经济改革，但我不会因拘于礼貌而不去询问“不发达国家是否在国内就不需要建立新秩序”。同时，我不同意他否认制定更为开放的外贸和外资政策的需要而单纯强调内部收入均等的观点。(3) 我毫无保留地支持他在文章第 7 和第 8 部分中关于援助的见解，我也赞同他有关需要把救济援助与发展援助区别开来的看法。

---

① 赫拉·明特时任伦敦经济政治学院经济系教授。

（一）

缪尔达尔教授对官方国民收入数字所持的怀疑态度虽然使我颇为同情，但我相信，由年度《世界发展报告》或其他资料汇编——如莫拉维茨的《25年来的经济发展1950—1975》——所提供的数字[①]，非常令人信服地反映出了不发达国家经济增长的大轮廓。缪尔达尔错误地认为，不发达国家的人均收入数字是以名义汇率换算成美元表示的，“当然不能说这些数字低估了实际发生的情况”。一项著名的研究表明，由于对非贸易产出量的价值低估，很可能出现对实际收入低估的现象。当发达的市场经济与发展中的市场经济进行总体比较时，前者的实际人均国内生产总值（GDP）是后者的6.4倍而不是经汇率换算得出的高于13倍的比例[②]。事实上，像印度这样的国家，由于实际收入水平相对较低，并且由于GDP中外贸的比重较小，其实际人均GDP很可能被大大地低估了。1960年至1975年，低收入国家由增长率表示的实际收入的提高，也可以从婴儿死亡率下降和寿命的上升中反映出来。

虽然，穷人中的人口增长的负担不可低估，但我相信，缪尔达尔教授把不发达国家人口统计的总体状况描绘成了一幅过于黯淡的图景。在更系统的实证分析之后，西蒙·库兹涅茨得出了截然不同的结论：“认为在次撒哈拉非洲、拉丁美洲甚至在亚洲的大部分地区，人口增长如果从目前的增长率下降千分之一，就会有效地缓和尖锐的增长问题，这种看法是很难成立的”[③]。

大部分经济学家现在都会同意世界银行这样的估计：从1950年到1975年，不发达国家的人均收入每年几乎增长了3%，这是在人口每年以高于2%的比例迅速增长的情况下取得的一个可见的成就（《世界发展报告1978》第3页）。但这对“恶性循环”的陈旧理论来说是毁灭性的。并且，人们会禁不住想到，缪尔达尔对官方增长统计数字的怀疑态

---

① 1978年以来，世界银行每年公布《世界发展报告》，由纽约牛津大学出版社出版。莫拉维茨的著作由马里兰州巴尔的摩，霍普金斯大学出版社1977年出版。

② I. B. 克拉维斯、A. 赫斯顿、R. 萨默斯：《100多个国家的人均实际国内生产总值》，载《经济杂志》，1978年6月，第241页。

③ S. 库兹涅茨：《人口、资本与增长》（伦敦，1974年），第39页。

度，是根源于他对“循环累积因果联系”理论的深信不疑。这一理论贯穿在他的许多著作中——《从美国的困境》到《经济理论与不发达地区》以及《亚洲的戏剧》，我将在评论的下一部分探讨这一理论。

（二）

缪尔达尔认为他的《经济理论与不发达地区》在国际不平等问题上运用了累积因果联系原则，认为《亚洲的戏剧》把同一原则引申应用于个别不发达国家内部不平等问题。“在这本书（《指经济理论》）及在我的其他早期著作中，我从不认为不发达国家自身现存的，在资源与权力上的极不平等，可以作为他们不发达的解释”。在《经济理论》的第55页，他写道：“从根本上说，国家之间微弱的扩展效应，在更大的程度上只是不发达国家内部微弱的扩展效应的反映，而这又是由他们所处的低发展水平引起的”。据我理解，这就是说，国内经济组织的低水平是由自然因素自动地决定的。只是在《亚洲的戏剧》中，他才把累积因果联系原则扩展到由政策导致的内部不平等上来，这种不平等是由于未能进行根本的制度改革所致。

读罢缪尔达尔的《经济理论》，我立即发现，他对累积的国际不平等机制的系统阐述十分简略。论述中微弱化扩展效应的假设，是由于国内结构的不发达状态：“只要发展的总水平较低，市场力量‘自然的’的作用总会加剧国内与国际的不平等”。论述中还参考了福克·西尔杰特的观点，即认为将欧洲的劳动力和资本逐渐流入世界上的“真空带”，并没有减轻亚洲人口过剩地区的人口压力。论述中也批判了萨缪尔逊的要素价格均衡理论（见《经济理论》第7页和第147～149页）。我相信，萨缪尔逊高度形式化的模型所提出的简单目标，使得缪尔达尔把婴儿和洗澡水一起泼掉了。这十分可惜，因为我相信，如果加以切实的重新解释，赫克歇尔—俄林的要素赋予论对不发达国家来说，包含着重要的真理内核。使缪尔达尔（也使我）反感的是对国内经济的标准贸易模式十分简单化的假设，这相当于绝对地事先假设有一个充分发达的制度结构，这一制度结构根据‘即定的’资源与技术条件来确定生产可能性范围。而缪尔达尔正是从国内经济组织发展的低水平出发，却以此作为反对自由贸易和对外国投资开放政策的例证的基础。因为他相信，不发达状态弱化了扩展效应。另一方面，我要提出这样的论点，国内经济组织十分不发达的状态意味着，由于对外贸和外资采取更开放的政策所带来的实效，限制我们的生产可能性范围比充分发达的经济有着更大的潜力。

缪尔达尔欣赏保护主义者的政策，这一政策把平等主义的国内改革与国内工业化政策结为一体，结果导致了国内的非均衡状态，这种状态是通过抓紧经济计划与控制受到国际市场力量的冲击。缪尔达尔会说，那些没有出现国际收支不平衡的不发达国家也出了问题[①]。传统的新古典主义自由贸易经济学家会坚决主张采取适当的国内政策，即由适当的财政与货币政策以及正确的产品与生产要素的价格确定支持的均衡汇率政策。新古典主义的经济学家不会忽视对社会资本的公共投资，但是，因为他们仅只是从充分发达的组织结构出发，并且只注重纠正与这种结构相关联的资源配置上的扭曲现象，他们势必将建立适当的组织结构这一更深入的问题置之不顾。

我同意新古典主义经济学家强调适当的国内政策的重要性的观点，但我要更进一步指出，加强组织结构从而使一国利用其潜在的相对优势，这一问题也需要引起注视。一个劳动力充裕的不发达国家与土地或资本充裕的发达国家相比较，其组织上的需要并不完全是对称性的或中性的。由土地或资本的充裕所形成的相对优势，可在相当大规模的生产单位基础上获得，而劳动力供给充裕形成的相对优势，则可以在小规模生产基础上更有效地实现。但是，要迎合大量分散的小规模单位的经济需要，对国内经济体制的容量有着额外的要求，它应是能够提供市场、信贷和信息的足够的网络。并不是所有劳动力充裕的不发达国家都能够满足这些额外的组织需要，即便它奉行着在传统的新古典学派意义上的适当的国内经济政策。在这一点上，那些在扩大劳动密集型产品出口方面取得成功的外向型经济（如中国台湾），既证明了资源赋予理论的正确性，又在如何通过适当的制度改革才能发挥潜在的劳动力充裕的相对优势方面做出了示范。简言之，他们审慎地鼓励一种分散的工业化模式，在这种模式中，一种非集中化、劳动密集型的小规模工业，在运行

① 《国际经济》（伦敦：劳特莱杰与基根·保罗出版社，1956 年），第 270 页。

中与生气勃勃的劳动密集型农业部门紧密相连。这使得农村劳动力除了正常地向城镇迁移之外，还可能以零工、季节工以及日常合作的灵活形式很便宜地得到①。

我认为，这种可使劳动力充裕的不发达国家实现其在外贸中的潜在相比优势的制度创新，与缪尔达尔主张的、与对外贸和外资的封闭政策相结合的国内根本的制度改革相比较，是一种在一国之内缩小收入分配不平等的更有效的方法。的确，这种根本的制度改革的结果会是什么是很难把握的。缪尔达尔也坦率地承认，在不发达国家通过税收去实现收入再分配，或者在像印度那样一个人口稠密的国家实现土地再分配是行不通的，因为相对于可利用的土地来说，有那么多的无地者（《亚洲的戏剧》第1380页）。相反，中国台湾式的制度创新（且不论中国台湾的土地改革）与标准的新古典主义的国内经济政策相结合，可能会有助于印度扩大其劳动密集型产品的出口，并抵御东亚的竞争者对其纺织品出口市场的冲击。如果印度过去能够推行这种出口扩张政策，将会显著地大大增加穷人的，并且是薪酬更高的就业机会。缪尔达尔自然十分清楚这种政策在理论上的可能性，但总是倾向于出口的悲观主义。在《亚洲的戏剧》中（第1203页），他写道："然而，一般来说，促进制造业的出口有很大的障碍，以至于进口替代通常倒有着更有希望的前景"。

回顾《亚洲的戏剧》所谈到的诸国家的经济效果，我相信，与国内收入均等化政策加上进口替代政策相比较，出口扩张政策实际上是提高穷人收入水平的更有希望的道路。在缪尔达尔考虑的国家中，印度、斯里兰卡和缅甸——被看做"内向型"的经济，并且，在这些南亚国家中，斯里兰卡大概是在推行国内收入均等化政策方面走得最远的国家。与此相反，东南亚国家，如泰国、马来西亚则对外贸和外资奉行更外向的政策。在50年代，南亚国家与东南亚国家几乎是在同一收入水平上起步，但在20～30年后，与内向和外向政策相关联的有差别的增长速度，导致了人均收入水平的很大差距。东南亚国家目前已属于中等收入国家，其人均收入水平比南亚的低收入国家要高2～3倍。基于可得到

① 见我的论文：《台湾的经济发展与其他国家的比较分析》，载《学术界经济论文集》（中国台湾，1982年）。

的信息，完全可以得出这样的结论，相对于南亚的贫困人民来说，东南亚国家中更为贫困的人民的收入水平已经得到改善[①]。这还没有考虑新加坡、中国香港、中国台湾和韩国“四小强经济体”在外向型政策方面惊人的成功，缪尔达尔只在一个脚注中提到了这一点。我相信，他像其他一些评论家一样，倾向于过分渲染在台湾和韩国，美国的援助和土地改革所起的作用，同时对其国内经济政策的作用评价过低[②]。

（三）

我可以毫无保留地支持缪尔达尔在其论文的第7和第8部分中，对有关“提供援助”的流行论点和方法的批评，我长期以来一直感到有必要将提供援助的“需要标准”与“生产率标准”区别开来。被“软贷款”的流行搞得含糊不清的标准，得到了含糊的论点的支持。这种混乱主要起因于未能区分五个不同的援助概念。（1）首先是以消费品形式用以在短期内减轻严重苦难的“救济”，这正是缪尔达尔现在强调的方式[③]。（2）其次是马歇尔计划式的“重建援助”，用于医治战争创伤。这是IBRD（国际银行建设和发展组织的缩写）中“R”（Reconsfruetion）的含义。这一含义至今与黎巴嫩和其他非洲、亚洲、拉丁美洲严重战事的继续有关。（3）“稳定的援助”以缓和短期的支付平衡问题，目的是通过转换资源和减少贸易赤字帮助一个国家进行调整。这一点可能区别于（4），更长期的以投资形式的发展援助，用于缓和国内储蓄的短缺，减少混乱，比如从贫困和尖锐的冲突中解脱出来。（5）最后，还有许多援助形式，这些形式不是为了受援国的利益，而是为了援助国更

① 对出口扩张与收入分配之间关系的更深入的分析，见我的《东南亚国家的经济发展战略及其前景的评价》，这是为哥伦比亚大学东亚研究所和国际经济研究中心发起的“美国、日本和东南亚：相互依赖问题”讨论会所写的论文。

② 更系统的评价见W. 加兰森编：《台湾的经济增长与结构变化》（纽约，1979年），特别是M. D. 利特尔的第7章。

③ 缪尔达尔现在的见解与我在《经济落后的解释》一文中的见解相似，见《牛津经济论文》（1954年6月）。我认为，与其进行浪费大量钱财的不可以严格的生产率标准衡量的项目投资，不如把它们在非洲的穷人中作为自由的消费品和服务而分配。在那篇文章中，我同样谈到由于市场的自发作用而引起的均衡因素，但这里不是争论我的概念与缪尔达尔的“回顾”和“扩散”效果的地方。

为长远的政治和经济目标，包括把援助作为其出口的隐形补贴。我同意缪尔达尔对做为首届布兰特委员会报告基础的，“全球凯恩斯主义”的不信任态度。那次报告是为了缓和先进工业国受到“滞涨”冲击后所带来的衰退而作的。

缪尔达尔曾是一位相互援助论的坚定鼓吹者，我想他已经改变了这种看法，在“相互援助”中，援助给予国可以控制怎样使用援助才能保证不只是从选定的项目中获得合适的经济收益率，而且还有因解脱贫困而带来的道义收益率。他建议，援助应通过贸易和外交渠道而不是专业的援助机构来进行。但我坦率地承认，我始终怀疑经过各自推行其政治和经济目标的双边政府过滤之后，援助怎样才能到达穷人手里。

中国经济50人论坛
Chinese Economists 50 Forum

六　劳尔·普列比什

劳尔·普列比什于1901年出生在阿根廷的图库曼，曾就读于布宜诺斯艾利斯大学，并在一些国家的大学获得名誉学位。

他在1930—1932年任阿根廷财政部副部长，1948—1962年，任联合国拉丁美洲委员会常务秘书长，1962—1964年，任拉丁美洲经济与社会计划协会董事长；1964—1969年，任联合国贸易和发展会议秘书长，并任联合国秘书长发展问题顾问。他现在是联合国经济委员会在智利圣地亚哥所办杂志《拉美经济委员会评论》的主任。

他在1974年被授予尼赫鲁国际谅解奖，1977年，获德国联合国协会达戈·哈姆尔斯克杰尔德荣誉奖章；1981年，荣获第三世界基金会授予的第三世界奖。

他的著作中有：《凯恩斯理论简介》（墨西哥城：经济文化基础，1947年）；《一个新的商业政策及其发展》（墨西哥城：经济文化基础，1964年）；《对1949年拉丁美洲发展过程的说明》，联合国拉丁美洲经济委员会25届年会文献（圣地亚哥：联合国，1973年）；另见《拉丁美洲经济观察》，1949年（纽约：联合国，1950年）；《边缘资本主义：危机与过渡》（墨西哥城：经济文化基础，1981年）。

他的论文中有：《不发达国家的经济政策》，载《美国经济评论》，论文与报告（1959年5月）；《拉丁美洲的经济发展及其主要问题》，载《拉丁美洲经济简报》，第7卷，第1期（1962年2月）。

普列比什的思想与观点特别为包括拉美国家在内的世界边缘目的经济发展所采纳并付诸实践。他有关建立国际经济新秩序等政策性建议影响深远。

我对发展思考的五个阶段

在20世纪20年代，当我开始成为一个年轻的经济学家和教授时，是一名新古典主义理论的忠实信徒。然而，资本主义的第一次大危机——世界性大萧条——引起我对这些信条的重大疑问。这也是我转向信奉异说的发端，同时试图探索出有关发展问题的新见解。我们现在遭受的第二次资本主义大危机，使我的看法得到证实。

在两次大危机之间的长时期间隔中，在不断变化的现实与自身逐渐丰富的经验的影响下，我对发展问题的思考经历了五个连续的阶段。

在经济大危机时的动荡年月里，我作为阿根廷财政部副部长以及后来在阿根廷中央银行的职务，对我的国家阿根廷的经济政策有一定影响。30年代，我曾建议用传统的反危机措施消除财政赤字和抑制通货膨胀趋势。而与此同时，又不得不面临着严重的国际收支不平衡，由此，我放弃了传统手段而提倡坚持采用果断的工业化政策及其他措施来解决以上问题。

我在那一时期的职责不允许我把时间花费在理论研究活动上。但在40年代初期我不再承担这些责任以后，用了几年时间试图从切身经验中总结出一些理论见解。这是与拉美经济委员会（CEPAL，联合国拉美经济委员会）合作之前，我思考的第一阶段。以后发展的第二、三阶段，是我与拉美经济委员会合作时期形成的。在联合国贸易和发展会议（UNCTAD）供职期间形成了第四阶段。第五阶段形成于我多年来第一次从行政事务中脱身出来、能够修正并系统发展自己思想的最后时期。

（一）第一阶段

1943年，在我被迫离开公职之后，我才能够用几年时间总结我先前经验的含义，开始了第一阶段的思考。在我的脑海里出现了一些重要的理论问题：为什么我必须放弃牢固的信念？为什么政府在经济发展中有必要担当重要角色？为什么中心制定的政策不能够对边缘生效？

上述种种思考为我的下一个阶段铺平了道路。

（二）第二阶段

1949 年，开始在拉美经济委员会任职时，我的思想已经趋于成熟。因此，可以在 50 年代早期发表的各种专题论文中使这些思想清晰具体化。在这些论文中，我试图既辨明问题又提出新的政策以代替传统的政策。由于在拉美经济委员会的职务使我开阔了眼界，所以研究内容不仅仅是阿根廷而且还涉及了整个拉丁美洲。

在我观点形成过程中，一开始就提出了技术进步的重要作用。我特别对科学技术的国际间传播及其成果的分配问题感兴趣。因为经验表明，在工业制成品的生产与出口国和初级产品的生产与出口国之间存在着极不公平的现象。我试图了解这种不平等的本质、原因和动力，并研究它的一些表现形式：如需求弹性的差异，初级产品贸易条件的恶化趋势等。而这些问题可由工业化政策及其他政策措施来加以解决。

在那些年，为寻求这些现象的答案，我特别强调这一事实，拉美国家是国际经济关系系统的一个组成部分，这一系统我称之为“中心—边缘”系统①。实际上，此概念我已经过长时期的考虑。首先，我认为它具备周期性的特点，反映了工业中心的主动地位及边缘区域的被动地位，中心的经济波动对边缘的影响更为剧烈。总之，存在着一个“经济星群”，发达的工业化国家是这个星群的中心，它们凭借此地位及先人一筹的科技进步把这个系统组织为一个整体以服务于它们的利益。生产与出口原材料的国家只是执行着自然资源的功能与中心相连接。所以，这些国家以不同方式和不同程度构成了这个系统中的庞大的、由不同成分组合而成的边缘。

对于每一个边缘国家来说，它们与中心相联系的类型与范围在很大程度上取决于它们的资源，以及动员这些资源的经济与政治能力。在我看来这一点至关重要，因为它制约了每一个国家的经济结构与经济活力，它决定了科技进步渗入国内以及科技进步推动经济活动的速度或比

① 主要参见《拉丁美洲的经济发展及其主要问题》（纽约：联合国，1950 年）；以及《1949 年拉丁美洲经济概览》（纽约：联合国，1950 年）。

率。同样，国际经济关系系统增大了中心对边缘国家收入的吮吸程度。而且，科技进步在边缘国家的渗透与传播速度太慢，不足以在生产中吸收全部劳动力，于是，科技进步及其成果就只能集中在出口经济活动上，而绝大部分的人口与经济发展无缘，这已成为由不同成分组成的社会结构的典型特征。

我对拉美国家处境的分析是建立在对出口导向的经济发展模式批判的基础之上，因为我认为这种模式对于拉美国家的全面发展无能为力。我所提出的发展政策倾向于建立一种新型的发展模式，它将有可能克服先前模式的局限性。新的发展模式必须以工业化为其首要目标。事实上，工业化政策已经被采纳（特别是拉美的一些大国）。我的政策建议旨在为这种工业化政策提供理论依据，并鼓励其他国家也采用此政策，以及谋求为所有这些国家提供有条理的发展战略以实现其目标。但是，要完成这项任务极其困难，因为二次世界大战后国际经济秩序的恢复以及出口的扩大引起了出口导向经济发展的拥护者的复活，而且，对边缘国工业化的批判者也得以重振旗鼓。

在这里，我想扼要地叙述一些我认为非常重要的政策因素。

1. 工业化

中心工业国工业技术的渗入，主要依据其自身的需要向与出口初级产品有关的经济活动渗入，边缘国的其他经济活动则得不到技术，这些经济活动拥有绝大多数的劳动力，而生产效率却是十分低下。因此，发展的基本问题必须包括提高全部劳动力的生产力水平。从这一观点来看，出口活动受到严重的限制。出口增长的可能性受中心工业国较低的需求增长的限制，其原因是初级产品的需求弹性一般较低，并且中心工业国采取贸易保护主义政策。结果，在解决生产效率很低的大量劳动力以及解决由于出口业和国内消费的农业等行业技术进步而释放出来的大量劳动力方面，工业化就扮演了极其重要的角色。

但是，生产费用远远高于中心工业国，工业化能够发展起来吗？

再重申一遍，当我是一名青年经济学家时，我信奉新古典主义并反对保护主义。世界危机使我抛弃了以往信念中的大部分内容，并转向保护主义。

这个问题在理论上被放入下述动态环境中进行研究：当初级产品出口的进一步扩大使其价格下降时，如何配置生产资源？这些资源是应该用于生产更多的出口品呢，还是用于工业生产以满足国内消费？

经济上最有利的解决办法依赖于这两个可和谐共存的选择之间的适当组合。假如由于价格下降所带来的出口收益的损失小于因国内工业生产成本高于进口工业品成本所带来的收益损失，那么增加出口会更有利。一旦前者的损失大于后者，那么选择工业化的好处就相当清楚了。

以上是我的基本推论。我认为这种成本对于加快提高生产性就业率，促进经济发展是必要的。只要世界生产的增长速度快于初级产品出口的增长速度，其纯经济收益就有增长。但是，必须做出各种努力以防止初级产品出口逾越其应有的界限。

由于缺乏工业基础设施，以及中心工业国环境条件的制约，在第二阶段的思考中我没有强调对中心工业国出口制成品。一旦开始进入这一过程，我竭力主张推进拉美国家之间的制成品及初级产品的出口。我还设想了区域或分区域的优惠待遇，这些区域或分区域随着时间的推移会演变成一个共同市场。

无论是中心工业国还是边缘国的传统经济学家总是攻击（并仍在继续攻击）作为一种干预形式的保护措施，认为它破坏了市场规律。他们宣称，工业化是自发产生的。而且，假如生产成本高于中心工业国，就应该对工资进行调整以便提高竞争力。他们还认为外汇贬值是促进出口与进口替代的最有力的手段。但是，我的观点是：一旦以上所讨论的界限被超越，增加已具竞争力的初级产品出口会由于贸易条件的恶化而导致减少收益①。

通过以上分析，我们可以得出结论：适度的有选择的保护政策下的进口替代是取得某些理想效果的途径。这样的政策有助于纠正来自国外对本国经济的压抑倾向。而压抑倾向正是由于中心工业国对初级产品的低收入弹性，以及边缘国对工业制成品的高收入弹性所造成的。保护政策刺激下的进口替代避免了对初级出口产品生产追加生产资源，使资源

---

① 请参阅以上我已引述的著作，并参见《不发达国家的经济政策》，载《美国经济评论》(1959年5月)。

转移到工业生产中去，从而抑制了贸易条件恶化的趋势（我同样也认识到用限制竞争的各种方法来阻止这种趋势的其他可能性）。工业化不仅有助于科学技术的全面渗透、创造就业，而且工业化能对工业制成品的高需求弹性作出反应以调整生产结构。因此，工业化与初级产品生产力的提高是互为补充的，后者越深化就越需要工业化。

2. 与中心工业国的关系

我强烈地批评中心工业国死抱住陈腐的国际分工理论的立场不放。开始他们极力反对边缘国的工业化，而后又极力赞颂跨国公司在进口替代有效过程中的压倒性作用。我不否认这些公司在技术引进方面的重要性，但同时我着重强调需要一个有选择的政策，以便避免给国际收支平衡造成过度的利润压力，控制跨国公司在消费形式扩散方面的作用以促成再生产资本的积累，并最终引导经济发展走向自主的轨道。我积极提倡中心工业国的贸易政策应该有实质性的改变，并强调具有开导作用的科学技术与资金向边缘国转移的必要性。

一般地说，我对中心工业国贸易保护主义的抨击与对边缘国保护政策的捍卫被人们曲解了。要使两者需求弹性的差异趋于一致需要很长的时间，在此过渡阶段里，后者的保护政策是必不可少的。在差异不超过某些限度的条件下，中心工业国的贸易保护政策会扩大这种差异，而边缘国的保护政策却会缩小这种差异。需求弹性的差异越大，就越需要进口替代（也越需要推动工业制成品的出口），特别是在边缘国家的经济增长率高于中心工业国的情况下更是如此。

基于上述主张，一个重要的政策考虑萌生了。中心工业国坚持互惠贸易通常不利于边缘国的发展。边缘国通过互惠性质对中心工业国增加出口意味着为后者提供了互惠。为什么会这样呢？这是由于在特定的高收入弹性下，与边缘国对中心工业国出口的增加相对应，从中心工业国的进口也会扩张。因此我认为，保护主义的合理化对于拉美国家来说，在任何情况下都是健康发展的必要条件。

3. 计划与市场

工业化内在的结构变化要求有合理、深谋远虑的政府政策，并要求对基础设施进行投资以促进经济增长，力求取得工业与农业以及其他经济活动相互谐调的关系，使整个经济的外部脆弱性得到改善。而这一切都离不开计划。① 另一要点是通过适当的刺激与其他政策措施来提高国内资本积累率。

国外资金可用于补充和加强国内储蓄，而且改变贸易结构需要进口资本品，这样也就必须使用这些储蓄。计划应该有助于获得国外资金以达到改善贸易结构的目的。

计划与市场和私人创造性并不矛盾。在动态经济条件下，要想让市场充分发挥其功能，必须建立一定的基础环境。除了基础设施和促进发展，它不一定需要明细的国家投资，此外，还有其他理由要求进行计划。

（三）第三阶段

第三阶段主要是对50年代和60年代早期的评价。我对各种政策与观点的评论依据发展过程的变化及我对问题的更为深入的理解。

1. 工业化中的瑕疵

一方面，工业化过程显然已穷尽了非耐用消费品在国内市场进口替代的可能性（至少在最发达的边缘国家里是如此）。因此，就有必要使需要更大市场的中间产品、资本品及耐用消费品的生产进入更复杂与困难的工业化形式中去。因而，我提倡采取适当的措施建立拉丁美洲共同市场。②

另一方面，由于国际贸易与国际收支体系的重新改组，世界经济复兴已随着提高效率的国际贸易及支付体系的重建而得以完成。对于边缘国家，新的贸易的可能性已经显现出来。因此，我主张鼓励向中心工业国出口制成品与加强边缘国内部贸易关系的政策。我的论据是，由于工业化是以没有相应制成品出口的进口替代为基础的，所以工业化是不对称的。因此，保护政策应与选择性出口补贴联结起来以弥补与中心工业

---

① 我主张计划的观点可参见：《经济增长的理论与实践问题》（墨西哥城：联合国，1950年）；以及《制定初步计划的主要问题》（墨西哥城：联合国，1955年）。

② 有关建立拉丁美洲共同市场的思想可参见我在四个年代末期的著作，特别是《拉丁美洲共同市场》（纽约：联合国，1959年）。

国的成本差异。而且必须采取临时性工业政策以抵消出口周期性下跌的影响。应积极推广合理化，降低关税以纠正浮夸和滥用。过高的关税不仅使工业生产无法正常进行，而且对初级产品的出口也产生有害的影响。

2. 收入差距

直到这一思考阶段，除了论及已过时的土地使用权制度以外，我没有对收入差别问题给予足够的注意。在拉美经济委员会任职的初期，我也没有充分地注意以下现实：经济增长并没有给绝大多数低收入人口带来利益，而与此同时，在社会结构中的另一极端却大发横财。或许，我之所以采取这种态度是由于我的头脑里仍存在着新古典主义的余烬，即假定经济增长本身最终会通过市场力量的作用而缩小收入差距。

在60年代初期，拉美经济委员会经济学家们对收入差距进行了估计，其结果是令人相当吃惊的。因此，我彻底改变了自己的立场。是什么原因造成了如此巨大的差距呢？根据我以后所详尽阐述的理论说明，我承认陷入了传统的解释：土地的集中，过度保护，通货膨胀。[①]

早期我经常强调必须提高物资与人力资源两方面的资本积累率。而在这一阶段，我公布了一系列研究结果以表明，实现这一目标是以高收入阶层的特权消费和绝大多数的就业人口没有分享到经济发展成果为代价的。

3. 通货膨胀

在我的著作中经常涉及通货膨胀问题。通货膨胀加剧社会差距，而且也并没有如某些人所预料的那样，有助于增加积累。恰恰相反，它助长了炫耀性消费。我应付这一局面的办法是相当传统的，只是采取一些临时性措施来调整结构性因素和外部脆弱性，我与国际货币基金组织的观点与措施相差甚远。虽然我过去在中央银行经历的不是通货膨胀时期，但提出的政策与我所批判的并没有什么两样。

事实上，我经过多年才理解了通货膨胀与收入分配过程的真正含义。虽然我对这些问题很感兴趣，但由于要负责联合国贸易和发展会议

---

① 参见《为拉丁美洲制定有力的发展政策》（纽约：联合国，1953年）。

的筹备建立工作而不得不离开拉美经济委员会，因此，不可能做出更深入一步的理论阐明。自从进入联合国贸发会议后，我进入了思考的第四阶段。

（四）第四阶段

第四阶段与我在联合国贸易和发展会议的工作相联系（从1963年到60年代末期），主要致力于国际合作事务。新的工作相当艰巨，但却极富挑战性。我没有时间从事理论研究，只得求助于我在拉美经济委员会的思索。

虽然世界上的边缘国家之间存在着巨大的差别，但同时也存在着很多共同特性。这使我能够提出一个完整的政策建议作为各成员国讨论的出发点——更确切地说是争论与对抗，因为意见不能达成一致，这就是南北对话的发端。然而，南北对话过去是，现在还继续是你来我往的平行独自，无助于在国际贸易、金融及技术合作等基本问题上采取实质性的行动。

发达国家所流行的主要观点之一，就是要求发展中国家采取适当的手段以对付本国国内的经济发展问题。与此观点相差甚远，我着重强调的是建立在共同责任、一致目标、集中手段基础上解决这些问题的全球战略的必要性。①

然而，我的努力没有成功。这表明，发达国家不愿意对此采取行动，发展中国家也不倾向于为发展及社会公平铺平道路而进行相当严肃的结构性转换。这些问题基本上仍旧存在，并且由于中心工业国目前的经济危机而趋于恶化。

虽然因效力于联合国贸易和发展会议而中断了我的理论研究工作，但是这一工作使我受益匪浅。既拓宽了我的专业知识面，又进一步洞悉了中心工业国与边缘国的体制运转情况，以及两者之间关系的复杂性，这有利于我第五阶段的思考。

---

① 《联合国贸易和发展会议秘书长报告：为发展采取新的贸易政策》（纽约：联合国贸易和发展会议，1954年）；《联合国贸易和发展会议秘书长报告：为发展采取新的全球战略》（纽约：联合国贸易和发展会议，1968年）；《变革与发展：拉丁美洲的伟大任务》（华盛顿哥伦比亚特区：泛美开发银行，1970年）。

（五）第五阶段

经过多年献身于得益颇多的国际事务之后，我脱离了行政职责，开始真正进入思考的第五阶段。拉美经济委员会委托我负责它的《评论》杂志。在那里我重新开始进行理论探讨完成了一系列的论文，这些论文构成了《边缘资本主义》① 的基础。这是我对发展问题思考的第五阶段，也许也是最后一个阶段。

1. 探求新的答案

从一开始，我就向自己提出一些至关重要的问题，而且这些问题遗留至今一直就没有令人信服的答案：为什么在经济发展过程中伴随着收入与财富差别的扩大？为什么通货膨胀如此顽固，传统的手段对它无能为力？是什么原因使边缘国家在发展过程中遇到了重大的矛盾，而这些矛盾没有出现在中心工业国的发展历史上，或至少没有达到类似的强度？为什么边缘国落在了后面？

这些问题及其他问题一直支配着我的思索，并驱使自己做出新的努力以寻求一致的答案。基于这一宗旨，我用极为挑剔的眼光仔细检查了我过去的思想，尽管里面存在一些正确的成分，但还远远没有构成一个理论体系。我的结论是，要建立一个体系就必须超出纯经济理论范围。的确，经济因素绝对不能与社会结构相分离，因而在纯经济理论的狭隘框架内寻求上述重要问题的答案是毫无希望的。

2. 再论“中心—边缘“概念

我以前的“中心—边缘”概念依然正确。但为了充实其内容，概念中必须引进中心工业国的霸权所造成的一些极为严重的后果。当然，解决中心工业国的理论问题不是我的目的，但是一些事实需要澄清，以便更好地了解另一方面——边缘国家。

---

① 《边缘资本主义评论》，载《拉美经济委员会评论》，第1期（1976年上半年）；《社会经济结构与边缘资本主义危机》，载《拉美经济委员会评论》，第6期（1978年下半年）；《变化中的理论》，载《拉美经济委员会评论》，第10期（1980年4月）；《全球资本主义体系中的拉丁美洲边缘国家》，载《拉美经济委员会评论》，第13期（1991年4月）；《站在边缘国家的立场与弗里德曼和哈耶克对话》，载《拉美经济委员会评论》，第15期（1981年12月）。

科学技术革命开始于中心工业国，其成果也基本上被“中心”所享用。无论怎么样，科学技术成果并没有通过由于生产力提高所带来的一般价格下降而传播到“边缘”国家中去。在历史上，边缘国的作用主要被限制在供给初级产品的范围内。这就阐明了为什么收入增长在中心工业国刺激了需求与持续不断的技术革新并为工业化提供了巨大的原动力。边缘国的落伍不是由于恶意的谋划而是因为受制于系统的动力。

因此，边缘国的工业化进程严重受阻，而且是在中心国家的连续危机中开始工业化，这就助长了边缘国模仿中心工业国的倾向，即按中心工业国的模式发展，试图采用它们的技术与生活方式，遵循它们的观点与思想方式，以及复制它们的制度。

所有这些渗透进边缘国的社会结构，并使其只能跟在中心工业国先进结构的后面爬行，而且还带来巨大的变异与矛盾，对这些变异和矛盾的澄清已成为当务之急。事实上，这是理解下述问题的线索：为什么边缘国被置于世界的底部？为什么边缘国在发展途中遇到越来越多的冲突？为什么最终导致严重的经济危机？

3. 经济剩余——首要的动力

我试图用最简明的方式解答上述现象，我的解释实质上改变了经济剩余概念。经济剩余构成生产率连续增长成果的很大一部分，并且为生产手段拥有者——特别是高收入阶层的生产手段拥有者所占有。

经济剩余是一个结构性现象。在边缘国的复杂社会结构中，一大部分劳动力被雇从事生产率极为低下的生产活动。由于资本积累的进程，这部分劳动力逐渐地被吸收到具有较高生产率的生产活动中去。然而，由于仍停留在低下劳动生产率与低工资（或失业人口）岗位劳动力的消极竞争，他们的报酬没有相应地提高。只有极小一部分能跟上技术进步发展要求的劳动力，主要由于他们的社会力量，才能部分分享生产率提高的成果。

我把经济剩余作为发展的首要动力。确实，它是扩大就业和提高生产率的再生产资本的主要来源，同时，它也是增进效仿中心工业国消费模式的社会上层特权消费的有力手段。

特权消费者集团对再生产资本积累危害很大：它助长了早熟的需求

多样化，造成负的社会效果。这里还应提到的是中心工业国（特别是通过跨国公司）不成比例地从边缘国家吮吸收入，它与特权消费者集团息息相关。这就是大部分劳动者被排斥的主要解释。

我们应该清楚地理解经济剩余的性质，它根本上是以经济、政治、社会的完全不平等为基础的。并且为达到其动态作用，它不得不随时间增长。在这个过程中，存在一个动态序列，先是再生产资本积累的增加，然后是就业的增加与生产力的提高，再后是资本积累的进一步增加，如此等等。

因此，连续的经济剩余增长，其增长率及经济剩余的使用都取决于带来经济剩余的生产率的连续增长。然而，在发展过程中，会出现企图分享生产率增长成果的其他力量集团，从长期来看，他们会削弱既定生产率增长下的经济剩余的增长。

这些社会势力是在经济发展过程中，当工业化带来科学技术的广泛渗透时，由于社会结构的不断变化而产生的。而后，产生职业与收入的改变并伴随着社会结构的组成部分——权力结构的改变，这就为劳动工会与劳动者政治势力的发展开辟了道路。而新产生的势力会抵消上层阶级占有经济剩余的力量。

4. 权力结构的改变

力量对比的变化强度在很大程度上取决于民主化进程。一旦民主化进程受到来自最高权力阶层的阻碍或操纵，对于劳动者的权力再分配就会受到限制。如果民主化进程得到名副其实地开展，权力再分配将提高民主化的有效性。

但这并不是一切。在劳动者权力增加的同时，政府分享生产率提高的成果的权力也在增加，政府权力的增加，一部分是由于再生产资本积累的不充分而造成的对失业人力的虚假吸收——这更加剧了政府权力的膨胀。

请允许我澄清另一个论点。我常论及劳动者的行为，劳动者行为不仅决定于劳动者改善实际收入的努力，而且还取决于他们设法弥补直接或间接强加于他们身上的税收所造成的损失的努力。根据这一观点，劳动者成为政府占有经济剩余的媒介。无怪乎劳动者有了权力，税收虽然下降了，通货膨胀却接踵而来。

某些税收是非通货膨胀性质的，因为它们以这种或那种方式占有经济剩余。即使如此，由于它削弱了经济剩余的增长，因而加剧了对劳动者与政府的分配压力。

双重再分配压力所引起的后果又是什么呢？很明显，它导致了消费的增长，其中包括劳动者的个人消费与社会消费，以及包含军用消费在内的政府消费的增长。然而，这些不同的消费形式的增长并不会引起享有经济剩余的高收入集团的消费下降，相反，它们是共同存在的。

在这里，我们已经接近问题的要旨。这些不同的消费类型不可能无限制地持续增加，因为他们侵蚀了再生产资本积累率，损害了就业、生产率、积累三方面的动态顺序。企业如果不把来自劳动者与政府的双重压力转移到价格中去，它们对这种压力又能忍耐多久呢？

5. 货币的作用

货币政策会产生极为重要的影响，我们可用一个相当简化的方式来观察它在利益分配中的作用。

生产的不同阶段，从初级生产阶段一直到市场上最终产品的销售需要经历相当长的时间。要扩大最终产品的生产就必须在初级生产阶段开始增加就业。

货币当局的作用从这里开始，为支付增加的工资薪金供给更多的货币，新增货币量应该与由于就业增加所引起的最终产品的增加相一致。如果货币的增加没有达到应有的程度，生产能力的提高将引起价格的下跌。

货币性膨胀构成生产过程不可缺少的部分，并成为生产手段所有者占有经济剩余的一种机制。无论经济剩余是用于消费还是用于资本积累，它都趋向持续增长。

当企业需要更多的货币来支付更高的报酬时，会发生什么样的情况呢？如果货币职能遵循避免通货膨胀的紧缩政策，它可以迫使企业以降低剩余增长率为代价来支付较高的报酬。但是这种政策是有限度的，企业在劳动者的压力下，被迫动用一部分正在增值的剩余，这显然是有害的，不仅降低了企业的盈利能力而且制约了经济剩余对资本积累率与就业增加率所起的动力作用。

6. 经济过程的通货膨胀危机趋势

可以理解，在此体系中紧张局势不可能持续很长时间，货币职能最后只能屈从企业、劳动者及政府需求不断增长的压力，从而新增货币满足更高的报酬，物价也就上升了。这就是一种新式结构性通货膨胀的发端。劳动者对物价上涨的反应只能是要求增加更多的报酬，因而最终形成螺旋式上升的通货膨胀。企业为得到经济剩余而提高价格，但是这种做法不能持续长久，因为当劳动者有充分的权力时，他们会对此作出反应迫使企业提高工酬，因此，妨碍了资本积累与发展。整个经济过程由于螺旋式通货膨胀而被彻底地歪曲。

那么该怎么办呢？根据拉美的经验，有两种解决途径。一条途径是通过货币政策，即采取信贷限制。但是按照常规方式是不可能缓解这种类型的通货膨胀的，事实证明，信贷限制对生产发展极为不利。企业需要更多的信贷来应付工资与薪金的增长，如果得不到更多的信贷，只得被迫以缩减生产为代价来使用流动资本信贷。这样，经济衰退或经济萎缩就会接踵而来。

另一条遏制螺旋式通货膨胀的途径是：通过政府干预来控制工资与薪金并使价格维持在“适当”水平。这一途径虽恢复了剩余但损害了劳动者的利益，工人不但失去了既得利益而且还不得不忍受，他们再不能用调整报酬的手段来转移税收的重负了。

这样就要求政府利用权力克服工会与公众的政治压力，这显然是自相矛盾的。因为政府是以其不干预经济的原则来证明它使用权力的正确与否的！如果我们从哲学原来的一贯意义来解释，经济自由主义是以政治自由主义遭受摧残的巨大社会与政治代价而被强烈地表现出来的。

我不否认通过对工资与薪金的严格控制可以收回经济剩余以提高资本积累率。但与此同时它也会进一步助长特权消费集团，使后者压倒前者。

我同样也不否认，这种控制即使不能消除内部根本性的通货膨胀，起码也能起到缓解作用。如果这种状况仍在持续，或是由于外部通货膨胀，或是由于财政性通货膨胀，要不就是由于私人信贷的盲目扩张。但事实上，对统治集团来讲，在剩余增长得到恢复并受到保护的情况下，以上情况就根本不会令他们担忧。

7. 再分配权力的界限

经济剩余与它本身的动力作用建立在技术、经济与政治三方不平等的基础之上，民主进程对于改善实际收入与国家的发展十分有效。然而在现存的体制中，存在着一个再分配权力绝对不能逾越的界限，否则系统的动力就要遭到危害。在这个限度上，经济剩余与特权消费集团都达到了最高水平，改善收入分配的再分配过程无法再进一步进行。

我并不是意指全部经济剩余都要进行再分配以及国家得到其中更大的部分——这样增长速度会很快。的确，这一过程的主要弊端就是产生不成比例的消费，而这部分消费本来是用于资本积累的。

然而，市场法则或货币政策的运用都无法纠正这一弊端。同时没有任何保护措施来防止改善收入分配的民主进程逾越上述界限。一旦超越了界限，再分配压力将导致整个体系的危机，民主进程则会成为自身的掘墓人。按照上述论述，我不得不做出结论，边缘国家在发展过程中，民主化进程会成为与体制的规则功能不相容的事物。与其说这主要由于边缘国家普遍存在的政治幼稚而造成的失败，不如说收入分配与资本积累机制存在着有利于社会上层的严重社会经济倾向。

为避免常见的混乱，虽然市场具有值得重视的经济与政治价值，我着重强调市场远不是调节经济的至上手段。真正要紧的是市场背后的结构以及权力关系的任意交易。我们要改变这种结构，保护市场，承认在生产过程中由于不同的个人贡献所产生的收入差异，

8. 具有国际水平的市场

对于国际市场力量，我们也可以进行与上面相似的思考。众所周知，虽然竞争的作用远不是处处皆有的，但仍要充分认识到竞争的价值。为了使国际市场正确地发挥作用，有必要讨论中心国与边缘国之间巨大的结构性失调所产生的后果。我曾指明，生产率成果主要为中心国家所获，它增加了需求并促进了中心国的技术革新与资本积累，而边缘国家在资本主义发展历史中仅仅起着依附作用。

这种发展模式使得边缘国与工业化无缘。正如我在第二、三阶段中所叙述的那样，边缘国工业化开始起步时（典型的特征是速度极慢），

采取保护与补贴手段以对付中心工业国经济与技术上的优势是极为必要的。这一原则可适用于那些能同中心工业国竞争的产业活动。然而，中心工业国甚至在没有出口补贴的情况下也不能容忍这样的竞争。

以上情况根据两轮成功的贸易会谈（肯尼迪会谈与东京会谈）又如何解释呢？这两轮会谈成功地减少了贸易关税与限制。但是其措施主要是针对连续创新所导致的技术上先进的商品，因此，跨国公司得到了巨大的发展。特别引人注目的是，当时边缘国还没有机会从事革新，也不能或只能有限地参与这类商品的巨大的国际贸易。中心工业国的自由主义贸易政策只适用于这些商品，而边缘国在生产这些商品的技术上十分落后。凡是边缘国具有竞争力的商品，中心工业国对此绝没有遵循所谓的自由主义政策。

中心工业国，尤其是美国一直强调跨国公司在边缘国的作用并期望跨国公司使生产国际化。然而，实际上它们却促进了特权消费社会从而使消费国际化。

有一个至关重要的方面还没有引起发展中国家足够的重视，我们这些国家还没有打破从国际贸易分工的老结构中遗传下来的封闭模式。的确，世界贸易的绝大部分一直在中心工业国之间进行，发展中国家的对外贸易也主要集中在中心工业国，而互惠贸易的巨大潜力被长时期地忽略了。我早在拉美经济委员会时就开始一直极力宣扬改革贸易结构的必要性[①]。

9. 中心工业国的霸权史

贸易模式过去是并仍然继续是中心工业国对边缘国的霸权史所遗留的一个产物。虽然霸权局面有所缓和，但是由于发展中国家之间的分裂状态以及中心工业国在经济与技术上的优势，仍然强有力地维持着这一霸权态势。我的同事们，无论是不是拉美经济委员会的成员，在论述霸权政治与战略意义方面远比我做得更好，“依附”概念就是他们提出来的。然而，正如经常出现的情况一样，争论的结果又完全摇摆到另一个极端，一些作者企图把边缘国经济发展过程的所有弊端归因于“依附”。无怪乎他们之中的某些人极力推崇与中心工业国彻底地“决裂”。因此，

---

① 著作在第1、2两条注释中已被引证。

我在最近的著作中试图提出有关霸权问题的全面观点。①

霸权的表现形式之一就是中心工业国反对改变现状。我不仅论及中心—边缘的关系，而且也涉及边缘国与中心工业国内部的重要的结构性变化。眼前利益决定一切——不管正义与否，一旦边缘国家损害了中心国家的经济与政治利益，特别是作为主要动力的中心国家的利益，中心国对此通常的反应就是采取惩罚性手段，甚至不惜采取军事干涉的极端措施。

10. 体制变革的必要性

在我看来，如果把经济发展与社会平等和政治进展结合起来，体制变革就成为不可避免的了。然而，现存最为广泛传播的教条式理论并没有为这种变革提供指导。

新古典理论与边缘资本主义原理相一致，提倡恢复经济剩余的增长动力，甚至为达到这一目的不惜利用独裁统治，窒息民主进程。这种理论不但被证明毫无效果而且还抛弃了民主和自由主义政治的价值，因此应该坚决抵制。由民主运动所拥护的各种理论（如社会民主主义者或基督教民主主义者）通常矛头仅仅指向再分配及与此相联系的危机，提不出解决问题的任何药方。正统的社会主义信仰生产手段的国家所有制，同样也窒息了民主化进程。所以我确信，寻求一个综合社会主义与名副其实的经济自由主义的时机已经到来。因此，要重建经济自由主义与政治自由主义的基本哲学体系，有关这一艰深学科的讨论可在我最近的著作中看到。

社会主义必须保证经济剩余的“社会使用”，资本积累与改变巨大的社会差异应该是决策的主题。为此目的，应该建立一个全新的政治与经济制度政体。此外，只要生产与消费的个人决策是根据市场作出的，经济自由主义就是必需的。

我们在两方面都需要具有远见的政策，其中包括一系列意见统一的集中措施以及明智的长期政策。从现在就应该开始实行。中心工业国与边缘国正在失去极好的机会，最重要的是，要对整个世界的经济、社会、政治意义深远的后果担负起巨大的历史责任！

① 《边缘资本主义》，第4章。

评　论（一）

阿尔伯特·费雪洛[1]

普列比什把他对经济发展的长期与卓越的研究生涯划分为五个阶段。尽管（或是由于）他担任重要的公职，在20世纪30年代他并没有对阿根廷政策产生影响，60年代他担任联合国贸易和发展会议秘书长的时期也转瞬即过，但这是他能够经常提出有价值和影响力的思想的主要渊源。

在这里，我集中讨论他在20世纪40年代末期至60年代初期对拉美工业化问题所做的创造性贡献，以及他对边缘资本主义的最新思考。

正像许多发展经济学的开拓者一样，普列比什认为发展中国家的经济发展缓慢与收入差异的扩大是市场失败的结果：私人预测与市场刺激没有成功地引导资源向长期社会收益最大的方向流动。但他的观点又与其他人如W. A. 刘易斯或罗森斯坦－罗丹有所不同，例如，他直接在国际经济结构中构成他的思想体系，并推导出重要及直接的政策含义。问题的核心是普列比什认为科学技术进步的成果集中在中心工业国，并且不会通过中心工业国的价格及边缘国的贸易而得到适当的分配。

这种论点实际上分为两个层次。普列比什用市场不完善的观点断言国际经济运行的不公平，他认为由于市场的不完善使得贸易条件对边缘国家不利：中心国家的垄断及边缘国家资本市场的落后与不统一，导致了工业制成品的过高价格以及廉价出口初级产品的过度生产。这一论点后来又增加了对跨国公司及其他们的过高收入的批判，着重强调脱离完全竞争的比较利益原理。上述结果只能使边缘国从国际贸易中得到较小的利益，然而这种差异不一定反映在实物交易运动的贸易条件之中，而是与双因素贸易条件相联系——即取决于贸易双方技术变动的调整。普

---

① 阿尔伯特·费雪洛时任加利福尼亚大学经济学教授。

列比什认为中心工业国如果不采取排它主义政策，它们的生产率会增长更快，易货条件可提供累进损失的证明。以后这种抨击又以不平等交换的面目重新出现，它严厉地谴责中心—边缘关系的内在结构，并直接导致南北之间传统连结的破裂，导致根本的变革而不是有节制的政策干预。

从政治影响上看，普列比什强调的是另一个方面：指出中心工业国的工业制成品与边缘国的初级产品本质上不同的收入弹性（与价格弹性）的更为通俗的行为含义。这些差别肯定支配着动态比较利益，并意味着一个市场信号使边缘国家的初级产品出口生产的投资过度，与加工工业的投资不成比例。这种贸易条件的持续趋势使得当前的价格为积累决策提供了错误的信号，并为政府干预、限制进口和工业化提供了依据。如果不这样做，发展最终会受阻。20 世纪 30 年代进口能力的剧烈下降以及一些拉美大国进口替代生产的成功对此产生了巨大的影响。与此同时，普列比什极力强调周期性变动：当出口价格下跌加之国内经济弹性有限时，就会导致阻碍经济增长的国际收支波动，这意味着要比一个较少经济单一化的国家得到更低的收入。普列比什和早于他的工业化支持者一样，找出了否定劳动力分配集中于初级产品出口的理论根据。

他在关键时刻为这一地区许多国家从事的进口替代活动进行了理论上的辩护。战后，许多国家的贸易条件有了实际的改善，形势对出口十分有利，因此必然产生长期的和不可避免的趋势及规范论证来抵制市场信号的直接影响。正如普列比什所剖析的那样，“开展这项工作是极其困难的，因为战后国际经济秩序的恢复，出口的扩大引起了出口导向经济拥护者的复活……”在此他还应该加上：有利的国际环境促使通过高估汇率而对农产品征税并不至于引起早期国际收支危机。

普列比什的模式具有相当重要的实践意义。它对 50 年代、60 年代甚至以后的发展政策都起着支配作用。尽管对普列比什所构成的保护主义、工业化和计划——因为它们是关键性的结论——的理论结构的说服力提出了学术批评，并且大量的统计证明贸易条件也没有恶化的趋势，但进口替代仍然十分流行。这并不仅仅是由于普列比什理论的说服力，还决定于当时的客观条件。在 50 年代，朝鲜战争使许多国家的贸易条件进一步恶化，并且由于拉美许多国家的工业化已经达到了一定水平，因此国家生产者具有了重要的政治发言权。所以，贸易条件的恶化压抑了对初级产品部门的投资，所增加的外国直接投资使技术转移比以前更加有效，同时还弥补了贸易项目的赤字。国家主权以及不断增强的政府参与成为流行的政治观念。

普列比什首先认识到，我们大家后来也意识到，进口替代并不是没有代价的，它只是第二流的政策，这种政策把资源由农业转移到工业，但是工业发展最终将由于外汇短缺这一本应避免的状况而受挫。进口替代对出口抱有偏见，它对中间产品以及资本品的进口有着巨大的胃口，从而使得经济出现根本性失衡。所以，政府活动的扩大因得不到相应的税款收入同样会造成更为严重的赤字与通货膨胀。当恶化的国际收支状况使得实际资源由农业向工业的转移日趋困难时，只得由中央银行对工业进行补贴。最后，对工业吸收大量劳动力的希望、对更为公正的收入分配的希望受到差别扩大与具有特权的、有组织的城市工人的打击。

在研究50年代初期普列比什第三阶段思考对上述事实的反应之前，有必要勾画一下普列比什在理论上的成就。他不仅为以后拉美国家的丰富多彩的著作提供了思想，而且建立了中心—边缘理论，他的思想成果还使得外汇管制在北美的文献中得到了正式承认。贸易与发展这两个问题是紧密相联的，而不是两个分割的并列问题。

在第三阶段，普列比什寻求了解进口替代战略到底存在什么问题。做为补救措施，他提倡设置新的产业部门以促进制成品出口、开辟新的外汇来源，并用政府补贴做为高估汇率的补偿。在他认识到，从消费品生产发展到中间产品和资本品的生产后，经济规模就越来越成为重要的制约时，作为另一种补救措施，他建议成立一个拉美共同市场。这能够在不降低效益的情况下保证外部世界持续的低进口系数。作为第三个补救措施，他还提醒人们注意在国内生产开始以后，继续实行高度的保护会产生有害的后果。

这些建议都在进口替代框架的范围内，目的在于防止进口替代过程的衰竭。60年代早期，这一主题逐渐引起拉美经济委员会的关切。当增长率加速下降，国际收支失衡加大，以及由普列比什所建议的体制及改革失败时，却从意外的来源得到了帮助。大量体现普列比什对拉美发展障碍的估计的进步联盟重新推动了官方双边援助，这类金融援助缓和了很多国家当时面临的压力。但从总体上讲，这种缓和只是暂时的。

在60年代初期的条件下，许多普列比什的追随者提出更为激进的解决方式。为避免由于空前沉重的外汇短缺负担对经济发展可能导致的扼杀，人民党的方案得到了大众的欢迎。结果，国内市场与国外市场相对立，以牺牲私人部门为代价来强调政府部门，并在企业中提高股权以促进竞争。另一方面，由于经济危机的加剧又使得人们对国内与国外的市场信号给予更多的重视，政府部门的增加受到了限制。

尽管普列比什的本意明显地属于前者，但是他从未采取过如此极端的立场。确实，他坦率地承认对收入的不断集中表示失望，并且不满意自己对此以及通货膨胀问题的论述。在这个思考阶段，他仍然呼吁结构性改革。他对国际经济与改革的支持具体体现在他在联合国贸易与发展组织为推广特惠及商品协定所作出的努力之中。

他的大部分探索与修正主要集中在第五阶段。普列比什力图在这一阶段为经济发展难题提供更为系统及范围更广的答案，他对作为一种可行的经济形式——边缘资本主义进行了广泛的抨击。

经济剩余概念是普列比什改革思想的核心。边缘资本主义无力维持经济剩余的积累，这使其成为没有生命力的经济形式。劳工力量为一方以及政府为另一方对经济剩余的再分配，阻碍了积累并使之成为不可能。这种对实际经济剩余的竞相分配意味着通货膨胀的出现，这种过程——而不是其本质——一般受其所伴随的货币方面相应动作的影响。传统政策只能带来衰退，所以不是恰当的政策，充其量只是权宜之计。最终发生的通货膨胀危机将引起国家的干预与压制，从而摧毁劳工对经济剩余的权力。边缘资本主义无法以一种可承受的方式来缓解公平与积累（及特权消费）之间的矛盾。

在第五阶段，普列比什把本来不受重视的分配与通货膨胀问题摆在了讨论的中心。同样，他还重复了中心—边缘学说，并认为边缘国上层的模仿消费主义，"中心工业国对边缘国收入的吮吸性攫取，"以及贸易保护主义对边缘国经济增长的抑制等都是由边缘国的附属地位所决定的。尤其是普列比什早先确信进口替代危机是可以避免的，而现在则确信一个民主的资本主义形态必然失败。要想找到普列比什所忧虑的实践根源并非难事，智利与阿根廷最近10年的挫折就可作为明显的例证。

普列比什所主张的替代形式是具有人情味的，实行市场导向的社会主义。比较他早先准备在实践中贯彻的进口替代的天才抽象，他现在的选择则更显理想化，由当初的二流解决方案转向今天的最佳方案。

也许很难顺利地驶向理想的彼岸，或获得圆满的成功。人们可以接受他所描述的事实与紧张局势的压力，而不必断定自毁性危机是唯一可能的前途。南非极端主义者的令人沮丧的命令主义并非普遍。拉丁美洲与其他边缘国家的许多实例显示出，不能认为国家政策始终不利于公平与效率的协调，也不能一提起独裁主义，就仿佛它是不可逆转的。

对第五阶段仔细研究考虑之后，实在不希望这是普列比什思考的最后阶段，也同样不想看到他的自我批判的能力就此消失。我期望他能够原谅我们一些人的愚钝，以及采取政策导向的途径来寻求建立更加美好的世界。为建立这个更加美好的世界，他奉献了毕生的精力与心血。

评 论（二）

贾迪什·N. 巴格瓦蒂[1]

把普列比什列为发展经济学的“开拓者”或“创始人”这一庞大队伍中的一员是缺乏眼力的。我们这些20世纪50年代成熟起来的人，当时就知道普列比什（以及影响了我们整整一代人的罗森斯坦－罗丹，纳克斯，W. A. 刘易斯等几个重要人物）属于最卓越的几个开拓者之一——如果把“开拓者”的称号赋予哥伦布而不是五月花（May flower）移民，葡萄牙航海家伽马而不是罗伯特·克莱夫，亚当·斯密而不是米尔顿·弗里德曼的话。的确，本书具有创新精神的主办者应该从开山鼻祖写起，一代一代地向下写，这样我与我的同代人或许也有希望被接纳进来（尽管要等到第3、第4卷）！

我还要补充一点，对于和我同一代的发展中国家的经济学家来说，普列比什在一个艰深领域里的杰出贡献无疑是鼓舞信心的源泉。看到自己的观点竟能是新颖的、高超的，而且是重大的，永远在心理上（尤其在当时）具有鼓舞作用。因为那时支配我们社会的殖民主义观点之一是，一切基本思考都只能来自中心工业国的学者。普列比什与刘易斯等几位关键人物为破除这种殖民主义神话立下了汗马功劳。我之所以谈及这些，目的是为了当今边缘国从事发展经济学的“第四代人”，否则他们可能注意不到这一点。因为发展经济学已到了改朝换代的时期，无论在海外还是国内，都有边缘国的经济学家，边缘国学术水平的发展已到了戏剧性的转折点。在50年代，发展经济学家们只是结伴到边缘国从事“为土人进行咨询”的活动；而现在的活动则是与他们合作，用中心工业国分配的研究经费对边缘国问题进行研究！

① 贾迪什·N. 巴格瓦蒂时任哥伦比亚大学阿瑟·莱曼经济学讲座教授。

普列比什的论文有两件事触动了我：第一件是，他如何在经济与政治环境的影响下成长为一名经济学家；第二件是，如果有人对二次大战结束时的发展经济学的开端感兴趣的话，那么对普列比什与其他一些主要代表人物之间的异同点进行评论则相当迫切。我就从这两件事人手，这是一个更普遍的问题，其次再评论普列比什的思想进程。

（一）

普列比什在论文中所描述的第二阶段，对于拉丁美洲以外的经济学家来说当然是最熟悉不过的了。与那一时期相联系，他有关拉美初级产品贸易条件下降趋势的论点已经成熟，并寄希望于进口替代的工业化。有趣的是，他谈到，“我作为一名青年经济学家时，信奉新古典主义并反对保护主义。世界危机使我抛弃了以往信念中的大部分内容，并转向保护主义。这个问题在理论上被放人下述动态环境中进行研究：当初级产品出口进一步扩大使其价格下降时，如何配置生产资源?”

由此，以及从普列比什最近论文中的立论来看，很明显，普列比什因为经历了30年代经济大危机、“以邻为壑”外汇限制的生长以及作为其结果的内向发展政策，而转向弹性悲观主义。然而，有必要澄清的是，按照萨缪尔逊的定义，一个小国所面临的贸易条件下降与一个大国起因于扩大出口的贸易条件下降虽然有所类似，但在本质上是完全不同的。对后一种采取保护可能是合理的，而对于前者就不一定合理。在普列比什的论文里，似乎他已经确定了正确的前提条件（弹性悲观主义），尽管许多人认为他的论说包括前者。其实，贸易条件长期下降的理论与两种解释都不矛盾，因为在中心工业国萧条或配额保护主义的情况下，边缘国的经济发展中也会出现贸易条件下降。因此，我认定普列比什的内心世界确实存在着弹性悲观主义的思想，并在对现实的这种认识下，提倡采取适当的保护政策。

根据上述解释，使我想到二次世界大战结束时，许多有名的发展经济学家都有和弹性悲观主义相类似的观点。在这些早期作者中，我准备区分出三种不同类型的弹性悲观主义者。

首先，我应当提到的是纳克斯驰名的威克塞尔讲演，这篇讲演正好发表在他逝世之前。讲演发展了以悉心阐述的弹性悲观主义信念为基础的平衡增长理论。[①] 纳克斯显然与普列比什一样受到世界经济危机后经历的影响。对此，他叙述得十分出色，他认为发展中国家所面临的贸易前景不可能再现丹尼斯·罗伯逊的生动名言："增长的引擎"，由于不存在稳定的贸易条件下的收益，增长必须反映国内需求。所以他提倡具有进口替代工业化含义的内向平衡增长。但他没有详细地阐述增长途径，没有指出工业化必须以分散经营、市场经济的运转为前提；而且弹性悲观主义还提倡最佳的结构性保护（通过一系列最适出口关税率来反映国外对出口初级产品的需求弹性）。而普列比什对保护主义的本质性阐述则是十分明确的。

其次，罗森斯坦-罗丹在1943年刊登在《经济杂志》的论文[②]隐含着弹性悲观主义。同纳克斯一样，他也推崇平衡增长的发展战略。但他认为平衡增长模型应当包含协调投资与连锁投资。不发达经济常常陷入缺乏有效的投资诱导机制的低水平平衡陷阱中。例如，企业家投资制鞋业，但无法保证能把鞋卖掉，除非其他人同时也向纺织业投资。当然，如果国家所面临的是稳定的贸易条件，在这种情况下，企业家想出售多少产品就可以出售多少，上述窘境就可以避免。因此，对于罗森斯坦-罗丹的分析与药方，弹性悲观主义是不可缺少的前提条件。按照罗森斯坦-罗丹的模式，平衡、协调的增长显然需要有计划地组织。而纳克斯的模式则没有。

再次，苏联弗尔德曼与印度马哈拉诺比思的结构主义模式[③]与罗森斯坦-罗丹的诱导投资机制不同。从前者的角度来看，出现计划的手段是相当自然的。由于他们所设计的是以封闭经济模式条件下生产什么与需要什么相互隔绝为限制和转移的，因此这些计划者是以极端弹性悲观主义为前提条件的。在他们两部门的模型里，计划者们开展的是重工业

① 《贸易与发展模型》（斯德哥尔摩：阿尔姆魏斯特与魏克塞尔出版社，1959年）。

② 《东欧与东南欧的工业化问题》，转引自阿加尔瓦拉与S. P. 辛格合编的《不发达经济学》（纽约：牛津大学出版社，1963年）。

③ G. A. 弗尔德曼：《苏联增长模型》，载自伊夫塞·多马的《经济增长理论漫笔》（纽约：牛津大学出版社，1957年，第223~261页）；P. C. 马哈拉诺比思：《国民收入增长过程的一些观察》。

部门进口替代的工业化。[①]

上述三种以弹性悲观主义为基调的进口替代的发展战略模型，只不过在政策制定上显示了不同的看法，执行着不同的方案：（1）以计划为导向的进口替代战略在纳克斯那里已多少有点，而在罗森斯坦－罗丹、弗尔德曼、马哈拉诺比思以及其他人那里则更为名副其实。计划者们先着手制定一个协调的计划，然后确定“最理想”的投资目标与各种生产活动的产出，并经常运用许可证机制加以调节。[②]（2）在以市场导向为主的进口替代战略中，对由弹性悲观主义而产生的保护主义思想的陈述是再恰当不过的了。国际经济学家 G. 哈伯勒在其著作中所采用的退一步之策认为，如果一个国家必须采取保护政策，则应该通过全面关税或鼓励措施以及有计划有控制的投资，不要制定有关进口替代活动的详细计划。[③]

计划导向与市场导向两种进口替代战略还需与第三种战略进行对比：赫尔希曼所提出的进口替代的发展战略构思，[④] 与罗森斯坦—罗丹许多年以前的古典模式一样，在赫尔希曼看来，发展问题又一次成为诱

---

① 在这个传统的“结构”模型里，我应该同时包括尤其与钱纳瑞相联系的两缺口模型，在这个可计算的计划模式里，同样也是建立在弹性悲观主义假设的基础之上。两缺口模型求助于有意识的储蓄和外汇瓶颈以提高规定目标函数的价值。主要参见 J. N. 巴格瓦蒂的《发展中国家国际收支平衡的困难性质》，载《发展中国家贸易扩大计量》，日本经济研究中心论文的第5册（东京，1966年10月），由 J. N. 巴格瓦蒂转载于《富裕与贫穷》的《发展经济学漫笔》栏目，吉恩·格罗斯曼编（马萨诸塞，坎布里奇：麻省理工学院出版社）；罗纳德·凡德拉：《发展经济的外汇缺口与增长》，参见 J. N. 巴格瓦蒂等人合编：《贸易，收支平衡与经济增长》（荷兰，阿姆斯特丹：北方一荷兰出版社，1971年）；罗纳德·麦金农：《经济发展的外汇约束与援助的有效分配》，载《经济杂志》（第74卷，第388～409页，1964年）；巴德马·德塞与 J. N. 巴格瓦蒂舍著：《中央计划经济外汇困难的三个不同概念》，载《牛津经济论文》，1979年11月；钱纳瑞观点的最好例证是他与 M. 勃仑诺合著的《开放经济发展的其他途径：以色列实例》，载《经济杂志》，第72卷，1962年。

② 纳克斯提出，平衡增长发展战略要求对国内投资进行计划以适应不同产品需求的收入弹性。当然，合乎逻辑的下一个步骤应当包含完整的“最终需求”向量，而且也需要原材料平衡及更为复杂的列昂惕夫投入—产出平衡表。但是，所有这些仅仅只是意味着一致，尽管经济学家总是设法加以优化。因此，这个“一致”模型就成为优化模型而具有跨时分类的目标函数。计划模型后来得到理论上的进一步补充——如收税公路公理——源于萨缪尔逊与索洛等人有关异质资本模型的资本理论著作。

③ 《国际贸易与经济发展》，在埃及国家银行的讲演（开罗，1959年）。

④ 《经济发展战略》，（康涅狄格，纽黑文：耶鲁大学出版社，1958年）。

导投资内容之一。赫尔希曼提出的解决途径相当简单：断绝进口；开放市场以便国内企业进入。[①] 这已经与“刀耕火种”的农业战略相类似，我更倾向于称其为“进口空白”的进口替代战略。由于把成本与利润的观念置之脑后，从而也就否定了经济学的本质！这显然与一个经济学家的特质不符。战后，由于许多发展中国家采取高估汇率的进口替代战略而处于不利的局面（现在已知道包含内向的进口替代成见）。我们还了解到，这些外汇管制制度的实施经常忽略各个层次的成本与利润。[②] 许多发展中国家实际上采取的是“无政府主义”的赫尔希曼战略以实现其进口替代的工业化！

这种战略所伴随的巨大浪费可由经济合作与发展组织以及国家经济研究局的几项经验研究结果予以证明。回想起来，人们很难相信这种浪费的必要性，而倾向于认为是由于奉行计划导向的战略所造成的后果，或是由于包含高估汇率的赫尔希曼式的无政府战略所招致的结果。根据我个人的见解，与进口替代战略有关的庞大代价是上述两种战略的未曾料到的结果。[③] 如果以另一种战略类型——遵循依靠市场的进口替代的工业化战略，其结果必定会好得多。[④]

在对上述发展战略进行贬低，并把鼓励出口战略加以浪漫化的著作

---

① 在这里，我所引用的是赫尔希曼战略的真髓。赫尔希曼同样也提出“连锁效应”的概念，以使进口急降的诱导投资效果最大化。然而这是一个无法运用的概念，因为决策在进口锐减时，需要需求的收入弹性与投入—产出系数等一系列有益信息，“连锁”不可能独立地为决策提供明确的限定。

② 由我与安·克鲁格领导的国家经济研究规划局对此论题的研究结果，参见 J. N. 巴格瓦蒂：《外汇管制制度的分析与结果》（马萨诸塞，坎布里奇：巴林杰出版社，1978 年）。

③ 我用了很长时间研究与论证这些代价。与经济合作与发展组织发展中心的巴德马·德塞（印度）合著：《工业化计划》（伦敦：牛津大学出版社，1975 年）；与国家经济研究局的 T. N. 斯瑞尼法桑（印度）合作（纽约，哥伦比亚大学出版社，1975 年）；我的著作：《外汇管制制度的分析与结果》，其中综合了国家经济研究局的科研项目成果。总之，我应指出，印度次大陆、加纳、埃及遵循的是计划导向的进口替代战略；而拉丁美洲的大部分国家采取的则是与赫尔希曼式无政府途径相一致的、令人注目的高估汇率策略。基于这一原因，由于不愿调整汇率的想法已基本消失，进口替代战略在拉美很快退出舞台。而印度具有计划导向的认识偏见，它所遵循的内向进口替代战略仍在继续。

④ 全面保护应该始终保持平衡，纯经济论点与政治论点均可确认其有许多有利之处。与普列比什不同，纳克斯以及其他一些人是弹性悲观主义者，因此以最优关税率论点来说明进口替代战略。而哈伯勒一直坚持被当今称之为“非经济”的论点（由别人而不是他自己明确提出）。

中，几乎从来没有注意对这几种不同类型的进口替代战略加以区分。我之所以论及这些区别，是因为我确信从普列比什的各种著作中可以看出，普列比什的进口替代战略与现有的几种战略类型相比，是较为理想的。普列比什若对此问题有所澄清，将对思想史学家们极有帮助。换句话说，他强调保护主义政策，但采取什么样的具体方式加以贯彻执行呢？只有得到普列比什对此问题的确切回答才可以判断他的进口替代战略方案是否明智。

的确，要想得到圆满的结论，我们需要评价弹性悲观主义本身。在这里，历史似已做出结论，偏向于非悲观论者。我们没有必要过多地为此而心烦意乱，因为甚至就连非悲观主义者也没能预见到由于战后贸易与支付的自由化而出现的世界贸易的戏剧性增长。悲观主义者失败了，而乐观主义者却得益于意外的机会和来自上帝恩赐的好运。然而，无论如何，事实证明了悲观主义者的错误。某些国家，例如目前被称之为亚洲四强的国家和地区，当时发现并充分利用了世界贸易惊人增长的契机，分享了贸易增长带来的丰硕果实。其结果，这些国家和地区得益于增长引擎的运转所带来的好处。而绝大多数持弹性悲观主义论点的边缘国却实现了他们的悲观预言！现今，可以表明，当中心工业国的增长引擎“嘎嚓嘎嚓”地轰轰作响时，普列比什改变了自己的观点。导致他对自己原先所推崇的拉美特有的进口替代战略模式的怀疑加深的原因，似乎主要是由于第一阶段发展消费品进口替代工业过易过快，而第二阶段的进口替代为发展代价高昂的重工业须建立更为广阔的市场。[①] 而不是由于他已明确看出，根据世界贸易扩大的可能性，这种进口替代战略肯定会让位于从事比较外向的工业化。

（二）

现在谈谈我前面所提到的第二件事：普列比什对发展问题思考的

---

① 我称此为拉丁美洲的特有见解，是由于在印度我们通过研究哪些国家按照计划处方的经验观察，认为排列时间顺序的观点是站不住脚的。由于印度具有丰富的铁矿、技术力量与企业管理力量，以及不断增加的投资计划要求提高国内资本货币的供应——在弹性悲观主义的影响下，计划者认为只有花费高昂的社会成本才能进口需要的商品。因此，被称之为第二阶段的重工业化与第一阶段的发展，在印度事实上是同时并举的。

进展。

普列比什对第四阶段有关联合国贸易和发展会议的描述轻描淡写，但我却认为应该对此详细论述，因为联合国贸易和发展会议的创立是他的辉煌成就之一，尽管发达国家的一些经济学家持有的可悲偏见——对待这一组织就仿佛是在对付一群地位卑下的、粗野的群氓。确实，虽然如我所指出的那样，[①] 自坎昆会议以后，前途似乎比较光明，但南北对话通常是在敷衍中进行的。从历史的观点来看，联合国贸易和发展会议将作为普列比什的一个重要贡献而载入史册。

使我产生浓厚兴趣的是普列比什思考的第五阶段。在这里，他把政治经济学作为这一阶段的中心。我始终认为，要想严肃认真地制定政策，就不可避免地涉及政治；要想阐明发展问题，就必须认真地研究政治。例如，我们讨论跨国公司，如果认为它们仅仅是为东道国增加了机会，就显然是一种误解；同样，天真地认为一个博识、开明的政府应该奉行利用跨国公司来扩充资本与技术引进的政策也会令人误入歧途。政策制定者必须考虑这一现实：跨国公司的进入有可能束缚了他们的政策选择权。例如，势力强大的跨国公司会对东道国为了国家利益而采取的“过激”政策产生不满，从而引起政局的动荡。智利的情况就是一个明证。

但是，在为普列比什进入政治经济学这一广阔领域拍手叫好的同时，我必须承认对他所发展的理论存在着强烈的怀疑，并对他的有关边缘国不可避免的资本主义危机的论断存在疑问。但是我仍抵制了这一诱惑——重新陈述我已经相当详尽地论述过的观点，[②] 而宁可指出，由于不同社会制度的限制条件，要想合理地处理政治经济问题是极为困难的。我们若使政治与政策的制定内在化，就会不得不为有可能丧失用政策观点去讨论应当去做什么的机会而烦恼。由此，考虑到进口对国内收入竞争效果的水平分析，就不可能有任何程度的松动。传统的 $2\times2\times2$ 模式仅仅包含两个因素，两种贸易产品，两个国家。我们知道，对于一

① 《坎昆会议的意义》，载《第三世界季刊》，1982 年 7 月。我在这些方面的最新思想可参见由 J. N. 巴格瓦蒂与约翰·G. 拉格主编的《力量、感情与宗旨：南北交涉前景》的第 1、2 章（马萨诸塞，坎布里奇：麻省理工学院出版社）。

② 《对普列比什“世界资本主义体系中的拉丁美洲边缘国”的评论》，载《国际经济联合会会刊》（墨西哥城：1980 年，第 1 卷，第 1 期）。

个不存在内部问题的小国来说，自由贸易是最好的政策。因此，针对进口品竞争的“最优”反应就是贸易条件的改善，保持自由贸易并从改善后的贸易条件中受益。但如果政策制定内在化，这种标准模式就会失效。例如，如果我们建立一个两党制的政治体制模式，上述标准模式就成为 2×2×2×2 模式，并且还存在着一个没有关税的暗中运动的政治活动的费用函数。可用内生关税来描述这一模式。[①] 但是，一旦我们这样做，进口竞争的结果仍会导致其他内生关税的产生。试问，在内生的政策制定条件下，自由贸易仅是一个不现实的理论，那么，自由贸易政策又是为谁制定的呢?

我担心普列比什已经陷入了这种矛盾之中，自己却还没有意识到。他的第二与第三阶段有关边缘国应该怎样发展的分析带有相当古老的传统色彩——去建议一个博识的、仁慈的边缘国政府应当去做些什么。他在第五阶段转到集中分析边缘国的资本主义制度如何“宿命”地被关闭在不可避免的危机之中。然而，他仍寄希望于市场社会主义能够解决危机。如果可能的话，谁又能使它实现呢? 或许更为明智的方式应该是去预测，而不是提出主张，让历史去判断谁是正确的吧!

① 参见罗伯特·菲斯特拉与 J. N. 巴格瓦蒂的关税制定模型:《关税研究与有效关税》;以及罗纳德·芬德利与斯坦尼斯洛·韦尔利兹:《内生关税，贸易限制的政治经济学，福利》。两篇论文都在 J. N. 巴格瓦蒂主编的《进口竞争与反应》一书里（芝加哥，芝加哥大学出版社，1982 年）。

中国经济50人论坛
Chinese Economists 50 Forum

七 保尔·N. 罗森斯坦-罗丹

Chinese Economists 50Forum

Chinese Economists 50Forum

保尔·N. 罗森斯坦-罗丹1902年出生于波兰的克拉考，在维也纳度过童年。1925年获得维也纳大学的博士学位。1930年成为英国公民，并在以后的17年里于伦敦大学的大学部任教。1947年在世界银行经济部任助理顾问和首席经济咨询员；1953—1988年，任麻省理工学院的经济学教授；1968—1972年，任德克萨斯大学教授；1972年至今，他是波士顿大学拉丁美洲发展研究中心的经济学教授和顾问。

罗森斯坦-罗丹于1925年开始了经济学的专门研究，首先着手的是对奥地利消费需求理论的尖端研究。他早期的研究是纯理论的——生产和消费的互补概念，经济判断的时间系列、规模经济。所有这些后来都在他发展经济学的应用研究中得以体现。

在麻省研究中心时，他着手研究经济发展问题，特别是作为意大利、印度和智利项目研究的顾问时。1962—1966年，他在进步同盟第6委员会任职，并越来越多地致力于拉丁美洲发展研究。

他获得过意大利（1958年）、维纳斯和智利勋章，并分别成为美国科学艺术学会（1961年）、海牙社会研究所（1962年）、罗马本替菲卡和第伯里那学会的成员。

他的主要著作包括：《边际效益》，该文在《国际经济论文集》第10期上被翻译，（纽约，麦克米兰出版社，1960年）；《经济均衡方法论的瞬间》，载《国民经济杂志》（1929年）；《互补性：纯经济理论进步之前的三个阶段》，载《社会改革》第44卷（1933年）；《经济理论的时间作用》，载《经济：新系列》（1934）；《东欧与东南欧的工业化问题》，载《经济杂志》（1943年）；《经济落后地区的国际发展》，载《国际事务》（1944年4月）；《农业中的隐蔽失业与就业不足》（马萨诸塞，坎布里奇：麻省国际研究中心，1956年）；《对欠发达国家的国际援助》，载《经济学与统计学评论》（1961年5月）；《大推进理论的注解》（马萨诸塞，坎布里奇：麻省国际研究中心，1957年），此文在国际经济协会召开的一次年会上由霍华德·S. 埃利斯重新编入《拉丁美洲经济发展》上。他还编著了《资本形成和经济发展》（马萨诸塞，坎布里奇：麻省理工学院出版社，1964年）；《合作技术》，载《国际组织》，第22卷；《对民族发展努力的单独国际评价的研究》（新德里：联合国贸易和发展会议，1967年11月）；《国家发展努力的评价标准》，载《发展计划杂志》，第 1 期（1969 年）；《2000 年的有与无》，载贾迪什 · N. 巴格瓦蒂编的《经济学与世界秩序：1970—1990 年》，（纽约：麦克米兰出版社，1972 年）；《国际经济新秩序》（波士顿：波士顿大学，1981 年）。

自然增长：非均衡增长过程分析

第二次世界大战中，我曾建议在伦敦成立一个研究欠发达国家问题的团体，而不再研究那些与当时战争相关的更一般的课题。假如我们要具有活力，我们就不应回到往昔的社会中去，我们的使命是建立一个更美好的世界。一个这样的团体已经在皇家国际事务研究所组织起来了，1942 年到 1945 年，它一直致力于“不发达国家问题”的研究。这一课题那时第一次被人提出。1943 年我所写的论文在《经济杂志》上发表，它是研究团体的基本文献。目前，这篇论文经常被编入研究第三世界的经济学论文集中。[①]

东欧和东南欧被选为研究典型的原因并不是由于我对其有特殊的兴趣。这些国家的流亡政府在伦敦，它们构成了一个相似又各具特色的模式。如果人们在印度、西班牙和厄瓜多尔之间进行比较，发现事事都有差距，人们看不到什么因果关系。但一旦他们把个别地方相异但总体上接近的一组国家作为比较样本时，因果关系就格外清晰了。

（一） 自然增长

倘若归纳我早期发展思想特征的话，那就是“自然增长”——自然的确呈现了跳跃，这种跳跃是相对于马歇尔的经济学戒条“自然没有增长”而言的。理解经济发展的关键问题不是静态传统的均衡理论，而是对非均衡增长过程的分析。

1943 年在《经济学杂志》上发表的论文试图研究的是趋向均衡的

---

① 罗森斯坦-罗丹：《东欧和东南欧的工业化问题》，载《经济杂志》，第 53 卷（1943 年 6～11 月），第 202～211 页；这是皇家国际问题研究所一份经济报告中的一章。发展理论的重要开拓者是哈罗德-多马，琼·罗宾逊，凯恩斯和科林·克拉克。

动态轨迹，而不是满足均衡点的条件。重要的是"追踪曲线①"，这条曲线展现了接近均衡点的动态轨迹而不只呈现均衡的条件。均衡点像一个罗盘一样，指明了南北极的方向但却难以表明何处是南极，何处是北极。我注意的问题不只是均衡的存在，而且更为关注均衡的不存在。

1943 年的论文提出了四个创见，这些思想已经逐步为公众所接受。但令人奇怪的是：为什么它们当初引起了那么多非议。

第一个思想涉及"农业人口过度"（隐蔽失业）。这虽然是缺陷，却也暗含着发展的力量与源泉。第二个思想是资金外部经济概念。规模经济是由此而产生的——外部经济增加了收益，而马歇尔虽然在论文的脚注中对此给予充分说明，却视其为一个"二流细节问题"。为了取其利益，就需要包括一系列对互补产业同时进行计划在内的工业化计划。第三个思想是，在建设消费品工业之前，必须建立和支持主要的不可分的社会资本或基础设施的形成。私人市场不可能及时地发展基础设施。在后拿破仑时代，印度人的工资仅为英国人最低工资的 50% ~60% ，因而，在印度而不是在英国的兰开夏，建立纺织工业有极大的刺激力。另外，那时在英国控制下并没有贸易障碍和货币管理的危险，在印度建立纺织厂似乎有很大吸引力。然而，以后的分析表明，在建立纺织厂之前必须先建桥梁，修建道路或铁路，而后再建一个电站。这些社会资本的构成要素需要一个最低的投资数量界限。比如，社会资本至少要服务于 50 个工厂，如果只服务于一个工厂就会存在浪费。人们不能建起一座小桥梁后，每天只允许 100 个人通过。这座桥要取得效益，就至少服务于 50 个企业，若只有一个企业使用它就要蒙受损失。低工资并不是投资的充分激励条件，纺织厂以外的最低资本支出将超过廉价劳动力带来的好处。

工业化过去和今天都意味着城市化。城市与乡村相比的区别究竟何在？城市是相对高工资的地区，工业化的过程是高工资在城市而不是在

---

① 在没有预料的情况下，狗沿它所看见野兔的最短距离（一条直线）追踪野兔。同时，野兔从 A 点绕到 B 点。当狗再次从新的角度发现最近路线（直线）去追踪野兔时，野兔从 B 点又跑到 C 点。此过程依此类推，狗的追踪路线正是我们要去解释的，它决定于狗看见影点的垂直距离。追踪曲线上绝大多数的点是非均衡的点，如果狗在极点抓住了野兔，这个极点可叫做均衡状态点（柏拉图提到这个问题，却未弄明白）。

乡村集中。从世界经济角度来看，富国（高工资国）就是世界的城市，而穷国就是世界的农村。不发达国家与发达国家不断扩大的差距恰缘由于此。单纯的市场机制并不可能形成社会资本，而这部分资本的数量通常高达投资总量的30%～35%。因此，这必须是一部分计划性的、规划性的和干预性的投资（通常是通过公共投资的方法来解决）。为了获得外部经济效益（由于经济的不可分割性）就需要企业具有适度规模。这种企业的适度规模是由对一些互补工业同时进行的计划产生的。在发展过程中，资金外部经济起到与技术外部经济同样的作用①。

第四个思想是对“技术上的外部经济”之强调，它不是由于“不可分割性”而更重要的是由于“不可占用性”引起的。在奴隶制度下因受过训练的奴隶提高技艺所带来的利益归其智力投资者所有，因此奴隶主对奴隶进行训练。奴隶制度废除之后，一个训练有素的工人可以与那些并未担负其智力投资成本的人签定工作合同，任何投资于工人训练的人都在冒着不能占有其劳动生产率提高收益的风险。正因为这样，市场竞争机制条件下的职工教育总是低于适度水平。这是一种流行甚广的现象。它不像农庄经济中的典型浪漫情况那样少见：无主的蜜蜂飞到无名氏的花园中去酿蜜。这个典型表明了这样一种偏见，外部技术经济是有益的，但却难以实践。事实上，不发达国家工业化的优越之处在过去和今天主要基于其职业学习、训练和人力资本形成上。用另一句话来说，技术上的外部经济，恰如在1943年及其后来的人力资本理论所声称的那样，是极为重要的，它不是一个末流小问题。

市场机制不可能在一个国家内或国家之间达到令人满意的程度。缘由是，它依赖于一些不现实的假设，如线性均衡的生产函数、收益停滞、规模经济或聚积经济性，及不存在的最小总量和壁垒现象等。这就使发展的本来性质和相关风险变得模糊。自然在神学或技术学中并没有奢望上帝创造出与现实相反的世界。

用当代经济理论的语言表述，1943年论文的精髓在于论述这样一个问题：在未来发展过程中完善的未来市场对于全部商品而言是否存在，

① 恰如塔伯·斯克托斯基在他的文章中所正确解释的：《外部经济的两个概念》，载《政治经济杂志》第62卷，第2期（1951年4月）。

那时的未来既不确定又似乎明了[①]。虽然我承认未来的市场和未来的价格可以提供必要的补充性信息，但我认为“对全部商品而言是否存在完善的未来市场这类问题纯系学究式的讨论。（我的）怀疑（没有被证实）是：它们不可能存在的理由与完善无缺的预见不可能存在的原因是相同的。在现实生活中，它们确不存在”[②]。

早在我对互补性需求层次及时间作用命题感兴趣时，就种下发展研究之根据。上述命题——即在特定时间内，个人分配其稀缺资源形成的某种选择是具有时间性的[③]。对我来说，动态的需求及其相互关系比新古典学派试图获得资产效应函数的准确特征要重要得多。消费的互补性、时间因素、追踪曲线和外部经济——所有这些并不是第二流的细节问题，在不发达国家中，这是比比皆是的大题目。

（二）大推进

我在 20 世纪 40 ~ 50 年代的思想导致了“大推进”理论的产生。[④]如果为了获得成功机会，必须为发展分配最低水平的资源。引导一个国家进入自我持续增长阶段与使飞机起飞有点相似，为了使飞机在空中飞行，必须超过临界陆地的临界速度[⑤]。一点一点地进行与由这些点组成总量的效应是不相等的。最低限度的投资总量是成功的必要条件，虽然不是充分条件。

传统的静态均衡理论与大推进理论存在三点区别。第一，这种理论基于对生产函数不可分割性和非占有性更为真实的假设，它强调收益和外部经济。第二，这种理论意在寻找达到均衡的道路。在静态的均衡理论中，在某时净投资为零。而增长理论主要是投资的理论。第三，除了投资的风险和不完善特点之外，不发达国家市场不完全的程度要大大地

① 参见苏啥默·察克拉瓦尔蒂：《保尔·罗森斯坦－罗丹：评价》，载《世界发展》，第 11 卷，第 1 期（1983 年 1 月），第 74 页。

② 《大推进理论的注解》（伦敦：麦克米兰出版社，1961 年）。

③ 罗森斯坦－罗丹：《经济理论的时间作用》，载《经济：新系列》（1934 年），第 77 ~ 79 页；《互补性：纯经济理论进步之前的三个阶段》，载《社会改革》第 44 卷（1933 年），第 157 ~ 308 页。

④ 《大推进理论的注解》。

⑤ 《美国经济援助计划的目标》，麻省国际研究中心，国际援助特别研究组。

高于发达国家。价格机制在不完全的市场中根本不可能成为引导一个完全竞争经济达到最优状况的信号。

大推进方式的基础在于大量不发达的农业地区的弥漫——过度的耕种人口，在大量人口流动和再就业行不通的条件下，我声明，衰落地区经济最为重要的方面是：在工业化过程中，使设备和资本的流动指向劳动者，而不是使人口向资本流动①。

促进工业化的因素并不是贸易条件，而是由于工业的外部经济条件大大优于单一农业经济。我不同意自力更生增长或内向型工业化战略。我主张的战略是：在工业化中谋求国际投资、形成利用国际劳动分工和优势的工业化模式，那样最终会为每个人生产更多的财富。

发展规划的关键任务是筹集充足的资本，使失业和就业不足的人们集中起来，为工业化目标服务。为了达到工业企业的最优规模，工业化的地区必须足够大。这就要求通过对互补工业群的同时计划来完成有计划的工业化。

我对四个主题（隐蔽失业、资金的外部经济、社会资本和技术上的外部经济）首先在意大利进行了更为深入的研究，首要关注的问题是与隐蔽失业有关的二元结构问题以及进行福利改革、领导干预的可能性，以期实现比 19 世纪高出 60% 的增长率（也就是说，实现 5% 而不是以前 3% 的增长速度）。紧接着研究的是印度的情况，尤其关注的是对资本产出率的分析。这个指标在印度的五年计划中预计过低，实际情况是 3∶1而不是 2∶1。我们同样指出了影子价格的重要性，尤其是以电力投资的例子说明资本的影子价格问题。

1954 年夏季，联合国拉丁美洲经济委员会准备会议首次研究了国际援助政策的总原则，在 1961 年的论文中②，这些原则成为援助政策的理论，后来又在进步同盟中得以运用。援助政策最终是一种价值判断标准，它的含义在进步同盟得到最终阐述。发展哲学的价值在今天仍像以往一样保持着——它是谋求国际经济新秩序的真正的实证——虽然它因

① 《经济落后地区的国际发展》，载《国际事务》第 20 卷，第 2 期（1944 年 4 月），第 161 页。

② 《对欠发达国家的国际援助》，载《经济学与统计学评论》，第 43 卷，第 2 期（1961 年 5 月），《合作技术》（马萨诸塞，坎布里奇：麻省国际研究中心，1968 年）。

美国和拉丁美洲官僚主义者的故意破坏而未能实现。

（三）隐蔽失业和就业不足

“耕种者过度”或“过剩人口”，或“农业中隐蔽性失业”的概念起于20世纪20年代后期。尽管诸如雅克·维纳、哥特弗里德·哈伯勒、T. W. 舒尔茨等批评家否认其存在，这一概念在40年代及50年代成为发展理论的基石之一。舒尔茨曾说过：“我在任何贫困国家中都未曾见到这样的例证：现存的农业劳动力减少了很少的部分后，比如5%，其他条件不变，农业产出还能维持在原有的水平上”[①]。

与这种观点相反，我相信在许多不发达国家——不是全部，隐蔽失业要超过5%。在南意大利，作为这一点的证明，我提出了对隐蔽失业的表述和测定方法[②]。这种方法集中于直接的静态过剩现象进行衡定——这是一种了解一切条件都不变时从农业中转移出的人口总量（每年48～50周）而不至于对产出造成任何影响的经验抽样法——我估计有三种类型的就业不足：可移性的，这与真正的隐蔽失业相同；不可移的磨擦性失业；季节性的就业不足。

对二元理论来说隐蔽失业是重要的，它同样强调劳动密集的工业化方式，这种工业化方式把投资转向消费品工业而进口重工业产品。

（四）资金的外部经济性

阿连·杨关于一个企业收益增加的缘由不仅在于其规模的增加而且由于整个产业和整个工业体系的增长的分析，使我印象很深[③]。我相信，应更加重视消费的不可分割性和生产函数的不可分割性，只有这样才能增加收益。

需求的不可分割性或互补性意味着在现实生活中不同的投资决策不是相互独立的。由于市场不确定，投资的项目通常冒很大风险。但如果

---

① T. W. 舒尔茨：《促进经济增长中的政府作用》，载罗纳德·华尔特编的《社会科学的状态》（芝加哥：芝加哥大学出版社，1956年）。

② 《农业中的隐蔽失业与就业不足》（马萨诸塞，坎布里奇：麻省国际研究中心，1956年）。

③ 阿连·杨：《增加的收益与经济进步》，载《经济杂志》，第38卷（1928年11月），第527～542页。

投资是广泛展开的，那么对单项投资而言不存在的事情就会发生：新的产品的消费者会结成相互关联的链条，互补的需求会减少投资的市场风险。从此意义上说来，减少风险是外部经济性的效果之一，当这种孤立投资的风险减少之后，自然会提高对投资的刺激。

低收入国家的低需求弹性使迎合需求变得更加困难，在市场规模很小的国家内，供给适合需求的困难要比国内市场规模大并仍在扩张的国家大得多。需求的互补性会减少投资增加和多样化的边际风险，但对于单个投资而言，它不起什么作用。因此，存在一个新投资的最低界限，只有超过这个界限，需求的互补性才产生作用①。

（五）社会资本

不可分割性和外部经济性最重要的例证是社会资本，虽然成长周期长的产业产出慢，但会为其他工业投资创造机会。对整个经济提供这类“成本费用”要求，在每项基础设施中都需用数额巨大的低限投资和不同工业混合才产生的不可减少的社会效用底限。社会资本花费的大量初始投资为互补的、产出快的直接性生产投资的发展提供了必要条件。在我看来，这种不可分割性是发展的主要障碍。

低收入国家储蓄供给之不可分割性同样被认为是一个主要问题，为了提供起码的巨额投资，收入增加带来的边际储蓄率必须高于平均储蓄率。储蓄供给价格的零弹性（或者低弹性）和储蓄的高收入弹性可以不严格地称为“第三种不可分割性”。

（六）技术的外部经济性

另一个具有重大意义的技术外部经济性的源泉是劳动力训练。

“工业化的首要任务是把（东欧的）农民转变为全日和半日工作制的产业工人所要进行的技术训练。自由放任的机制在这方面起不到丝毫作用。它之所以失效，就在于私人企业家如果投资于劳动训练，他可能不会赢利。在工人身上没有抵押品——如果他训练的工人与别的企业签约，这位私人企业家就会使自己的资本受到损失。虽然这种投资对私人

① 罗森斯坦-罗丹：《大推进理论的注解》的第四部分。

不利，但对国家却大有益处。它对整个工业的建立也有好处，虽然对于小团体而言意味着不可担负的投资。这是培考维恩关于私人与社会边际净产出背离的最重要的证明，这时后者的边际产出要大于前者”①。

不可分割性、外部经济加上劳动力训练的技术外部经济性是我所提倡的、以整体的、综合的“大推进”方式跳过“发展的经济障碍”的主要理论根据。

（七）市场和计划

全部投资互补性概念介绍了一种新的投资选择标准，它有赖于一个经过精心设计的计划，而市场机制却依赖于分散的决策。这里计划的含义与一个公司事先的“计划”是不同的。在逻辑上，计划比项目分析要高出一个层次。由于下述原因，分散的投资决策以利润最大化为唯一准绳，这种标准不可能带来投资的合理结构：

- 投资者寻找的是私人而不是社会的净边际收益，外部经济就不可能成为充分寻求的目标。但工业互补性的力量是如此之大，以至于对其刺激性的引诱成为经济发展的客观要求。
- 设备的寿命周期太长，这使投资者的预见力要劣于买卖双方或者生产者。个人投资的风险要高于经过全面规划后的投资风险，错误投资决策的代价很高；资本损失形式的惩罚不仅对投资者个人而言是不幸，而且对整个经济而言也是坏事。
- 由于资本的不可分割性（集聚性），就要产生大的变化（而不是小的变化）。然而价格机制却仅能在假设的小的变化条件下发挥作用。
- 资本市场的不完全性更是显然易见，它不仅受价格的统治，更要受制度和传统的分配额度的指挥②。

正是由于上述原因，在考虑私人投资者的原有标准之外，必须增加对另一种标准的考虑——尤其是外部经济和外部不经济。提倡使用计划的方法恰是对单个投资者知识不足的补充，或者说是提供给他们补充信息。

---

① 《东欧与东南欧的工业化问题》，第204～205页；以及《经济落后地区的国际发展》，第160页。

② 罗森斯坦－罗丹：《计划理论与意大利的实践》（马萨诸塞，坎布里奇：麻省国际研究中心，1955年），第2～3页。

（八）投资计划

发展中国家的投资计划是对不可分割性的背离，外部性的歪曲及信息不畅等问题必须纠正。“计划”是合理的、审慎的，是连续和协调的经济政策的另一个表述名词①。

当必须对各类项目进行规划时，它决不仅仅是项目的加总和罗列供应清单，用简单的单个项目分析和检验的方法决策，并用计划把单个项目包括进来的方法是不行的。组成发展计划的各个项目相互关联并相互作用，取得均衡最终取决于计划是否在合理的规模下保证了不同产业的互补性。正因为这样，规划方法而不是项目分析方法是决定资本保持高效率的必要基准。某一项目的变化会招致整个规划的改组和一系列项目的改变。单一项目对国家经济的贡献取决于其他的各类投资能否实现。互补性介绍了一种选择过度投资的新标准，因而在此含义上规划方法要支配项目分析方法。

（九）简明的办法

两者之间（市场与计划）的桥梁是建立影子价格，纠正扭曲了的市场价格。50年代后期，就像在意大利、印度和印度尼西亚集中研究发展规划时一样，我们在麻省国际研究中心强调影子利率、影子汇率和影子工资率②。这些影子价格是用于单一项目整体评价的简单方法，这样就没有必要多次解决具体构成整个规划的单一项目选择问题。

计划是市场价格机制的补充，同样也是市场所不能提供的附加性信息的指示器。计划要利用市场机制，但决不受其统治。

（十）国际援助政策

国际援助的目的不是取得均等的国内收入，而是均等的机会。因此，援助的分配应在激励附加的民族努力起最大的催化作用。我认为：

---

① 罗森斯坦-罗丹：《计划理论与意大利的实践》（马萨诸塞，坎布里奇：麻省国际研究中心，1955年），第4页。

② 例如，参见苏哈默·察克拉瓦尔蒂：《项目评价中影子价格的运用》（马萨诸塞，坎布里奇：麻省国际研究中心，1961年）。

基本的原则不是创造最大化的收入，而是使增加的努力达到最大值。[①]

主要应注重的是发展中国家的吸收能力和支付能力。而首先要决定的界限是援助的总量，其次是如何使用它。在那些支付能力低于吸收能力的发展中国家中，援助的一部分应以赠予“软贷款”（40 ~ 99 年贷款，低利率，并有 20 年宽松期）支出或者以地方性货币偿还，这样的货币可以在再投资时再一次借出[②]。

合理的战略不是把一个国家的负债减少到零。提出这样的问题似乎合乎情理：长期内，一个国家可以承受多少外债？恰如在正常范围内没有必要减少负债一样，债务国没有必要在正常的世界经济中把分期偿还的目标定到零点。

（十一）反思和展望

回想起来，我现在看到，我们过于乐观地相信隐蔽性失业可以被稳步吸收。在发展研究中至今存在的中心问题是：为什么城市和农村工资保持着如此之大的差别？

为了减少农村和城市之间的不平等，农业基础建设——不只是占有权的变革——是完全必要的。在进步同盟估计危机状况时，我曾提出：过度的保护主义使工业品价格如此之高，以至于国内农产品和工业品之间的贸易条件要比世界市场更为恶化。需要提倡关税政策的彻底改革，只有当一种实际投资物化时，才可使用关税和补贴。市场机制和分配的不完善性也应减少，有必要在 2 ~3 年之内对一些投入制定低价和提供补贴以刺激现代化农业。为了减少销售的风险和不确定性，“持续性如同总量一样重要”[③]。为了加快农业发展，至今自然有必要进行政策改革。

为了减少就业人员和失业人员之间的不平等，要建立一种工作权力制度，这是任何现代社会必须提供的起码的机会平等。充分就业目标不可能由任何东西替代和补偿，但在发展中国家，我们处处难以接近这个

---

① 《对欠发达国家的国际援助》，第 107 ~138 页。

② 《对欠发达国家的国际援助》，第 109 页。

③ 罗森斯坦 – 罗丹：《进步同盟的进步》，1966 年。

目标。高增长速度是提供一个可以充分吸收目前和正在增长的失业的工业发展的条件。充分就业目标及教育设施供不应求更要求提供起码的机会均等条件。

正如我们一贯主张的那样，援助的基本目的是对发展中国家的努力起到扩散和催化作用，但有人可能会问：由谁来判断这种援助的合适与否？如果在发展中国家的援助是一种收入税，那么这种税的使用应由全部党派的意向所决定，合作关系本身就意味着一种意向。皮尔逊和布兰特报告都预见到了权力和义务——但是讨论则更强调权力而对义务强调不够。[①]

皮尔逊报告忽视的另一个因素是跨国公司。这些公司具有两面性：他们在资本、技术和管理转移上非常有效率，但成问题的是其寡头结构。跨国公司的外国性本身并不是什么问题——国内的鲨鱼和外国的鲨鱼一样伤害人——成问题的是其垄断性。事实上在反垄断方面，全部国际投资指南或法规都不尽如人意，“过去在这个领域扰人的问题是：自由贸易太少而国际投资的自由太多”[②]。

目前的方法既不合适又无效率。贷款国讨论最多的是接受国应一成不变地反对其主权正受到侵犯的讨论。在这种环境下，这种讨论既不完全也难以表述明确，或者必定引起双方的相互指责。

摆脱这种恶性循环的唯一方法是建立一个委员会，它并不由债权或债务双方任何一个政府任命，也不向任何一方负责。在对发展的努力做出评价并对援助总量分配问题提出建议时，委员会要独立决策。把这一委员会称为国际仲裁组织还是媒介都无关紧要，它事实上是一个“国际经济法庭”。显而易见，必须采取一种正义的国际评价的新形式，它应得到双方的尊敬和信任。

今天我们正处于两难之中，世界银行没有民主却有钱，联合国没有钱却有民主。1954 年的拉美经济委员会（ECLA）报告主张，把金融和计划分立开来，建立一个独立的既不代表债权人也不代表债务人的机构

---

① L. B. 皮尔逊与他人合著：《发展伙伴，国际发展委员会报告》（纽约：普雷格出版社，1969 年）；《南—北：生存计划》，国际发展事务独立委员会报告，（马萨诸塞，坎布里奇：麻省理工学院出版社，1980 年）。

② 罗森斯坦－罗丹：《外国私人投资与跨国公司问题》，载《拉丁美洲经济发展与一体化的多国投资》（华盛顿：国际发展银行，1968 年）。

来评价计划，并根据其决断分配资源。世界银行职员是无可非议的（至少在过去 25 年内），但发展中国家对其董事会的决定毫无信心，因为债权国占了大多数。从另一方面说，发达国家对联合国也毫无信心。每一个国家对自己权力规定界限是本国主权的一部分，如果没有一种仲裁形式，对这件事永远找不到令人满意的结果。只有建立一个国际发展委员会——国际经济法庭才能解决这个问题。进步同盟第 6 委员会恰是试图实现这种国际仲裁的例证。由于双方的破坏，这种企图失败了，但任何伟大的思想最初总是失败，任何进步在开始都被视为幻想，但最后终将实现。

（十二）对发展努力的评价

对发展挑战的关注达 40 年之久后，我们可能就此问题质疑：经济学能解释多少现象？经济理论可以决定增长的必要条件但不能决定其充分条件。所谓非经济因素则用来说明必要和充分条件之间的差距。任何发展的评价只能说明存在着或正在创造着增长的必要条件，但它决不能肯定地预测增长将会实际出现。人们可以从以往的经历中大获收益，但评价发展的标准决不是一成不变的。这里产生的是一种随机性的判断，因此，标准应不间断地加以审验。

大部分经济学家观点之间的区别根于两大起因：对资料的不同解释，因为资料大都是欠充足的。社会福利函数也总是不正确，甚至很少能连续得到，这就产生了对目标的不同解释和假设。当资料和目标给定后，在如何运用经济技巧上会非常一致，经济学家之间不会保留更多的观点分歧。然而，资料不仅要包括可利用的物质资料、人力资源、技术可能性和心理偏好的情况，而且包括思想态度以及改变它们的能力。对于最近提出的因素（社会态度）的相当部分，人们不知道的比掌握的要多，这使得资料总是不充分。另外，客体的状态是一种潜意识——既非完全明晰又非完全不知。

这里涉及众多方法、一个结果的技术问题。譬如：如何渡河，是用船、搭桥，还是用其他方式？当目标明确时，我们可以运用不同的组合和搭配来使用货币、财政、汇率和商业政策。然而，经济问题是由多个目标和多个手段组成的。“合理主义者”的假设使我们知道要得到什么，并且在决策前进行思考。这个假设既对又错，它只不过是一种夸夸其谈。我们多样化的目标（社会福利函数）在一定程度上是相互冲突的——我们可以把某个目标定深一点，而对另一个目标定浅一点，更而甚之，我们可以在不同的时期以不同的速度来实现这些目标（今天多一点，明天少一点或者相反）。这种偏好系统恰如一个欠佳的胶片：轮廓线视而不见，但它们却存在着。规划（发展计划）是“发展”的一种“显像液”，使轮廓线在胶片上显示出来①，不同的目的——增长、就业、收入的更好分配——顿显重要。增长是实现其他目标的一个手段，因为停滞的收入，不利于实现目标。满足基本需要和消灭贫困虽含糊，但在60 年代后期和 70 年代却变得越来越清楚了。

今天，发展运动的低潮已经过去，而资金和技术向发展中国家的转移却一直令人失望。在道德危机的今天，我们在一些发达国家中看到了一种国际冷漠运动：一种对所得税的冲击。世界上最富有的、曾是援助领域带头人的美国，如今是最劣的进犯者。当他们的人均收入仅为目前的 40% 时，美国居民把 2% 的国民收入用于马歇尔计划；当收入比那时高出 2.5 倍，他们经济援助的比重却不到 0.25%。援助的本来哲理仍然是正确的，当今的冷漠态度并不公正。人们需要和渴望理想，理想强大有力。发展的努力取得了很大的成就，战后的发展阶段是胜利而不是失败的历史。在发展中国家里，生命预期的增加之大，死亡率的下降之快，增长的速度之高及其他在发展中国家的成就——这是任何人在“二战”结束时都未曾预料到的。的确，仍然有 10 亿人处于饥饿之中，但如果没有取得这些成就，处于饥饿之中的人将是 20 亿。

然而，70 年代失去的是国际团结。国际充分就业的目标在越南战争之后出现的玩世不恭主义中消失了。从民族福利状态向国际水平的转化仍要完成。就像第二次世界大战结束时一样，当我们的资源充足时，我们却对改革机会不均等和贫困无所作为，这正是当今世界的真正道德危机。通常的玩世不恭主义者至少像天真的理想主义者一样不现实。我们知道什么是应当做的。我们必须振作起来而有所作为。

---

① 罗森斯坦-罗丹：《国家发展努力的评价标准》，载《发展计划杂志》，第 1 卷，第 1 期（1970 年）。

评论

德拉格斯拉维·阿夫拉姆维克[①]

我的评论集中于三点。首先，我想追忆保尔·罗森斯坦一罗丹从一个新古典综合派转变为大规模的有组织的结构变迁运动的领导人的演进过程，这可能有助于认识最近几年以发展著作形式而实现的新古典综合派的复苏。第二，我将努力指明那些在实际发展计划和改革中被证明是有用的、罗丹教授提出的理论贡献，这本是对某种理论的最好证明。第三，我将通过对大部分第三世界金融危机的教训给出结论，这将不可避免地对新的理论和政策进行思考。

（一）从边际效益到大推进

在约瑟夫·A. 熊彼特写的《经济分析历史》的短文中提及过罗丹教授的早期著作："在1907年的德国大百科全书第4版、第6卷中，P. N. 罗森斯坦－罗丹的文章《边际效益》对（关于奥地利学派均衡分析的效益理论）争论和反驳做了天才和完整的概括。[②]"

很久之后，为纪念保尔·罗森斯坦－罗丹而做的短文前言中，贾迪什·N. 巴格瓦蒂和理查德·S. 埃考斯写道："30年来，保尔·罗森斯坦－罗丹一直是努力去理解世界的贫困国家并且对其发展给予帮助的经济领导人。他不仅是发展理论中地位最高的人，也同样通过国际发展组织对制定政策以及为那些欠发达国家的国内政策的形成贡献了其毕生大部分力量。"

当我第一次应邀对罗丹教授增长经济学的工作做出评价时，我认为对他发展理论和政策的贡献最充分的评价只有在他由新古典综合理论转

① 德拉格斯拉维·阿夫拉姆维克时任联合国贸易和发展会议的经济顾问。

② 纽约：牛津大学出版社，1954年，第1056页。

向发展经济学时所提出的理论和政策付诸实践后才能作出。结果到底怎样？为什么会这样？这里有他做出的回答：

“20 世纪 20 年代在维也纳时，我仅对选择理论，比如效益理论和奥地利的变形理论感兴趣，认为任何实证经济理论都是‘不纯正’的，并且毫无兴趣。只是一年之后，1929 年在意大利，更确切地说是在伦敦，我对作为收入经济政策基础的经济学才发生兴趣。1927 年在维也纳时，我发表了关于边际效益的文章，但它不值一提，这些都是往事了①。还有在意大利写的一篇类似的补充文章，它对 J. R. 希克斯的理论有所激励而为他所引用。但这篇文章也远远落后于时代②。更重要的是一篇名为《经济理论的时代角色》的早期短文，发表在 1929 年的杂志上。那篇文章对我以后对发展理论的兴趣产生了影响。”（1982 年 5 月 18 日的信。）

因为推测发展理论的某些关键因素已经存在于那些文章中，我进一步深入研究了维也纳时代的那些观点。罗丹教授的回答证实了我的假设：“我同意早期的微观理论与发展理论密切关联，这主要因为奥地利学派不只注意稳定的条件，而且把主要注意力放在通向均衡的方式上，就稳定的条件而言，如果某一点是均衡点，这些条件就必须被满足。”（1981 年 6 月 1 日的信。）

恰如 S. 察克拉瓦尔蒂指出的那样，在 1927 年边际效益的文章中可以辨出三个突出的主题：（a）互补性，这一点成为 1943 年以来最优秀文章的一个重要部分——《东欧与东南欧的工业化问题》，这篇文章涉及合理计划的基础和令罗丹后来得意的大推进理论；（b）欲望的阶梯性，后来与发展中国家的收入的需求弹性联系在一起，虽然其对计划的重要性至今还未能为人认识；（c）经济阶段的选择，在不同的阶段中要对短缺的资源进行分配③。

这些观点由罗丹教授本人在文章《自然增长》中做了总结：“动态

① 伦敦：艾伦与恩温出版社，1972 年，第 7 页。

② 由 W. F. 斯特尔伯翻译的文章在《国际经济论文》的第 10 期发表，（纽约，麦克米兰出版社，1960 年）。

③ 苏哈默·察克拉瓦尔蒂：《保尔·罗森斯坦－罗丹：评价》，载《世界发展》，第 11 卷，第 1 期（1983 年 1 月），第 73～75 页。

的需求及其相关性对我来说要比新古典综合派试图获得的精确的效益函数特征要重要得多。消费的互补性、时间的作用、追踪曲线（向均衡的动态轨迹）再加上外部经济，所有这些动态因素不能视为无关紧要的小问题，它们甚至更多地弥漫在欠发达国家之中。”

我毫不怀疑地确信，30 年代的大悲剧对罗丹教授的理论产生了主要的影响。在 1943 年的论文中，对世界市场有限吸纳能力的假设暗示了这一点。这些和苏联计划的榜样可能对由罗丹教授主持的皇家国际问题研究所关于东欧前途的研究产生了影响。虽然他在 1943 年的文章中明确申明，他们研究的模型依赖于国际贸易和资本流动并且是混合经济，因此，与苏联的模型有本质区别。

（二）规划、项目和商业周期

1943 年的文章规定了国家规划的要点：

• 对国际上落后的地区而言，组织有素的制度体系对于工业化的成功是必要的。

• 在诱发工业化时，社会资本支出保持起码限度是必要的。这种起码限度的供给，私人企业家无力承受。

• 工作化的首要任务是为农民转变为产业工人提供训练。在这里，自由放任机制不可能胜任这项工作，因为私人企业家投资于职工训练是无利可图的。

• 不同产业的互补性是需要大规模工业计划的有利证明。它可以创造自身的附加市场。因此紧接着是世界在受到市场干扰最小情况下的产量扩张。这种互补体系的有计划创建减少了不能销售的风险，由于风险可视为成本，它也就降低了成本。

• 通常从战术上假设的不必考虑私人与社会边际净产出的分离的想法，即便在成熟的竞争经济中也颇显乐观。在基础设施不发达的区域更不符合实际。

• 现存的国际和国家投资制度不能享受上述外部经济的益处。在这个结构中对于以社会边际产出标准衡量的投资而言并无刺激。因为以私人边际产量的标准衡量是无利可图的。决定投资的主要力量是个人企业家的利润期望，这种期望以过去的经验为基础，但当整个地区的经济结构将要发生变化时，这种经验就不可靠了。

- 如果我们创造一种可以包纳地区全部新投资的大的投资单位，外部经济将会变得对私人投资有利，这就可以比较容易获得收益。
- 政府的保证对于引诱资本的国际流动是必要的[①]。

罗丹教授在世界银行就职和往后的时间里，把主要精力用于扩展项目投资概念，并且努力形成一个可以被采纳的国家发展规划，以此为外部金融活动的基础。这是一个艰苦的斗争，至今还没有结束，它是国际外部经济理论的直接继续。与规划方法相联系的是影子价格概念的运用；当然，提倡这种方法的决不是罗丹教授个人。在发展中国家广泛出现的规划机构，总体规划、部门规划和项目规划的实践，以及项目评估模型和技巧的使用，部分要归功于发展理论的影响。对这一理论，罗丹教授做出了如此杰出的贡献。

在20年代末期和30年代初期，产生了蛛网理论[②]：一个时期的商品价格决定后来时期的供给数量，这个数量反过来与可能发生的需求变动结合起来，决定以后的价格，然后以此类推。由此造成的波动可以向均衡点聚集，或处于中间状态，或引起新的失衡的产生。这是一种十分有害的离散式失衡，这种害处可能在商品的长周期中更为显著，并可能导致过度投资，使后来的延续阶段出现价格和收入的下跌。正是从这个角度出发，1940年在世界银行就职时，罗丹教授预测咖啡价格会大幅度上升。他警告说，如若不通过有效的财政政策，价格上升将引起通货膨胀，过度生产，接着是衰退。但如果它得以控制，就可以转为相反的金融投资[③]。然而，他没有进行深入的商品分析。正是普列比什和辛格集中研究包括收入和投资效果在内的商品问题，并且提出了国际性的对策。

---

① P. N. 罗森斯坦－罗丹：《东欧与东南欧的工业化问题》，载《经济杂志》，第53卷（1943年）。

② 《经济理论中的时间作用》。其他作者为阿瑟·哈诺、亨利·舒尔茨、简·丁伯根和尤姆伯吐·拉斯。“蛛网”一词首先是尼古拉斯·卡尔多于1934年使用的。

③ 《拉丁美洲的美元收入增加与咖啡通货膨胀》，E－69a（华盛顿：世界银行，1949年11月21日）。

（三）20世纪80年代的危机

通过把注意力引向他所称呼的世界道德危机，罗丹教授结束了他的论文。这一危机阻止从国家到国际的福利转移。到20世纪90年代为止，在1984年初，对于发展本身而言的最大威胁是其已身陷其中的问题，这一点已经很清楚了。1982年秋季对发展中国家而言的资本市场近于崩溃；1981—1982年的商品价格暴跌（只是在1983年才有部分回转）；国际实际利率的巨增；对标准制造业的激烈市场竞争，作为主要信用货币的美元贬值并伴随着资本外流和国内政策失误；这一切使主要债务国和大部分非洲内陆国家在沉重的负担下调整30年代的订货。四五十个发展中国家再次陷入规划债务的谈判或无法支付债务的境界之中①，他们的国内金融形势不断恶化。在一些新兴工业国里，大部分大规模工业濒于破产，这些工业处于一种国内销售停滞或下跌，国外市场受到限制的局面里。贬值引起了利率上升，无论是国内利率还是国外债务服务，实际上每年上升30%～40%。70年代声称的债务引导式增长口号在灾难中告终。一些其他的口号正受到检验。在许多发展中国家，一些主要的制度变革已经就绪，新的计划、管理和优先顺序将会出现。国际形势不可能一成不变，薪的理论可能因此而生。

---

① 培德洛—帕伯罗·库克兹恩斯基：《拉丁美洲债务：第二步》，载《外国事务》（1983年冬）。

八　华尔特·惠特曼·罗斯托

罗斯托1916年生于纽约市。15岁时获得耶鲁大学奖学金，1936年获耶鲁大学文学士学位，1939年获耶鲁大学哲学博士和牛津的文学硕士。他是牛津大学1938年的罗兹奖学金获得者。

1940年在哥伦比亚大学，他开始了经济学和历史学的教学生涯。1946—1947年，他返回牛津任美国史的教授。1949年，任剑桥大学美国史教授。1950—1961年，他在麻省理工学院任经济史教授，并且在此期间，还是该学院国际研究中心的研究人员。

1958年，他又在剑桥大学度过了一年，从事为凯恩斯及其追随者忽视的一个领域——关于经济发展的教学和著述。他的"工业化的过程"的讲稿，导致了他的名著《经济成长的阶段》（1960年）的问世。1969年，他成为德克萨斯大学的经济学和历史教授，同时，他是该大学以莱克思·G. 贝克命名的政治经济学教授。

1947—1949年，他担任欧洲经济委员会常务秘书助理。1961—1969年，他担任了一系列政府职务：总统国家安全事务副特别助理，国务院政策计划委员会主席，泛美联合进步委员会（ICAP）的美方成员，以及白宫总统国家安全事务特别助理。

罗斯托曾获不列颠帝国勋章（1945年）、荣誉军团称号（1945年）和自由总统奖章（1969年）。

他的著作包括：《19世纪的英国经济》（牛津：克莱林顿出版社，1948年）；《经济成长的过程》（纽约：诺顿出版社，1952年；牛津：克莱林顿出版社，1953年，1960年第二版）；与R. W. 哈奇合著：《美国的亚洲政策》（纽约：技术出版社，1955年）；与M. F米利肯合著：《一项建议：有效的对外政策的关键》（纽约：哈帕出版社，1957年）；《经济成长的阶段：非共产党宣言》（英国剑桥：剑桥大学出版社，1960年；1971年第二版）；主编《进入持续增长的起飞经济学》（伦敦：麦克米兰出版社；纽约：圣马丁出版社，1963年）；《政治与成长的阶段》（英国剑桥：剑桥大学出版社，1971年）；《这一切是怎样开始的：现代经济的起源》（纽约：麦克劳—希尔出版社，1975年）；《世界经济：历史与展望》（奥斯丁：德克萨斯大学出版社；伦敦：麦克米兰出版社，1978年）；《为什么穷国变富而富国速度放慢：关于马歇尔长期经济理论》（奥斯丁：德克萨斯大学出版社；伦敦：麦克米兰出版社，1980

年)。

他的一些文章包括:《投资与大萧条》,载《经济史评论》第8卷(1950年);《贸易条件的理论与实践》,载《经济史评论》第3卷(1950年);《贸易条件的历史分析》,载《经济史评论》,第4卷(1951年);《长期增长中资源配置的趋势》,载《经济进步》,L. H. 杜普里兹编(伦敦,麦克米兰出版社,1955年);《进入自我持续增长的起飞》,载《经济杂志》,第66卷(1956年4月);《经济成长的阶段》,载《经济史评论》,第11卷(1959年);《第五次康德拉季耶夫峰期中的发展中世界》,载《美国政治与社会科学年刊》第420卷(1975年)。

他的主要贡献是关于动态的非总量生产与价格理论,其中的人口、技术和基本产品的相对价格被认为是内生变量,并将这一理论通过经济增长的阶段与世界经济史应用于经济发展。

发展：马歇尔的长期政治经济学

20 世纪 50 年代对发展理论和政策的研究，迫使我动用和集中全部知识去回答两大课题，这是在 1933—1934 年我确定专业研究日程时提出的，即经济史中经济理论的应用，以及经济力量与整个社会生活中其他要素之间的相互作用。

事情起源于我在耶鲁读本科的前两年。我决定主修历史，并且就 17 世纪的英国革命和法国革命的诸多侧面写了一些长篇论文。两国革命揭示了历史的复杂性，并说明了任何简单的因果论，包括经济因果论都是不适宜的。

大学二年级的秋季（1933 年），在一次每周非正式的关于当时的现代经济理论的研讨会上，对革命暴乱的社会动力这一令人兴奋的问题做了剖析。研究会的老师是刚从伦敦经济学院结束研究生学习的理查德·比塞尔，他当时（现在也同样）具有非常清晰的表述能力。那时有四个学生，其中之一就是马克斯·米利肯，他很快抛弃了物理学而投身经济学。比塞尔对我也产生了有力的影响。我并没有成为历史学的叛逆者，但已在 1933—1934 年的某个时候决定，我将竭尽我之所能，把职业生涯奉献于回答两个问题：怎样用经济理论阐明经济史？经济力量怎样与社会、政治、文化力量相互作用？正如我已提到的，我当时已抛弃了那种从经济及至社会其他方面的简单因果联系观念。

到 1934 年春，我作为经济史学家完成的第一项工作，就是撰写了一篇 97 页的论文，论述了英国在法国革命和拿破仑战争期间的通货膨胀，后来的通货紧缩以及恢复金本位制。我开始相信，在其他著作中，D. H. 罗伯逊的《货币》（1928 年）与凯恩斯的《货币论》（1930 年）所体现的理论结构，提供了说明价格变化的足够框架。我作为一个独立的经济理论家所受的教育，是始于发现传统的货币理论是不完善的，在有些场合作为解释像 1793—1821 年价格变动的工具时，会导致重大失误。在研究过程中，我逐渐理解了威克塞尔评论数量论者的机锋：“他们通常是错误地提出假设，而不是清楚地证明假设[1]”。自半世纪前我第一次遇到这一现象，它一直缠绕着我并使我感到惊异。

在我的博士论文中[2]，在我对盖耶研究的实际贡献中[3]，并且在战时的中断后我写的《19世纪的英国经济》中，我都继续致力于理论与历史的联系[4]。这本书包括论述商业周期和长期趋势（康德拉季耶夫周期）模式的论文，以及两篇论述经济、社会和政治力量相互作用的论文。当时我得出了这样的结论：“研究经济史的最佳单位不是国家，而是相互关联的贸易区域；当然，如果对这些问题能完全理解的话[5]。这一框架肯定能够容纳许多至关重要的国家、地区，甚至（个别国家的）工业问题。”我还决定，我将不得不建立自己的理论体系，作为讲授如此宏大的题目的理论基础。显而易见，传统的宏观经济学，无论是货币学派还是凯恩斯学派的变种，都是不充分的。它们无力解释创新动力、基础产品供给或人口的波动。因此，我开始筹划那部成为《经济成长的过程》的著作[6]。

1950年春，H. D. 罗伯逊提出了一个可由本文的题目体现出来的卓越见解。一次午后喝茶时，我告诉他我准备写一本关于经济增长过程的书。因为我从他充满活力的著作《工业波动的研究》（1915年）中获益匪浅，那部著作对于技术和其他结构变化周期的相互交织表现出罕见的敏感，所以我希望听到他的忠告。罗伯逊鼓励我把这项工作推向深入，但他认为增长的理论问题是令人生畏的，特别是，增长理论需要系统地涉足马歇尔的长周期理论。他提醒我注意各种陷阱，并劝我仔细阅读《货币、信用与商业》的附录J。在这本书中，马歇尔放弃了将收益增加理论进行规范化的希望。我重读马歇尔的著作，并产生了一种持久的感觉：在马歇尔的短期经济理论中，形成经济理论主要命题的习惯方

---

① 克努特·维克塞尔：《政治经济学讲义》第2卷，载《货币》，E. 克拉森译；莱昂内尔·罗宾斯编。（纽约：麦克米兰出版社，1943年），第159～160页。

② 《英国贸易波动，1868—1896》（纽约：阿诺出版社，1981年）；论文写于1940年。

③ A. D. 盖耶、罗斯托和A. J. 舒瓦茨：《英国经济的增长与波动，1790—1850》（牛津：克莱林顿出版社，1953年；哈维斯特出版社，1975年第2版）。这项研究事实上完成于1941年，直到战后才发表。

④ 牛津：克莱林顿出版社，1948年。

⑤ 《19世纪的英国经济》，第12～13页。

⑥ 纽约：诺顿，1952年；牛津：克莱林顿出版社，1953年；1960年第2版。

式——这种方式可能较方便——是如此含糊其辞。我逐渐领略了马歇尔提出这一断言时的机智：如果谁想超越短期静态均衡思想，他就必须研究“实际生活”、“经济进步的崇高主题”和“作为有机体的社会”[①]。

长期以来我一直确信，对一个严肃的经济史学家来说，无论如何也不能逃避把社会和经济进步作为一种有机整体的挑战，因为在现实生活中，技术就像原材料、粮食供给条件以及劳动力量（ Working force）的规模、结构和质量一样，是在不断地变化着的。正像马歇尔指出的，短期仅是“经济研究的一个先导[②]”。但是一个经济史学家或经济发展的学者，必须面对这个更为复杂的世界。

（一）20世纪50年代的发展理论

在这种有些怪诞的背景下，我在50年代对发展理论与政策的看法，是在三种同时进行的不同活动的相互作用中形成的，即，在对世界经济史的研究和研究生教学中，将增长的动态、非总量理论加以系统阐述；系统提出对共产主义世界动态理论的观点，以及美国对苏联和中国的适宜政策[③]；与我在麻省理工学院的同事们一起，形成发展中地区现代化进程以及美国对这些地区的适宜政策的观点。

后两方面的工作需要我从世界角度对美国利益的性质做出结论。为此，我不得不于1945—1946年在国务院任次要职务，1946—1947年以及1949—1950年在英国任美国历史教师期间形成了我的观点。在麻省理工学院的工作，包括在1955—1958年进行的对美国国内生活与对外政策之间相互作用的研究[④]，这些工作丰富了我的见识。

---

① 阿尔弗雷德·马歇尔：《经济学原理》（第8版，伦敦：麦克米兰出版社，1930年），第461页。

② 阿尔弗雷德·马歇尔：《经济学原理》（第8版，伦敦：麦克米兰出版社，1930年），第461页。

③ 这部分工作主要体现在：《苏维埃社会的动态学》，与阿尔弗雷德·列文及其他人合著（纽约：诺顿，1952年；1967年第2版）；《共产主义中国的展望》，与理查德·哈奇等人合著（马萨诸塞，坎布里奇：麻省理工学院技术出版社，1954年）；以及《美国的亚洲政策》，与理查德·哈奇合著（马萨诸塞·坎布里奇：麻省理工学院技术出版社，1955年）。

④ 这项研究成果以多种形式发表，包括《世界竞技场中的美国》（纽约：哈帕与罗出版社，1960年；1969年第2版）。

虽然一个作者并非是此类事情的权威性法官，但我想，《经济成长的过程》体现出我的发展理论的三个突出特征：首先也是最基本的，是我把经济增长过程明确地置于整个社会发展的背景之下，经济成长被视为社会全部成果的直接表现。在写这本书的过程中，我把关键的经济变量通过一系列的倾向与社会的非经济方面联系起来。我坚持认为，就先进的工业化社会和发展中社会而言，有关的倾向十分重要并且不能不明确加以考虑。正像我在《经济成长的过程》一书的序言中写到的（第ⅶ页）：

“倾向并不代表某种发现，它可以通过不同的方式去把握。这里的命题除非包含关于倾向的强度或状况的直接或间接的假设，否则，在一个生产函数不断变化的世界上，它不能说明可能实现的人口或生产率水平，以及资本形成的规模和结构的过程。倾向的目的在于明确这些假设并使之成为现实；因为在变化的世界中，艺无止境，利润最大化原则也不可能包括有关借方或贷方的风险的内容。资本形成不只是利润最大化问题，而且是社会对基础科学、应用科学以及对承担风险的创新和创新贷款的实际态度和反应的问题①”。

其次，在《经济成长的阶段》中，我在一般理论基础之上，就政治在现代化早期阶段的关键作用提出了相当独特的思想②：

“历史的事实是，民族主义——反抗更多先进国家的干涉——在传统社会向现代化社会转化过程中，向来是一个最重要和最强烈的动机，至少与利润动机同等重要。具有实际权威或影响的人情愿推翻传统社会，主要并不是要赚更多的钱，而是由于传统社会不能——或者有失败的威胁——使他们免受外国人带来的耻辱……

如果没有较先进国家的入侵给人类和民族尊严带来的耻辱，传统社会在过去一个半世纪中的现代化速度会比实际上慢得多。出于共同的利

---

① 经济学家们，凯恩斯主义者和其他人，虽然毫不例外地忽视了凯恩斯的至理名言：“如果人类的本性中没有冒险的冲动，没有对创办工厂、铁路、矿山和农场的满足（除了对利润），投资就只成了冷冰冰的计算结果了。”（《通论》第150页）。

② 剑桥大学出版社，1960年；1971年第2版，第26～30页。我后来又更系统地提出了关于政治作为政府某些长期使命的平衡过程的观点。见《政治与成长的阶段》（剑桥：剑桥大学出版社，1971年）。

益和动机，在这些传统的，或处于初期转变中的社会内部形成了联盟。他们的目的是建立强有力的现代民族政府，并准备对付反对这一目标的敌人，也就是说，他们准备向建立在地区农业基础上的、在某些情况下带上殖民或半殖民政权色彩的政治和社会集团进行斗争……

现在我们已接近问题的核心。民族主义可以向几个方面转化，它可以转向正确的方面，相信过去在国际舞台上蒙受的耻辱，或者转向对外拓展，相信民族扩张的机会，一旦新生的现代国家建立起来，经济有了些发展的势头，这种机会将第一次具有现实的可能性。民族主义也可被局限在国内，并集中致力于从政治上巩固国民对旧政权取得的胜利。民族主义也可以转向经济、社会和政治现代化的任务，这种现代化一直受到旧的地区性的、经常是贵族政治的社会结构的阻碍，受到殖民势力的阻碍，或者受到两者联合的阻碍。

一旦确立了现代国家的地位，联盟中的不同成分将要求在不同方面动员起新的、令人振奋的民族主义政治情绪：军人，比如说，要求驰骋海外；职业政治家要求把中心的胜利推广到该地区的每一角落；商人要求经济发展；知识分子只要求社会、政治和法律的改革。

刚成立的，或刚现代化的国家对内对外政策的制定，此时在很大程度上取决于所建立的联盟内部的力量平衡，并取决于其中各种民族主义目标有待实现的平衡。”

我的思想体系第三个突出特征，是更为具体的经济分析。它根源于这样的判断：从18世纪后期以来的经济增长，不同于以往长时间内全部经济扩张时期，这种观点的依据是，由于科学革命的直接和间接的影响，发明与革新已经或多或少地成为一个经常的潮流了①。

接受这种观点导致两个主要的结果。

首先，分析现代经济或现代化过程中的经济，不能使用总量单位，而必须对那些吸收新技术的部门进行考虑，并描绘出这些动力部门固有的发展减速轨迹。当以这种方式观察问题时，在历史上观察到的相对稳定的总增长速度就显示出了生气：当原来的领先部门发展速度减慢时，

---

① 这一观点是在《经济成长的过程》与《经济成长的阶段》中提出的，在《这一切是如何开始的》（纽约：麦克劳一希尔，1975年）中有详尽的论述。

要得到持续的增长，就必须产生新的技术部门。这种部门的倾向性（sectoral bias）为人们的感性认识所证实：要保持高速稳定的总增长速度，就需要对农业、原材料、基础设施和教育部门等支持部门进行足够的投资。结果形成了增长理论所需要的一种独到的见解：

“这里的理论核心是致力于提供一种系统的方法，它要突破我们从凯恩斯那里继承的总量分析方法，从而把握经济增长所依赖的特殊部门所提供的动力。结论是：消费和储蓄、消费品和资本品这些范畴，对于分析增长、周期或趋向来说都是不够的，传统生产理论的静态模式必须打破。然而，这并不排斥收入分析及其精确的工具，部门分析要运用上述工具。形成增长分析理论结构的困难之处恰是在把收入总量与部门平衡观念结为一体的动态模型中使非总量因素条理化[①]。”

经济成长的阶段理论是部门联系与人们熟悉的凯恩斯收入总量分析相结合的产物。每个阶段是由技术日趋成熟的部门间相互作用和人均实际收入水平提高所决定的[②]。

假如我能更成功地表述和恰当地解释关于成长阶段的概念的话，或许就能避免很多争议[③]。比如：在起飞阶段，总投资率上升，人均收入提高和人均消费的提高，在很大程度上是由新技术得到广泛应用的主导部门迅速扩张所引起的，接着，总量扩张又对部门增长速度产生反作用（譬如，通过收入弹性的变化）。的确，我在努力使这一相互作用的进程清晰化，在《成长阶段》前面的一节“动态生产理论”中，我特别正面

---

① 《经济成长的过程》，第51页。我在其他场合也这样指出：西蒙·库兹涅茨集中论述部门动态演变的著作：《生产和价格的长期运动》，给我以影响。瓦尔泽·霍夫曼和阿瑟·F.伯恩斯合著的作品也对我产生了影响。

② 在《经济成长的过程》中，我第一次描述了经济成长阶段的概念（见第17页、71页，103～108页）。

③ 《经济成长的阶段》，第12～16页，至于部门增长对传统的凯恩斯总量的反作用，主要看该书的46～58页。在解释起飞问题的结尾里，我就试图使部门与总量联系起来（见第58页）：

“这个观点的结论是，一个或更多新制造业生产部门的超速增长，在本质上是经济转换的有力的发动机。它的力量源于其影响形式的多样性，它们由于有高生产率的新的生产函数，自然趋于提高人均产量和增加人均收入，增加了的收入不仅用于储蓄，而且用于获利丰富的再投资；它们建立起对其他制造品的有效需求链条；它们带来了扩大城市区域的要求，虽然其资本费用可能很高，但其人口和市场组织的功能有助于使工业化纳入正轨；最后，它产生了一系列外部经济效果，这些效果最终会在原有主导部门冲动衰退后，促使一系列新主导部门的产生。”

讨论了这个问题。但是，像阿尔伯特·费雪洛那样老练的同行，还是认为存在两种起飞理论：一种是总量的，一种是部门的[①]。如果让我重新做起，我将在一开始就强调我在一本讨论起飞问题的专著引言和跋中的话（这本文集是1960年国际经济协会在肯塔基组织的起飞问题讨论的总结）。

“足以超过人口增长率和足以产生确定的净增长速度的净投资率的出现，至少像优先部门增长的结果一样，是经济增长的原因[②]”。

但在更为广泛的意义上，由于以下三个原因，我怀疑争论是不可避免的。首先，在50年代哈罗德—多马的世界中，经济学家很容易误用起飞阶段投资率提高的概念，不认为起飞是一个复杂的相互作用的产物（包括在社会性资本支出中国家的作用）；而是用一如既往的方式对待它，也就是说，把投资率视为本质上独立的变量。时至今日，传统的宏观经济学家在解决部门变化与总量动态之间的关系上仍然颇有困难。比如，解决能源部门与经济的总量变化之间的乘数关系时就是如此。第二，在严肃研究增长而不得不使用部门的非总量研究方法时——包括基础设施、教育、农业、原材料及主要主导部门综合体——更使得传统理论家难以对付。罗伯特·索洛在肯斯塔茨的回答是把这些问题扔回到经济史学家那里去，“如果经济史学家需要求助于多部门模型，他们应该用参数估计的方法而不是通过观察性的估计，这样他们就可以得到更大的收获[③]”。但是经济增长过去是并且现在依然是如此重要的题目，我们不能削足适履，为了使用上的方便去迎合20世纪五六十年代教育研究生的工具。如果作者用索洛的标准来衡量，在经济学中，从《国富论》到《通论》将没有任何伟大著作。

最后，也是全部原因中最重要的，是在经济增长过程中不可避免的非经济因素的作用。在这方面，索洛对肯斯塔茨的看法以及我后来的回

---

① 阿尔伯特·费雪洛：《空洞的经济阶段》，载《经济杂志》，第75卷，第297期（1965年5月）。

② W. W. 罗斯托主编：《起飞进入持续增长阶段的经济学》（纽约：圣马丁出版社，1963年），第16页。

③ 《起飞的经济学》，第472页。

答是很有启发意义的①。索洛恰当地要求我澄清起飞的“动态规范、参数和初始条件”，下面两段体现了我答复的核心思想：

“在某种意义上，这个问题可能是不可解决的。经济增长是一个社会的经济、社会、政治诸多方面相互作用过程的结果，包括企业家集团的出现，他们雄心勃勃并且有技术准备，在将新生产函数引入经济过程中始终一马当先。

……（但是），人们可以对索洛教授说，起飞需要以社会资本最低限度的预先建设为初始条件，以便为必要的扩展效应提供技术前提；它还需要动态规范的变化，以便在初始的主导部门及其随后和旁侧的部门中，新的可实现的生产函数真正在资本存量中得以体现。

人均产量变化的最终轨迹将决定于公营和私营部门中的参数和企业家集团的规模及效率，这种效率是以他们弥合经济中现有的有关技术与起飞前的技术之间差距的速度来衡量的”。

从另一角度来说，索洛的“剩余”（即减去资本与劳力投入之余）不是某种超越劳动与资本的物质投入的客观经济过程的产物。这是复杂的社会变革的结果，这一变革培育出公共和私人企业家以及受过教育的劳动力量，他们能够并且致力于高效率的形成或者吸收相关技术流或技术设备。

也许，传统的理论家可以满足于高度总量化的剩余计算而不必窥探黑箱的内幕，以此回避不甚文雅的全面的社会科学分析。恰如我先前指出的，一个经济史学家或发展经济学家，必须迎接马歇尔“把社会视做一个有机整体”的挑战。

但是，重温这场论战，我仍然觉得它有些古怪，因为无论是在先进的工业国还是在发展中国家，如果不突破凯恩斯的总量，不在相当大的程度上承认非总量分析的必要性，不建立至少是部门与总量之间相互作用的一些经验意识，不把此类问题视做国家和教育政策的适当作用，那么，谁也不可能使自己置身于经济计划的活生生的过程之中。我猜想，发展中国家的经济学家对《成长阶段》之所以有着广泛而持久的兴趣，是基于这样的事实，即它的结构可以明显地与他们看到的有关现象联系

① 《起飞的经济学》，第468 ~579页（索洛）和xxiv－xxvi（罗斯托）。

起来，也可以与他们的社会中每天都试图解决的问题联系起来。60年代吸收了大量高级理论天才的新古典主义的增长模型搁浅的原因，就在于他们的方法排除了与经济增长过程相关联的大部分变量的变化。

如果是这样的话，我的一般经济观——它产生了包括增长阶段的观念——是运用瓦尔拉斯动态均衡的概念来考虑的。这个体系包括作为内生变量的人口和劳动力，技术和基本商品供给的变化：人口与劳动力规模的变化，取决于人口转变的动态；主要技术的变化是经济需要所引致；基本商品供给的变化也是由市场动态所诱发的。从这一体系中产生了最佳部门生产能力水平、最佳总增长率，以及可使所有部门保持在其均衡轨道上的最佳投资分配。但实际上，投资过程并不被看做是无所不知的，它事实上受制于系统的错误。投资者以当前的获利能力指标作为决策依据，而不去充分考虑对这些指标的普遍反应引起的总投资量。这种技术上的扭曲现象又经常为乐观或悲观主义的非理性波动所强化，这些情绪会极大影响特定部门投资的资本市场。当然，这一过程因投资过程中形成的滞后而成为可能，这使得被夸大了的投资水平在一定时间内超前，直到由商业景气引起的成本收益率不断下降，现实迫使人们降低对利润预期的再评价。除了战争和其他外来的损害，增长可采取不同波长的周期形式，这种波长的变化明显地决定于进行投资类型的酝酿阶段及其作用寿命的长短。所以，经济发展是通过高于或低于最佳部门轨迹的过程来开辟自己的道路，就像一个醉汉在星期六夜里从小酒馆回家那样。

我的观点与新古典主义的观点之间的差别更具体地表现在，判断经济现代化的程度不能以人均实际收入来衡量，而应以其对当时的有关技术储备有效吸收的程度来衡量。实际人均国民生产总值是一种便利的衡量工具，然而我相当怀疑是否应力劝我在世界银行的那些可敬重的同事们抛弃这种方法。但是我相信他们会同意，比如，把像印度和中国这样具有相当成熟的工业的低收入国家，与马里或海地划入同一类别，是不够妥当的，就像把利比亚与法国等同起来一样。

显而易见，此类理论的和历史的看法，为我研究当代发展问题和政策带来了某些启示，比如：

• 成长过程的非理性的尺度，在我心目中为成长阶段的概念所戏剧化了。从历史上看，各国进入起飞阶段是一个相当壮观的、完全间隔开的序列。首先，英国在18世纪80年代独自进入了起飞阶段；随后在1826—1850年，第二组国家——美国、比利时、法国和德国进入了起飞；在1875—1900年，瑞典、日本、俄国、意大利及奥匈帝国的一部分进入起飞。在20世纪最初的10年，加拿大与澳大利亚加入了这一行列；随后在30年代是一些拉丁美洲国家和土耳其。随着1945年后岁月的流逝，实际上整个亚洲、中东、非洲和拉丁美洲都满怀热情地（虽然不总是成功）转向现代化目标，使自己步入起飞阶段，或者向起飞之后的阶段迈进。我们这一代人对这种现象已经熟视无睹，理所当然地把它看做国际舞台的一部分。然而从历史角度来看，自18世纪80年代英国发生工业革命以来，这大概是最为引人注目的事件。它不可逆转地改变了国际政治、经济和生活的平衡及其内涵。

• 发展中地区向现代化的转变，被视做一个本质上就是充满痛苦和动荡的过程。假如，发展中国家把国内民族主义的冲动集中到现代化本身的任务上，而不是集中于民族主义情绪其他可能的表现方式，动乱的不稳定性就可以减缓到某种限度，而且，只有当他们具有使他们的文明能够承受现代化并使两者相当协调发展的能力，他们才能尽早在国际舞台上得到尊严①。外国援助主要的政治目的，在于促进稀缺人才、资源和政治能量的集中，并提供补充的外部资源。

• 我们称之为发展中的国家在50年代亦被称做不发达国家，他们代表着一个非常广泛的社会序列。在某种意义上，每个社会都是独一无二的，在吸收现代技术储备的程度及其现有的吸收能力上处于完全不同的发展阶段。因此，设计有效的发展政策（和外援），必须根据每个国家在这个序列中各自所处的地位、其技术吸收能力、特定的资源赋有量和其他特征。

• 最佳部门生产能力水平的概念，强调对农业、基础结构、教育和其他辅助部门及工业的适当投资水平的关键性需要。

---

① 在迅速现代化的社会中，民族主义最振奋人心的表现形式之一，就是试图系统地回顾其文化的历史渊源并使之富于戏剧色彩，这种努力反映在所有发展中国家的新博物馆、考古发现和历史遗迹之中。

• 起飞的概念提示了这样一种可能性，即发展中国家最终要进入自我持续增长，不复需要优惠贷款。

• 成功地进入合理、平衡的自我持续增长，是植根于民族的抱负，这被认为是指出了一条将成功的外来干涉的可能性减少至最低限度的道路①。

所以，像我设想的那样，经济成长分析成了整个社会动态分析的演习。一般来说，社会科学的综合——在我们专业中长期以来被视为目标——不可能通过不同社会科学领域本身的综合来实现。通过着眼于某个问题，并且围绕此问题在阐述过程中引入全部可以提供的社会科学领域，是接近目标最好的办法。比如，冈纳·缪尔达尔在他著名的美国种族关系研究《美国的困境》中使用的就是这种方法。对于我和其他许多人来说，凭借发展问题的研究来实现这一综合目标是在50年代。

我想，就个人而言，我们大部分人都感到某种形式的道德或宗教冲动去帮助那些通过发展而势力向上的人。在这个意义上，我们回到了一个世纪前或更早的传教士行列之中，那些教士从西方社会来到遥远并常是偏僻的地方，他们不止宣传信仰而且开展教育和医疗。但我们对这些冲动却保持缄默并且是严格地保持缄默。传教士的方法已不再适合于骄傲的、有抱负的和强烈民族主义的发展中国家了。同样重要的是，先进工业国的援助政策，当由于国民中这种持久的道德与宗教冲动而得到加强时，却不能持之以恒，除非这种政策以富有传统的民族利益观念为基础。

（二）CENIS 与外援

虽然我在50年代的研究得出了关于美国对发展的适宜政策的独到见解，作为个人我就此问题已讲了许多也写了许多，但是，我在政策方面最有价值的贡献，毫无疑问，是50年代在麻省理工学院国际研究中心（CENIS）作为集体努力成果的一部分。

在马克斯·米利肯的领导下，在我的积极支持和参与下，CENIS成立于1951年。朝鲜战争的爆发使我们当中的一些人相信，抑制和遏止

① 此处删去了3行有关中国的正文及脚注——译者注。

共产主义力量扩张威胁的斗争将是长期的，在下一代中将需要有新的观念支持美国的对外政策，且不说直接对付共产主义世界了。我们相信，应有一部分学术人才致力于这些观念的形成，并且作为个人，我们准备付出努力。我们希望，继续留在学术界比回到华盛顿任公职能够做得更多一些，当时我接到这一邀请并认真考虑是否赴任。我们还认为，如果学术上的职业道德与正直仍未泯灭，在一个变动的世界中，研究当前和可预见的问题将会对科学知识的整体有所建树。我们明白，在经济学上几乎所有的伟大著作，从亚当·斯密的《国富论》到凯恩斯的《通论》，都在一定程度上探索着其所在的时代。这些观点得到了学院的主要领导者、著名院长朱利叶斯·斯特拉顿的支持。在与米利肯及我的一次谈话中，他指出：物理学上的许多进展——包括理论上的进展——都是从努力解决实际问题中得出的。他鼓励我们继续发扬进取精神，维护严格的学术标准，当然，还要维护对政府完全的思想独立性。他还指出，我们必须自己筹措基金。

我们决定把最初的努力集中在两个方面：对共产主义社会的研究和对发展问题的研究，包括经济、社会和政策各个方面。前一项工作得到了联邦政府的资助①，后一项研究全部由私人基金赞助，特别是福特与洛克菲勒基金会。

CENIS 于 1952 年正式开始研究发展问题，包括对印度、印度尼西亚、意大利的典型研究。除了米利肯和我，参加经济发展问题研究的高级人员有：埃弗雷特·哈根、B. H. 希金斯、W. 马伦堡和罗森斯坦－罗丹。罗丹当然是我们当中研究发展问题时间较长的一个人，他从二次大战中在伦敦就开始研究东欧问题。我们也和我们的同事查尔斯·金德尔伯格保持密切往来，此人兴趣广泛，涉猎历史与当代经济增长问题。J. E. 克劳斯、D. 勒纳、I. 伯尔和 L. 派伊从政治学和社会学的角度做出了贡献。年轻一些的经济学家，包括 G. 鲍德温、F. 贝特、R. S. 埃考斯和 G. 罗森也参加了研究。还有当时初出茅庐的政治学家布莱克默，著名的前校长和小说家哈奇是我们的批评家、编辑，也是 CENIS 的良知。

CENIS 研究发展问题的高级学者是从截然不同的角度看待发展的。

---

① 原注略——译者注。

我们是一个意志坚定而又多样化的团体，由发展问题的共同使命结合在一起，由于相互的尊重和感情的联结，我们经常超越这一使命而转向更大的目标。当然，最重要的是，我们都是在马克斯·米利肯优雅而敏感的领导之下。

我们的见解全部综合体现于1956年8月完成的一个短著之中，它的书名是：《一项建议、有效外援政策的关键》①。它再现了1954年3月普林斯顿会议后米利肯与我执笔的研究成果。为了适应执行当局和国会辩论的具体情况，那份草稿在后来两年中进行了一系列修改。14个人作为研究者共同签字，集中反映了这一作品的群体研究特色。

这里，我难以追忆我们征战的全部过程。除了把我们的见解以不同形式发表之外，我们还与两党国会议员的同情者及在政府当局中思想接近的官员密切配合；我们保持了与西欧、发展中区域、各类国际组织，尤其是世界银行官员的联系。更为重要的是，无论经历怎样的失败和挫折，我们固执而又耐心地主张扩大发展援助，该项建议从1953年提出之后直到1961年肯尼迪总统才真心实意地采纳。

当然，我们决不孤立。比如，在研究发展问题的学术团体中，爱德华·梅森在哈佛组织和领导了一支第一流的研究队伍，它与巴基斯坦政府密切合作。通过四点建议而与农业发展中国家建立了实有成果的合作关系后，成立了一个由政府赠予土地的学院。当发展问题列入各基金会议事日程的首位问题时，一些主要基金会慷慨地投入资金，用于资助发展研究。50年代结束时，舞台上已挤满了各具特色的发展开拓者，他们包括：切斯特·鲍尔斯、阿德莱·史蒂文森、纳尔逊·洛克菲勒、米尔顿·艾森豪威尔、C. D. 杰克逊；五位勇猛的参议员：约翰·谢尔曼·库珀、威廉·富尔布莱特、休伯特·汉弗莱、约翰·肯尼迪和迈克·蒙罗尼，及在不同领域都具有高度影响的人物：巴巴拉·华德和欧琴·布莱克。在外交部乃至在大西洋国家的财政部中，有大量默默无闻却具有共同义务的公职人员。虽然常有官僚主义的坚决反对，他们也要为此而奔走呼吁，并不断把这一政策推向前进。经过精心考虑后，在深入研究众多的现代化进程基础上，包括CENIS在发展中国家所进行的专业研究

① 纽约：啥珀出版社，1957年。

工作，CENIS 提出了一个系统的计划及关于美国、西欧及日本在发展中利益的理论基础。虽然我们的成果应由他人断定曲直，但我认为《一项建议》的全部版本都是相当有影响力的著作，虽然不能确保它们的实施。

若把原理深奥的表述高度简化，《一项建议》的思想可以概括如下：

世界上大部分人口有史以来第一次被卷入了革命性的变革之中。“变革使以前那些袖手旁观者很快面临着可能的变化……但危险的却是，越来越多的人笃信，新的抱负只有通过剧烈冲突和否定民主制度才能实现……当然，即便不存在共产主义政权，不稳定性也会在从以前的平静中猛醒过来的人们中产生，但共产主义思想和共产主义组织的存在使危险大大强化。”

美国援助的目的既不在于“确保友谊与感恩”，也不在于“使受援国为抵制共产主义武装而承担更为沉重的军事负担”，更不是“通过减少饥饿防范共产主义”。美援的目的在于使“受援国以非暴力方式完成变革和谋求社会稳定发展”。

这个判断的基础是美国国家利益的定义：“要维护一个使我们的民主社会形式得以生存、延续和发展的世界环境。”从这个定义，可以推论出两项首要任务：

“其一是对给我们安全构成威胁的公然军事侵略的有效迎击；

其二……是促进一个对我们安全及（更广义地）对我们的生活方式的威胁较小的世界的发展，如果这项任务成功，那么大量资源就会从军事中解脱出来而用于更具建设性的方面。更为重要的是，这项任务成功意味着我们的社会可以免于那种注定与警察国家纠缠在一起的压力，这种压力威胁着我们最为珍爱的价值观念。那本著作所讨论的恰是这项任务。”

外部经济援助只有与社会向“政治成熟”的努力相结合并以它为出发点时，才能产生效力。这意味着：经济和社会的现代化过程必须满足六个条件：

1. 必须使每一个国家造就出具有挑战和创造精神的领导和人民，并提出着眼于其社会未来的内部建设任务。

2. （这些任务）必须与整个社会各阶层及各地区所提出的目标相呼

应……

3. 新的国家必须寻找到培养年轻而充满活力的领导人的方式……

4. 新领导层的充实必须与社会、经济、政治机会的增加相适应……

5. 与此关联的是，要发现一种沟通受过西方教育的城市阶层与农村阶层之间所存在的裂痕的方式……

6. 政治走向成熟最重要的条件是使新建国家的人民增强信心，这既包括国家的信心，也包括小群体中个人的信心。只有这样他们才可能通过自我努力跨越障碍。

在技术方面，援助计划必须适应每个发展中国家的特殊环境。总之，发展中国家被视为一个系列组合，它是由处于不同发展阶段的诸国家构成的。国家处于这个系列中的地位，决定了他们有权吸纳资金和技术援助的数量界限。一般来说，可以划分出的阶段是：起飞前准备阶段、起飞阶段和自我持续增长阶段。

“在长期正常波动的进步中……经济结构随着技术进步不断变化——有时是痛苦的——发展的阶段不同，外援的适宜规模和特征也将不同。处于起飞阶段，外援会上升并趋向多样化，而进入自我持续增长阶段后，外援会逐步下降，此时，发展中国家会依靠正常的国际金融的商业性资本①。”

在这样的背景下，此项建议还包括一个为了满足全部外援需要而筹措足够资金的国际计划，外援的数量决定于吸收能力，以及为加速吸收能力的提高而扩大的技术援助。当时估计每年需增加 25 亿 ~ 35 亿美元（相当于 1981 年 75 亿 ~105 亿美元。并且认为其中的三分之二应由美国承担）。

从管理角度看，“建议”主张由现存的机构来实施计划，但同时建议世界银行建立一种机制“进行信息协调，确定基本法则和保证投资计

① 增长阶段概念一旦得以阐明，就会产生政治上和心理上的两个巨大结果。在发展中地区，它提供了一种实际的目标，即努力加快在一个人生命周期中可把握的经济增长。如果一个人仅仅盯着 100 美元与 3000 美元的收入差别，他会沮丧地认为现代化目标是毫无希望的，他们这一代人再努力也达不到 3000 美元的目标。但若把目标限定在实现自我持续增长而不是以美国的实际收入水平为目标时，他就会踊跃地投入到这个运动中去；在压力巨大的国会内，如果人们相信，当一个接一个国家进入起飞阶段，并且大多数发展中世界进入发展的更高阶段，越来越依靠传统的资本来源时，发展援助会达到上限并最终将下降，那么国会就会更易于批准这种长期的发展援助。

划的标准”。

现在回想起来，我们对于经济发展与出现稳定的政治民主之间的联系似乎寄予过大的期望，当然这并不是天真。50年代CENIS出版的一个刊物直率地提出和回答了这个问题：是否可以保证自由亚洲国家可由高速经济增长进入政治民主？谁也无法保证。经济增长与政治民主之间的关系不是简单的也不是自动实现的①，但我们坚信：以相当平衡的方式把短缺的资源、人才和政治精力集中于发展，能确保一个社会以最小的暴力和人力支出使通向现代化进程的机会达到最大化，并能产生一个使其政策接近人民意志的政府。

（三）20世纪50年代关于发展政策的不同观点

50年代为扩大发展援助而做的斗争起源于美国，至少有两个方面：对现行政策适用性的抨击和反对其他替代理论。至于政策的形成，主要是因朝鲜战争导致了对抗苏、中的军援项目的扩大。这些项目是为了建立和保持充足的军事和经济力量以便抵制其他类似军事冒险而设计的。那时的美援把大部分发展中国家抛到一边。

此外，我们不得不同意关于发达国家与发展中国家间选择适宜关系的独特的理论。从这种理论体系本身来讲是积极的，它在1954年兰德委员会的国外经济政策报告中占有统治地位。这种理论所因袭的主张是，美国政策的主要任务是尽可能快地领导世界经济回到1914年之前的世界中去。那时的世界具有浪漫色彩，即便不是自由贸易也是开放式的，私人长期资本移动不受限制，货币可以自由兑换。事实上，1914年之前的经济并非以这种迷人的自由自在的方式运行，但是人们却对那段历史有着充满浪漫色彩的记忆。这种记忆的影响取得了一些积极的成果，它鼓励迷信它的人们与美国的保护主义产生对抗，并促成在全球谈判中削减贸易壁垒的成功。但是这种观点至少间接地否认，在发展中地区存在自由贸易、私人资本移动及自由兑换货币都无法解决的突出困难。总之，这些人在反对发展援助的前提下，情愿提供狭义的技术

① 《美国在亚洲的政策》，第50页。人均实际收入与维护民主能力之间存在的明显断裂现象，是引起我写《政治学与成长阶段》（1971年）的原因之一。

援助。

在对发展中国家的特殊问题有所领悟的人们之中，P·T·鲍尔无疑是最成熟、最理智的分析家。他对发展援助持保留态度，对于扩大发展援助也提出了清晰和相当严格的经济和政治标准。由于鲍尔爵士本人为这本书也写了文章，所以我将在这里简要归纳我所理解的，他与 CENIS 观点的差异：

鲍尔主张外援之目的是促进私人企业发展以推动民主；CENIS 认为外援的目的是鼓励发展中国家以最少的暴力实现快速变革，并且认为这种社会最可能向民主的方向演变，虽然不能保证社会向西方类型的民主发展。

鲍尔相信外援应成为促进发展计划实现的积极杠杆，发展计划就是要快速地最大限度地发挥私营部门和市场机制的作用；然而 CENIS 却认为这只是一个第二层次的标准，实施时会引起政治上的副作用，发展中国家私营部门的作用终将取决于整个社会经济政治体制的动态演变。

在对印度这个重要例子的看法上，鲍尔与 CFNIS 都认为农业高生产率对于印度的健康发展具有关键作用。印度第二个五年计划失去了某些平衡。但 CENIS 认为印度私营部门的生命力（以及其对外汇增加的需求），是制约印度外汇来源的原因之一，扩大外援可以使私营部门超速发展。

虽然不是完全一致，但一般来讲，鲍尔与 CENIS 之间当然在发展中国家一般性政策上是有共同的信条和理论。上述归纳的这些不同观点，只是那些认为发展中国家的命运会影响西方世界的人们之间争论的一个部分，必须看到，很多政治家（当然还有经济学家）直接或间接地忽视了以上讨论的这些问题。但当那些消极的政治家被事件压迫采取某种立场时，他们往往采用鲍尔建立的那类理论。

（四）20 世纪 50 年代后痛苦的学习过程

回顾发展政策大辩论达到顶点后 25 年来的情况，我发现 CENIS 及我本人的观点得到极为充分的证实。

在外援支持下，60 年代与 70 年代之间，发展中地区总量平均指标年增长率在 4.5% ~5.5% 的范围之间波动的结果接近或者超过了我们早先的预期。低收入国家的人均国民生产总值增长了1.6%，世界银行统计的中等收入国（一般指走向技术成熟的那些国家）的人均国民生产总值增长了3.8%，前者的数字接近了工业先进国家在19世纪经济起飞时的水平（1.7%），而后者则大大超过了先进国走向技术成熟阶段之前所达到的结果（2.1%）[①]。总量增长速度在人的寿命和教育水平等基本社会指标上明显地反映出来：据世界银行统计，1960—1979年，低收入国的人均寿命预期由42岁增加到57岁，中等收入国则由53岁增加到57岁；两类国家的人均医生拥有量都增加了50%以上；自1960—1976年，低收入国家的成人识字率从27%上升到43%，中等收入国由53%增加到72%；两者的初等和高等教育入学数量都增加了一倍。众所周知，虽然发展中国家现代化的路程依然漫长，但是1950—1975年中的持续增长是有目共睹的，也不是对普通百姓的生活没有影响。

历史上的发展过程和《经济成长的阶段》所阐明的当代世界的发展过程之间的四个主要区别得到了确证并留下了痕迹：未得到应用的巨大技术储备、可以利用的外部援助、更高的人口增长率和冷战的腐蚀性背景。这些特点既有积极作用，也有消极作用。推进现代化的努力是在人口增长速度比19世纪高2~3倍的情况下进行的，这一点在上述区别中是最典型的特征，并伴随广泛的病态现象。

《成长阶段》（第21~24页）极力强调的充满活力的农业对工业化成功的重要作用得到了证实，农村生活现代化对政治和社会生活的稳定的作用也得到了证实。

- 许多国家证明，关键私营部门与国家的经济计划结构和国有工业部门之间的关系是协调的。

总的说来，那些把政治精力集中于合理平衡地发展经济与社会现代化的国家，在飞快变革中的政治稳定性比那些在海外寻求对其民族主义热情的赞许或沉溺于狂热的意识形态上的国内政治斗争的国家要高得多。

- 我们曾希望一个注重实际，对外开放的中国出现——它深受非共产主义亚洲经济和社会成功的启示，这一希望已经实现。

---

① 《为什么穷国变富而富国发展减速：关于马歇尔的长周期论文》，第266~267页。

• 在越过起飞前准备阶段的发展中国家，可以清楚地看到我们定义的起飞和走向技术成熟推进阶段的轮廓，这一过程是非强制性的。此时再重新详细讨论经济成长的阶段的概念并不合适，我曾在 1971 年版的《成长阶段》中对 60 年代的生动的辩论做了回答，我在《世界经济：经历与前景》① 中对这个问题做了进一步回顾，更确信这种理论的有效性。但是，对当时的辩论做些反思可能是有益的。

60 年代一个争论激烈的问题是：起飞时净投资增长速度是否显著上升？核心问题是经验性的：几乎没有什么国家在起飞前和起飞中能确定合理的投资率。当然后来的研究及上一代发展中国家的增长使我们在这方面大开眼界。②《世界经济：历史和前景》第五部分所分析 20 多个国家（包括 1976 年世界人口的三分之二和全球实际产品的 80%）有关阶段的结果都证实了前面的结论（除日本、苏联、土耳其、巴西和伊朗），对其他 15 个国家的观察，也可以发现起飞阶段的巨大投资浪潮。当然，恰如人们预料到的那样：历史决非千篇一律。

更概括地说，人们公认的库兹涅茨“进入现代增长”的概念与起飞概念之间的冲突只是细节上的皮毛问题或者根本不存在。恰如我在《世界经济》第 778 ~ 779 页长注中指出的那样，在某种程度上来说，我们在划分标准上不同。但是，由他观察的 8 个国家与我所划分的成长阶段是接近的——的确是这样，有 7 个国家近似相同。

起飞之后的发展阶段是走向技术成熟，然后通常是以汽车和耐用消费品产业兴起为特征的高额群众消费阶段。现存的部门资料可使我们了解到走向更为成熟和多样化产业的确切时间。

---

① 奥斯汀：德克萨斯大学出版社，1978 年。

② 英国的情况受到最激烈的争论。P. 迪恩和 W. A. 科尔曾进行了十分困难的开创性计算，按我定义的起飞阶段，他们计算当时的（1783—1802 年）投资增长率不超过 1.5%。（《英国经济增长，1688—1959》，第 263 页，剑桥大学出版社，1969 年）。但是，后来的计算表明当时全国的投资增长率要远远高于此。关于这个问题可见弗朗科斯·克劳泽特主编的《产业革命中的资本形成》（伦敦，梅森出版公司，1972 年）中的前言和第 3 ~ 6 章；查理斯·费斯坦所著的《英国的资本形成》，见马瑟阿斯和波斯坦主编的《剑桥经济史》（剑桥大学出版社）的第 7 卷，第 1 部分，第 28 ~ 96 页，尤其是第 91 页中的重要估计。他们的结果都表明：那时英国净投资的增长比常规数字要高。总之，目前可找到的有关 18 世纪末和 19 世纪初的英国经济的证据，与 1783—1802 年的增长加速恰相吻合。描绘加速只有一个选择不同词汇的问题。

理智反思我在50年代形成的思想时，我一般来说持肯定态度，但现实也迫使我们认识到：50年代对一些形势的预料的确有欠充分，在此仅提出五点：

- 防卫援助——一种补偿国内非正常军费开支的经济援助——是一项确有成效的发展援助措施，例如韩国、中国台湾和土耳其的情况。这种援助基于美国直接的国家安全利益，也为受援国（地区）赢得了渡过难关、立稳根基和进入自我持续增长阶段的时间。经回顾我的确感觉这种援助的价值比50年代像我所做的纯理论假设中的评价还要高。当然，我们对50年代发展斗士们的成就过于夸张，我们劝说西方政府相信，除了在共产主义盛行的国家内，大规模和稳定的发展援助是符合援助国利益的，但事情并非如此极端。

- 民族主义的外部分裂现象比我们预料的更难以避免，特别是南亚和非洲。（即便在50年代，中东也还不存在可抱希望的前提），印度和巴基斯坦60年代在谋求其和平共处与经济合作方面的失败，无论是对该地区的所有党派而言，还是对外援本身而言，都是代价高昂的。70年代的非洲统一组织，在实现从非洲事务中排除外来势力的干扰并且使非洲人自己解决内部冲突这一夙愿上的失败，亦复如此。

- 尽管发展中地区在平均总量指标方面取得了比较令人满意的成果，出现了一些引人瞩目的成功范例，但我们仍然面临着不能用简单方法解决的棘手的问题。比如，虽然同处一岛，为什么海地的人均实际收入仅有多米尼加的四分之一，20年来的增长速度仅有十一分之一？对于南撒哈拉的一些非洲小国，除了成为更大的亚区域经济组织的一部分之外，是否还有满意的解决办法？

- 在很多国家，因人口增长过速、农村生活超前现代化和课税不利（减少了社会服务的资源，尤其在农村），加剧了增长早期阶段的收入倾斜现象。而另一些地区（如中国台湾、韩国、斯里兰卡）收入分配的方式更接近于先进的工业社会，那里的社会福利指数要大大高于发展中国家的一般水平，发展中国家存在的收入分配问题在那里得到很大改观。

- 虽然我以为鲍尔的担忧是多余的，他认为发展中国家若使政府发挥过多作用的话，会使这些国家沦为奴隶社会。但事实上，许多发展中国家的政府官僚机构经过其承担私营部门所不能承担的责任后，出现了低效率和陷入自我困境的局面。所创造的强有力的“国家资产阶段”往往难以集中代表国家的整体利益①。用另一句话来说，当私营部门的能力已经增加，政府的官僚体制已经出现了帕金森定律的趋向。发展中国家应再次考虑公营部门与私营部门之间的平衡问题。

50 年代之后，另一个涉及发展问题的独特见解是“依附论”。譬如：保罗·斯特利顿在总结对发展阶段的批判时这样写道：“从逻辑上说，前面没有什么可赶超的国家或要赶超的目标与本身差距不大的国家，与目前的欠发达国家相比，其努力的程度是不同的。与所赶超的目标差距越大，前者可借鉴的经验就越少，国际经济结构的互相依赖性就越强②。”事实上，在《成长阶段》中题为“起飞，过去与现在”那一章里，我清楚地讨论了后发者和先发者之间的共同点和区别，而“依附论”的时兴，证明了一些进一步的观察。

我曾专门就此命题发表论文，它起始于对英国与荷兰在 17 世纪殖民地关系的回顾。法国处于同样的道路，这是一条有助于促使科尔伯特转向现代化政策的道路。美国在对英国制造品依赖程度不断加强的情况下，推行了亚历山大·汉密尔顿 1791 年所倡议的工业化政策，这个政策贯穿于迄今为止后发者向现代化努力的整个旋律中——制造业不仅是一个与财富而且与国家独立与安全有本质联系的问题③，至于人均收入的差别，我们可以算出，日本于 19 世纪 80 年代中期起飞开始时的人均收入为 158 美元（1967 年美元标准），英国当时为 750 美元；意大利在 19 世纪 90 年代中期是 300 美元，英国当时为 842 美元④，俄国在 19 世纪 90 年代起飞时与英国的差距肯定更要大得多。

简而言之，“依附论”所提出的问题已经在 300 年前就提出了，这个问题贯穿于整个 19 世纪。然而，这并没有限制 19 世纪的后发国在人

---

① 在拉丁美洲问题上，关于此现象更深入的讨论，可参见威廉·P. 格雷德在德克萨斯大学拉丁美洲研究所的研究著作：《拉丁美洲的经济政策制定和各阶级联盟的构成》。但这本书也应注意到这样的事实：先进社会也毫无例外地出现了只顾其自身利益的国家资产阶级。

② 保罗·斯特利顿：《历史展望中的发展思想》，载《面向新的发展战略》（纽约：佩尔加蒙出版社，1979 年），第 26 ~ 27 页。

③ 亚历山大·汉密尔顿：《关于制造业的报告》，1971 年 11 月 5 日（纽约，哥伦比亚大学出版社，1934 年）。

④ 更详细的资料和讨论可参见我写的《为什么穷国变富而富国发展减速》的第 6 章。

均收入增长方面以高得多的速度赶上和从根本上超过先进国家的进程；对于设法进入自我持续增长阶段的后发国而言，缩小收入差距的过程持续于整个20世纪之内[①]。应该承认，“S”形长期增长曲线在人类社会中总是发挥着作用。

进一步说，即便依附现象在历史上具有相似性并可以克服，它在某种意义上说是不可避免的。比如：拉丁美洲在吸收了上一代技术之后（汽车、耐用消费品和化学品），工业化的北方已经进入了新的技术周期（遗传工程、微型计算机和激光技术），这样，拉丁美洲将被迫继续追踪。发展中国家希望缓和与消除影响技术转让的专利及其他问题，与此相关又不限于此的，是跨国公司的存在所导致的各种问题与机会。这是个牵涉面广又需详细讨论的题目，就此，我仅提出几点结论：

国际社会在缓和因成长阶段和技术选择能力的巨大差异而引起的问题上，已取得了很大进展，比如：发展中国家的贸易优先权和跨国公司行为公约。后一个问题无论是在实际上，还是在国际争论中，都已不像10年前那样尖锐了。

从某些方面看，问题的尖锐程度与国家及其国内市场规模有关。比如在起飞时，像印度和墨西哥这样国内市场广阔的国家，在扩大消费品进口替代上比秘鲁、乌拉圭和中美国家有更好的基础。走向技术成熟阶段，巴西发现它比智利，甚至阿根廷更易于发展高效钢铁、金属加工及化学工业。尽管加拿大已经完全达到了高额群众消费阶段并赋有丰裕的自然资源，却仍然进行着已持续了一个世纪之久的、克服对美国依赖性的斗争。后者在政治上、心理上（和经济上）可控的范围是前者的10倍。

论及规模时我们需小心谨慎。首先，人口多寡并不一定表现为有效市场的规模。暂不说印度，拉丁美洲的很大一部分与市场关联甚微，有效的市场比人口要小得多。即便处于同一增长阶段，人均收入也可能因人均可耕地面积、自然资源赋有量等不同而有很大差别。其次，以良好的教育、政治稳定、创新企业家和公共管理人员的充足供给为条件，目标明确且精力充沛的人民可在很少的人口基础上，通过积极扩大出口建

① 统计证明参见上书第259～269页。

成一个高度成熟的工业社会。瑞典和其他斯堪的纳维亚国家正是这样做的，在亚洲的韩国、中国台湾及更为突出的中国香港与新加坡，也出现了这种情况。

这些例子值得注意，因为对依附的代价的认识，显而易见是谋求经济发展和开拓出口市场的活力的反函数，也是相应成长阶段和规模的反函数。

最后，我相信，与大量尚未使用的技术储备优势相比，依附的代价要小一些。依附的沉重负担，尤其是技术上的依附性，部分上是心理作用。在敦促全球性的、拉丁美洲科学和技术能力扩张努力时，赫拉报告响应了这个观点①。我预料，这个问题只有当发展中国家真正开始有所作为并可以吸纳全球技术贮备时才能解决。随时间推移，这是必然发生的。然而，与技术依赖并存在着一些真正的问题。最显著的是，国际研究和发展组织似乎并没有足够的注意力投注于发展中国家或地区的特殊性上。当然，这个问题不仅相对于发展中国家而且相对加拿大，甚至美国的一些区域和州。例如：由德克萨斯州资助的能源、供水和运输工程使其2000年委员会在报告中对在州内进行发展研究必要性的紧迫感急剧上升②。

关于以前四分之一世纪可以预测和不可预测的种种经验之列举决未穷尽。但本书编者向我们提出的最大挑战在于下述问题：你怎样看待当今的发展经济学？怎样对它加以改进？

（五）发展经济学在第五个康德拉季耶夫峰期

简单地说，我认为当今发展经济学和发展政策是增长分析与（像我们翻译的那样）趋势阶段（或康氏周期）方法相结合的产物。在我的一般经济动态模型概念中，成长阶段是从特定部门对由世界经济中产生的、不断进步或更趋成熟技术的吸收，或者是后发国对可利用的技术储备的有效吸收能力进行划分的。我对趋势阶段（或康氏周期）的看法仍

---

① 美洲国家组织（OAS）：《半球合作及整体发展》，OEA/Ser. T/II. OTC15～18（华盛顿，1980年8月6日）。

② 《德克萨斯2000年委员会报告和介绍》（奥斯汀：州长办公室，1982年5月），主要见第6页、9页和29～31页。

然是部门与总量相互作用的产物，是世界经济增长引起对食物、原材料（包括能源）供给严重滞后局面调整的过程。

1972 年中期，我转手去写一部早就打算写的 200 年世界经济史①。1972 年来，世界经济经历了一次灾难性的粮食价格上涨，这紧接于能源价格的灾难性增长之后。与 60 年代世界粮食和石油市场的实际背景相比，这一事件及其影响表明，恰如我从历史研究中得出的结论一样，世界经济进入了自 1790 年以来第五个基础产品相对价格持续上升阶段。作为一个经济史学家，我对早期研究中遇见的、非连续的，但又有明显特征的基础产品价格相对涨落现象很感兴趣。我那时的结论是：这些现象就是康德拉季耶夫辨别出却从未解释的长波理论的核心②。在这个问题上，我以为熊彼特关于主体技术创新节奏的观点是不正确的。

从历史上看，峰期通常是通货膨胀时期，伴有高利率、对城市实际工资的压力及对基础产品生产者来说有利的收入转移。资本和移民要流向这类产品的生产国和地区。在一定阶段内，当基础产品部门的产量扩张超过均衡水平之后，一种持久的逆向流动就会在世界经济中产生。从这个观点看问题，1951—1972 年的繁荣是康德拉季耶夫周期的第四个谷期，我们经历的过去不舒服的 10 年恰是第五个康氏峰期③。

50 年代和 60 年代的价格下跌或相对偏低使发达国家在有利的贸易条件下获得了大约 25% 的转移收入。这是从发展中国家传统产品出口的汇率中获得的，同时这也有助于——尤其在拉丁美洲——那些基于对贸易条件长期趋势持信赖态度的新发展学说和战略的产生。此外，50 年代的价格趋势也为正加快工业化和城市化速度的发展中国家提供了廉价的食品和能源——虽然这一点很少为人注意。先进的工业国和许多被世界银行列为中等收入的国家，就这样受益于康氏第四个谷期，当然，对前者的益处要大于后者。

---

① 这一努力与下述作品相互补充：《这一切是如何发生的》《世界经济历史和前景》《从这里到那里》《为什么穷国变富而富国发展减速》。

② 我在大学本科的研究，除了对 1798—1821 年的最初观察外，事实上在研究（1873—1896 年）第二个康氏下跌期。这同样是我博士论文的题目，并且还有第三个康氏高潮（1896—1914 年）。

③ 《世界经济》，第 6 章；《从这里到那里》第 4、5、6 和 13 章；《为什么穷国变富而富国发展减速》的第 7 章；《拉丁美洲起飞的彼岸》，载《美洲》，第 31 卷，第 2 期（1981 年）。

正如大家都熟悉的那样，1972 年之后，情况就截然不同了。过去 10 年对发展中国家发生作用的力量包括：

• 由于没有认识到第五个康德拉季耶夫峰期的必然性及对其可能性缺乏研究，一些发达国家出现了增长减速现象，其后果是对发展中国家出口市场的弱化。

• 贸易条件急剧变化，收入分配有利于能源出口国而不利于石油进口国。

• 进口石油的发展中国家在国际收支平衡上受到压力。在某些情况下，为维持已经衰减了的经济和社会力量，致使高利率贷款出现危险的膨胀趋势。

• 作为一个整体，发展中国家进口食品的依赖程度不断提高。

• 对原材料工业投资不足。部分原因是民族主义者限制国外投资。

• 一些地区破坏森林，并使可耕种面积减少，这引起整个生态恶化。

在长期势态无规律的节奏中（或康德拉季耶夫周期），对 1972 年以后世界经济形势的理解，使我推导出了南北经济合作适宜方式的特殊判断。共同的核心任务是通过合作使维持工业化发展的部门得到充实和扩大，如：能源、原材料、水利及环境保护部门。这些部门的任务，是有意识地去效仿前辈——主要是（但决非全部）对市场刺激作出反映——譬如，在第二次康德拉季耶夫高峰开辟美国西部，在第三次康氏周期开辟加拿大（澳大利亚）、阿根廷和乌克兰，在第四次周期开辟中东石油。20 世纪后 25 年的任务，要包括比以往范围更为广泛的部门。

当 50 年代基础产品价格下跌时，我们可能集中把优惠条件下取得的扩大贷款需求与发展总目标结合起来，每一个国家可以设计出与自身独特环境和发展阶段相适应的，包括其吸收能力的发展计划。这种希望并没有从议事日程上消失，同时，在工业化北方与保护主义压力无休止的斗争中它也没有消失。然而，我毫不怀疑，80 年代南北合作的中心问题，就像在 70 年代应该的那样，应基于我在这里勾画出的某些部门职能上的合作。

因此我相信，于 1914 年出现的理想主义结构和国际经济新秩序的议题，由于石油价格的四倍增长，虽然在心理上可以解释，但基本上是错误和混乱的。

虽然我关于合适的南北议题的判断起源于一个极为独特的理解背景，其他人，超出其自身经历和思想体系，相当独立地得出了同样的结论。在这件事上，我为出现于赫拉委员会的我们中间的7个人的一致结论所鼓舞①；为世界银行对关键资源部门不断增加的高度关注及布兰特委员会对资源报告的一些片断，尤其是第5、6、10章所鼓舞②。1981年10月坎昆会议也在农业和能源问题上探讨研究，但采取行动的效果仍然无从判断③。我就此曾多次申明，这种职能性的合作应以区域性展开，集中于地区发展银行及在所有与世界银行、农业组织和其他全球性机构及相关的政治机构中（诸如美洲国家组织、非洲统一组织）。

如果能在关键部门的企业中重建共同目标和共同利益的意识，我相信，其他领域中南北双边利益可以取得有益的进展。此外更重要的是，参与者和谈判者应是政府中负责建立这些部门政策的官员，而不是那些外国办事处官员，那些国际经济新秩序的空谈（或反对空谈）的专家以及谈判10年而得到毫无效果的解决办法的专家。

（六）若干反思

自然，反思时首先提出的问题是：发展借款是件益事吗？如果兰德委员会的信条盛行起来，先进国家对发展中国家的技术援助进行限制，并在各类交往上都拒绝提供任何援助的话，发展中地区的男女儿童是否生活得更好？

从历史上看，这类毫无凭据的问题难以得到明确答复。若从方程式中取消一个意义重大的变量，人们不可能推导出一切相关后果。因此，任何回答这类问题的企图，必须是判断性的，凭印象的，和带有个人色彩的。

---

① 美洲国家组织：《半球合作和整体发展》。

② 《南—北：生存计划》，国际发展事务独立委员会报告，威利·布兰特主席（马萨诸塞，坎布里奇：麻省理工学院出版社，1980年），第982页。

③ 里根总统在这方面提出了极有创见却没有为任何发展中国家领导人采纳和探讨的创见。在五项原则中，他提出了争取“确定的发展行动计划”是：“把我们的援助投向支持自我持续性发展的生产活动，尤其是粮食和能源。”《美国总统公共论文》，罗纳德·里根，1981年（华盛顿：政府印刷署，1982年），第982页。

这种观点似乎很有道理：发展的实质是一种自我帮助，而援助并不起决定作用，虽然援助的数量不少。发展中国家总投资的90%是从占有绝对优势的国内资源中得到的，净官方援助可能在目前仅为总投资的6%。但在某些情况下，利用发展援助明显地为一些国家立稳脚跟和自谋生路赢得时间，国外流人的发展援助鼓励着私人投资，并对私人和政府在一些重要部门的投资起刺激作用。然而，在有些情况下，外援可能会拖延改变现状的时间。比如，愚昧地认为，PL480贷款及50年代、60年代的援助不利于生产，它们给人们以幻觉，似乎超过商品市场容量的美国农产品剩余，是世界经济的永恒特征。这可能导致一些发展中国家减缓采取有效的农业政策的时间[①]，对这些现象，任何有常识的观察者都可以看到：从综合角度分析，无论私人贷款还是国家项目贷款，其结果都是令人失望的。恰如在私人部门一样，世界官方发展援助也有其Edsels。

一些人认为，若无鼓励性计划，发展中国家的经济会分散化，会更依赖价格竞争，会陷入竞争和私人企业习气的围困之中。对此我不敢苟同。实际的差距倒是，由于支付平衡上的制约，发展中国家会被推向更集权的方式，他们在目前情况下，要比在集中计划机制下更少地取消国内限制和对国际价格竞争持比较自由的态度。

我怀疑，任何接近满意的答案是否可以用一种或几种方法，在多一点或少一点经济术语的辩论中得到。决定性的因素在我看来有三个：

第一，常规性发展援助的确提高了发展中国家政府中这样一些男人和女人的地位，他们对经济和社会发展负责并具有按国际标准形成援助的能力。在短时间内，外部资源毕竟对处于压力之下的发展中地区政府极为重要。因此，具有成功获得这些资源能力的谈判者便成为国家的重要财富。仔细观察许多发展中国家后，我毫不怀疑，其国内特权就是这

① 我不认为存在于PL480贷款之后的食品进口是全面忽视农业和乡村活动的基本原因——忽视农业在过去和今天都是发展中国家最棘手的政策特征之一。忽视农业的根源，是由发展中国家思想上的偏见所致的、一种可以理解的、具有方向性错误的、现实政治的集中体现。在一定意义上，城市在短期内更强有力，也更具政治危险。因此以明智而长期的农业政策为城市提供便宜的食品，具有强大诱惑力。但是PL480贷款明显地对发展中国家的领袖和财政部长具有吸引力，因为那可以有助于政府迅速提高收益。同时，知识分子们也认为：农业仅是半殖民地行为，工业的附加价值要高于农业，在奠定工业实力时工业活动更为急切。

样提高的[①]。

第二，在一个具有足够力量去发起国际动乱，并已经分化的世界上，制度化的发展援助可能是最强有力的调节力量，它的作用是静悄悄发生的，它使得人类群体这一概念在其真正的共同利益含义上具有现实意义。

第三，正如前面指出的，制度化的发展援助的存在，在起作用的程度上有助于阻止一些国家在现代化过程中的固有冲突。这些国家推行合理、均衡的目的并明确支持发展的计划。减少冲突而不草率地采纳西方民主制度，是外援作用的一个关键例证。

即便如此，50 年代发展问题的探索者至少还没有为其在 30 年前支持的、在这项事业中谋求帮助的行为所悔恨。但回顾智者 50 年代为发展援助而进行的斗争，并追忆那些很早参与运动的政治人物，我将提出一个简明的事实：以国际发展协会、拉丁美洲内部银行、印巴财团、争取进步同盟和 10 年发展组织形式取得的开拓性胜利，并不是因为能使对手信服自己的正确性而得到的。它们的出现是由于发展中地区所发生的一系列危机导致的。这些危机迫使敏锐的政治家对亚洲、拉丁美洲、中东和非洲的发展拒绝援助的政治和战略有了一个深刻认识。正是尼克松副总统 1958 年 3 月在利马和马拉斯加的困境，转移了长期对艾森豪威尔当局产生压力的、对拉丁美洲发展问题如何反响的内部力量平衡。1959 年出现的莫斯科得力盟友卡斯特罗也与国会在接受进步同盟方案，采取缓和态度方面达成一致。同样，带有浪漫色彩经济和社会幻想，“大跃进”时代的中国也支持了约翰·F. 肯尼迪、约翰·谢尔曼·库伯欧琴·布莱克敦促世界银行对这些国家建立国际财团的思想，这是通过金融家们在 60 年代初期派到印度和巴基斯坦的使者进行的。1958 年 8 月黎巴嫩—乍得危机导致艾森豪威尔总统提出了对中东地区发展援助的慷慨建议，不幸的是，它未能兑现。实际上，当苏联 1957 年 10 月发射

---

① 世界银行的历史学家爱德华·梅森和罗伯特·E. 爱合与这一重要观点持共同看法，但他们的观点过于忧虑：“银行可以把自己与发展中国家具有发展意识的因素结为一体，并支持他们的努力。”但使银行感到的最大障碍是：“他们不能保证那些具有发展意识的官员获得并保持权力”（《布雷顿森林会议以后的世界银行》，华盛顿，1973 年，第 648 页）。我的看法则是，如果发展援助不能形成制度，具有发展意识的官员得到并继续保持权力的人数比目前将要少。

了第一颗人造卫星后，引起了美国等国的长久焦虑，这正是奠定长期发展的关键时期。这里所出现的大规模发展援助形势，实际是吉恩，蒙纳特格言的生动再现："人们只有面临'必须'时才接受变化，而又只有在危难临头时才承认'必须'。"[①]

毫无疑问，发展问题的探索家并没有与实际脱离，当先进国家政府为事态所迫而转向发展命题时，一个在研究、思辨及基础上产生的思想体系和学说一直存在，它使上述敏感的行程更快地时兴起来。所有这一切中最为重要的，可能是南北方之间所研究的发展思想及学说。这一充满活力的过程不仅于学府，而且在世界银行、联合国、地区经济发展委员会的部长中展开，它同样也存在于发展中国家援助使团和短期研究团体中。显而易见，这是相互教育的双边活动，以人类紧密联系为基础的同一参照系的存在，使南北合作比50年代末、60年代初更为容易，那时正在建立制度化的发展援助结构。在80年代截然不同的环境里，我们的一个主要任务是建立新的南北理论，以便为维持合作的努力打下基础。国际经济新秩序理论没有实现这项任务，由布兰特委员会继续进行的严肃而善意的努力也并不成功。

无论我们对冷战持何态度——危机作为催化剂与其发生联系——危机改变了50年代初为扩大援助而进行斗争中的政治格局，当然，冷战也付出了代价。在一定程度上，援助流量大小与冷战紧张程度关系甚大，这在对发展中地区的政策上得到体现。发展援助在一定程度上形成了制度也同样是确实的，这尤其是通过欧琴·布莱克、乔治·伍德与罗伯特·麦克纳马拉当政下的世界银行机构及地区发展银行机构的活动得以体现。据世界银行计算，1981年经济合作与发展组织成员国提供的官方发展援助是226亿美元，大约其中的70亿来自石油输出国组织，这是件非同小可的事[②]。从共产主义政府向非共产主义政府1979年提供的援助大约26亿美元。认为援助数目太多、太少，或认为由某种方式而引起的投资方向不正确，使用不得体的大有人在。外援本身当然不是用来缓和舆论和减少抱怨的。先进的工业国家认识到：用0.35%国民生产总

---

① 吉恩·蒙纳特：《记忆》（纽约，1978年），第109页。

② 世界银行：《1982年世界发展报告》（纽约，牛津大学出版社，1982年），第140~141页。

值的经常性支出来支持发展中国家的经济，可以换取其自身利益[1]。无疑，这是一个独特的历史现象。另外，许多北方政府对发展援助的严肃性是随着与南方冲突的规模和地点变化而波动的，这就使我们曾笃信的长期、稳定援助方法的优势削弱下去——这是我们中的一些人在50年代提倡的——或者说，上述随动现象减少了避免可能发生的危险的程度。进一步说来，虽然援助的数量相同，但在危机中提供的援助一般不能像稳定地支持发展计划那样有效。

反思的最后部分涉及更大命题：连续增长对发展中地区是否依然是个正当的目标？是否全球性的资源极限已经做出这种判决？如果发展中国家和先进工业国家不立即处于同一起跑线上，采纳新的、非物质化的生活标准，甚至把个人的财产拿出来，在社会内部和国家之间进行剧烈的收入财富再分配的话，那么传统偏见和收益递减很快会造成全球性的危机？这些当然就是“增长的极限”的主题[2]。这项研究对其所含的极端结论持审慎批判态度，这像作者后来承认的那样，分析显露的不足之处削弱了具有启示性判断的必然性。

与通过发挥人们天才的潜力防止收益递减的情况相反——就此我们已奋斗200年——“增长极限论”的描述在政治上、社会上和心理上不存在任何生存的根基。恰恰相反，欠发达国家和民族争取高收入的活动是作用于世界舞台上最强的力量，它们因此也是先进国家和社会群体，保持甚至改善其物质地位的决定性力量。正是由于这样的争雄之心，使紧张局面得到大大缓和——因为要分配的馅饼扩大了。当所有人获得的实际收入都扩大时，公平分配才是讨论的议题。在人均实际收入增长停滞或缓慢的情况下，为公平分配而进行的斗争充满沼泽。

树不会无止境地长高。随时间流逝，人们的财富观念会改变——或变化迫使人改变观念，这是完全可能的，甚至是正确的。20年前在写

① 就像我的同事及我本人一样，从发展理论和政策条件上看，先进国家对发展中国家分配国民生产总值的标准并不恰当，方向上也有失误。在这种方式衡量下，官方发展援助的目标意味着富者向穷者的资源转移。正确的标准是：在部门合理平衡的发展规划引导下，通过利用资本，保证技术吸纳能力得到提高。当然，对正经历经济危难的国家来说，以人民福利为出发点的紧急援助是不能排除的。

② 多纳拉·H. 米杜，丹尼斯·L. 米杜，乔根·兰德斯和威廉·W. 伯兰斯第三（纽约，1972年）。

“经济成长阶段”时，我提出了“当对多数人而言实际收入的收益递减发生之后，会发生什么”的问题（第91页）。这个问题在60年代曾被广泛讨论。一批更为富裕的年轻人对物质进步价值观和后果持叛逆态度，并追求非物质目标，大部分先进工业国的政治生活中也存在停滞增长的思潮。但这不是大多数人的观点。在先发者和后发者之间存在着这样的事实：必须依赖为实现继续增长而进行的长期努力，制定严肃的政策必须立足于可能性，我们的机会必须依靠努力。这恰如我们一位黑人同事曾经说过的：世界上欠发达国家正在购买一张入场票，他们对戏中的富裕场面不以为然并申明戏是坏的，他们决心自谋新路。

这种意向更强调了我很早提出的南北合作方式的迫切性。在世界经济中，我们面临的能源、粮食、原材料和环境问题并非18世纪250年来工业增长终结的丧钟。然而这些问题现实存在并继续恶化。也就是说，如果当前国家政策和国际政策不改变，随时间推移问题会更加严重。

最后，政策应当反映普遍利益，南方和北方应是等同的，此外，我还要补上，在东方和西方——这种普遍利益存在于继续工业文明过程之中，这一过程使我们起先在人口上拉平，然后又在我们那时如此介意的人均实际收入上接近，那时，已不再像刻薄的马尔萨斯分子和其他资源性危机面临的环境那样。那时，最基本的自身利益是，应使各个国家和民族共同接受一首诗的劝诫，恰因为这首诗我才得名，我也经常回到这首诗中去：

在孕育时空的世界——这神圣之船.
一个思想永在前进,
全球人同舟共济,
必定驶向同一彼岸。

感谢我的同事F. 卡彭特、W. 格雷德、T. 詹纳茨和D. 肯德里克阅读了本文的草稿，并提出了有益的意见。

评 论（一）

杰拉尔德·海雷纳[①]

罗斯托教授在他的论文中向我们展现了历史、理论、洞察力和鼓舞的典型交织物。无论一个人怎样看待他的态度和结论，决不认为罗斯托的作品令人感到索然无味。由于深知他兴趣之广博和阅历之丰富，当邀请我评论罗斯托的论文时，我对自己是否能担此重任却表示怀疑。我非常明白在承担这项任务时自己的先天不足，且深知这样的事实，当麻省研究组开始写“时代的过程”时——远在罗斯托教授把他早期的兴致投向经济史的10～20年之后，我甚至还没从小学毕业。无论怎样，还是让我们转入正题。

罗斯托教授的论文是两类截然不同的内容的融合。第一类涉及综合水平上的经济理论与经济历史的相互关联；在这方面我们看到罗斯托教授是一位十分令人敬重的长期演变和发展的学者。第二类是从20世纪50年代初期以来美国的外交政策和对发展中国家态度的进化；在这里，我们看到罗斯托除了作为一个鼓动家和参政者之外，还是美国公共利益的公仆。上述两个方面是混为一体的，但我更喜欢分开述评。

我们熟知罗斯托主义者对社会效果的非经济方面，对现代化中“政治的关键作用”，对现代经济中科学技术重要性的强调。我们中的许多人也受到“发展阶段特征”的熏陶。然而，在这篇文章中，我却为许多其他观点所打动，尤其是三个观点，这些我基本同意。

- “研究经济历史的适度单位不是国家，而是整个相互关联的贸易区域”，这一结论在1948年就提出了，他说以此为出发点，历史是一个世界经济整体性“进化”的结果。
- 以总量标准对现代经济或正在现代化的经济进行分析是没有用

① 杰拉尔德·海雷纳是多伦多大学的经济学教授。

处的。

●1945 年后出现的“实际上是整个亚洲、中东、非洲、拉丁美洲怀着热情向现代化目标的转化，从历史的观点看，可能是 1780 年在英国发生的产业革命之后最伟大的事件，它不可逆转地改变了世界政治和经济生活的均衡和内容”。

恰如他们对罗斯托教授所起的作用一样，国家级决策的事实和统计使我们中间的大部分人回到了诸如国家经历、利益和政策等三个问题上。然而对“世界经济和政治”的未来研究来说，这三个命题却意义深远，而且，有两个问题确值表述。

首先，部门或产业层次的调查和分析对于理解全球的政治和经济众多方法来说，可能是最恰当的（虽然全球的宏观经济学也显必要但却未时兴）。一种“全球经济的非总量秩序”可能以部门或产业单位而不是国家单位得以进行。这样，国际贸易的研究就可以纳入对全球的产业研究中去，产业组织和布局理论可以提供比传统贸易理论更适宜的方法。在特殊部门之内的全球层次市场结构，当它们对全球性相关部门的贸易条件产生影响时就会受到比现在更多的注意。如果一个人实践这些罗斯托路线，他就能够——在一定程度上罗斯托正这样做，至少对“持续阶段”——事实上达到与劳尔·普列比什和汉斯·辛格为伍的结局。无论罗斯托教授是否欣赏这一团体，我相信他会对广泛地改进我们的模型和在全球层次上理解部门发展和相互关联表示赞同。

第二，他写的第二次世界大战之后的、令人佩服的关于“各阶层、各区域预期的大量的增加社会、经济和政治机会[①]”的观点，都是国家层次的，但可以合乎逻辑和恰如其分地运用于全球。虽然提示的变化方向可能逆转，但他对于公共部门与私营部门之间合适关系所提出的关注也可以推而广之[②]。我这里指的是分析和逻辑，而不是政治理论。我注意到罗斯托式命题意味着在收入分配、市场不完全性和缺陷，以及处理

① 参见《一项建议：有效外援政策的关键》（纽约：哈帕出版社，1957 年）。另见罗斯托教授在本篇论文中的“反思”。

② 前麻省理工学院的查尔斯·金德尔伯格就曾指出：“在国家级别上管理可能过多，而国际级别上的管理可能过少。”见金德尔伯格：《政府与国际贸易》，普林斯顿大学国际金融论文第 129 期（普林斯顿，1978 年），第 17 页。

这些问题时政府活动的传统方式的潜力等领域中，对全球性资料和分析的逻辑要求。

对于罗斯托教授的论文主题“马歇尔的长周期”，我必须表示怀疑。如果我理解正确的话，国家与当今世界持有着与劳动增长速度、技术变化和基本投入供给相关联的适度的部门能力。从这个“体系”中流出一种适度的总量增长速度和适度的逻辑分配，在历史进程中，世界以高于或低于适度的部门运动轨迹的波动方式求得发展。

然而，怎样确定这些部门的适宜度及什么是其特定的极大值却不甚明了。因此，很难搞清楚在发展中何时在适度的范围之内或在适度的范围之外。同样，对增长的动力是否由所描述的部门轨迹的存在力量来最好地驱动还是由持久的失衡所造成也无从得知，在这种情况下，阿尔伯特·赫尔希曼将会指出是后一种结果。

罗斯托认为，在任何基本商品价格指数明显时，这些现象都可以与康德拉季耶夫长波联系起来。按照他的观点，1970 年初期粮食和能源价格的大幅度上升引起了“1790 年之后第五次基础商品价格相对偏高的延长阶段”。以历史为依据，接踵而至的将是通货膨胀、高利率、实际工资下降的阶段。最终可以得出这样的判断，即基础产品部门产出的扩张将超过均衡点然后引起“世界经济潮流的长期逆转”。

从分析中，罗斯托教授得出了这样的结论，即对世界经济来说最为重要的是“保证那些支持工业文明继续发展的部门能够得到维护和扩张，如：能源、原材料、水和其他环境部门”。并且，这些需要不能依赖“市场的魔术”。因此，他认为在这些关键部门的结构性合作是“80 年代南北经济合作的核心”。同样，他继续为这类区域性合作方式辩护。

当需要估计目前形势的长期影响时，我注意到历史学家们比我的那些专业同事一般要持更为慎重的态度。罗斯托教授无疑是个例外。他的关于 1972 年之后基础产品价格上涨的“长周期”引人争议的命题果真可以经得住推敲吗？

他的“基础产品”可以如此之浪漫地结为一个整体吗？在那种情况下以及在何种程度上 70 年代初的粮食和石油市场的形势与当时引起马歇尔兴趣的长周期影响的产物问题有联系吗？什么是相对价格中被策动的新潮流的基本解释？并且，这一“延续阶段”到底有多长？大部分我们认识的“基础产品”专家当听到自己处于延长周期的峰期时都会大吃一惊。

除了石油之外，从70年代初期到80年代初期，从统计资料中无法辨别出罗斯托教授所声称的基础产品相对价格偏高倾向。在1973—1974年的突发后，粮食价格比全部批发价格指数的增长速度要低；目前，粮食相对价格约与1972年持平。农业原料价格从未超比例上升，在相对条件下，它们还在下降。金属的情况差异很大，但是国际货币基金组织（IMF）的价格指数，比如铜的价格，自1975年以来比1972年的相对价格还要低。（如果目前的相对价格被视为“临时”的，是世界萧条的结果，那么我只能回答，“理论”毕竟可以经受任何情况的验证——并且建议提供另一种检验方法。）

谁真正需要罗斯托的预言呢？如果对这一意见主张，我们应考虑对能源、粮食、一些战略性原材料给予更多投资的话（这些似乎就是他意图上的基础产品），罗斯托教授肯定会有许多支持者。但是几乎没有什么人能把其主张表述为长周期发展理论。并且，那些关心南方问题的大部分人并不是从罗斯托的角度看待能源、食品等问题的，这些问题与“工业文明的继续”并无关系，他们把能源问题视为保证农村的贫困者有足够的木柴和食物的替代物问题，把粮食问题更多地视为贫困、生存、安全和分配问题，而不是生产问题。

因此，以罗斯托教授长周期经济历史的语言来认识南北关系，在我看来是相当费解的。这导致了我评论罗斯托的第二个观点，即关于美国对发展中国家政策的演进。我的一些社会科学的同事从此观点出发，会把这个问题称为“参与的观察者”，这个神话是诱人的，如果再加上悲惨和伤感的话。悲惨主要产生于由米利肯和罗斯托等在50年代提出的相互利益幻想、远见和基本思想与美国态度的盲目和固执之间的对照上。但另一方面，悲剧与这些富有想象力的创造在进步同盟中如何付诸实现时的联想更有关系。罗斯托教授本人也注意到了这样的事实，即在全球发展中的具有典型的关键决策不是由于相互利益，而是由于危机的逼迫而制定的。长期因素并未被那些必须面对短期竞选的政客所采纳。

的确，暂不说80年代罗斯托第二个神话的一个主要方面令人费解地在时间上与70年代中期的南北辩论毫无联系，更不要说80年代了。

它又把基本注意力放在外援上。因此，罗斯托教授声称的通过南北辩论而达到“相互感化”和“持久合作”的观点令人困惑。在一些时间内，发展援助对于这次辩论并不那么重要，在专注于更为古老的辩论的同时，他把最近的南北对话称为“心理上可解释的……（但）基本上是谬误和混乱的”，在这些事情中，他唯我所好。但的确不能说，罗斯托关于南北对话前途的观点比他所驳斥的观点更能为布兰特委员会的委员或坎昆会议的参加者所接受。

在总的国际贸易和金融制度方面，南北利益关系一直受到激烈的辩论，辩论决不只简单地限于部门的专业术语上。无论是否存在南方，共同进行宏观经济管理，进行结构上的调整，抑制保护主义的复活现在已经摆在工业化世界面前。我准备从周期观点去理解的在北方实际发生的情况更多地要依靠上述问题，而不仅限于罗斯托教授主要感兴趣的部门观点。（我对于它是否就是马歇尔那类的周期并没有把握，但它要比著名的凯恩斯主义者的长周期要短得多。）发展中国家在北方贸易和金融方面扩大的作用应当并终将使它们比以前在解决这些问题中起到更有意义的作用。对目前北方政策的主要挑战是怎样运用一种有秩序并且双方可以接受的方式使发展中国家介入这些事物。

必须指出，在有些领域中南北利益并不一致，在此的伪装决无好处。冲突的领域——无论是实际的还是潜在的，对于考虑和分析南北问题来说，并不比明显的相互利益次要。即便在罗斯托教授希望我们投入资金和时间的“基础产品”领域，也完全低估了南方将对优先顺序和机制问题上自己做主的程度。（恰如我已在上面提及的那样），在目前的南北辩论中罗斯托的观点完全站在北方立场上，这是可以理解的。另外，把这种特殊的看法装扮成从总的发展理论中引申出来的也毫无意义。罗斯托教授似乎要证明的有秩序的变化过程，自然要有规则。无论一个人的全球发展理论是什么——我们中的大多数人没有得到一个连贯的思想，主要的外交政策十分简单，发展中国家将比过去更多地得到别人的倾听。

评 论（二）

阿扎拉·F. 默罕莫德[①]

罗斯托教授把他30年的工作在论文中概括为经济史发展过程和国际援助的政治经济学。这篇文章中最令人心醉的是关于罗斯托思想的演进。我将把这些放在一边，仅评论一点，一个如此之丰富的大脑处于专业性辩论的中心位置是不足为怪的，他已经使历史学家和经济学家忙碌了10年之久。

他关于通过一种抽象的连续过程而实现社会发展的想象自成一体，而更引人注目的是在这一理论中的世界观。罗斯托把50年代和60年代视为第四个康氏周期的各期，那时能源廉价，贸易条件也对工业国有，利。这些国家在通货相对没有膨胀的环境中充分地成长，并可以推动世界其他部分的发展，与此同时，外援也是慷慨而大量的。世界于70年代初进入了第五个周期的峰期，粮食和能源价格上升，援助变得短缺，当工业国试图忽视在新的相对价格结构中含糊不清的收入转移时，他们面对着贸易条件恶化和国内通货膨胀。峰期使那些没有石油出口的发展中国家陷入困境，并且使其在利率首先固定，然后第一次达到5%的“实际”水平后而陷入严重的债务。

但罗斯托的处方基本上是乐观的，在投入，尤其是能源变得昂贵之后，周期的峰期也得到补偿，它引起节省资源的技术创新。用罗斯托的话说，如果北方和南方和谐地去扩大能源、食品和原材料的供应的话，那些从这种刺激中获利的国家可以恢复其发展势能，这样对每个人来说日子都更好过。不明确的是，发展中国家是否必须通过这些发展获得丰裕的条件。贸易条件怎样进化？它们怎样向有利于工业国的方向倾斜？能源出口国及其劳动供给者的损失是否可以从石油进口国的收益中获得

① 阿扎拉·F. 默罕莫德是国际货币基金组织对外联络部的顾问。

同样的补偿？如果援助的破灭是不可避免的，如果最穷国在前个周期中的所作所为是做得如此之差的话，那么在另一个周期中它们应怎样努力？没有任何回答的迹象。

当转移到次抽象层次，我们为起飞阶段所吸引。从概念提出之后的四分之一世纪之内，我们一直为这一概念在实际中怎样展开而好奇。罗斯托的大量工作都用于建立和修炼把经济推向起飞之中的机制。动力是由一个或更多的主导部门提供的，而其他部门则在生产函数变化，新技术变得可以利用和经济中出现了新关联时而处于不断变化状态之中。罗斯托始终强调，动力机制是微妙而不可预测的。虽然注意力的相当部分放在主导部门上，动力积蓄却源于众多渠道：技术发明或对现有技术的吸收；那些对开拓可能性市场投资的企业家阶层的涌现；可以使国内政治力量集中起来的外部挑战。在这些条件之外，罗斯托还会加上有效率的农业和少量外援。但是这些因素必须精心组合，但是能否如愿以偿则全系偶然。

在最近的著作中，罗斯托继续对主导部门的动力进行研究。尽管人们怀有期望，仍然没有看到新的进展。在新近的发展中国家，发展阶段怎样与事实相符？当看到过去 30 年的发展经历后，人们或许可以对于没有看到罗斯托思想的论点有所谅解。但是至今我们对于怎样辨别潜在的主导部门，怎样通过合适的刺激培养“增长点”，对于以政策手段强化关联，对于开始衰退的产业怎样复苏等仍然无所遵循，对于怎样决定部门淘汰的标准也无从获得。

这导致了一个更综合的观点。20 年前，在成长阶段会议结束时，罗伯特·索洛怀疑罗斯托体系的分析质量。难道经济史学家仅售卖理想化的经济成长阶段的描述吗？难道阶段理论仅是一种文学修辞吗？他继续补充说，如果经济史学家与多领域的经济学家有效地合作的话，竞赛的规则必须更加明确，为了使阶段理论有用途，对于行为上的关联、参数和初始条件必须更为准确。当读到这篇论文时，人们被同样的疑虑所侵袭，时代经济的演进恰如我们所经历的，像一个醉汉走在泥泞之中，发展中国家必须使自己从泥泞中自拔并且拾起他们能得到的经济理论和实际经验而自择其路。国际上的好的经验可以使其避免最显著的错误，但除非别无选择，政府总是对外部劝告持有怀疑。我们的确都可以运用一种历史的观点，这也正是为什么罗斯托著作的许诺如此时兴的原因。

然而，在他的思想能提供出影响发展过程的政策和方法的杠杆之前，我们需要从他那里得到更多的指数。比如，罗斯托把现代化部分地视为国家吸收现存技术品过程。在一定程度上，他发现了后发者获得已经发达的技术的能力是快速走上发展轨道的关键。他最新的著作暗示，大部分发展中国家和发达国家的差距缩小的原因正是部分源于这个过程。但是，这种假设与援助流量的减少和一些贫困国家在其飞快的人口增长与已经在工业化国家降临的技术时代之间的无能为力和无所适从的局面几乎毫无关系。他怎样看待在没有官方资金分配时援助机构的作用，是否预见到了他们会主要变为技术援助代理机构?

我的另一个观点指向另一方面，罗斯托建立的原理系统如此之浩大，致使他也许不可能注意到那些不景气科学的低层次实践者的分析需要和那些追随他们的国际文明公仆。从一开始，他就情愿去敲开所有社会科学的大门以期找到发展问题的答案。在有些方面，他的阶段论无论从雄心上还是从论理上都与马克思有相似之处。但是，在配方选择和重点上可能有极为重要的区别。

阶级冲突是马克思思想的核心，由于阶级利益的冲突所释放的能量引起马克思文思泉涌，一个阶级或团体利益为另一个阶级或团体利益所磨损，这经常表现为爆炸性的政治冲突。所有这一切都纯属发展中社会的整体部分。当研究罗斯托的著作时，人们不可能发现复杂的社会冲突的一点迹痕，罗斯托的确注意到了国家资产阶级对自身利益与群众利益之间的集中的乏力，但毫无迹象表明把这种广泛存在的现象纳入了他的理论。或许，由于理论本身方向太多，以至于无法考虑到社会的许多方面和角度，而只是把其注意力放在追踪制度和思想方法的复杂变化以及在其之内的变化实践。

我最后的评论集中于外援的作用。论文的很大一部分表现出对50年代形成援助政策的基础的关注。

他本人的观点在细节上并不清晰，因为他代表那个时代在CENIS享有声望的杰出学者讲话。但无论如何，人们可以感到他对援助效率的人道主义关注和有力的证据。他承认有些援助，比如像PL480项目，事后看来是不利于提高效率的。但总的说来，外援的益处是有可能超过害处的，它有助于经济福利，帮助那些真正致力于现代化的政府以最小的暴力实现变革，并给人们以发挥想象、事业心和智力的机会。

对于这些我当然理解，但怀疑他们是否为我们勾画出了全景。因为由工业国家于50年代和60年代提供的援助对战略目标来说是一种桎梏，它可能——甚至不那么紧张地——支持那些对大众的需求和希望持对立政策的政府，引起在边界许多地方上升到表面的紧张局面。罗斯托使用的总量指标无疑表明了超过历史标准的增长速度，但恰如他可能首先看到的，这些指标可能是虚假的。在许多国家，经济上的两极分化可能与经济增长相伴而生，世界银行记载了发展中国家贫困扩散和人身剥夺的统计，这些却并未引用。

罗斯托相信，援助引起智力集中。我多少也同意，在双边或多边的援助机构的努力下，一些国家促进了经济管理的改善，提高了在管理部门中决策人的能力。我同样相信，援助加速了一些国家企业家阶层的聚集。但也存在我们有必要很好认识的另一个相反方面，那些由外援所滋养的经济、政治和官僚环境造成其自身的问题，正如很早就被指出的那样，罗斯托本人提出了国家官僚的问题。这仅是更大问题的一个方面，即那些以援助接受者为特征的官僚和具有才能的企业精英的出现，从事实上看，与其人民脱离开来，并为人民视为异己。

这些挑剔已经足够了，罗斯托教授令人满意地再现了过去，这使我们大获其益。在社会科学中没有无瑕点的理论，任何一种艰辛的研究都会在这里或那里显出不足，罗斯托在超越我们理论的极限上比任何人都更有生气。多年来，我们均受益于这种努力，这篇论文表明，他精力犹存。我们可以把这种精力作为真知卓见多年不衰的依据。

中国经济50人论坛
Chinese Economists 50 Forum

九　H. W. 辛格

Chinese Economists 50Forum

Chinese Economists 50Forum

汉斯·辛格1910年出生于莱园区。他在波恩大学开始研究经济学与社会问题。在那里，他的老师约瑟夫·熊彼特与阿瑟·斯皮束夫对他的影响极深。

辛格1933年离开德国，就学于英国剑桥大学皇家学院，在那里他积极参加凯恩斯学说的分析与评价。1936年他在剑桥大学获博士学位。以后他从事失业调查工作并协助出版《没有工作的人》一书（英国剑桥：剑桥大学出版社，1938年）。他致力于失业统计，在《经济研究评论》上发表了一系列文章，并获得皇家统计协会弗朗西丝·伍德纪念奖。他对英国的威尔士、达累姆、兰开夏等不景气地区的研究与他后来对巴西东北部、泰国北部以及肯尼亚等的贫困地区的研究是一脉相承的。

辛格最初在曼彻斯特大学任职（1938—1943年）；1944年以后在城市与国家计划部任职；1946年在格拉斯哥大学任职。1947年他开始在初建不久的联合国工作，并立即着手建立联合国经济委员会的工作。当时这个处理不发达国家事务的委员会只有两个人。从此，他在联合国任职长达22年。

他早期的发展理论出现在《发展计划模式与经济评价：在亚洲农业及有关项目研究中心发表的专门问题的讲演》（第2卷），（纽约：联合国技术援助组织，1951年）。以后，他大量地随团访问，写出了许多官方报告，并担任许多国家与国际组织的顾问。他还参与了非洲发展银行的建立以及世界粮食组织、联合国特别基金会的指导工作。

1969年以后，他在苏塞克思大学任经济学教授和发展研究学会的教授级会员。现为该校退职名誉教授。

他的著作有：《失业与失业者》（伦敦，1940年）；《不发达国家的经济发展》（葡萄牙语；里约热内卢，1950年）；《巴西东北地区的经济发展》（纽约：联合国技术援助报告，1955年）；与他人合著：《作为官方顾问的经济学家的作用》（伦敦：艾伦与恩温出版社，1955年）；《国际发展，增长与变化》（纽约：麦克劳一希尔，1964年）；与他人合著：《经济发展前景》（波士顿：霍顿·米夫林，1970年）；《国际发展战略》（伦敦：麦克米兰，1975年）；《基础必需品的工业技术》（日内瓦：国际劳工组织，1977年）；《富国与穷国》（伦敦：艾伦与恩温出版社，

1979年)；与他人合著：《国际缝济与工业发展》(伦敦，1982年)。

主要论文有：《失业过程与不景气地区，1935—1938年》，载《经济研究评论》，1938年；《不发达国家的经济进程》，载《社会研究》，1949年；《债权国与债务国之间的利益分配》，载《美国经济评论》，论文与会议集，1950年5月；《现代化计划的国际探讨》，载《米尔班克纪念基金季刊》，1950年4月；《中东经济发展对资本的需求》，载《中东形势》，1952年2月；《经济发展机制》，载《印度经济评论》，1952年8月与1953年2月；《经济发展的障碍》，载《社会研究》，1953年春；《贸易条件——交换与要素的对比——与贸易收益》，里约热内卢，1957年；《对金德尔伯格"贸易条件与经济发展"一书的评论》，载《经济学与统计学评论》，1958年2月；《展望不发达状态经济理论关于欠发达问题的经济学思潮》，载《社会研究》，1961年；《外国援助：用于计划还是用于工程项目?》，载《经济杂志》，1965年9月；《人力投资说》，载《社会经济评论》，1966年3月；《重温二元论》，载《发展研究杂志》，1970年10月。

辛格的最新研究工作主要着重在国际经济秩序、粮食援助、适用技术以及后起工业化国家的问题。

贸易条件之争与软筹资的开展：联合国初期

本篇论文的第一部分主要是自传性的：当初我是怎样进入联合国的以及我为什么要这样或那样做？第二部分用现在的认识论述32年前我在1949—1950年的论文《债权国与债务国之间的利益分配》①。可以看出，我当时的观点后来都得到证实，若用现代术语重新组织将得到更多的人的赞同。第三部分站在20世纪50年代对于经济发展的软筹资参加者的立场上，并站在联合国一些人的立场上，主要谈谈联合国经济开发特别基金与世界银行的下属机构国际开发协会。按照我的理解，开拓者是一些“为主力部队铺路架桥的人”。更确切地说，是联合国内一些“有巢氏”及其联合国经济发展特别基金为世界银行这个大部队铺了路架了桥。

（一）自传

为回顾1947—1951年我如何致力于贸易条件的研究，以及为何以后强调软筹资发展的必要性，我必须采取自传形式②。

我于1946年被邀请到联合国任职，1947年4月抵达联合国。我在别处曾描述过一个奇特的语言误解——“国家计划”的美国用法与英国用法有区别。因而我被任命在经济与社会事务部从事发展研究③。通过回顾，可以看出我目前研究的新问题与我早期感兴趣的问题的一些联系。

---

① 论文1949年在美国经济协会年会上宣读，后发表在《美国经济评论》上，第40卷（1950年5月），第473～485页。

② 这将删去一些人的名字，如杰弗星·凯恩斯（梅纳德·凯恩斯的弟弟）在他的自传里谈到，“太像一个删去人名的练习了，这是一个无人喜欢的，最枯燥乏味的职业。”《回忆的人口》（牛津：克莱林顿出版社，1982年，第1页）。

③ H. W. 辛格：《早期，1910—1938年》，载阿列克·卡恩克劳斯爵士与莫因德·普里合编的《就业，收入分配与发展战略》（伦敦：麦克米兰出版社，1976年）。

我过去一直对“不景气地区”的问题极感兴趣——一些联合王国的组成部分如威尔士、苏格兰，以及东北地区存在着严重的失业，无论在收入上还是在生活水平上都明显落后于其他地区。我与大卫·欧文以及沃尔特·奥克肖特合作，写了《没有工作的人》一书（剑桥大学出版社，1938 年）。我曾在不景气地区与失业的人们共同生活在一起，因而能够站在比失业问题的纯学术研究更好的基础上提出政策性建议。在我与大卫·欧文以及沃尔特·奥克肖特合著此书之后，我又独自撰写了《失业与失业者》与一些独立的论文（其中不少都发表在《经济研究评论》上）。在格拉斯哥大学我继续从事这方面的研究工作，研究了苏格兰与英格兰的发展指标差别。随后与 C. E. V. 莱塞合作发表了《英格兰与苏格兰的工业生产力》（格拉斯哥大学，社会与经济研究系，1950 年）。此研究成果同时也作为一篇论文被皇家统计协会采纳（《皇家统计协会杂志》，1950 年）。无疑，对不景气地区与失业的研究工作是研究发展中国家的前奏，我当时就已经不得不思考“恶性循环”与“贫困陷阱”了。在肯尼亚国际劳工组织就业机构工作时①，尤其在 1971—1972 年，我经常回顾我在 30 年代的工作。

作为对失业问题关心的一个组成部分，我十分关注战后社会福利国家的发展。我是威廉·贝弗里奇爵士的敬慕者，也是贝弗里奇报告的热心宣传者。1943 年，我撰写了费边社研究小丛书之一：《我们有财力实行贝弗里奇计划吗?》。我的回答或许是带有预见性的，就是我们不仅有力量，而且我们必须这样做。1943 年我写了一篇持相同观点的论文《贝弗里奇计划经济学》，作为专册发表在《威斯敏斯特时事通讯》上。很明显，作为一名社会福利国家的坚定支持者，以联合国作为全球福利国家的象征来逐步实现朴素的乌托邦思想的想法与可能性是相当有吸引力的。

当时还有一个学术上的渊源，正如我的“开拓者”同事阿尔伯特·赫尔希曼所指出的那样②：在某种意义上，从凯恩斯与“单一经济学”决裂这一点来看，他是发展经济学的真正创始者。单一经济学认为，经

① 《肯尼亚的就业，收入与平等》（日内瓦：国际劳工局，1972 年）。

② 《发展经济学的盛衰》，参见《不拘一格》（纽约：剑桥大学出版社，1981 年）。

济学应该由适用于所有国家、适用于任何条件的普遍真理所组成。凯恩斯指出，正相反，适用于失业条件下的规律与古典充分就业经济学的规律是不同的。正如阿尔伯特·赫尔希曼所指出的那样：很自然的方式是，处于不同发展阶段的国家运用不同的规律。在剑桥，在《通论》的形成时期（1934—1936 年），我作为凯恩斯的学生当然已经饱受熏陶，认为应该对不同的发展中国家运用不同的规律以及与之相联系的非传统政策。仅在十几年之后，阿瑟·刘易斯在 1954 年发表了具有开创性的论文《劳动力无限供给条件下的经济发展》，对工业国家的失业与发展中国家的剩余劳动力二者之间的共同点进行了决定性的进一步发挥①。

在凯恩斯之前，我的老师是约瑟夫·熊彼特，在他去哈佛以前，我在波恩是在他的指导下学习的。因而，从我作为学生的第一天起，就是在经济发展理论的熏陶之下。在熊彼特的培养下，我对技术进步、技术创新以及长期经济学等问题产生了持久的兴趣。在剑桥，我对长期经济学与技术创新的兴趣得到了我的导师（另一位“开拓者同事”）科林·克拉克的鼓励与扶植，他使我受益匪浅。甚至在阅读凯恩斯的著作时，我也总是特别注意一些有关长期方面的内容。例如他的短论《我们下代人的经济前途展望》，我对他的名言“将来我们总归都要死的”很不以为然。必须指出，我对长期经济学与技术进步的兴趣成为我研究贸易条件的长期趋势的一个开端。

凯恩斯与贝弗里奇都是国家干预的积极主张者，这使我对发展计划产生了直接兴趣②。而且在战后不久，发展计划是一个时髦课题，研究重点是印度，P. C. 马哈拉诺比思在发展计划方面成为发展经济学家的先知，加尔各答成为发展经济学家们的圣地。

我的早期任务之一就是参加与由世界银行资助的印度河盆地规划有关的印度与巴基斯坦官员的培训班工作。我对印度次大陆产生兴趣也是与我的同学 V. K. R. V. 拉舆的友谊而产生的，他在联合国建立初期是联合国经济发展小组的主席，并首先系统地表述了全球软筹资的观点（见

---

① 载《曼彻斯特经济与社会研究学派》（1954 年 5 月）。甚至在此之前，阿瑟·刘易斯就已经是联合国经济发展促进委员会的主要成员了。

② 我在拉合尔的讲演发表时题为：《经济发展计划是国家发展计划的一部分》（纽约：联合国，1951 年）

下面）。

另一个早期涉及的地区是巴西。这也是由个人因素决定的，我很早就与一个亲戚罗伯托·坎帕斯建立了友谊，他是联合国经济委员会年轻的巴西委员，以后，通过他结识了一些包括财政部长欧几尼奥·古丁在内的巴西经济学家。

在巴西的工作构成了在里约热内卢加德里奥·法加思基金会的一系列讲演，后来用葡萄牙语发表。更为重要的是我对巴西东北部地区的考察与研究，在这里，我早期在英国不景气地区的研究与经历栩栩如生。首先需要证明的是，东北地区问题不是简单的自然灾害（干旱），而是发展问题，但前者是普遍流行的观点。只有少数年轻的巴西经济学家①大声疾呼，他们认为不应当只是简单地采取建筑公路的手段让人们可以离开，再加上修建一些水库使人畜能够在离开之前苟延残喘。在辩论中，我热情地站在他们一边②。

对巴西东北地区的研究工作也与贸易条件或收益分配的研究有关，后者是我下一部分的主要内容。除了咖啡以外，东北地区是全巴西初级产品出口的主要来源——当然，那时巴西的出口几乎全部是初级产品。圣保罗生产的工业产品受到过度保护，其结果是低效率以及高价格和相当高的利润率。东北地区的出口产品价格由于克鲁塞多（巴西货币）的长期高汇率而被压低，另一方面又高价买进国内的产品。因而，对这一萧条地区的特定情况所从事的研究工作就与我对贸易条件的关注产生了直接联系。同时，在巴西东北地区的工作也直接与地区发展银行的建立相联系，这为我提供了对开发融资进行研究的机会，而且也为我数年之后（在亚的斯亚贝巴设置联合国非洲经济委员会）在阿比让所从事建立非洲发展银行的工作打下了基础。

我在联合国任职的同时，还作为纽约社会研究新院的研究生教授定期讲课，这促使我对发展的思考拓展得更加系统。在讲授中，发展的理

---

① 他们是：罗怕托·坎帕斯，奥克塔维亚·勃尔霍斯，塞尔索·弗尔塔多，卢姆罗·艾尔梅达。他们都为巴西的经济发展立下了汗马功劳。

② 我有关东北地区的报告于1953年被作为联合国技术援助报告用英语发表，以后又作为一本书用葡萄牙语出版：《巴西东北地区的经济发展》（1962年）。这些报告的英文版本以后纳入《国际发展，增长与变化》（纽约：麦克劳—希尔，1964年）的第6部分。

论基础一部分是罗森斯坦 - 罗丹与托马斯·巴劳格所强调的基础部门，一部分是平衡增长的必要性（这方面我受 R. 纳克斯这一理论影响最深），一部分是缪尔达尔的积累的因果关系与恶性循环。但在新院所授课程的主要内容是我在联合国为之倾全力的国际贸易问题，下面我就开始论述这个问题。

（二）贸易条件——贸易与投资的利益分配

回顾以往，可以看出当初我为什么选择贸易与投资的利益分配来作为研究的主要领域的原因。我到联合国任职的 1947 年，创立联合国贸易组织的协商会议正在哈瓦那举行。凯恩斯在布雷顿森林会议时就考虑建立这样一个国际组织以提高和稳定初级商品的价格。按照凯恩斯的设想，联合国贸易组织是继世界银行与国际货币基金组织之后的第三个支柱。[①] 早在 1938 年，凯恩斯在剑桥英国学术协会宣读的一篇论文《粮食与原材料的政府储存政策》里，就主张初级商品的缓冲存货。1941 年，他在开始考虑有关战后复兴问题时又重新提到了这一观点。他也认为初级商品价格会有一个长期下降趋势，因而像英国这样的工业国家无需为这种趋势的不稳定与波动的缩小而担忧。詹姆斯·米德极大地帮助了凯恩斯形成发展“为联合国贸易组织宪章做出的特殊贡献”的思想观点。凯恩斯对成立清算同盟（后为国际货币基金组织）的建议包括（后成为联合国贸易和发展会议共同基金的功能）应该具备资助缓冲存货与“正常粮仓”的功能[②]。但英国的这个建议由于美国的反对在 1942 年被搁置起来，后来在哈瓦那才得以实现。

在联合国初期，一个具有相当影响的人物是瑞典经济学家福克·西尔杰特，他早已勾画出针对世界贸易系统的国联文件。与他一同从事研究工作的是丹麦经济学家 C. M. 莱特，后者尤其对初级商品价格的贸易周期与工业国家经济增长的关系感兴趣。另外研究贸易方面的两个人物

---

① 见凯恩斯：《布雷顿森林会议对国际计划的商品政策方面的新热情》，特别是有关创立联合国贸易组织的建议。参见 R. F. 哈罗德：《约翰·梅纳德·凯恩斯的一生》（纽约：哈考特，布雷斯，1951 年），第 620 页。

② 参见 R. F. 哈罗德：《约翰·梅纳德·凯恩斯的一生》（纽约：哈考特，布雷斯，1951 年），第 531 ~532、533、550 页。UNCTAD 是联合国贸易和发展会议的缩略词。

是沃尔特·查德桑（美国）与珀西·贾德（澳大利亚），后者对经济学与商品协定的细节相当内行①。与他们四位探讨问题必然很快地把我的注意力吸引到贸易条件方面上来。贸易分析已很成熟，且有深入的研究，很自然就使我把发展研究（联合国的新领域）与之相联系。通过了解西尔杰特与 G. 缪尔达尔的研究工作——缪尔达尔主要受西尔杰特的影响——我也对工业国家情况的变化对初级产品出口国的贸易通过价格与贸易条件发生回波作用的可能性开始熟悉起来，这种作用无疑是周期性的（西尔杰特与莱特），但可能也是结构性的（缪尔达尔）。虽然那时我没有接触到 R. 普列比什的术语“中心工业国”与“边缘国”，以及“依附”学派的专门术语，但我已具有这些概念的要点，只是没有明确表达而已。

当主流经济学集中致力于研究资源的配置效率时（在这里，比较利益占绝对统治地位），我（作为阿尔弗雷德·马歇尔、R. H. 托尼、成廉·贝弗里奇的追随者）始终对公正分配，或者更确切地说，对分配效率感兴趣②。这是我过去对失业与福利国关注的一个反映，并预示着我将来的兴趣主要在基本需要以及儿童问题上。在我看来，那种认为收益分配仅仅依据专业化所节省的劳动量的观点忽视了一个最基本的因素，即“完全”公平的市场上的平等交换的假设与不平等的市场和不平等的技术力量的现实相冲突③，骰子落地后的方向始终不利于贸易的一方。像在其他场合一样，有必要采取偏袒措施，因而建立联合国贸易组织就是顺理成章的事情了。

还应该指出，在 1946—1948 年，人们普遍认为就像第一次世界大战后一样，随着第二次世界大战的结束也会面临一个衰退与失业的时期，初级商品价格也会受到很大的影响。这种基本假设是造成初级商品价格悲观

---

① 他还长期担任“商品问题临时协调委员会”（ICC－CP）的秘书长。

② 台德莱夫·洛伦兹与我不谋而合已经清楚地说明了配置效率与公正分配的区别。参见他最近的论文：《发展中国家与工业化国家之间的不平等交换》，载《国际经济学》（1982 年 1—2 月）；更为完整的论述参见《非等价交换与国际收入分配》，载《德国经济评论》，第 8 卷，第 4 期（1970 年），第 280～283 页。最近，我从发展研究协会的大卫·伊文斯那里得到了许多有关“不平等交换”的事例。但我在《收益的分配》一文里“并没有怀疑国际贸易双方都有收益的可能性，仅仅是这种收益的分配：在自由放任主义与剥削之间进行调和。”

③ 弗朗索瓦·贝尔卢在 1949—1950 年的论文《收益的分配》之后几年内提出“优势国”的概念。

论的基础，虽然事实上在战争期间与战后，初级商品价格是提高的。

可以提出一些应在以后讨论的问题。那些对1948—1949年的初级商品价格前景持怀疑态度的人或许能够声称他们的估计被证明是正确的，因为即使工业国家在以后的25年中进入了一个空前的充分就业与稳定增长时期，初级商品价格却原封不动。70年代后期的停滞与萧条与1946—1948年的基本假设相一致，至少工业国家的周期性萧条是如此，这当然会对发展中国家中非石油初级产品出口国带来极为不利的影响。但是，我必须强调一下，无论是我1949年依据英国资料所著的《不发达国家进口与出口的相对价格》[①]，还是1949—1950年在《美国经济评论》上发表的论文，都没有对工业国家的状况与周期进行任何专门的分析与假设。我的兴趣与福克·西尔杰特以及C. M. 莱特的不同，主要着重分析出口制成品的工业国家与初级商品出口国的结构性差异。我在论文里指出，这种国家与市场之间的结构性差异必然导致初级商品价格相对于制成品价格为一种下降趋势，而且需求与数额的变化是不对称的。因而，贸易与投资的利益在两种不同类型国家之间的分配的不平等将会不断扩大。这基本上与以下情况无关：短期或康德拉季耶夫式贸易周期的有无，以及工业国家的状况。

试图创立联合国贸易组织，旨在稳定和控制商品价格的战后秩序的努力的失败，更不用说谋求一个建立在商品基础上的新国际通货体系的努力的失败，当然是造成悲观主义的另一个因素。由于受到一点前10年上升的影响[②]，更多地受到前60年下降趋势的影响，[③] 以及把1870—1939年的下降归结为结构性的而不是循环性的（甚至是长期循环），1949—1950年的论文也许有其可取之处。

阿瑟·刘易斯获诺贝尔奖时的演讲，以及他对1870年以来的增长与

---

① 纽约：联合国，经济事务部，1949年号，Ⅱ，B. 3。

② 论文有一个专门的小标题："贸易条件近来有所变化的假象"。

③ 把贸易条件变化归因于国际运输成本与国际离岸价格的不同（源于1870—1939年或1870—1949年的统计），随后对普列比什－辛格论断的评论者在某种程度上对此有所怀疑。特别是由P. T. 艾尔斯瓦思提出的批评（《初级产品国与工业国之间的贸易条件》，载《美洲经济事务》，第10卷：1956年，第47～65页），以及其他指责——质变会颠倒或消除现存趋势——均被斯巴罗思证明为离题之谈。参见J. 斯巴罗思：《初级商品与制造品的纯易货贸易条件的统计争论》，载《经济杂志》，第90卷，1980年3月。

波动的长期展望，将注意力集中于两个实质性要点：初级商品与发达国家工业制造品的贸易系数始终低于1（他计算的结果为0.87）；那种初级产品出口商从与高水平运转的发达国家中得到的预期的贸易条件有利的循环效应“在这一时期始终没有出现”[①]。这两个情况完全与我的观点相一致。

我的论文没有包含明确的预测，那时的预测不像现在这么普遍或轻而易举地用数量来表示，而是依据历史的分析。在1947—1948年我在联合国从事这方面的研究，并于1949年由联合国发表，在这之后我才开始着手美国经济协会会议论文（1949年12月）的写作[②]。然而，这篇论文明确地论述了初级产品的贸易条件从1870年到1939年，甚至到1949年的历史下降趋势是由于工业国家与发展中国家内部及其之间的综合力量与联系性质，这种趋势将会持续下去，除非有什么实质性的变革（就像我们目前常说的国际经济新秩序）。由于这篇论文是（也被认为是）一种含蓄的预测，作为一种预测可以说它要比其他绝大多数经济预测更为准确。从进行预测的1948年或1949年开始直到1973年，发展中国家初级产品出口相对于制成品进口的贸易条件有进一步恶化的趋势。当然，1973年以后，如何判断这个预测将取决于如何看待石油输出国组织及其石油，如果把石油作为一个特例不将其包括在内[③]，原有预测的有效性将延续到1982年[④]。

如果不把石油按特殊情况排除在外，预测显然是不真实的，1949—1950年的论文没有预料到1973年后石油输出国势力的出现。即使以此为基础，由于适用四分之一世纪之久，仍然说明了它的合理性。

还有另外一个论点为1949—1950年的论文辩护，认为该文与其说是

---

① W. A. 刘易斯：《增长引擎的减慢》，载《美国经济评论》，1980年9月，第556页。

② 《不发达国家进口与出口的相对价格》。

③ 此想法也是斯巴罗思提出的，参见《统计争论》。显然，当石油与石油输出国组织作为特例而不包括在内的话，以进口石油生产初级产品的发展中国家的进口物价指数中的高石油价格因素也必须排除出去。但是上述公式只把初级产品出口价格与制造品进口价格相联系（至少已直接排除了石油），因而回避了这一问题。石油价格被计算在进口制造品之内；要想更为精确的分析必须设法消除由于石油涨价而引起的进口价格上涨的因素（石油涨价有利于发展中国家而不是工业国家）。由数字可以清楚地看出，如果把发展中国家制造品进口价格上涨中的高石油价格的影响因素排除掉，那么，我们仍然可以得出发展中国家的贸易条件在1973—1982年是继续恶化的结论。

④ 见“（四）以经验为根据的贸易条件近来的变化趋势”。

预测不如说是政策指导。此论文建议发展中国家应尽可能由初级产品出口分化出来，其办法是发展国内市场，实行工业化战略，或是进口替代或是出口替代或是两者结合进行。（在 1949 年，出口替代的工业化对于欠发达国家来说看起来需要一个相当长的过程，因而应当更多地着重进口替代。）发展中国家有所成功之处，他们自己即可摆脱贸易条件恶化以及生产力的低速增长，或许还会使其他欠发达国家摆脱困境。事实上，1949 年特别是 1960 年以后，有许多欠发达国家开始实行工业化战略。即使经验数据不支持这个预测（特别是指各国而不是指商品的贸易条件），但并不一定意味着这篇论文无效，因为对 1949—1950 年的论文进行纠正或补充后，其结论与实践数据仍是一致的。我们不知道在没有这样的措施的情况下，这种数据会是什么样子——贸易条件的恶化很可能会更加严重。

（三）重申

1971 年我有机会重温了 1949—1950 年的论文。更多地着重在不同类型的国家而不是商品之间的关系，（就像查尔斯·金德尔伯格一样）以及科学技术力量的性质与分布①。有必要把论文的基本观点用现代的方式重新陈述，我希望这种重申能够有助于消除某些误解并作为针对某些批评的回答。

1949—1950 年的论文主要集中研究贸易收益分配的合理性与公平性，并不否认这种收益的存在，也未指出贸易条件的恶化是发展中国家受到损失的直接证明，这只需要研究一下贸易的要素条件，但当时没有这种资料。由生产力发展趋势出发，当时的论文得出结论：如果制造品生产力的增长快于初级产品生产力的增长——在当时或现在都无疑是一个合理的假设——假定福利收益的分配是以两要素贸易条件为根据的（考虑到进口品与出口品各自生产力的变化），则收益分配更加不合理了（不公平，不令人满意）。当然，即使如此，也并不意味着无贸易要比贸易更好，特别是在初级产品出口作为“剩余产品的出路”或提供更多的就业的情况下。当然，在其他条件都相同的情况下，特别是出口量及贸易要素条件完全相等的情况下——很明显这仅是一个假想比较，与贸易条件不

① 《重温收益分配》，曾作为发展研究协会的会议论文发表，苏塞克思，1971 年 5 月；并作为《国际发展战略》的第 4 章再版，（伦敦：麦克米兰，1975 年）。

恶化的情况相比，贸易条件恶化的发展中国家的福利意味着受到了损失。

我们对有关“增长的引擎”已经讨论了很多了，布兰特（Brandt）报告[①]所描述的互利与互相依存是以50年代与60年代工业国家作为欠发达国家的增长引擎为根据的，然而它认为在将来二者的角色也许会颠倒，欠发达国家有可能充当其他国家的增长引擎。1949—1950年的论文已经对前一方面提出过一些疑问，因为即使在50年代与60年代，由于欠发达国家向工业国家不断地提供初级商品（我必须指出，还提供了简单的制造品和劳动力），贸易条件越来越有利于工业国家。在战后25年的“黄金时代”，实际上是欠发达国家充当了工业国家的增长引擎[②]。

1949—1950年的论文是以商品市场的观点为基础的，较少重视传统的新古典竞争市场范例，更多地重视交易力量、财力、市场控制、加工制造与分配。最近，杰拉尔德·海雷纳在他对拉夫桑思研讨会的总结中也持有与1949—1950年论文相同的观点，他把竞争市场范例归结为“北方分析”，把1949—1950年论文的范例归结为“南方分析”。他继续指出：“西方传统中出现了有关的著作，它们采用对特定商品市场进行经验分析，这至少与南方方式是部分相同的。这些理论的‘零碎’还没有渗透到西方的初级教科书中或是西方经济政策制订者的头脑中；但是，它们的影响力或许已经足以使得占统治地位的范例转向南方”[③]。

在这一点上，同上述的实践证明一样，1949—1950年的论文或许可以说是已经被证明是正确的。无论如何，海雷纳指出，普列比什—辛格分析开创了“又一个理论探讨的新领域”，尽管他认为“还不够严格和具有说服力而足以纳入贸易理论的核心”，但仍认为它具有“巨大的直观的魅力”[④]。

海雷纳也注意到我的论文的另一个方面，论文试图把外国投资活动——或者，用海雷纳的更为现代的语言来说，“超国界共同行动”——

---

① 国际发展事务独立委员会报告（布兰特委员会），《南—北：生存计划》（马萨诸塞，坎布里奇：麻省理工学院出版社，1980年）。

② 重要原因之一是由于使得工业国家能够集中注意力于高技术的活动并巩固了它们的技术领导地位。

③ 《拉夫桑思研讨会：经济理论与南—北协商》，载《世界发展》，第9卷，第6期（1981年），第545页。

④ 《拉夫桑思研讨会：经济理论与南—北协商》，载《世界发展》，第9卷，第6期（1981年），第550页。

纳入模型（正像我的论文题目所表明的那样）。因而，它暗示了贸易条件的概念，其依据为由出口所得的国家保留价值而不是常规度量的价格。

现代说法可从 A. 梅扎尔斯的论述中看到："由于转移价格被作为跨国公司全球利润最大化的一整套措施之一，新古典经济学有关价格形成过程的结论就无效了。而且，由发展中国家装上船的商品的'出口价值'的概念（通常以离岸价格衡量）本身就需要修改成为国外的支付金额，例如，跨国公司寄回母公司的提成与管理费，事实上是国内收入的漏出。"他还为以上引语加了脚注："保留价值的概念因而要比通常的出口离岸价值更为恰当，特别适合分析利益分配"（强调点是我后加的）①。梅扎尔斯的观点与海雷纳相同，他认为："分析仅仅集中于供给与需求的变动以及由此而引起的市场价格的变化，不能揭示发展中国家的生产者与跨国公司的内在联系。为此，必须对支配特定商品的生产与贸易的管理构成以及决策构成情况下的需求—供给进行分析，还须说明这些构成是如何影响价格的"②。虽然我的表述没有海雷纳与梅扎尔斯那样明确与清晰，但这恰恰是我 1949—1950 年论文所要达到的目的。在该文里，表明贸易条件恶化的供求分析的因素（如恩格尔定律与低收入弹性）以及市场结构与资金技术力量因素之间没有加以清楚地区分，而是混在一起的，因此导致了人们的误解与批评。今天看来，我本应避免使用较狭隘的、仅与价格相联系的纯实物交易的"贸易条件"一词，而是使用"贸易结构"（或大写字母的"贸易条件"）或是其他一些相类似的概念。实际上这是有意将"贸易条件"从论文题目中删去，而是以"债务国与债权国"来代替。

在我看来，经验证明是有说服力的，而且海雷纳与梅扎尔斯的理性推论也是合情合理的。很明显，贸易条件恶化的论点涉及原有理论的核心，势必激起强烈的对抗。因而有一大堆重点，制造品质量的改善，新产品的开发，降低运输成本以及贸易要素条件的改变等。下面斯巴罗思的研究结论充分说明了测量的困难并不是问题的实质，甚至在经验上来讲也是如此。

最后我要求助的是保罗·斯特利顿的结论："虽然对初级产品生产

① A. 梅扎尔斯：《初级商品市场分析的概念结构》，1981 年 10 月，第 4 页。
② A. 梅扎尔斯：《初级商品市场分析的概念结构》，1981 年 10 月，第 24～25 页。

者贸易条件持续恶化学说的种种批判越来越凶，这个学说的核心会在一片叫骂声中继续生存壮大。贸易条件恶化学说的核心就是：世界经济中存在着一种力量使得来自贸易与经济进步的收益分配通常是不平衡的。也就是在这个过程中，狮子总是得大份，而小羊本身也要被吞吃掉”①。用《收益分配》作为标题，也表明我不怀疑比较利益学说，该学说认为贸易双方得利之和为正值。但是要进一步地探讨究竟是谁获得利益这也是在情理之中的。这使我在论文里考虑了在确定的体制与力量下，贸易者一方在长期的动态影响下，收入为负的可能性。至少在较公平的收益分配的贸易体制建立之前，贸易关系暂时的解体或许要好一些。毕竟，这不过是由新生工业的论点扩展成为新生经济的论点。

如果允许我用当时未曾使用的术语来分析1949—1950年的论文，那么就会有双重立场：

1. 出口初级产品的发展中国家与工业国家之间的国际贸易既是力量对比的问题，又是古典市场及比较利益的问题。而且发展中国家与工业国家各自国家内部的力量对比也是与两者之间的力量对比相关联的。

2. 1949—1950年的贸易情况对发展中国家不仅起着古典经济学家与比较利益理论所认为的“增长引擎”的作用，而且还潜在着比较利益动态概念上的回波效应；这种效应对于发展中国家来说，不仅有时会抵消，或甚至超过任何增长引擎的作用。

在1949—1950年的论文中没有直接讨论使得回波效应增强的另一个因素。但在完成1949年联合国的研究题目《进出口的相对价格》与1949—1950年的论文的写作以后，我立即投入到这方面的研究中去。这一因素就是初级产品与出口收入的长期不稳定。因而，我又写出了《不发达国家出口收入的不稳定》一书②。

如果贸易不是增长引擎，与发展初级产品出口有关的外国投资也不是，那么究竟什么是增长引擎呢？对此，我有两个答案：（1）由初级产品生产向制造品生产转变；（2）发展国际援助体系。向制造品生产的转变主要是采取进口替代的方式——在1949—1950年发展中国家制造品出

① 保罗·斯特利顿：《发展前景》（伦敦：麦克米兰，1981年），第217页。

② 纽约：联合国，1952年。

口的发展（出口替代）的实施是相当困难的，能够达到这一程度的是以后出现的一些新兴工业国。优先考虑工业化的主要论点是动态利益，然而，根据事后的认识，我必须承认当初没有充分地认识到进口替代战略的局限性。但目前欠发达国家已经成为大量纯粮食进口国，在发展农业与改善国内粮食生产的名义下进行“进口替代”已成为时尚与宝贵经验——迹象表明，要反对的恐怕是工业化而不是进口替代。

直到60年代后期，我才把这些问题与由技术进步决定的力量对比联系起来。在1949—1950年的论文里，我着重分析发展中国家内部的力量对比（阻碍了初级产品生产者提高收益）[①] 及与之不同的工业国家内部的力量对比（使得制造品生产者能够以较高收入的形式获得生产收益）。对工业国家与发展中国家之间的力量对比的分析，我仅是引进了投资（转移价格等），那时我还不知道产品循环贸易理论，也没有研究作为工业国与发展中国家不同增长情况的基础原因，即研究发展经费的分配。在1971年的“回顾”时，我试图弥补这一缺陷，并把初级产品出口国贸易条件恶化的趋势与技术优势联系起来。这也使我重温了熊彼特的教导，在波恩，我是在他的经济发展理论指导下以及准垄断利润源于高技术力量下生产出的新产品与尖端产品的观点的影响下成长起来的。把这种观点由国内运用到国际关系，或是把国民生产总值中的不平衡运用到不平等交换以及贸易条件的变化中去也是可行的。

作为这种思考转变的必然结果就是，贸易条件下降趋势的论点被拓展了。它包括由工业国家出口的高技术制造品以及由发展中国家出口的相对简单的制造品，也包括两种类型国家出口的初级产品。最后结论可由统计说明，统计表明，第三世界国家的贸易条件相对于工业国家确实已经下降了。即使分析仅仅局限于制造品贸易或是仅仅局限于初级产品贸易，其结论也不会有任何改变。

（四）以经验为根据的贸易条件近来的变化趋势

为了进行讨论，最佳最新的统计数字是发展中国家出口的30种初

① 不久即为阿瑟·刘易斯深刻地加以论述，参见《劳动力无限供给条件下的经济发展》，（曼彻斯特经济与社会研究学派，1954年5月）。

级商品指数（不包括黄金与石油）。该指数是国际货币基金组织研究部门计算的，并用联合国发达国家出口制造品指数加以折合。请看下表1957—1982年2月的统计。

在1957—1982年2月，欠发达国家初级产品出口相对于发达国家制造品出口的贸易条件降低了32%。四种主要初级产品类分别恶化的百分比是：粮食27%，饮料28%，农业原材料45%，金属为28%。如果以1957—1960年四年的平均数作为基数，则全部恶化在32%~26%。其他相应的分指数也是如此。如果把1957—1960年与1978—1981年相比较，仍然恶化了14%。把石油排除在外，面对着这样的资料，要想对贸易条件的变化趋势进行狡辩实在是一件困难的事情。难道这四组商品惊人的平均数字还不够揭示出一些共同的因素吗？这一个总的印象并不掩盖周期性的因素（后者使测量贸易资料时遇到挑选年代的困难）：1973年和1974年贸易条件有暂时的改善并超过了1957年，1977年又一次出现了改善的局面。1974年粮食状况的改善以及1977年饮料状况的改善都是相当引人注目的。但是1982年2月的最新数字却是全部商品记载历史的最低纪录，粮食、农业原材料和金属（但不包括饮料）都各自达到了最低点——这难道不意味着一个趋势吗？只要观察一下1957—1981年的120个年度资料，我们会发现与1957年相比，其中只有20个有所改善，有2个没有变化，但却有98个是下降的。

初级商品物价指数

（1975年=100）

主要商品[a]			主要商品折合价[b]			
时间（年）	名义价[c]	折合价[b]	粮食	饮料	农业原材料	金属
1957	57	127	90	171	163	131
1958	53	118	84	171	137	123
1959	52	117	85	146	154	121
1960	52	115	83	133	158	121
1961	50	109	79	124	145	119

续表

主要商品[a]			主要商品折合价[b]			
时间（年）	名义价[c]	折合价[b]	粮食	饮料	农业原材料	金属
1962	49	106	80	120	138	115
1963	52	113	96	118	142	114
1964	55	118	90	133	139	139
1965	54	112	82	118	132	149
1966	56	114	81	121	133	157
1967	52	106	81	119	119	132
1968	52	105	79	120	116	137
1969	56	110	82	121	119	145
1970	58	107	82	129	103	145
1971	55	96	78	112	96	118
1972	62	100	83	113	116	109
1973	95	132	110	120	178	137
1974	122	138	144	117	141	140
1975	100	100	100	100	100	100
1976	113	112	81	189	123	105
1977	137	125	72	302	117	104
1978	130	103	71	190	109	95
1979	152	106	71	177	117	109
1980	166	104	86	140	110	108
1981	142	94	79	115	105	99
1982						
1 月	133	86	66	119	90	95
2 月	134	86	66	125	90	94

a. 发展中国家出口的 30 种初级产品的总指数（不包括黄金和石油）。

b. 按联合国发达国家出口制造品指数加以折合。

c. 按美元计算。

资料来源：《国际货币基金组织综合评述》（1982 年 4 月 5 日），第 110 页。

是否上述情况已经证实了1949—1950年论文对于发展中国家初级产品出口的（或总的）贸易条件下降趋势的预测，J. 斯巴罗思教授[①]对此问题做出了回答，斯巴罗思揭示了1950年以来初级产品与制造品之间的纯易货贸易条件。根据他建立在联合国统计基础上的资料来看，这一贸易条件指数在1950—1970年，由1950年的114下降到1970年的85，下降率为25%。当然，这可以以1950年的初级商品价格行情甚好作为反对的理由。针对这一反对理由的答复是：（1）朝鲜战争中，初级产品价格与贸易条件的峰值是1951年而不是1950年；（2）资料以1913年=100，则1970年与1913年相比下降了15%，因而拉回了发生在1913年与1950年之间的改善；[②]（3）毕竟，我的论文是在1950年之前提交美国经济协会的；（4）尽管如果以1948年或1952—1953年为起点，下降程度会有所减轻，但是无论如何，上述结论的正确性仍不会改变。

在1970—1977年，如果不包括石油，则初级产品与制造品的纯易货贸易条件会进一步恶化9%，[③] 把这一数字与1950—1970年恶化26%的数字合在一起，则1950—1977年的全部恶化率为33%。很显然，如果包括石油，整个情况则会出现戏剧性的变化。

斯巴罗思把初级产品市场价格的世界银行指标除以由发达市场经济向发展中国家出口的全部制造品单位价值指数又得到另外一套数字。用这一指标所显示的1950—1970年之间的贸易条件的恶化甚至比联合国依据单位价值比较指数所得结果还要严重：如果包括石油则为36%，如果不包括石油则为33%。然而，利用这一依据市场价格的指数，显示出1970—1977年不但没有进一步的恶化，反而改善了4%（即使不包括石油）。因而，利用这两个指标对1950—1977年全部时期所做出的结论是基本一致的。

观察一下1900—1970年的整个历史时期，斯巴罗思发现不同数列均有负的趋势，但同时也发现这种趋势是很小的，“几乎没有统计价值”。然而斯巴罗思承认，反例是能够举出来的（针对明显的恶化），而且任

① 《统计争论》，着重参阅121~126页。

② 联合国贸易和发展会议汇编。虽然有微小的差别，但所谈内容基本上与联合国统计相同。

③ 斯巴罗思：《统计争论》，第123页，第5行。

何发现持续性恶化证据的人“都会得出这个结论”。[1] 还可以指出，即使所计算出的趋势都是没有统计价值的，但所有的数字都朝着同一个方向是有意义的。无论如何，没有任何迹象表明贸易条件得到了改善（不包括石油）。况且我们只应讨论 1949—1950 年论文以后的战后预测，而不是 1900—1970 年的整个时期。

仔细想来——鉴于发展中国家扩大制造品出口份额，相当迅速地转变出口结构的现实——论文本应告诫发展中国家逐渐削减初级产品的出口地位。如果工业国家持续地依靠高生产者收入尤其是高工资的形式来吸收技术进步成果（而发展中国家不存在这种倾向，而且人口过剩的压力势必妨碍工资的提高），其结果必然是发展中国家能够以出口制造品获得比较利益，特别是简单或劳动密集型的制造品更是如此。虽然工业国家存在着贸易保护主义倾向，也没有能抵挡住发展中国家的这一优势。1949—1950 年的论文没有预见或强调这一点，也没有预见到发展中国家居然会成为粮食主要进口国。因此，初级产品价格相对于制造品价格来说，越来越不适于作为发展中国家贸易条件的指示器了。

这一论点自然合乎逻辑地使我当初应该想到较低收入的发展中国家的贸易条件必然要比较高收入的发展中国家的贸易条件更加恶化，后者转为出口更多的制造品。对于低收入的发展中国家来说，依据初级商品的特点而得出的贸易条件恶化的论点自然也可以说是依据不同国家的特点而言的，况且较高收入的发展中国家是在朝着好转的方向发展的。资料似乎完全可以证明上述结论。

这一点已由联合国贸易和发展会议[2]所获得的资料证实。1960—1978 年的数字表明，1976 年人均收入低于 400 美元的发展中国家的贸易条件与人均收入在 400 ~ 800 美元的发展中国家相比，明显不如后者；而与人均收入 800 美元以上的发展中国家的贸易条件相比，前两者的贸易条件又显然不如。然而不幸的是，资料由于情况较好的国家中包含石油输出国组织成员国而受到影响。但是，只要我们仅观察 1960—1973 年的数字就可以消除这一影响因素。我们可以发现最穷的发展中国家（低

① 斯巴罗思：《统计争论》，第 124 页与第 125 页。

② 《联合国贸易和发展会议国际贸易统计手册》（纽约，1978 年），第 62 页。

于400美元）在1960—1973年贸易条件下降11%，而中等发展中国家（400~800美元）的贸易条件改善了6%，情况较好的发展中国家（800美元以上）则改善了3%。基于事后认识，1949—1950年的论文本应该只研究不生产制造品的最穷国家，而不是所有的发展中国家。

查尔斯·金德尔伯格根据发展中国家与发达国家各自出口的初级产品单位价值的比较，首先指出，与其说恶化趋势是由不同商品造成的，不如说是由不同国家各自的特点所决定的。物价指数以1953年=100表示，在1953—1975年，不包括石油，欠发达国家出口初级产品的单位价值相对于发达国家出口初级产品的单位价值下降了27%。① 与此相类似，欠发达国家出口制造品的单位价值相对于发达国家出口制造品的单位价值也是下降的。

因而，可以归结为三方面因素的综合影响造成发展中国家贸易条件的恶化：发展中国家出口初级商品的单位价值与发达国家出口初级商品的单位价值相比是相对下降的；发展中国家出口制造品的单位价值与发达国家出口制造品的单位价值相比是相对下降的；发展中国家的全部出口商品中，制造品的比重很小（制造品的单位价值提高速度较快）而初级产品比重很大（初级产品的单位价值提高速度较慢）。金德尔伯格的结论与普列比什－辛格的结论都是问题的部分答案。

（五）一些政策问题

保罗·斯特利顿认为，“争论贸易条件是否曾在某一时期发生恶化，是把有关贸易条件趋势的讨论引入歧途。问题的实质并不在于贸易条件过去如何如何，而是贸易条件将会怎么样与能够怎么样”。斯特利顿还指出，以生产者协会的方式对贸易条件的改善采取直接行动是十分困难的。这样的组织“是以其不稳定而著称的，因为提高价格的协议越是成功，就越促使某些协会成员叛离。”②

如果这种直接行动很难开展，我们就要设法寻求其他可采用的

① 有关欠发达国家的资料来源于《联合国贸易和发展会议国际贸易统计手册》，1976年，第60页；根据国际贸易标准分类，计有0+1+2（27除外）+4+68；有关发达国家的资料来源于各期《联合国国际贸易与统计年鉴》。

② 《国际经济新秩序探讨》，载《世界发展》，第10卷，第1期（1982年1月），第8页。

办法：

改变基本的讨价还价关系。如果以商品的力量无法取得成功，则要设法在其他方面抗衡，例如，以更加平衡的议价，更为有效的供货合同，以及进口来源的多样化对跨国公司施加压力，并推进技术传播以达到较低进口价格的目的。

通过加强欠发达国家之间的内部贸易与欠发达国家的内部投资来强化共同自力更生。在欠发达国家之间的内部贸易中，由于一国受到损失另一国必然得利，因而贸易条件不再有重要影响。对于农业初级产品来说（不包括金属与制造品），增加内部贸易可使相对价格的不利局面有所缓和；但甚至是这种产品，发展中国家与发达国家之间的贸易仍占较大份额。用内部贸易使得欠发达国家采取同样的保护措施与发达国家相对价格的改变相抗衡的日子，现在看来仍然非常遥远。

国际脱离（自给自足/进口替代）。也未能成为现实。至少到 1976 年为止，甚至低收入欠发达国家（1975 年人均国民生产总值低于 300 美元）的出口增长速度仍快于国民生产总值的增长速度；1960 年出口总额占国民生产总值的 13.8%，而 1976 年则占 15.7%，因而对于初级产品出口来说，贸易条件是继续恶化而不是缓和。① 由进口与全部贸易情况来看，不利于任何国际脱离的征象增加了；

出口替代。在这方面取得了巨大的进展。一是使出口初级产品转变为较高度加工的阶段，一是转变为不依赖国内初级产品的制成品出口（或至少没有影响初级产品出口）。1979 年欠发达国家的制成品出口可抵消制成品进口的 25%，而 1963 年仅有 11%。这当然对于缓和初级产品出口相对价格的不利局面的影响有重要的作用。然而，这里有四个主要的保留：

第一，明显的转变仅出现在局部地区和国家，主要是中等收入国与新兴工业国，而低收入国家的转变远不如前者。可是，在最不发达的国家，尽管不如其他发展中国家，制成品与加工品占全部出口产品的比重也在增长，由 1964 年的 12% 上升到 1977 年的 18%。在食品与饮料的出

① 《国际经济新秩序探讨》，载《世界发展》，第 10 卷，第 1 期（1982 年 1 月），第 1 页，注释 4，注释 8。

口中，加工品的比重从1964年到1977年一直维持在10%，而工业原材料的出口由1964年的7%上升到1977年的14%。[①] 由于这些变化无足轻重，因而不能明显地缓和初级商品比价下降的影响。

第二，即使实现了出口加工品与制造品的转变，贸易条件问题依然没有解决。因为贸易条件不仅涉及商品因素，而且还涉及国家因素（金德尔伯格的观点）。

第三，制造品出口的进一步发展由于发达国家的衰退与贸易保护主义的威胁而困难重重。

第四，设想一个或是一些欠发达国家，或是新兴工业化国家所能做到的事，全部或是绝大多数发展中国家只要同时实行出口替代（出口导向增长）也能做到，是不切实际的幻想。目前以模拟实验为基础的研究得出结论："出口导向发展的东亚模型若不适当地加以普遍化，其结果是对工业国的市场渗透将达到不可能实现的比重，……约占工业发达国家制造品进口的六分之一到五分之三。"研究断定，工业国家以贸易保护主义相对抗是不可避免的事情。因此"采用东亚四强所经道路作为发展模式是极其错误的，这种模式的推广势必由于贸易保护主义的对抗而进退维谷。"[②]

增加贸易额。第五种应付贸易条件恶化的办法是增加初级商品的贸易额以便获得有利的贸易收入条件（出口收入除以进口价格）并维持进口能力。这同样也是一种出口替代的形式，只是不存在像制造品那样的转化而已。但是，这远远不是一个良策，一个国家可以依靠扩大某种初级产品的世界市场份额来应付初级产品贸易条件的下降，可是如果所有的同种产品的出口者都试图采取同一措施的话，那么只能使这一产品的价格下跌。

不管怎样，欠发达国家初级产品出口总量的增长速度，事实上不如发达国家全部出口总量——甚至初级产品出口——的增长速度。在1959—

① 联合国工业发展组织：《世界工业形势统计评论》（维也纳，1981年），第12页。

② 威廉·R. 克莱因：《东亚发展模式能够普遍适用吗?》，载《世界发展》，第10卷，第2期（1982年2月），第88～89页。

1970年，欠发达国家初级产品出口（不包括石油）增长了74%，而发达国家初级产品出口却增长了152%，是欠发达国家的两倍多。因而，贸易收入条件的相对恶化速度甚至要比贸易的纯交易条件恶化速度还要快得多。（按定义，等于进口能力的贸易的绝对收入条件当然是有所改善的。）国际贸易与其说是欠发达国家的增长引擎不如说是发达国家的增长引擎。①

从总的条件上来看，尽管某些欠发达国家制造品出口增长迅速，但欠发达国家在总量上还是远远落后的。1948—1970年，世界贸易总额（不包括社会主义国家，大体上代表了发达国家的贸易）每年增长7.3%，但欠发达国家出口总额每年仅增长5.3%；1970—1980年的10年里，上述两个数字分别是5.8%与3.1%。最不发达的国家，特别是初级产品出口国的增长率仅为4.4%，1960—1970年则为-0.4%。② 至少从相对的意义上来说，由于恶劣的贸易条件，总量的变化加剧了发达国家与欠发达国家之间的差距，就这一情况来看，证明贸易悲观主义并没有错。

由发展中国家出口的初级商品价格相对于进口的制造品价格在80年代初期出现了戏剧性的迅速下跌，主要原因是由于工业国家的萧条或低速增长．以及商品价格弹性相应于世界工业生产变化在过去的10年中得以迅猛的提高。③

（六）援助而不是贸易吗

我已列举了五种可能用来应付贸易条件恶化时的对策，在这里要叙述第六种，即以资金转移来补偿贸易条件的下降（与低下的进口能力）。

---

① 这就是说，众所周知的限制是由于发达国家贸易的增长在很大程度上依靠与其他发达国家之间的贸易——很多都是同类产品，仅有微小的差别——发达国家的受益要低于其份额数字。

② 数字来源于联合国贸易和发展会议的《贸易与发展报告》，1982年，第26与38页。

③ 参见《70年代的商品价格》，载《英格兰银行季刊》，第21卷，第1期（1981年3月），第47页。根据英格兰银行的模型计算，与世界工业生产的变化相对应，短期商品的价格弹性由1957—1969年的0.39上升到1970—1979年的3.08。长期的商品价格弹性由1957—1969年的2.18上升到1970—1979年的4.34。这一上升的价格弹性同样也分别适用于三种初级商品：金属，农产品，原材料和食品。

可以采取跨国公司投资、银行贷款，以及官方发展援助等形式。[①] 如果存在着转移定价与出口限制，当地缺乏训练有素的人员与产品研究开发的能力，利润的汇出（包括当地筹措基金的利润）等不受管理法规的控制，以及没有管理力量或是缺乏开明的政策，则依靠跨国公司投资要冒着使各种累积的因素最终演变成贸易不平衡的风险。贸易不平衡使得跨国公司的财力更富有吸引力，因而跨国公司的进一步活动又会引起新的贸易不平衡（极为明显的是，转移定价直接影响着贸易条件）。银行贷款会导致负债，近来欠发达国家负债的增加意味着有20% ~25%的出口收入不能用于进口产品，这同样会导致贸易条件的下降。[②] 因而，银行贷款与外国直接投资一样，如把此作为劣势贸易条件的补救措施有可能弄巧成拙，反而会加剧贸易条件的恶化趋势，使问题难以解决。

由于贸易悲观主义的结果，官方发展援助（或简称援助）事实上成为联合国感兴趣的一种理所当然的手段。我当时也抱有同感。因此，经济发展对于软筹资的需要的观点就应运而生了；并与有关贸易条件的研究在同一时期内得到了开展，而且两者之间存在着明确的学术渊源。现今，很难想象这一观点在当时曾被视为何等的过激与危险。[③] 世界银行的涉足商业行为的措施（当时当然尚无国际开发协会）是许可迈出的最大的一步，而这一步也只是由于世界银行是一个可敬的、为西方所牢固控制的机构。与此相对照，联合国被视为不负责任的狂人的温床，这些激进的理想主义者们至多只能委之以不会出岔子的任务。诸如对1949年1月杜鲁门总统就职演说中提出的第四点，计划的技术援助工作在有限范围内有所发挥。官方政策是“贸易而不是援助”（尽管在实际中，援助的反对者们常常反对贸易自由化，而贸易自由化的支持者们则赞成

---

① 官方发展援助应当包括出口收入不足的直接补偿。如国际货币基金组织的补偿资金，新设的粮食资金，以及欧洲共同市场与非洲、加勒比、太平洋的一些国家和地区签定的洛美协定所制定的出口收入稳定方案。

② 贸易收入条件的计算将来或许可依据出口收入减去债务偿还。

③ “颠覆”一词在这种场合下有着非常直接的含义——当时正处于希思受审与麦卡锡委员会的时代。那些提倡对发展中国家开展软援助，尤其要在联合国的指导下进行活动的人们，经常被视为危险分子，有害于自由世界。由于贸易悲观主义与援助有连带关系，且又有不平等交换的味道，仅此就经常足以使你被归入“颠覆”之列。

援助)。[①]

围绕联合国经济发展特别基金的目标，试图在联合国建立以软援助为主的机构的努力基本上失败了。由1949年开始酝酿——正是在这一年，论文《收益分配》提交到美国经济协会——于50年代后期随着国际开发协会与联合国特别基金（现为联合国开发计划署的主要部分[②]）的同时成立，似已偃旗息鼓。然而最近，当年的愿望在布兰特委员会的倡导下又明显地复活了，并再次进入国际议事日程。

事情结束于国际开发协会（IDA）和联合国开发计划署（UNDP）的成立，可描述为一场缩略词的斗争。[③] 在1949年，战幕揭开于联合国经济发展局（UNEDA）的成立，当时作为联合国经济发展小组委员会主席的V. K. R. V. 拉奥提出了这一建议，当时我在此机构中作为秘书处发展部的成员（当时仅有六七个专家）。虽然我记得在最初的会议中好像已有过相似的观点，但是建议却是在小组委员会的第三次会议中提出来的（1949年）。在小组委员会上，由于没有很快形成一致意见的可能，拉奥把此建议作为个人意见附在小组委员会的报告上；与此同时，建议还复印在秘书处提交给联合国经济及社会理事会的报告《不发达国家经济发展筹资途径》之中。[④] 联合国经济发展局的建议将技术援助的因素（导致了技术援助扩大计划（ETAP）、联合国经济发展特别基金会、联合国开发计划署等机构的成立）与软筹资的建议揉在一起。后者用于解决“不能以国有资源进行筹资，以及在严格的经营原则下不能指望有什么贷款的发展规划问题”。特别着重的是为区域性规划筹资，在这方面，在联合国的主持下由跨国公司来筹资看来是特别适宜的。印度河盆地由于印度与巴基斯坦的分离而出现问题，在我们的心目中，印度河盆地问题就是这种区域性规划的典型。

---

① 参议员塔夫脱，当问起他怎样认为“贸易而不是援助”的政策时，据说他的答复是：“我同意它的第二部分。”真是妙极了（Si no e vera e ben trovato）！

② 另一个是技术援助扩大计划（ETAP）。

③ 为提供这一情况，我借助于约翰·G. 哈德温与约安·考夫曼的解释。《联合国决议是如何形成的》（莱顿：1960年），特别是第5章，“联合国经济发展特别基金会与特别基金”。另一个解释虽然主要持有世界银行的观点但也是很不错的，梅森与爱舍：《布雷顿森林会议以后的世界银行》（华盛顿，1973年）。

④ 文件E/1333/Rev·1，1949。Ⅱ（纽约：联合国，1949年）。

联合国经济发展局的技术援助扩大计划部分于1949年已经记录在案。然而如所预料的那样，筹资部分在联合国经济及社会理事会上引起了风波，在联合国大会上也只是稍好一些。按照联合国的好传统——当然不只限于联合国一家——解决意见不一致的暂时办法就是要求秘书处进行更多的研究，由此，拉奥的倡议才得以保留下来。因此，这就成了我的本职工作，在贸易条件的研究之后开始着手有关发展的软筹资的研究——一个在未来的10年中遗留下来的活跃的中心议题与（经常是刻毒的）论战。新的软援助的联合国机构的首创者是拉奥的祖国印度以及智利与南斯拉夫。[①]（不结盟运动的轮廓开始出现）。我必须指出，如果有谁可以作为国际开发协会的创始人的话，那么就应该是V. K. R. V. 拉奥与荷南·桑塔·克鲁兹——但是，这或许不是正统的世界银行的历史！

美国与英国在1949年争论的初期，对软筹资以及为世界银行设置一个对手的观点怀有敌意。在后一方面，大概是由于他们得到世界银行人士的强烈支持，至少在表面上也反对软贷款筹资的一般原理。世界银行反对新软筹资机构（欧琴·布莱克在经济社会理事会等之前始终一贯地坚持这一立场达数年）的成立是出于一种信念呢还是一种政治策略？我是很难说清楚的。这在当时当然是一个明智的政治策略：软筹资的办法当时在他们看来不但无用甚至是危险的。50年代初期，由于朝鲜战争引起的商品繁荣使得欠发达国家外汇储备有所增加，软筹资的主张更是令人难以置信了——1949—1950年的论文与1948年联合国的研究在当时还没有十分令人心悦诚服的说服力。然而无论如何，世界银行可以确信，如果形势有所变化，新机构一定归属世界银行而不是联合国——当然，我们联合国的一些人从来不对此抱有任何幻想。因而，我们感觉到我们这些联合国秘书处的人员扮演了“激进的”、“政治上天真的”、“不老练的”、“无经验的”、“空想”的角色。但是尽管如此，我们终于把这个主张保存到它进入可接受的时期，并为“可靠的”、“注重实效的”、“有经验的”、“专业的”、“久经考验的”规章制度所取代。梅森

① 通过各自的经济代表，智利是荷南·桑塔，南斯拉夫是里奥·梅兹与加努思，斯塔努夫尼克，后者现在是联合国欧洲经济委员会的执行理事。

与爱舍不仅反复地、慷慨大方地把国际开发协会的筹建工作归功于联合国经济发展特别基金会的活动[①]，而且他们还把使保守的捐款人出自担心更糟的可能性而视国际开发协会为差强人意的避难所这一功能归功于联合国的未开化的人们。同时，梅森和爱舍还特别指出这一局面导致了国际金融财团（IFC）的早日建立。[②] 事实上，艾恩克特·莱德指出，“穷国的一些老于世故的领导人”，蓄意对联合国经济发展特别基金会施加压力以敦促富国“支持建立联合国软贷款分支机构，并为这一机构提供不断增加的财源。”[③]

我过去与现在都对作为欧琴·布莱克与国际开发协会的替罪羊而感到相当的心安理得，并为多边软筹资的观点获得人们的尊重而感到高兴——特别基金的设立作为联合国宝贵的安慰奖更使我感到格外高兴，更为宝贵的奖赏是它的设立使得保尔·霍夫曼成为这一机构的常务理事。在他到来之前，我一直负责特别基金的筹备工作。他的到来是我们建立友好联系的发端，就我而言，对他充满了无限的钦佩与拥护。[④] 我当时总能意识到马歇尔计划与保尔·霍夫曼所提供的工作的联系（尽管很有限）。当联合国开发计划署成立时，是由阿瑟·刘易斯作为他的代表，大卫·欧文作为他的副理事，这简直太好了。在联合国大家庭中，我对增加这些成员感到非常高兴。

但是我已经超越了我应讲的顺序。1949 年，美国和英国以世界银行是一个“有经验的”、“完善的”发展机构为口实反对建立新的联合国机构。这实际上没有什么特别的说服力，当时的世界银行对于与重建有所

---

① 《布雷顿森林会议以后的世界银行》，第 347 ~ 349 页；第 380 页，联合国的“持续性的和平压力”；第 386 页，国际开发协会如何“抵消促进联合国经济发展特别基金会的力量”；在第 592 页他们陈述道：“联合国大会与经济社会理事会对战后 10 年的世界银行进行百般挑剔，然而在这一过程中却有助于国际粮食会议和国际开发协会建立成为世界银行的分支机构。”

② 《布雷顿森林会议以后的世界银行》，第 347 页：联合国经济开发署与联合国经济发展特别基金会“如此地受到美国财政部部长的讨厌，以致于与此相对照，国际粮食会议的意图则应运而生显得越发具有诱惑力了。”

③ 艾思克特·莱德：《增强世界银行的实力》（芝加哥：艾德莱·史蒂文森学院，1973 年），第 134 页。

④ 应当说明，我没有成为特别基金会的成员，而是仍留在经济事务部工作。然而，在特别基金会/联合开发计划署的委派下，我从事了一定的工作，特别是肯尼亚第一个国家计划的制定工作。

不同的发展事务经验甚少。10 年以后，当美国与英国不再反对软筹资的原理时，依靠世界银行经验的论点理所当然地更加有力了，因而反对建立新联合国机构的意见受到支持，欧琴·布莱克也能够来个 180 度大转弯支持软贷款筹资。[①] 当反对软筹资的呼声消失之后，软筹资的论点开始与基础设施或“非自动清偿”计划的概念紧密相联，虽然它们本身不是直接生产性的，但却是农业与工业生产性投资所必不可少的基础。在一个时期，曾认为建立基础设施投资的特别筹资机构的愿望有可能实现，然而却从未实现过。

1951 年，专家小组所提供的联合国报告《不发达国家经济发展策略》[②] 是对联合国经济开发署观点的重大支持。这个专家小组可以被认为是皮尔逊与布兰特委员会的前身。事实上，此时联合国经济开发署已变成国际开发“局”（IDA）（其中 A 代表“局”，而不是后来世界银行的 IDA：国际开发协会，其中 A 代表“协会”）。这一联合国的 IDA 在当时负责分配“用于专门目的的补助金”，并确保资金的正确使用。1951 年的专家小组还建议由世界银行每年提供一笔强化贷款，并于五年时间内达到每年 10 亿，因而 1951 年的报告在提出建立联合国新机构时，尽量避免在世界银行与新机构之间给人有任何竞争或代替的印象。在 1951 年召开的联合国大会上，虽然大多数代表投票赞成旨在指导新“特别基金”的运转与明细规章的详细计划的研究，但由于经济与社会理事会与联合国大会的主要捐款人的反对而告失败。尽管以后特别基金的作用与此大相径庭，但这毕竟是特别基金的起源。联合国经常是只图虚名不求实效，联合国经济开发署先是变成国际开发协会，后又成为特别基金，不久又改为联合国经济发展特别基金会。我以后几年的工作主要是为特别基金准备报告，与各种为大会起草报告的人、委员、小组以及与特别基金有关的机构一同工作。

1953 年，联合国经济发展特别基金会（SUNFED）这一名称在“九个知名人士委员会”[③] 的报告标题中首次出现。由于这个名称成为一个

---

① 梅森与爱舍：《布雷顿森林会议以后的世界银行》，第 383 页。

② 文件 E/1986，1951. ⅡB. 2（纽约：联合国，1951 年）。

③ 《联合国经济发展特别基金会报告》，文件 E/2381，1953. ⅡB。（纽约：联合国，1953 年）。

感情色彩极强的战斗口号，而且“缩写名称 SUNFED 有一定的吸引力”，并且“在以后的辩论中起着主要的作用”,[①] 似应对这个缩写名称的历史稍加说明。早先报告的主题被称为“联合国经济发展基金”。然而，在报告被正式翻译与出版之前就领悟到（记得是我本人）这个新生事物的缩略词会被称之为 UNFED（有挨饿之意），这与实际情况过分接近，必然要被批评者们（包括世界银行）作为诋毁与嘲弄整个计划的把柄。因而在最后时刻，临时决定仍复原为“特别基金”（用小写字母），对此，1951 年的大会决议曾要求认真研究。由此，“特别”一词很快地被放置到名称的最前面，UNFED（联合国经济发展基金会）就改为 SUNFED（联合国经济发展特别基金会）了。SUNFED 似乎很有些科学幻想小说的味道（或许我们今天会称之为环境科学的味道），提案的反对者们利用了这个科幻小说式的联想，攻击提案是不实际的梦想。也许还是按照原名称 UNFED 为好，这样，我们就可以自称是现实主义者！

在联合国大会的专门要求下，随后的 1953—1955 年的谈判协商的主要职责落在当时的联合国经济及社会理事会主席、比利时的莱蒙德·斯切冯的肩上。我继续在他的以及各种专设机构的领导下进行工作。当时研究的问题之一就是联合国经济发展特别基金会以裁军所节约的钱进行筹资——25 年后由布兰特委员会重新提出。在这一时期，北欧国家与荷兰脱颖而出成为联合国经济发展特别基金会的支持者，这些国家对欠发达国家采取了特别友好的姿态并一直保持至今。1954 年，根据公法 480 条，美国的粮食援助计划以及产生于罗马的国际粮食援助计划建立的可能性[②]使我极感兴趣，这对于联合国经济发展特别基金会也是可考虑的潜在的筹资来源。因而我参加了为联合国粮食援助组织的世界粮食计划[③]奠定基础的工作，并始终保持着浓厚的兴趣。

经过数年的拖延与行动的反反复复——1956 年终于有了新的突破，

---

① 哈德温与考夫曼：《联合国决议是如何形成的》，第 90 页。

② 或许是由后来任联合国粮食及农业组织总裁的 S. R. 森及他的经济顾问莫迪凯·伊齐基尔最先考虑的，我确信也有托马斯·巴劳格。而且与公法 480 条和国际开发协会筹资的当地基金有着直接的联系。参见梅森与爱舍：《布雷顿森林会议以后的世界银行》，第 381 ~387 页。

③ 作为委员会主席拟定了报告：《通过粮食求发展》。联合国经济开发署提议的发起人 V. K. R. V. 拉奥是此委员会的成员，由此就更进一步地看出粮食援助与软筹资运动之间的联系。

以吴桑为主席的国家委员会起草了联合国经济发展特别基金会章程（当时的联合国缅甸代表，不久任联合国秘书长①）——我与他建立了宝贵的联系。局势发展到这一阶段，采取行动就成为顺理成章的事情了。联合国经济发展特别基金会的积极分子第一次感觉到，八年来的努力以及所受到的来自各方面的辱骂与污蔑并不是完全徒劳的。作为折衷方案，项目筹资研究与分析、自然资源调查，以及试办项目等均被采纳，这是联合国本身的一些明显的收获。1957 年，保尔·霍夫曼的建议（《纽约时代杂志》上的一篇文章）是一个决定性的突破，他提出为自然资源调查与试办项目建立一亿美元的联合国试验性基金，这表明对于技术援助与投资之间的边缘部分也给予了一定的重视。以此为基础，我参与建立了投资前活动的概念（见一篇题目为“一个新实用主义的例子：走向投资前理论”）。② 这有些类似于基础设施的概念：正如基础设施的发展是农业活动与工业活动的先决条件一样，投资前活动是包括基础设施投资在内的任何形式投资的必不可少的前提条件。保尔·霍夫曼的提议受到联合国经济发展特别基金会的支持者与反对者双方的欣然同意，两个阵营都可以为此而欢呼胜利。梅森与爱舍辩解到，把投资前的作用鼓吹成“秘诀远远超出了它在投资过程中的实际作用。”③ 对此，我必须指出，这是在政治上必需的与有用的“秘诀”。基于政治支持的力量对比，联合国只得到二等奖是在情理之中的。支持者们在为新机构保留了特别基金这一令人愉快的名称而得到了用语上的满足，而且由于他们坚持特别基金是走向联合国经济发展特别基金会的步骤而保全了面子。④ 他们不久将会由于看到多边软贷款筹资原则尽管没有联合国的保护伞而被人们普遍接受获得更加实质上的满足。这一原则现在已经不是什么“不切实际”而是已经成为“可靠”的原则了。显而易见，这一原则从来就不是什么“不切实际”，不切实际的是当时的机构设置计划——然而在早期

① 《特别委员会关于建立联合国经济发展特别基金会问题的总结报告》，联合国大会文件 A/3579 与补充 1（纽约：联合国，1957 年）。约安·考夫曼当时是这个委员会的报告起草人。

② 重新印行，作为 H. W. 辛格的《国际发展：增长与变化》的第 2 章（纽约：麦克劳—希尔，1964 年）。保尔·霍夫曼在该书的导言里特别指出这一章。

③ 《布雷顿森林会议以后的世界银行》，第 592 页。

④ 事实上，由于联合国资本发展基金业已建立，是可以这样说的。

却不是这样看的。一切都能善始善终吗？让我们寄希望于国际开发协会和联合国开发计划署继续发展壮大，以对此问题做出一个肯定性的回答。

以这种幸福愉快的回顾作为本文的结束是再好不过的事情了，但是作为一个自传作者，如果我是公正无私的，就不应该压下一个不愉快的结束语。我已经指出，在梅森与爱舍的著作《布雷顿森林会议以后的世界银行》中，充分地——我认为也是正确地——强调了国际开发协会与国际粮食会议的形成对联合国经济发展特别基金会的压力。然而当达戈·哈姆尔斯克杰尔德无疑地在考虑建立国际开发协会过程中联合国的作用时，就要求欧琴·布莱克在国际开发协会与联合国之间找一找“特殊的制度联系”，“布莱克主席有礼貌地但却是坚定不移地抵制了这一建议。”① 太可惜了，否则将成为一个皆大欢喜的结局。虽然欧琴·布莱克在他的答复中承认，“很显然，国际开发协会的建立将加强合作的必要性”。在梅森与爱舍的精练言辞中，联络委员会的成立就是这种必要性的结果，“而现在却无事可做了。”难道还需要我补充说明吗？自从这些言论出版后，联络委员会仍然一直无事可做。因此，联合国经济发展特别基金会/国际开发协会并没有真正地使得联合国与世界银行结合在一起。现在，当一个老开拓者看到布兰特委员会（麦克纳马拉先生的得意发明）不顾世界银行的反对，建议成立世界发展基金时，不禁勾起他对往事的回忆，或许世界发展基金这个“可怕的幽灵”将又一次拯救灾难之中的国际开发协会？或者又是“180 度的大转变”？对此，我不再进行预测了。

① 本段的全部引语出自梅森与爱舍的《布雷顿森林会议以后的世界银行》，第 569 页。

评 论

贝拉·巴拉萨①

辛格博士最出名的论文是《债权国与债务国之间的利益分配》，首次问世于1949年12月召开的美国经济学会的会议上，并于1950年5月在《美国经济评论》上发表。这篇论文几乎在所有有关经济发展的读物中出现，无数的学生阅读过它。由于辛格与普列比什的论点共同宣称发展中国家贸易条件的长期下降，使得二者的名字联系在一起。辛格现在的论文与他1950年的论文一样，贸易条件是论题的中心内容。

辛格指出，“作为一种预测，可以说‘发展中国家初级产品出口的贸易条件的历史性下降趋势’要比其他绝大多数的经济预测更为准确。”他进一步指出，“第三世界国家的贸易条件相对于工业国家确实已经下降了，即使分析仅仅局限于制造品贸易或是仅仅局限于初级产品贸易，其结论也不会有任何改变。”其原因据说是由于“发展中国家的全部出口商品中，制造品的比重很小（制造品的单位价值提高速度较快）而初级产品比重很大（初级产品的单位价值提高速度较慢）。”由于发展的低水平，贸易条件恶化的程度在不断地加深。下面我将对上述结论进行仔细地推敲。

第一个问题与时期的选择相联系。辛格论述到，“本篇论文我们只关心1949—1950年论文以后的战后预测，而不是1900—1970年的整个时期。”较短时期的分析结果在很大程度上受到基期与末期的选择的影响。在这里，基期选择所导致的偏见正如古老的格言所指出的那样，“此一时，彼一时也”，初级产品价格不可能总是保持在50年代初期、朝鲜战争时的极高水平上。无论如何，正如普列比什一样，辛格在他的创造性论文中考虑的是长期趋势，因此，要想正确地进行推论，长期资

① 贝拉·巴拉萨时任约翰斯·霍普金斯大学的政治经济学教授，世界银行顾问。

料是必不可少的。辛格所引证的有关长期的贸易条件估算只有斯巴罗思对1900—1970年的研究报告。据辛格所说，"即使所计算出的趋势（斯巴罗思）都是没有统计价值的，但所有的数字都朝着同一个方向是有意义的。"然而，个别结果并没有都朝着同一个方向，运用联合国指数导出的趋势系数是正的，表明发展中国家的贸易条件得到了改善。但是如果把联合国指数与世界银行战后时期的指数结合在一起，就得到负的结果。因而我们得到了两种截然相反的结论，它们又都有统计意义，所以说很难建立什么趋势。[①]

斯巴罗思利用的联合国统计资料所使用的都是单位价值指数。[②] 到目前为止，后起的经济学家们指出，单位价值的变化并不完全意味着价格的变化，因而会导致对制造品出口价格的过高估计。如果我们认真加以思考，这是不足为奇的，例如，机器设备的单位价值由价值/重量比率来计量，所以转向使用较轻的材料就会提高单位价值。

辛格不顾这些反对的理由，声称斯巴罗思"已经令人信服地表明，这些计量上的困难并不是问题的核心，甚至经验证明也是如此。"这样，辛格与斯巴罗思一样都忽视了克拉维斯与利普西的不朽工作。后两位人物不辞劳苦地收集整理了美国、英国、联邦德国与日本的金属制品出口的价格研究资料，从这些资料推究出的出口价格指数表明，机械设备与运输设备的价格在1953—1964年之间，平均提高了13%，这与按照联合国单位价值指数所计算的同类产品的价格提高的24%形成了明显的对照。[③]

克拉维斯与利普西以后又拓展了国家、商品种类与时期的调查研究范围，并对发达国家向发展中国家制造品出口的价格指数进行了估算，结果表明，在1953—1977年的整个时期中，价格提高了127%，而与此相对照，据联合国单位价值指数对这些出口产品的推算，价格则提高了

---

① J. 斯巴罗思：《初级商品与制造品之间的纯易货贸易条件的统计争论》，载《经济杂志》，第90卷（1980年3月），表2。斯巴罗思注意到，把联合国指数与耶茨所建立的指数结合起来对1913—1953年时期进行测算，必然使制造品价格大大地提高；但是这一指数可靠程度很低，使用梅扎尔斯的计算，其结果又是下降的（同上，第124～195页）。

② 世界银行对制造品运用单位价值指数，对初级产品运用价格指数。

③ 欧文·B. 克拉维斯与罗伯特·E. 利普西：《世界贸易的价格竞争》（纽约：国家经济调查局，1971年），表8.8。

162%。用联合国对除石油之外的世界初级产品出口价格指数进行换算，著者发现，发达国家向发展中国家出口的制造品相对于非燃料初级产品的价格来讲，贸易条件在同时期中下降了6%；而据联合国单位价值指数推算的结果表明，制造品、食品与原材料的贸易条件提高了13%。[①]

我用世界银行估算的33种非燃料初级产品的价格指数来代替联合国的世界初级产品（除石油之外）价格指数，并用发展中国家的出口进行加权，以此调整了克拉维斯与利普西的估算。结果表明，在1953—1977年之间，这些初级产品平均价格提高了154%，而用联合国指数推算结果则为145%。

此外，运用世界银行指数我们可以发现，在1953—1977年，发达国家的制造品与发展中国家非燃料初级产品交换的贸易条件下降了10%；如果考虑质量变化，则发达国家的贸易条件的下降会更大。就美国来说，克拉维斯与利普西做出了这样的估算，由非调整价格指数所推算出的机械设备与运输设备在1953—1976年价格提高的105%，要让位于调整指数所推算的77%——结果向下调整了14%。[②]

比较联合国指数与世界银行指数所得出的结论是：在这一时期，发展中国家非燃料初级产品价格的提高大大快于世界初级产品平均价格的提高速度。这一结论得到迈克利估算的证实：在1952—1970年，以单位价值指数推算的低收入国家初级产品出口价格提高了27%，而同期高收入国家初级产品出口价格仅提高了10%。迈克利的结论还进一步表明，在这一时期，低收入国家初级产品的贸易条件改善了27%，而高收入国家却恶化了23%。[③]

在1952—1970年，低收入国家制造品出口的单位价值同样也提高很快（45%），高于高收入国家同类产品的提高速度（19%）。与此同时，

---

① 欧文·B. 克拉维斯与罗伯特·E. 利普西：《发达国家制造品出口的价格与贸易条件》，国家经济调查局研究论文第774期（马萨诸塞，坎布里奇：1981年9月），表1，5，6。

② 贝拉·巴拉萨：《发展中经济对外部震荡的调节》，世界银行成员研究论文第472期（华盛顿：1981年7月），表3。

③ 更确切地说，当出口（进口）的收入水平是以某个国家出口的收入加权平均推导出时，这种计算是用于以收入水平分类的商品的价格变动的，所引用的材料具有上下分布浮动50%的特征。迈克利为此提供了有关的公式，《穷国与富国之间的贸易条件》，载《贸易，收入水平与依附》一书（荷兰，阿姆斯特丹：北方—荷兰出版社）。

低收入国家制造品的贸易条件改善了14%，而高收入国家却恶化了12%。

纵观全部商品贸易，迈克利发现在1952—1970年，低收入国家贸易条件改善了19%，而高收入国家却恶化了15%。他还进一步证实贸易条件的变化在以下五种分类与收入水平负相关：1952—1970年，它们分别是－26%，－11%，－8%，+11%，+47%。[①]

迈克利的结论补充了克拉维斯与利普西的发现。他指出，在朝鲜战争以后的时期里，发展中国家的贸易条件相对于发达国家来说得到了改善，而且发展中国家初级产品与制造品的出口价格要比发达国家同类产品出口价格提高速度快；贸易条件的改善程度与经济发展水平成反比例关系。

以上是有关朝鲜战争以后时期的结论。为此，克拉维斯与利普西收集整理了有关价格资料。如上所述，尽管这一时期相对短暂，但却是以初级产品高价格为发端。克拉维斯与利普西还以1872—1953年欧洲工业国对发展中国家制造品出口单位价值指数代替联合国世界出口单位价值指数，进一步计算了“工业欧洲”与发展中国家之间的贸易条件的变化情况。

结果表明，在1872—1953年，欧洲工业国的贸易条件相对于发展中国家来说没有改变。[②] 鉴于制造品单位价值指数的向上倾向，价格指数的运用则显示出在同一时期欧洲工业国的贸易条件是恶化的，而发展中国家的贸易条件得到了改善。

所引证的估算有效地驳斥了普列比什—辛格的尚未证实的发展中国家的贸易条件趋于长期恶化的论点。这并不意味着个别国家没有经历过贸易条件的恶化，例如，依靠石油进口的发展中国家由于1973年以来石油价格提高了10倍而饱受其苦。

但是究竟发展中国家如何选择合适的政策呢？在维护1949—1950年的论文的观点时，辛格指出，“该文与其说是预测不如说是政策指导，此论文建议发展中国家应尽可能由初级产品出口分化出来。其办法是发

① 《穷国与富国之间的贸易条件》，载《贸易，收入水平与依附》一书（荷兰，阿姆斯特丹：北方—荷兰出版社）。表2。

② 克拉维斯与利普西：《发达国家制造品出口的价格与贸易条件》，表7。

展国内市场，实行工业化战略，或是进口替代或是出口替代或是两者结合进行。”人们会发现，无论在1949—1950年的论文中，还是普列比什—辛格的论点里，没有为扩大出口提供什么良策。恰恰相反，在大量文献中引用的政策是提倡以奖励制度推广反出口倾向以改善发展中国家的贸易条件和促进经济增长。

提倡这种政策全无考虑到发展中国家除石油以外几乎没有商品可以依靠减少出口数额来提高其价格。即使热带饮料实行此措施也许会奏效，生产国也再三试图达到这一目的，但由于不同生产国之间的不同经济利益而很难达成协议。

考虑到极大数量的初级商品，采用反出口政策导致了发展中国家在世界市场所占份额日趋减少。辛格注意到了这一点并指出，“总量的变化加剧了发达国家与欠发达国家之间的差距，就这一情况来看，证明贸易悲观主义并没有错。”而没有认识到正是由于众多发展中国家相继采用普列比什—辛格发展模式才导致这一后果。他把贸易对发展中国家经济增长的有害影响的老调又重新弹起。然而，理论思考与20世纪后25年的历史证据都将证明，反出口政策对经济增长是有害的。

约翰逊指出，那些世界市场价格接受者的国家，在专业化不完善的条件下对资本密集型工业部门采取保护政策可能会导致由于资本积累率超过劳动力增长率而引起的贫困化。① 如果外国资本投入受保护的工业部门，而后者又在保护性失真价格下得到边际产品的全部收入（免税），则上述可能性就成为必然性了。②

还可以进一步观察到，发展中国家的扩大出口与经济增长是正相关的。以世界贸易迅速扩大为特点的1973年以前的时期，以及由于石油价格上涨四倍与世界性衰退所造成的外部冲击为特征的1973年以后的时期就是例证。③ 除去依照比较利益从国际分工中所获得的利益以外，

---

① H. G. 约翰逊：《关税保护下效率的提高与要素积累造成收入损失的可能性》，载《经济杂志》（1967年3月）。

② B. A. 布里切与C. F. D. 阿利安德罗：《关税，外国资本，日趋贫困》，载《国际经济学杂志》（1977年11月）。

③ 格桑·费德：《出口与经济增长》，载《发展经济学杂志》（1983年2—4月）；巴拉萨：《发展中经济对外部震荡的调节》。

实际结果还表明，扩大出口使得大规模生产方式的利用和获得高水平的生产能力成为可能。在与外国竞争中所采用的胡萝卜加大棒政策对技术进步起到了诱导作用。

事实并非如辛格所断言的那样，扩大出口仅局限于亚洲四小龙（韩国，中国台湾，中国香港，新加坡）。在60年代中期，拉丁美洲包括巴西在内的几个较大国家，克服了它们的奖励制度中的反出口倾向，有效地促进了出口与经济增长；70年代中期的智利和乌拉圭以及80年代初期的土耳其也由内向经济转变为外向经济。

虽然没有人提出所有的发展中国家都应该指望达到东亚四强（其中两个是城市国家与地区）那样的高出口份额，我还是要指出，即使发展中国家在1978—1990年向发达国家的制造品出口每年增长率为12.5%，也不会使后者的工业生产导致绝对下降。[①] 况且与此同时应该牢记的是，发展中国家并非倾向于积累储备，出口收入的增加会用于进口，而进口产品的绝大部分来自发达国家。因此，即使出口增长率超过12.5%也许会造成发达国家的暂时混乱，但是双方都可以通过利用各自的比较利益从增加的贸易中得到好处。

随着经济的发展，出口结构也在升级，比较利益也就随之发生了变化。就日本来看，日本经历了由低技术水平的劳动密集型商品的出口到高技术产品出口的转变。比较利益与发展的“阶段方法”的相关性不仅对不同工业化水平的发展中国家而且对横向关系的分析来讲也是显而易见的。[②]

把阶段方法运用于比较利益同样也显示出发展中国家之间贸易的可能性。这种可能性目前还远远没有被意识到，主要原因是由于许多发展中国家的高度保护政策倾向于极端排斥与自己发展水平接近或是更低的发展中国家。要采取外向型的发展战略，必须摈弃反对出口的偏见与支持进口替代的政策，只有这样才能增加发展中国家之间的贸易。

采取外向型战略同样也必须放弃不利于初级产品生产的奖励制度。奖励制度的转变应该有利于出口以及初级产品特别是粮食与燃料的进口

---

① 《1978—1990年，工业国与发展中国家之间的制造品贸易展望》，载《政策模型杂志》（1980年9月）；以短论9再次发表在《世界经济中的新兴I业国》（纽约，1981年）。

② 贝拉·巴拉萨：《比较利益的阶段性方法》，载《经济增长与资源》，第4卷，（伦敦：麦克米兰，1979年）；巴拉萨以短论6再次发表在《世界经济中的新兴工业国》。

替代。有效的进口替代也可以是制造品，例如通常蒙受发展中国家冷遇的机械设备。

上述思考可以解释为什么在1973—1978年，外向型的发展中国家不仅在增加出口方面比内向型国家更加成功，而且在进口替代方面也要比内向经济的国家做得好。其结果，外向型的发展中国家加速了经济增长，而内向型国家的国内生产总值增长率却下降了。[①]

由此看来，如果采取适当的国内政策，扩大出口与有效的进口替代将携手共进。同时，在工业中必须振兴"新兴工业"，振兴的手段应该是让新兴工业面对出口，以免高代价的进口替代受到国内狭小市场的限制，但是有关新兴工业的观点并不意味着如辛格所指出的那样，无限制的贸易必然会导致交易的一方受害，或是脱离就是一个明智的策略。

现在我该讨论辛格论文题目的后半部分——软筹资的开展。据辛格所说，"由于贸易悲观主义的结果，官方发展援助（或简称援助）事实上成为联合国感兴趣的一种理所当然的手段。我当时也抱有同感。"虽然把外国援助看成是事实上并不存在的发展中国家贸易条件下降的补偿手段决非妥当，但它可以作为低水平发展的特定国家贸易的有益补充。

但是，人们应当高度重视贸易与援助对于发展前景的相对重要性。1979年，尽管发展中国家向发达国家的非燃料产品的出口额高达1160亿美元，并获得了以私人资本为主的530亿美元的非优惠性流人，官方发展援助仍高达280亿美元。一些人指出，国外援助会对生产与储蓄带来有害的影响，但是，只要遵循适当的国内政策就可以避免这些不利因素。

更一般地，正如所谓勃格报告中所讨论的非洲撒哈拉沙漠国家状况时所指出的那样，[②] 外国援助的有效利用同样要以发展中国家采用适当的国内政策为先决条件。国际开发协会，以及世界银行总的来看——在这方面仍可以继续扮演重要的角色。这不仅是由于它们的专业性质以及没有任何政治倾向，而且是由于它们强调援助接受者改善国内政策，其中包括增加外向型经济的成分。

---

① 巴拉萨：《发展中经济对外部震荡的调节》。

② 世界银行：《加速非洲撒哈拉沙漠地区的经济发展：活动议事日程》（华盛顿，1981年）。

中国经济50人论坛
Chinese Economists 50 Forum

十　简·丁伯根

Chinese Economists 50Forum

Chinese Economists 50Forum

诺贝尔奖金获得者简·丁伯根于1903年出生在荷兰海牙。1929年他在莱顿大学获得物理学博士学位，以后还荣幸地获得了其他20个经济学与社会科学的学位。他于1967年获得了欧洲文化基金会伊拉斯马思奖金，并于1969年最先获得诺贝尔经济学奖。

他在1933—1955年的部分时期，以及1955—1973年的全部时期担任鹿特丹伊拉斯马思大学（原称荷兰经济学院）的发展计划教授；1945—1955年任海牙中央计划局局长；1973—1975年任莱顿大学国际经济合作教授。

丁伯根早期对计量经济学所作的贡献主要是：奠定了现代短期经济政策的基础；在中央计划局任局长期间加强了经验宏观经济学的地位；他还倾全力于长期发展计划的实践与方法的研究工作。他早期有关发展问题的著作是：《发展设计》（马里兰，巴尔的摩：约翰斯·霍普金斯大学出版社，1958年）。

他的其他一些原文版与英文版的著作包括：《经济周期问题的计量经济探讨》（巴黎：1937年）；《经济周期理论的统计检验》，2卷（日内瓦：国际联盟，1939年）；《国际经济合作》（阿姆斯特丹，1945年）；《英国的经济周期，1870—1914》（阿姆斯特丹：北方一荷兰出版社，1951年）；《经济政策理论》（阿姆斯特丹：北方一荷兰出版社，1952年）；《经济政策的集权化与分权化》（阿姆斯特丹：北方一荷兰出版社，1954年）；《经济政策：原理与设计》（阿姆斯特丹：北方一荷兰出版社，1956年）；《论文选集》（阿姆斯特丹：北方一荷兰出版社，1959年）；作为合作者之一，《经济发展的规划技术》（曼谷：联合国亚洲及远东经济委员会，1960年），与H. C. 鲍斯合著：《经济增长的数学模型》（纽约：麦克劳一希尔出版社，1962年）；与他人合著：《世界经济塑造》（纽约：20世纪基金会，1962年）；《地区与世界规划论文集》（新德里：国家应用经济研讨会，1964年）；《中央计划》（康涅狄格，纽黑文：耶鲁大学出版社，1964年）；与他人合著：《国际商品储备货币状况》（日内瓦：联合国贸易和发展会议，1964年）；《发展计划》（纽约：麦克劳一希尔出版社，1967年）；《收入分配：分析与政策》（阿姆斯特丹：北方一荷兰出版社，1975年）；与他人合著：《重新塑造国际秩序》（纽约，1976年）。

他有关经济发展与经济计划的主要论文是：《资本积累与五年计划》，载《印度经济杂志》，1953 年 1 月；《关于印度第二个五年计划的问题》，载《财政学》，1956 年 2 月；《技术的最优选择》，载《巴基斯坦经济杂志》，1957 年 2 月；《印度经济政策对短期计量经济模型的利用》，载《印度统计杂志》，1957 年 4 月；《稳定的国际均衡与发展政策》，1959 年 3 月；《规划经济政策的问题》，载《UNESCO 国际社会科学杂志》，1959 年 3 月；《投资项目评价：不完全的投入—产出法》，载《印度产业》，1961 年，《阶段性计划》，1962 年 1 月；《世界发展计划的构想》，载《国际组织》，1968 年 1 月。

对发展合作的认识过程

就我的理解，本书主要解决两个时期的认识过程：一个是那些已经去世的人们在上半世纪为促进合作而奋斗的时期，一个是我们继续为之奋斗的时期。没有后者，前者就没有存在的意义。人们要改变自己的思想使之适应变化，就必须首先老老实实地确信接受这种变化的必然性。

与经济学界的一些同行们一样，在贫穷这一恶魔的影响下我放弃了自己的物理学专业，为了自己的祖国投身到经济研究中去。我个人历史的重大转变正是在经济大危机开始的 1929 年。经济大危机给世界带来了更大的灾难，甚至使工业国家也陷入了困境，由此，经济运动的周期因素在我们心目中占据了首要位置。从事研究工作，我有着得天独厚的条件，首先，我在荷兰中央统计局从事经济周期探讨；1936—1938 年，又在日内瓦国际联盟秘书处工作（因此严格地说，我的初次国外经历并不是在某一个穷国）。

我们全家返回荷兰以后不久，整个国家就被德国军队占领并与世隔绝。这反而使我有了大量时间去认真思考研究经济运行方面的一些遗留问题，其中有两个问题的研究结论似乎比较适合今天的论文题目。一个是除了要了解周期性变动以外，我们还需要了解周期围绕其波动的长期趋势；另一个就是绝对要以国际间的合作来取代野蛮的争端。这两方面的内容都已撰写成书，一个是以《国际经济合作》为书名于战后出版①；另一个作为趋势变动理论于 1942 年以德文出版，并于 1959 年翻译成英文②。这种趋势理论事实上就是发展理论的萌芽状态，尽管它还狭隘地

① 阿姆斯特丹：埃尔斯维尔出版社，1945 年。

② 首次出版题目为《长期经济发展理论》，载《世界经济资料》，第 55 卷（1942 年），第 511～549 页，由于杂志编辑要检查是否存在纳粹倾向，我引述了大量的犹太人著者。编辑没加删改就采用了我的论文。论文译成英文题目为：《趋势运动理论》，由 L. H. 克莱森 · L. M. 科伊克以及 H. J. 威特维恩编，载人《简 · 丁伯根：论文集》（阿姆斯特丹：北方一荷兰出版社，1959 年），第 182～221 页。

局限于经济领域并且没有为个人在第三世界的经历所触动。这一理论的（不稳定的）经验根据依靠对1870－1914年的法国、德国、英国与美国的异类资料的收集，而理论体系则是40年代的内容。两个不同时期的最明显的区别就是，一个是供给决定生产，一个是需求决定生产。由长期变动来看，供给方面被认为更加重要：生产与实际收入被认为取决于劳动力和资本的供给；决定生产的关系被认为是技术发展不具有指数形式的柯布—道格拉斯生产函数，劳动力指数与资本指数分别为四分之三到四分之一；与资本价格（利息）有关的资本供给弹性被认为是0；劳动力供给的既定价值从－1到无穷大；同时还假定劳动力的供给与人口的增长成正比；资本积累部分被作为实际收入中的固定比率；其他还假定了一定时期的资本供给弹性与人口增长。上述陈述可以归纳为两个主要内容：（1）生产的时间模型；（2）资本、劳动力的中期增长率以及四种不同劳动力供给弹性值的产品增长率。

整个内容都可作为经济周期理论的补充，并特别适合发达国家的情况以及繁荣条件下无大量失业人员的情况，因而我称其为开场白。况且这只是一种理论，而我们所需要的是适合发展中国家的发展理论。

（一）首次面对发展中国家

在战后的第一个10年，我主要在我的祖国荷兰中央计划局从事领导工作，但我也访问了第三世界国家印度。1951年我作为国际统计协会杰出的创始人马哈拉诺比思的客人来到了印度，并作为协会的秘书去了新德里及加尔各答。虽然1944—1945年，荷兰在希特勒占领军的统治下遭受着饥饿，度过了最后一个冬日，但这毕竟属于特殊情况；而在印度，普遍的贫困却成为一种正常状况。这种明显的对比使我修改了自己的思想与主要活动。

1955年我离开了荷兰计划局，来到了鹿特丹荷兰经济学院（现称伊拉斯马思大学经济学院）。在这里，我可以把全部时间都投入到专业研究工作中去。在荷兰经济学院，我的工作是合同制并有相当丰厚的收入，这使我至少去了3个不发达大陆的12个国家。研究最深入细致的国家是土耳其与埃及。在我看来，要对从一个人道主义立场出发最优先考虑的事情有所贡献的话，就必须善于利用自己的“比较优势”。对此，我认为我的比较优势就是依靠自己的努力而完善的经济思考。当然，不发达的最明显的特征之一是资本的稀缺；另外，即使一知半解的游客也能注意到各种各样的事实：住房质量差；拥挤的列车、汽车和电车；不论露天叫卖的小商贩，就是一般商店的规模普遍也很小。

同时，在不发达国家，穷与富的差别要比西欧大得多。这至少可从两个特征反映出来，即人力资源短缺的区别以及权力的其他区别。我之所以使用“其他”一词，是由于人力资本的区别构成了经济权力的区别，尽管“权力”一词往往更多地由社会学家使用①。更进一步地观察，可以发现，经济决策的失误是造成不发达的另一个重要原因。1957 年我在埃及参观了一个高度自动化的纺织厂，其资本的密集程度远远地超出了这个国家的资本能力与劳动者的控制能力，结果造成混乱。

（二）我的一些老师

如果不谈及对我的思想影响极大的人物，就无法讨论绪言中所提到的两个时期的认识过程。如果在我的名单里，某些对发展理论有重要贡献的人物没有提到的话，那么或许是由于我的运气不佳而没有遇到他们，或许是由于我的错误而没有阅读他们的著作。

我在学习期间，罗森斯坦 - 罗丹由于对东南欧如何发展的早期研究，特别是著名的麻省理工学院（MIT）研究②使他在当时就已经成为一名开拓者。按照辛格的设计，把皮尔逊委员会与联合国发展计划委员会合并为国际发展事务独立委员会（布兰特委员会）③——也许这是为

---

① 专业术语的这种区别经常引起误解，以为经济学家们轻视权力现象。要解决至少两种形式的权力，短缺所带来的权力与垄断的权力，需要采取不同的手段。短缺可以由生产来解决，这就是说，人力资本的短缺可以用增加教育的途径来解决，这是一种技能的生产。垄断可以用竞争的方式来解决。经济学家业已提出一些特定的方式以减少令人讨厌的权力，但社会学家可以提出更多——例如，提出解决许多发展中国家存在的令人触目惊心的种族与性别的歧视。

② 《对不发达国家的国际援助》，载《经济学与统计学评论》，第 43 卷（1961 年），第 107 ~138 页。

③ 参见莱斯特·皮尔逊与他人合著：《发展的合作者》（纽约与伦敦：普雷格出版社，1969 年）。有关联合国发展计划署的工作，参见《走向边速发展》，no. E. 70Ⅱ. A. 2（纽约：联合国，1970 年）；《重建发展重点》，no. E. 73Ⅱ. A. 7（纽约；联合国，1973 年）；《连续与变化：10 年内的发展》，no. E. 75Ⅱ. A. 6（纽约：联合国，1975 年）；《第三个 10 年发展的开展》，no. E. 79. Ⅱ. A. 7（纽约：联合国，1979 年）。被称之为布兰特委员会的报告是：《南—北：生存计划》（伦敦与悉尼：潘·布克斯出版社）；马萨诸塞，坎布里奇：麻省理工学院出版社，1980 年。

达到“百分之一目标”所做的最精心的安排，同时这也是那些为发展合作奔走呼喊的人们的最典型的联合思想，辛格是联合国发展 10 年计划（1961—1970 年）的主要起草人与支持者。曾先后在拉美经济委员会与联合国贸易和发展会议任职的 R. 普列比什的坚持已见、百折不挠的精神使我十分钦佩。在开罗，任联合国开发计划署驻节代表的曼纽尔·巴拉兹·格维拉罗是我走进技术援助领域内的引路人，以后他在自己的祖国委内瑞拉，用勇于探索的精神向我指出了有价值的发展政策需要一些非知识性要素。我的年轻的同事，莱达·冯·欧文与简·布莱曼也做出了类似的贡献。我的法国同事雅克·勃宁喀为我在达喀尔贫民区做了令人难忘的向导。实践性自由探讨是以爱德华·S. 梅森的名字为象征的，他的学生遍及整个世界。

（三）一般结构的必要性

纯属一个幸运的巧合，我在发展政策方面的首要工作之一就是受世界银行的委托为发展中国家与发达国家的文职人员撰写一本有关发展政策方面职责的综合指导书。在他们大量的日常决策中，必须考虑很多具体的细节而又不能“只见树木不见森林”。我非常愉快地接受了这一委托，并促使自己对荷兰的研究适应这一工作。在与西欧和东欧政治家们的讨论中得到了许多有关变体，对于发展中国家则尽我所知。最后，作为努力成果的这本书就是《发展设计》。[1]

不发达国家所面临的一些困难是众所周知的：如制定过高的、不切实际的目标和规划；不可抑制的通货膨胀趋势；各种各样的瓶颈状态以及缺乏经验的政治家所造成的资源浪费；普遍存在的腐败——通常被认为是造成贫穷与落后的根源，同时也部分是由于殖民地关系或当地文化所致。

要想较为高效地发展经济以及控制不公平的发展趋势，必须注意的一点就是要更准确地了解主要经济关系，依次安排好利害攸关事务的顺序——进而，更好地了解一国所能获得的资源及所能取得的成果的限度。并且，最迫切需要的是最低限度的法律与治安水准，最低限度的财

① 马里兰，巴尔的摩：约翰斯·霍普金斯大学出版社，1958 年。

政与货币政策以及社会安定。过去，殖民统治者也曾为此采取过一些措施，但他们偏重的是自身的利益而不是整个殖民地国家的利益。另一个基本要素是最低限度的教育，虽然其重要性已被认识到但仍没有解决。

由统计学所提供的综合发展方向范围极广。仅在10年以前或更早时期以及在40年代，发达国家的国民账户簿记体系是依据国家整体而建立起来的，尽管还处于初级状态，但是所涉及的等级顺序思想有助于增强许多政治家所缺乏的平衡观念，甚至对世界经济大危机中的发达经济的政治家也不无益处。这种思想观念的建立不仅为政府决策与协商奠定了基础，而且也为私人企业的市场分析提供了根据。

在《发展设计》一书中，我提到了为达到切合实际的目标所需要的适用技术以及有关的政策手段，其中包括：对未来生产、消费与投资的预测；政府投资项目评估；主导产业的选择；对个人主动精神的刺激手段。原文还涉及一些有利于评估的技术手段，包括我们今天所说的影子价格。一些中心问题将在下面详细论述。

1. 早期探讨：实物资本与项目评估

在不发达国家，实物资本供给的短缺是显而易见的，因而，早期理论把不发达国家无论在基础结构还是上层结构中扩大固定资本的需要视为关键性因素是完全可以理解的。但是，紧接着有两个主要问题必须立刻得到解决：即需要多少资本以及应投向何种产业？

罗森斯坦－罗丹对总量资本问题及其在整个国家范围内的分配做出了突破性的贡献。其内容的坚固核心是哈罗德—多马模型，中心概念是资本产出率，意指社会产品用于投资的部分应该数倍于所期望的社会产品年增长率①。当储蓄与必要的投资相等时，一个国家就能够达到自给增长。国际合作被视为经济状况较好的国家用适当的储蓄向人均收入很低的国家提供临时性的补充。

对各种概念的有关实际数字的选择带有很大程度的主观随意性，力求达到“最优”的政策需要一系列的冒险估计。当然，从逻辑上出发，应该根据过去与现在的具体情况来选择较大的数字；而在实践上，生产

① 另外，大概有三年时期，训练有素的发展经济学家也经常忽视资本产出率的时间尺度。资本产出率的正确定义应是“产出与投入相等的时间”。所谓“率”多少有些不准确。

中最薄弱的环节往往就决定了实际规模。在许多最不发达的国家，瓶颈状态就决定了资本的吸收能力（即有关项目能够胜任的数额）；而在许多发达国家，瓶颈正是投资者乐意提供资本的地方。在项目的实施过程中，还会出现其他各种各样的瓶颈状态。如原材料供给的短缺，某种类型技术工人的短缺（由操作工到管理人员），以及各种各样的官僚主义的缺陷。

第二个主要问题是向什么目标投资，这就涉及项目评估问题。从本质上看，所选择的项目应该具有全部未来报酬的最高现值。要对未来每个依次连续的年份报酬进行准确地估价，要求对工程的建设时间、成本，以及国家所关心的收入（如果不是为了整个世界！）有详细地了解。工程师对所涉及的数量方面的了解通常远远强于经济学家①，一旦遇到价格构成问题他们就能做出独到的贡献。影子价格，或按早期的专门术语机会价格的概念是针对不平衡市场应运而生的，特别当生产要素市场经常出现结构性失衡时更是如此。当然，最棘手的问题是贴现，直观的回答或是政治妥协方案通常不得不产生在这里。

必须引起重视的是，实际妥协的余地很小，在全部相互竞争的项目中必须考虑选择适当的项目。例如，印度尼西亚总统苏加诺准备批准由欧洲某专门从事楼塔顶旋转餐厅建设的公司代表所提出的一个荒唐项目，在财政部长、中央银行行长和我的极力劝阻下，延迟了这一决定。并且楼塔始终没有建成。

2. 哲学插曲：最广意义上的环境作用②

1961 年，在为纪念瑞典著名经济学家乔安·阿克曼的叙勋会上，有 7 名发起人被要求谈及他们有关“增长理论”③ 的观点。这一时期的特点是，除阿尔伯特·赫尔希曼④以外，西方经济学家都很少关心第三世

---

① 所叙述的经验可参见：T. C. 库普曼兹所著的《可耗尽资源、再生资源与不可耗尽资源的转变：经济增长与资源》，载《考利斯基金文集》，第 533 期（康涅狄格，纽黑文：耶鲁大学，1981 年），第 6 页。

② 我之所以把这一部分称之为哲学插曲，是由于我认为对这些问题的研究探讨并非那么极为重要。

③ H. 赫格兰编：《货币，增长与方法论：乔安·阿克曼叙勋会漫笔》（瑞典，1961 年）。

④ A. O. 赫尔希曼：《经济发展战略》（纽黑文：耶鲁大学出版社，1958 年）。

界的问题，而是把注意力集中在工业化国家的发展上，并重新拾起古斯塔夫·卡塞尔与约瑟夫·熊彼特的著名探索。在会上，我列举了一些了解发达国家与不发达国家差别所必要的参数，这些参数更适用于后者。（这是一个典型的富国经济学家处理问题的方式。但历史学家与社会学家早就注意到——我很早就知道他们的观点——“发达”国家是人类历史的例外产物。）

我的贡献之一就是试图总结一些有助于决定发展水平的非经济现象。我总结的还很不完全，仅包括社会思潮倾向、社会制度、技术状况和种族。有两种理论可能与经济发展不同水平的一般理论是有关的。一个是托恩比的“过强挑战”理论，由此理论也许能得出有关不发达的正确解释（如爱斯基摩社会的情况）。我们知道，由于存在着一定的种族差异，因此研究种族对发展的影响不无益处。然而，有关这一问题的客观的科学讨论由于两种极端主义论调的泛滥而受到阻碍：一种是事先把这一领域假设为禁区；另一种则是把白人——甚至更为特殊的是德国人所定义的亚利安人种——在各方面都被视为是最优秀的。但是，事实证明，低估日本人的能力明显是一个严重的错误。

另一个必须引起注意的不发达理论是同类种族集团的个体差异。从这方面来看，即使移居到美国的欧洲人不十分典型，但很可能他们都是具有活动能力与事业心的人。从遍布在许多国家的中国人与印度人中我们发现了类似的集团。由欧洲、中国、印度这三个例子来看，凡是留在本国不动的人要比那些出走的人缺乏活动能力与创造精神。这暗示了最贫穷的国家往往就是人类最古老的居住地区。

（四）国际分工与技术

要以第三世界的逐步繁荣为目标就必须提高生产力。但这立刻就会导致另一个问题的提出，即应该选择什么样的经济活动或生产部门？由于人口的迅速增长还要持续一段时期，因而农业生产力的提高应被作为一个目标。更为一般性的问题是，遵循艾利·赫克歇尔与贝特尔·俄林的理论及国际贸易理论，经济活动的高度发展要求有充足的生产要素的投入。对于许多发展中国家来说，这种投入意味着一些类型的自然资源以及一般意义上的非熟练劳动力，在另一方面，资本，无论是实物资本还是人力资本都是短缺的。按照赫克歇尔—俄林的原理，如果发展中国家集中致力于自然资源密集型生产与劳动密集型生产就能使社会产品量达到最大化。换句话说，就是劝告发展中国家对自己的自然资源进行加工，特别是自己能够完成的劳动密集型的加工工序。

在这一方面，某些不发达国家比起其他不发达国家有着更为有利的前景。由于纺织业与服装业是劳动密集型产业，那么生产自然纤维的国家——棉花或黄麻——就处于有利的地位。同样，生产皮革与木材的国家也处于有利的局面。而具有铁矿藏的国家则处于相对不利的地位，因为钢铁生产是资本密集型的。令人进退两难的是，开始是资本密集型的工序，而以后的工序如工具制造与机器的生产则是更为劳动密集型的工序；与此相类似，铝土矿的最初加工需要相当多的资本和能源，然而在最后的加工阶段，铝制品的生产则是劳动密集型的工序。人们甚至也许会说，这些技术上的理由使得进口替代过程成为具有诱惑力的工业化战略，因为它包含了制成品生产的最后加工阶段。对自然资源的加工与进口替代两种战略都需要避免贸易障碍，要想达到最高的实效，第一种战略要以发达国家减少进口壁垒为条件，第二种战略则要求发展中国家本身不能采取过度保护的政策。

另一个问题是既定产业对采用不同技术的选择。某些产业的选择范围很广，而有的产业几乎没有选择的余地。例如纺织业选择面相当大，譬如一个工人所管理的锭子数量或织布机数量可以不同。经验研究表明，两种较昂贵的生产要素应当尽可能地被充分利用以达到平衡状态：如果劳动力价格便宜，就要使机器充分地运转，如果劳动力价格昂贵，就应当尽可能地充分地利用劳动力。

经济学家认为，选择技术应当以“适当”或“适用”为原则。G. K. 勃恩甚至用专门名词“地理技术”提醒人们对适用的注意①。仅有几个跨国公司系统地考虑技术的最适选择，如荷兰著名的菲利浦跨国公司。另外，生产过程的特点首先决定产品的价格，然后才是世界市场的竞争程度。勃恩还通过许多具体的实例来说明批量的重要性，即一个

---

① 参见 G. K. 勃恩：《经济发展中的技术与部门选择》（1978 年）；以及他的《战后制造业的技术与就业》（1980 年）和《纤维、纺织与服装业的技术转移》（1981 年）。

生产流程中的产品数量。当然，这要取决于有关的市场，而世界市场可以容纳大批生产。

钱纳里及其合作者对横向分析以及历史比较分析的经验研究结果表明，在发展水平与工业生产的资本密集程度之间存在着明显的联系[①]。日本取得了世界上最快的发展速度，同时，其发展阶段也清楚地展示了上述联系。在30年代，日本以其廉价的纺织品展开的出口攻势使西方世界胆战心惊；以后它又成为世界范围的轮船、摩托车与光学仪器的生产者；现在，日本在世界上又是电子、自动化和机器人等领域的领先者。

反对上述理论的一个众所周知的理由是——由劳动密集型经济活动着手——它们是低收入产业，因此缺乏吸引力。但是这一异议忽视了平均生产者的收入与平均潜在生产者（可雇佣的工人）的收入的差别。如果选择了高收入（资本密集型）产业，有可能成为就业生产者的潜在生产者的数量就会大大增加。要想达到社会总产品的最大化就必须使就业人口达到最大化，对此就应该选择相对劳动密集型的产业及其与之相适应的技术[②]。有了社会产品的最大化，就能有更多的投资以达到经济增长的目的；这样，未来的社会产品也能达到最大化。

另一个不容忽视的国际分工方面的问题是人们所熟知的非交换产品的存在。在这一类塑的产品中，尽管原材料产品的数量有限，主要是建筑物及某些建筑材料，但其劳务的数量及其价值总额是相当大的。对于一个一般规模的经济社会，社会产品中大约有一半为非交换产品。这种状况会产生极其深远的影响，特别是国际收支出现逆差的国家。要消除逆差，通常的解决途径是减少国民支出（消费与投资支出）以适应国民收入。但很少有人注意到这种解决方式会造成社会产品本身大幅度地减少——由于发展中国家的某些困难而很难接受这一解决方式，因此，这不是最好的解决办法。减少支出以平衡收支的办法只适用于交换产品部分，如要减少劳务的生产（教育、卫生等），不仅缺乏明智，而且对国

① 钱纳瑞与他人台著：《结构变化与发展政策》（纽约：牛津大学出版社，1979年）。

② 简·丁伯根：《实现社会产品最大化的产业选择》，讨论论文第60号，发展计划中心，伊拉斯马思大学，鹿特丹，1981年。

家的整体发展极为有害[①]。

非交换产品的存在同时也干扰了投入—产出法的利用。如果目的是为了使某些可交换产品的最终需求得到增加，则其他被投入生产过程的可交换产品的产出就无需一定增加，也许这种投入依靠进口更好，而本国仅增加生产所必需的非交换产品。传统的投入—产出法可根据以上论点加以改造。在鹿特丹发展计划中心，修正后的方法被命名为“半投入—产出法”，并被 A. 喀凡霍文在尼日利亚加以详尽地发挥[②]。在这一领域处于领先地位的是 L. B. M. 曼斯等人，他们结合统治集团制度来处理不同大小的地理区域[③]。H. C. 鲍斯为这种计划的空间范围奠定了基础，他研究了各种规模与结构的核心经济活动的最适扩散[④]。

1. 国营经济成分的必要性

一个有关划分私人与国营经济成分界限的研究取得了有趣的进展。在美国，许多政治家和某些经济学家非常偏爱私人经济成分。美国社会环境对世界银行的影响要大于联合国的影响[⑤]。世界银行划分出了基础结构与上层结构的界限，在一段较长的时期里，设想一旦政府当局建立了公共事业与运输系统，由全部物质生产（初级产品生产与制造业）所组成的上层结构就会自然而然地产生出来。因此，世界银行的贷款在初期主要投向基础设施项目。只是在很久以后，迫于发展中国家的压力才感觉到需要一个参与工业化的特别机构，由此，联合国工业发展组织才得以成立。

以理论的方式，特别是以福利经济学和管理科学为武器来处理问题以及反对社会主义者观点的理论根基具有相当的诱惑力，但我将抵制这一诱惑而选择经验分析——人们极少讨论社会制度的交替——我们可以

① 简·丁伯根：《贮蓄不足及商业不足》，载《世界经济资料》，第 96 卷（1965 年），第 89 ~ 101 页。

② 《半投入产出法与计划》，莱顿与波士顿：马蒂纳斯·尼豪夫出版社，1978 年。

③ 《发展计划中的空间因素》，阿姆斯特丹与伦敦：北方—荷兰出版社。1969 年。

④ 《经济活动的空间扩散》，鹿特丹：鹿特丹大学出版社，1984 年。

⑤ 《发展设计》，1958 年出版；1955 年应世界银行的委托而著。在他们的要求下，我附加了一个有关荷兰钢铁行业的国家筹资的例子。报告虽被采纳，但未被发表，恐怕是由于当时的世界银行行长不同意我所表达的观点。三年以后报告才被发表，世界银行出于教学的目的所创立的经济发展学院院长认为这是一本有用的教科书。

翻开两个被认为不是在社会主义统治下的国家的历史。

1900 年左右，在荷兰建立起了荷兰国家矿业公司。政府之所以带这个头，是由于无论是大量的私人资本还是个人的首创精神都很少用于煤矿的开采上，因而无法满足国家发展的需要。几十年以后，又在填海造地的基础上建立起了国立农场。国家所有制是暂时的，仅是为防止第一代开拓者可能出现的破产。在以上例子里——哈里玛米亚的开垦——虽然第一代移居者是合格的农民，但由于早期出现的意外困难使他们遭受了严重的挫折。在这两个事例中，可以把国营企业与私营企业进行一下比较：两者的成本差异都不大——国营矿山的效率略高于私营矿山，而私营农场的效率略高于国营农场。

另一个实例是土耳其，1923 年，杰出的现代化的推崇者阿塔杜克在各种现代产业中建立起了“国营经济企业”，然而，由于是私人首创无法筹集必要的资本而告失败。

通过许多讨论以及对各种交替的管理结构的体验，许多欧洲经济学家与政治家断定，生产资料的所有制形式对于企业效率的影响无关紧要，最重要的是管理水平。另外要尽力杜绝官僚主义的倾向。因此，如果选择国营企业作为一个国家向前发展的手段，无需对此过分地担心，问题的关键在于不能够得到充分大量的私人资本。

2. 教育——最长的生产过程

有关经济周期的研究起始于 20 世纪 20 年代，注意力主要集中于几个生产过程的时间意义。在德国经济周期研究协会，哈诺爵士率先分析了食用猪周期。在这里，值得重视的是生产过程的时间长度，其中包括农民对猪肉价格的反应时间①。生产周期大约为猪肉市场适应过程的两倍。在英美国家的论文里，由于对适应过程的连续阶段的图型描述就像一个蛛网，因而被称之为蛛网定理。与此相类似，对于较为复杂的情况，此手法有助于解释咖啡和橡胶价格的密集性涨落。这里，生产过程的持续时间是主要的说明因素（例如，咖啡树首次结出咖啡豆所需要的时间）。同样，众所周知，对于矿业或石油的勘探投资要求安排 10 年的

① 阿瑟·哈诺：《猪价预测》，载《行情研究季刊》，特期 18（1930 年）。

轻重顺序时间，更不用提重新获得投资的时间。

我们现在经常谈及人力资本，也许与发展进程紧密相关的最长生产过程就是对人力资本的投资（雅克·明塞可能是首先使用人力资本这一概念的人[①]），教育是培养人才的最重要的手段。从出生后到6岁左右的期间为家庭的非正式培养阶段，以后的工作期间也是非正式的训练过程。按照程序，教育可被视为三个连续的6年时期（至少在我的国家是如此），分为初等、中等、高等三种水平的教育层次。不同的国家教育阶段的划分是不一样的，况且学科也在变化之中，但是要培养一个有经验的劳动者还需要20年的时间。最近，罗素尔·W. 朗勃格对美国劳动力的主要职业群体所需要的教育时间做了极为详细的阐述与估计[②]，他把受到7.5年职业教育的劳动者一直到受到15.6年职业教育的同质专业工人做了一个总体排列。总之，人力技能对于发展过程的重要性引起了人们的关注，这逐渐导致了由重视物质资本到重视人力资本的转变。

由教育过程的时间长度所决定，很可能出现在某人完成其学业后，劳动力市场的情况与他受教育前的最初选择有极大的差异。当然，最后的决策无需与最初的选择相一致。同样，中学毕业后仍可能出现对学院或大学教育的选择与当初的愿望不相一致[③]。因此，事实上只有4～6年的时间是关键时期。涉及教师的时间要更长，因为劳动力市场的变化对各学科教师需求的影响是通过学生间接发生的。那么，老师的老师又如何呢？

如果希望得到加速发展，就必须进行一系列有关改革教育体制的最优方案的研究工作[④]，必须设计出转换结构，并要以所提的时间长度为基础。当然如果需要的话，临时性的或居第二位的解决方案也是可行的。因此，工作可能会交给没有受到过充分教育的人来代替，也可以组织速成班以培养出最急需的人才。

如果一个新独立的国家想要尽快消除教师移居国外的问题，就必须

---

① 《人力资本投资与收入的按人分配》，载《政治经济杂志》，第66卷（1958年），第281～302页。

② 《美国劳动力市场的教育过剩》，纽约：普雷格出版社，1981年。

③ 事实并非总是如此，因为某些形式中学的学生不能选择大学的全部学科。

④ 赫克托·科雷与简·丁伯根：《教育对加速增长的量适应》，1962年。

采取出人意外的教育政策。事实证明，吸引大量的国外临时移居者以增加本国的教师数量是达到目标的最有效的途径。（但对于诸如本国语言或以本国语言所教的历史等学科并不适用。）

3. 并非所有的文化特点都是神圣不可侵犯的

赞成发展合作的人一开始就受到警告：不要以援助的方式施加文化影响。这些警告来源于文化人类学家所坚持的观点，即所有的文化及其细节都应当受到尊重。而“发展援助者”对此的回答是：任何文化都会与此相一致，即防止饥饿。然而不幸的是，当饥饿的持续时间超出我们当初的想象时，用过多的精力与时间去解决文化强加的问题是很难奏效的。

但是，研究这一问题并没有完全脱离时代特点。早在发展合作成为政治活动分支的很久之前，基督教的传教士们从事传教活动的发展中国家主要是殖民地国家。与此同时，穆斯林成功地传播了他们的宗教，共产主义者也取得了巨大的成功。

针对目前情况，我倾向于两个论点。首先，西方文化并非处处都是可值得骄傲的，现在它已呈现出一些堕落的迹象，存在着以贪婪为本性的彻头彻尾的实利主义倾向，况且其自身也存在着严重的自相矛盾。基督教说教与所谓基督教国家或基督教政治家的行为存在着巨大的鸿沟；仅有少数人真正遵循基督教道义，商其中大部分人是传教士。

我的第二个论点是，绝大多数文化并非一成不变，文化变化是我们追求的目的。绝大部分文化既存在优秀的特质也存在着缺乏生命力，甚至令人厌恶的东西。在许多文化中，对待妇女的方式还有待改进，而且对待动物也往往是采取排斥和残忍的态度。因此，对待其他文化应采取开放的政策，要能够容忍许多与己不同的观点，甚至学习其中的某些内容，但也要注意防止文化替换。在当今的能源和粮食问题上，我们可从一些作家例如塔福杰海及艾尔琴等人那里学到许多东西①。

4. 重整国际经济秩序——令人满意的经历

到 1965 年左右，情况逐渐明朗。大、中工业国家在第一个发展 10

① 阿尔伯特·塔福杰海：《贫穷：人民的财富》（巴黎：1978 年）；杜安·艾尔琴：《自生的无知》（纽约：威廉·莫罗出版社，1981 年）。

年中并没有按照联合国的意图修改自己的政策，因为按照这个意图需要特别的努力。由此促成了经济和社会理事会通过了联合国发展计划委员会的解决方案。[1079（×××Ⅰ×），1965年7月]。一直到1972年为止，我是这个委员会的主席。我们努力的成果是一本46页的小册子，其标题为《走向加速发展——关于联合国第二个发展10年的建议》，于1970年初发表。

发展计划委员会当时有18个成员，而参加会议的观察员人数远远地超过了这个数目，并且在会议讨论中起了重要的作用。全部联合国成员机构——从国际货币基金组织与世界银行到万国邮政联盟——以及一些非联合国成员的国际机构，如经济合作与发展组织以及与其相类似的经济互助委员会，还有欧洲经济共同体都派代表参加了会议。我认为“竞技场”一词包含着适当的尊敬，当然——反映的协商的气氛是相当诚心诚意的①。我受托担任主席这一职务几乎没有空闲的时间并因此得到了极大的满足。现在，我不愿意冒险对我们的成果进行评价。

作为我所说的重整国际经济秩序的协调人，不仅从未体验过，而且极富刺激性。我必须“协调”（实际是主席）的小组会议在与罗马俱乐部主席奥雷利奥·佩切伊博士的协商下保持稳定平静。1974年，有关国际经济新秩序的报告被联合国大会明确地定为其奋斗的目标。把这种工作称为一种交游并不夸张，而且举行的许多非正式的、深刻的讨论有着完全不同的特点。要为获得新的科学成果努力奋斗，要出现一系列的创新——这反映了罗马俱乐部对人类险恶前景的紧迫心情。贯穿整个世界的不同地区的最优决策是创新之一；另一个创新是把主权视为功能概念以代替所有权概念；第三个创新具有的新颖特点是一揽子交易，其中包含着对所有协商党派都具有吸引力的因素。

令人遗憾的是，由于当今滞胀的影响以及普遍存在的目光短浅，

---

① 观察员们确实为委员会提供了有价值的信息与建议，很难辨别他们的行动与委员会成员有什么区别。记得有一次，我要求观察员们在委员会成员发言以后再要求发言，立刻，有一个观察员就会场次序问题要求发言：他对我的要求提出抗议。即使如此，会议的气氛自始至终都是令人愉快的。要感谢历届的报告起草人（往往是约瑟夫·帕亚斯特卡）以及协助我们工作的联合国秘书处的工作人员。在学术方面，向前迈进了重要一步的是雅各布·莫萨克的世界模型，其中的一些关键数字被用于我们的报告中。

1982 年重整国际经济秩序基金会只得停止了活动——我们希望这只是暂时的。

（五）重点转移

如前所述，在不长的时期里不发达国家的发展战略成为深入细致的认识过程的一个主题，也可描述为：避免重犯以前的错误，为通向繁荣扫清道路，为了第三世界的穷苦大众的幸福实行重点转移。

我们正在面临的一些明显的发展障碍是各种形式的愚昧无知，目光短浅（表现形式之一是狭隘的民族主义），两极分化（通常包含能源的浪费），以及玩世不恭（行为沮丧）。

以上我还谈到了一些研究探讨上的可喜变化，例如：由物质资本的创造与转移到人力资本的创造与转移；由资本密集型技术到适用的资本密集程度较低的技术，在实际中通常表现为由大规模项目向较小规模项目的转移；由大城市创造就业到由农村或小城市创造就业。我还讨论了由外部政策（国家之间）到内部政策的转移，以及与此相联系的家长式统治到自力更生的转移。

在观念上，两极分化意指极端主义的政治力量在国内或国与国之间的增强。两极分化有时被用来论证问题的存在，但是必须综合考虑才能使论证完整。这一论点（处理连续阶段的对立统一论点）可用一个近乎简单化的例子来加以阐述。一些政治家认为，市场的自动调节功能在没有政府当局干预的情况下，就能解决许多问题。而某些人则支持以缓冲库存、最低与最高价格，以及限额（制度）作为辅助的政府管理。就此来说，这些都是两极分化的情形。当我们了解到实际存在着两种基本的市场类型，稳定的与不稳定的市场时，稳定的市场可以不必理睬，但不稳定的市场则需要管理和调节。正向我在上面提到的几个不稳定的市场：猪肉、咖啡和橡胶那样。

还有一个以往的教训应当吸取。可以说，相应的转变是由理想主义到长期共同利益的转变。在 50 年代，发展合作被视为是由几个发达世界的公民所宣扬的理想主义方案。那些完成布兰特报告的人们指出，发展合作是发达国家为其长期的利益所采取的一项政策。令人可悲的是，我们所选举的目光短浅的政治家们居然连这般世俗的观点也不具备。世界极需要邱吉尔那样的政治家——政治家应当主要考虑的是下一代，而不能仅仅考虑下一次选举——人要具有道德精神的器量，如欧洲共同体的发起人、罗斯福新政的开创者以及后来的马歇尔计划。

评 论

迈克尔·勃仑诺[1]

在本评论中，我不涉及丁伯根对一般经济科学的基本贡献[2]。丁伯根是计量经济学（和计量经济学会）的创立者之一；他对商业周期的统计研究的贡献和其他动态过程（如蛛网过程）的开创性研究就足以使他在经济学的现代计量科学革命中占有重要的地位。同样，我也要抵制这一诱惑，即详细地评论丁伯根论文中有关发展问题的各种论点。丁伯根在发展经济学家所从事或正在从事的许多领域中都有着自己独到的见解并付出了自己的劳动。例如："适用技术的选择；国际竞争在投资分配中的作用；教育计划的设计；在发展中，经济因素与社会因素的相互影响等。"他在这些方面的思想与贡献总是十分出色的，但绝对不是无与伦比的。在我看来，他的无与伦比的贡献是战后在荷兰计划局对经济政策理论所形成的开拓性思想，以及随后有关发展设计方面的贡献。也许部分由于与我同一时代的许多发展经济学家通常是在丁伯根计划方法论的深刻影响下开始自己的思考与分析的，因此我的评论仅局限于他在这一方面的研究工作。

丁伯根与战后荷兰计划学界教给我们的最重要一课是：经济计划与经济政策可以正统经济理论与应用经验内容相结合的方式来表现；计划的主体应当以某一个理论结构或模型为基础，即使只具有简单的消费函数的哈罗德—多马模型或比较复杂的投入—产出模式都行：它应当包含数量指标与定量政策手段，它应当以一组方程式，或以技术、行为、制度性质等重要变量为约束条件的系统概念体系为基础。

① 迈克尔·勃仑诺时任希伯来大学经济学教授。

② 有关丁伯根研究工作的完整评价与出色的概述，参见班特·汉森：《简·丁伯根：对经济学的贡献评价》，载《瑞典经济学杂志》，第71卷（1969年），第325～336页。

丁伯根没有忽略这一事实：即在“自上而下”的宏观处理与“自下而上”的微观项目规划之间可能存在不相协调的矛盾局面。他早就意识到宏观计划要由具体的个别计划来充实的必要性，并运用结算价格和考虑投资计划以及鼓励私人投资。宏观计划要依据具体情况不断地加以修正。以后的作者（亨利·台尔或许是第一个）指出了丁伯根的形式固定目标探讨的局限性（包括对精选参数的敏感性分析），并指出了把现代福利经济学（社会最优化）与丁伯根基础理论结构相结合的长处。有关“一致性”计划与“最优”计划的区别的讨论以往已有很多，这里不再讨论。

在20世纪50年代后期与60年代，正式的发展计划取得了进展。经济上广泛采用了线性、非线性与动态规划方法，在早期无力采用这些技术，由于电子计算机的迅速发展而大大推动了这些高级技术的应用。这自然有利于对贸易与发展政策方面的思考，以及宏观计划与微观投资决策所涉及的影子价格的实际起源之间联系的思索。但是，就某种基本的含义来说，更为先进的技术并没有使我们比丁伯根所发展的阶段高明多少，资料的局限性以及政府和私人行为的不确定性仍旧适用于简单的一致性结构。丁伯根所发展的半投入—产出法终归对于发展中国家的正式发展计划的设计极为有用。

我们都知道丁伯根与其追随者所设计的正规计划技术存在着严重的局限性。一个设计极好的联立方程式并不能代替一个好的发展战略，后者通常包含着重要的性质以及非确定的范围。有关发展计划中的集权与分权，以及如何确定政府有效的控制范围和其他社会与政治因素，往往在计划模型中被漏掉了。我确信丁伯根本人一定试图否认通常执行的正规计划技术存在着某些天真幼稚的内容，甚至早在25年之前，他就陈述了一个折衷的观点：“首先必须明确的是，规划不是通情达理的代替物，它不可能代替通情达理，也不应当去代替。需要强调补充的是，对于安排事物的轻重缓急时更是如此，在发展设计中，应该运用全部可利用的信息与方法。由于传统类型的信息，即一般统计是不充分的或不连贯的，所以这样做就更值得”①。

最后，必须强调指出，丁伯根以他个人参与实际的发展决策——首

① 《发展设计》，马里兰州，巴尔晦摩：约翰斯·霍普金斯大学出版社，1958年。

先在他的祖国后来在世界范围——为我们提供了一个重要的榜样。无论在何地，他始终充溢着深厚的人道主义精神，这在他的本篇论文中处处可见。正是由于这个原因，他对发展经济学及其实践者的伟大影响要远远超出对正规计划技术的重要贡献。

中国经济50人论坛
Chinese Economists 50 Forum

后　记

Chinese Economists 50Forum

Chinese Economists 50Forum

发展二分法

保罗·P. 斯特利顿①

经济学家由两类人组成：那些无知的人和那些不知道自己无知的人。

——被广泛接受的谚语

这个世界可以划分为两类人：那些把世界划分为两类人的人和那些不这样做的人。因为我显然属于前者，我相信进行各种区分的天性能够说明众所周知的发展经济学的上升与衰落。

阿尔伯特·赫尔希曼在他为1980年巴尔·爱兰大学举行的有关拉丁美洲问题的国际专题讨论会撰写的令人鼓舞的著作中，② 使用两个标准来区分发展理论：他们是坚持还是拒绝南北关系中的互利主张；以及他们是坚持还是拒绝存在一个适用于任何时期、任何国家的经济学规律，即单一经济学的主张。运用这种分类方法，他得出四种类型的理论。正统（新古典）经济学两种主张都坚持，新马克思主义和依附理论两种主张都拒绝。发展经济学倾向于拒绝单一经济学主张——要说明它们存在的理由需要设立一个独特的专题——但是坚持互利的主张，而古典马克思主义者坚持单一经济学的主张（除非在阶级决定意识的范围之内），但拒绝互利的理论。

有人可能想对赫尔希曼的分类法吹毛求疵。发展经济学家形成了一个大的群体，其中许多人拒绝互利的主张却不认为自己是新马克思主义者或依附学说理论家。另外一些人宣称经济学的统一，同时也认为为发展经济学划分出特殊的领域是合理的，单一学科的某些分支或变型也适

① 保罗·P. 斯特利顿时任经济学教授及波士顿大学世界发展研究所主任。

② 《冒犯论文集：经济学到政治学及其他》中的《发展经济学的上升与衰落》（纽约：剑桥大学出版社，1981年）。

用于这些领域。换句话说，既有分析利益冲突的发展经济学家，又有新古典发展经济学家。让·艾尔斯特曾指出，马克思在他的剩余价值论中阐明这一论点：即使双方都从交换中获益，资本主义国家也剥削了“落后国家”。[①] 琼·罗宾逊写道：被资本家剥削的痛苦同一点不被剥削的痛苦相比较，不值一提。[②] 因而，互利并没有被否认。

		单一经济学	
		坚持	拒绝
互利	坚持	正统经济学	发展经济学
	拒绝	马克思?	新马克思主义理论

赫尔希曼将发展经济学的衰落（例如在填充发展经济学席位的困难中所反映出来的）归咎于来自新古典经济学（指责它由于背离了新古典经济学的原则而导致了不合理的分配）和新马克思主义经济学（指责它为依附和剥削辩护）两个方面的联合的（尽管不是协调一致的）冲击。[③] 他还将它的衰落归咎于冲击第三世界许多国家的政治灾难。

（一）差异中的统一性

1963 年，都德莱·西尔斯提出，北方的经济学不适用于南方的不同社会。[④] 在此之前 20 年，保尔·罗森斯坦－罗丹则提出，不可分性、互补性、外在性和规模经济这些概念同发展中国家的关系比同已经工业化的国家的关系密切得多。[⑤]

---

① 让·艾尔斯特：《冒犯者》，载《伦敦图书周刊》，第 4 卷，第 17 号（1982 年 9 月 16 日—10 月 16 日）。

② 《经济哲学》（哈蒙兹沃尔兹，米都尔塞克斯，英格兰：企鹅出版社，1966 年），第 46 页。

③ 尽管没有在一次早上八点召开的讨论发展经济学和经济学的发展的美洲经济联盟会议的出席问题上反映出来。

④ 《特殊情况的局限性》，载《牛津大学统计研究所公报》，第 25 卷，第 2 号（1963 年 3 月），第 77 ~ 98 页。罗伯特·索洛使我想起斯蒂芬·波特获得深奥和复杂殊誉的著名手法，对任何普遍化的回答是“不适用于南方”。

⑤ 《东欧与东南欧的工业化问题》，载《经济杂志》，第 53 卷（1943 年 6 月—9 月）。

适用于先进工业社会的“特殊情况的经济学”必须被拓展，使之包含不同的关系。由于从充分就业经济的“特殊情况”推及先进国家工业失业状况而受到激发，罗森斯坦－罗丹、阿瑟·刘易斯及其他人拓展了我们的视野，进而又包含了不发达国家的就业不足和劳动力的利用不足。尽管这以后人们发现，穷国的劳动力利用引起的问题与凯恩斯为先进国家提出的问题大相径庭，尽管一些著作对凯恩斯主义的概念在欠发达国家的适用性提出了批评，但毫无疑问，凯恩斯对于正统经济学的攻击为探讨发展中国家的劳动力使用产生了促进作用。琼·罗宾逊对工业国家的失业问题的分析提供了启示。[①]

在其他人中，阿尔伯特·赫尔希曼指出用不同的分析工具剖析南方社会，常常在我们自己的北方社会产生新的启示和发现，由此重新建立分析的统一性。赫尔希曼列举了就业不足的农业劳动力情况，“劳动力无限供给的经济发展”，欧洲经济中剩余劳动力的作用，并且一方面列举了二元劳动力市场的理论，另一方面列举了对于发展中国家中理应开发的就业不足资源的分析和令人满意的×效应理论。[②] 我本人在同冈纳·缪尔达尔合著的关于生产函数的著作《亚洲戏剧》中，[③] 也类似地表明，许多起初对南亚的批评也适用于西欧和美国。都德莱·西尔斯的关于从特殊情况经济学到发现在欧洲内部甚至在欧洲某一国内部的依附性和优势的洋洋大篇也是另一例证。最初是为不发达国家建立的通货膨胀的结构主义理论，在北方发达国家也找到了新的运用。显而易见，很多有关先进国家的研究是独立地进行的，而且是在不知道发展工作的情况下进行的，但其类似和一致却是引人注目的。

都德莱·西尔斯在他最近在纪念科特·马丁的论文集中写的一篇题为《发展经济学的诞生、生存与灭亡》的挑战性论文中写道：“实际上所有国家当前都遭遇结构上的而不是一般性的问题。因为只有很少数国

---

① 《隐蔽失业》，载《就业理论论文》（牛津：布莱克威尔出版社，1947 年）。

② 汉斯·辛格向我指出外国工人涌入欧洲经济是由于对劳动力的过度需求的压力造成的结果，同时，在发展中国家劳动力却过剩。今天，当我们苦于劳动力剩余时，情形大不相同了。工业化国家二元劳动力市场的理论的发展没有受到来自发展中国家模式的影响，这也确是事实。

③ 纽约：潘松出版社，1968 年。

家愿意把加速本身的增长作为解决诸如失业这样的社会问题的办法。所有国家都面临着强大的外来的势力，特别是跨国公司的政策，以及经历吸收先进技术的紧张状态。所以，得自发展领域的深入见解，也可以被有用地引入所谓发达国家的社会科学之中，这些见解包括了某些新古典分析和处方似乎不是明显地毫无道理的领域。我指的是在拉美的著作中所熟悉的有关技术和概念，例如自力更生、边际化和文化依附。”①

最初为不发达经济所作的分析在大多数发达国家中也得到运用的事例还可以举出很多。它们包括的范围从在能源危机情况下的小规模技术和大规模组织的转让影响，到在工业国家中关于各工会竞争者（行业工会和工业工会）班子的分析所得的教训，到“荷兰病的分析”，这一分析在其通过荷兰天然气闻名很久以前，最初由阿瑟·刘易斯对牙买加铝矿和都德莱·西尔斯对特立尼达石油的探讨进行的。但是，正如阿尔伯特·赫尔希曼所说：“鉴于这种发现有利于我们的科学重新统一，现在我们所有的，并非是一个回到一个不变的、曾经是正确的和正直的父亲身边的浪子。我们对西方经济结构的理解将由于对其他经济的涉足而得到修正和丰富。”②

对最初在发展领域中探讨的某些问题普遍性的逐渐了解，是与第三世界国家日益增长的差异性相伴随的。这种了解达到这样的程度，能够提出这样的问题，是否一个特殊的经济学分支——发展经济学——能够对它们都适用。在某种程度上，这是分析不同国家在不同发展阶段共处和相互作用的结果。较富国家与较穷国家的关系在工业国家和发展中国家内部均有反映，对这些关系的分析顺沿着更大的差异性和统一性的系列和层次。

发展经济学的历史被认为是一个从广泛的普遍原则和高度的抽象到极为专门化和具体化的进步。这适用于比最初想象的要参差不齐得多的第三世界内部的国家，也适用于诸如国民收入或就业之类的概念。许多发展理论的早期错误导源于将假定和关系从一个国家或地区移植于不能适用的其他国家和地区。人们不再认为必须研究每一国家的独特的特

① 《发展与变化》，第10卷（1979年），第714页。

② 《冒犯论文集》，第9页。

性，或能够为第三世界所有国家制定出有用的普遍原则。但人们倾向于建立被认为对应用政策实用的国家类型学，这种类型学的主要标准是国家大小（以人口来衡量），这一标准既与外贸的重要性及为出口而运用劳动密集技术的范围、二重性的程度及劳动力剩余有关，也与不同发展模式的应用，自然资源的得天独厚条件特别是区分石油输出国和石油进口国的本地能源的基础，农业和工业部门的相对规模和政府战略有关。

两个发现——南方国家的许多问题北方国家也同样存在，南方国家共同性的问题极少——结合起来，导致了发展经济学的早期断言或至少是广泛原则的衰落。

（二）互利与冲突

互利理论并不像最初看上去那样简单明了，甚至当大家都获利时，利益的分配也会产生冲突。然而一方的纯粹让步或牺牲可能有助于一个被认为是公平和可以接受的秩序，从而被接受。接受这一秩序可能有助于和平和避免对抗和冲突，从而成为让步一方的长期利益。

一个与之相关的问题是福利的含义。这不仅仅是一个对经济资源的支配权问题，而且涉及对需求的支配权。譬如对国际贸易的利益的估价就不仅必须与增加的收入相联系，而且必须与由额外的收入产生的增长需求相联系。那么，由于需求的增长快于对资源的控制——胃口的增长快于所进食物的增加，收入的获得伴随着福利的损失确是很可能的。这主要不是由于发展广告和推销的缘故，而往往是不能公平分配贸易利益的结果，即便国家之间公平分配，国家内部也可能存在更大的不平等。不平等促成了参照群体，它们的收入成为较低收入群体的企求。以此为福利的定义，那么从贸易中得到很大利益的国家，由于他们内部存在很大的不平等而没有得益，而发展中国家由于国际上很大的不平等而没有得益，这是可能的。当然，也可以以不同的方式确定福利的定义，例如广泛的选择范围，尽管心理学家对这种定义提出异议。

互利理论也许可以被看做是加入新调料的协调学说的陈货。除了以一种掩饰的形式出现或为了政治宣传目的之外，是否有人认真地相信它是值得怀疑的。这并不是否认存在所有参与者都获益的活动领域，特别是国际贸易和资本移动。对这些领域的充分探索，特别是对那些存有达到这些利益的障碍的领域的探索，应当给予关注。如果这些恰恰是追求发展目标的共同行动——无论是增长，还是平等的增长，还是基本需求——这将是一种奇怪的侥幸的巧合。掩饰性的论调就是把国际团结和道德冠之以“利益”的头衔。

发展经济学是否普遍地坚持互利理论也是值得怀疑的。确实许多作家看到了国家间利益冲突的存在和可能，很少的道德哲学家会试图根据纯粹的利己主义创设一种政策理论。那么，为什么要为国家利己主义创设一个国际经济理论呢？既然我们都接受个人为国家社会牺牲自己利益的准备，对规范的发展经济学提出的挑战就是建立道义制度的基础，将超出国界的团结观点和原则运用于羽毛未丰的世界社会。对目前流行的互利理论的另一明显的障碍是，凡是相互关系存在的地方，人们通常会随机应变地行动（有一些例外，例如囚犯处在进退维谷的境地，在这种情况下，理性的、自利的行动会导致共同的窘困），不需要重大的经济、政治或哲学的分析来宣传这种行动。挑战性的任务不是去显示共同的或相互利害的领域，而是显示当它们产生时如何能解决冲突。

鉴于国家政策并不是按常理以个人、家庭或地方的相互和共同利益为依据的、建立在社会契约的基础上的，当前对相互和共同利益（两者并非同一，尽管常被混淆）的关注是令人吃惊的。我们多数人接受在国家或社会富人对穷人要尽义务的原则。一旦这一原则被接受，就会产生这样的问题，人类是否是同一意义的社会。当然，以社会契约为理由，可以拒绝这一原则：我为什么应当为这个世界做事，既然它没有为我做什么？但是存在着为其成员提供服务的处于萌芽状态的全球机构，社会契约并非是证明富人对穷人负有义务的唯一理由。

即使接受这种全球性义务，反对意见还可能产生，即国家和国家政府的存在干扰了富人对穷人应履行的义务。毫无疑问，这种反对意见有一定的道理。那些以有义务帮助穷人为道义上的理由而提倡普遍地发展援助和南北合作的人并没有付出足够的时间和精力来表明这种努力实际上能够达到他们的目的，或者，如果达不到，如何使这些努力达到目的而不过分地侵犯国家主权。结果，对于左翼和右翼联盟对援助的攻击，除少数明显的例外，主张援助的人并没有作出严肃的回答。道义义务必须为政府所接受的主要原因（正如被个人所接受）是某些目标只能通过集体行动来实现，如发展不可分割的工程项目或通过以援助形式增加外汇储备来加速增长，或为了一个特别脆弱和特别被忽视的群体——贫困家庭的儿童而进行干涉。在这种情况下，如果要想达到目的，有必要强迫其他人或自己（通过税收）作出贡献。

1. 正式的和非正式的知识部门

另一种区分是由都德莱·西尔斯的格言提出的。[①] 它在发展中国家两部门的区分中具有类似的东西：一个是复杂的，有组织的、现代化的、大规模的和“正式”的，另一个是简单的、无组织的、小规模的和“非正式”的。正式部门的人才由已建立的大学的经济系培养着，那里学生们受到复杂技术的训练，并从纪律中获得高标准。非正式部门是由专家们通常视为怪人、持异议者、“诗人”、记者和小说家所组成的。[②]

非正式部门的成员的见地比正式部门的那些人有三个长处。第一，这些人常常更清楚如何与广大的听众交流。他们不用行话，而且写作简明生动。第二，他们运用自己的眼睛和耳朵，叙述他们观察到的东西。第三，由于没有受到专门性范例的训练，避免了这些范例产生的耀眼的光芒，他们常常处理被专家忽视的重要问题。但由于他们没有一个严密的正式的结构，他们的见地尽管有广泛的影响，却常常是昙花一现，很快就淡漠了。

正式部门有随其缺点而来的长处。它吸引聪颖的学生，产生一种令人羡慕的、可以教授的、能够详尽阐述的知识主体。但是它的风雅却疏忽了它对其不相关物的注意。将数量化的东西和技术上可探索的东西孤立开来并忽视其他东西，正式部门的工作者偶尔将小孩而不是洗澡水泼出去。

非正式部门一路领先的领域是腐败、贫困文化和全球事务。这一专业部门可以理解地把注意力集中于国家上，对较低水平和跨国水平的事务（与国际事务不同）的关注，却被相对地忽视了。

---

① 《诞生、生存和灭亡》，第717页。

② E. F. 舒马赫曾写道（在一篇未发表的文章中）：“一些人称我为怪人，我一点也不在意。怪人是一种低成本、低资本的工具，能够在较小规模范围内使用，它是非暴力的，但它带来变革。”

大卫·亨德逊在对阿尔伯特·赫尔希曼的一本书的评论中提出了一种给经济学家分类的方法："……是将'建设者'与怀疑者区别开。前一种人，认识到正统经济学远远不是包罗万象的，但宁愿强调它在制定政策方面的用途和忽视它或违背它的危险。对比之下，怀疑者承认正统经济学的途径在其限度内是美妙的和有帮助的，但宁愿强调这些限度的狭隘性和该理论作为社会现实的指南和决策基础的不足。"①

这是一种有用的区分。它产生了关于这两类人的关系的饶有兴趣的问题。很清楚，如果不是为了对于建设者的建造物而工作，怀疑者就会无所作为。但是，如果不是因为怀疑者，建设者就会陷入教条主义。几乎每一个经济学家都包含着这两类之一的因素。一方面，怀疑者，当他们走进教室或提供实用的建议时，如果没有建设者的工具袋就会一事无成。另一方面，一些最卓越的专家，当他们作主席演说时，说的是怀疑者的论调，尽管他们在日常工作中又回到建设者的活动中。这些内行的前辈有亨利·菲尔浦斯·布朗、大卫·伍斯威克、魏斯利·列昂惕夫、拉格纳·弗里奇、弗兰克·罕、肯尼斯·阿罗和劳埃德·瑞纳尔兹。②这可能是反映了他们在接受和拒绝正统范例之间处于反复无常的紧张状态吧？

人们可能持有这样的观点，即建设学的最重要的职能（不论是一个模型、一个范例或一个理论）是显示其他建设学的局限性，从而为知识肌肉增添灵活性，而不是去阐明现实。他们的作用是治疗而不是说教。对新马克思主义者在分析农村土地、债务、工资关系方面所作的制度上思考的介绍显示了新古典分析的局限。但是，同样，新古典分析表明制度的硬壳既能够被市场力量所加固，也能被打破。从时间分配和最大化行为的角度对家庭之间关系的分析能够说明从权力关系和力量的角度进

---

① 《银行家》，第132卷，第677号（1982年7月），第128～129页。

② G. D. W. 伍斯威克：《经济科学的进步是可能的吗?》，E. H. 菲尔浦斯·布朗：《经济学的欠发达》和W. 卡尔多：《平衡经济学的不相关》，均见《经济杂志》（1972年）；W. 列昂惕夫：《非观察事实的理论假设》，载《美国经济周刊》（1971年）；肯尼斯·阿罗：《有限的知识和经济分析》，载《美国经济周刊》（1974年）。又见J. K. 加尔布雷思：《权力和有用的经济学家》，载《美国经济周刊》（1973年）；唐纳德·麦克多哥尔爵士：《为经济学歌颂》，载《经济杂志》（1974年）；O. 摩根斯登：《当代经济学十三关键点》，载《经济文献杂志》（1972年12月）。

行的替代分析，反之也是。由于这些原因，至关重要的就是使发展研究中不同思想流派的对话继续下去，而不允许其分裂成为互不交流的群体。

2. 平球论者和圆球论者

伊安·利特尔根据一种不同的标准来区分发展经济学家。他（在与我的私人通信中）说，他不认为增长阶段和 W. W. 罗斯托（我所提出的区分）是非常重要的或占统治地位的。“至少直到最近我才把这种情况看做是结构主义者与新古典主义者之间的一场战斗。结构主义者把世界看成是平坦有界的，由墨守成规、需要接受训练的人们组成；新古典主义则把世界看成是圆形的，充满富有事业心的人们，他们以颇为有效的方式将自己组织起来。”①

利特尔的区分是很重要的，勾勒了新古典主义者与结构主义者之间的大部分争论。如果一个人相信资源受到正确的刺激就会以最低成本从一种活动容易地迅速地流向另一种活动，这样，经济就颇像牙膏或糖浆，那么决策和互利的含义就与如果人们相信经济由资本品具体的硬件和在具体地区受过特殊技术训练的个人组成，这些人只能以巨大的成本或在长时间以后被重新改造，或根本无法改造大不相同。

新古典经济学家强调制定正确价格的重要性。彼得·蒂默尔的评论仍然是正确的：“制定正确价格不是经济发展的结束，但制定错误的价格却常常是。”② 每个人都同意，要有效率和公平地管理经济，还需要其他东西。但是，关于正确的价格与这些其他措施的关系却意见不一致。根据一种解释，制定正确的价格而没有其他措施比什么都不做要强。根据另一种解释，综合性的一整套措施是必要的，仅仅“正确”的价格可能使事情一成不变或变得更糟。（根据这种观点）在一个复杂的体系中，高估诸如价格这样的因素比高估货币还要有害。

如果一个国家遭受一种类型的弊病（例如非常不公平的土地分配），

① 这种区分在 I. M. D. 利特尔的《经济发展：理论、政策和国际关系》中被详尽阐述（纽约：基础读物，1982 年）。

② 彼得·蒂默尔：《爪哇碾米技术选择》，载《印度尼西亚经济研究》第 9 卷，第 2 号（1973 年 7 月），第 76 页。

再加上另外一种弊病（例如对食品低价格的“歪曲”），可能使情况改善。庇古在大萧条期间的有关次优理论的早期系统阐述是贴切的：“一个被要求一手拿着一个包在绷索上行走的人如果被允许另一手添一个包，他就会觉得好些，尽管如果他开始没拿包，添一个包会妨碍他。”[①]

区分新古典主义者和结构主义者的一个困难是，尽管他们的争论是由对世界的不同看法引起的，争论往往是关于工具问题。[②] 在这个争论中，形成复杂工具桶的一部分工具后来被挑选出来并运用到它们所服务的最终目的中。因而，韩国和中国台湾成功的例子被正统经济学家用来宣称促进出口是公平和迅速发展的关键。促进出口反过来又常常被认为是没有政府干预以及市场力量的自由作用。但是，韩国和中国台湾成功的原因要复杂得多。这些地区既促进出口也促进劳动密集的进口替代，早先的进口替代导致了后来的出口，用于出口方面的劳动力占全部劳动力的很小比例，政府干预和公共部门都起重要作用。依我之见，单单挑选出通过自由贸易政策带来的出口增长作为其成功例子的原因是错误的。[③]

结构主义者倾向于犯过于简单化的同样错误。在正确地观察和分析市场失调的许多场合之后，他们立刻就得出这样的结论，即中央政府的行动必须代替它，尽管有证据表明国家的一些干预造成比市场更坏的结果。他们没有得出这样的结论：国家应当利用市场作为制定计划的强有力工具以及利用价格作为有用的政策工具。

利特尔的区分存在一个更为深刻的问题。这就是：用于缓冲在竞争斗争中的受害者的措施，或用于保证公平分配资源的措施是否可能不仅是无效的，而且是反生产力的。一直有大量的文献涉及社会保险对刺激因素的有害影响，鼓励“寻求租金”活动的公平控制所引起的不合理的

① 引在 T. W. 哈奇逊的《关于经济学知识的革命和进步》中，（纽约：剑桥大学出版社，1978 年），第 184 页。

② 苏哈默·察克拉瓦尔蒂指出，两者总的来说都把执行经济政策的信息成本造成的问题过于简单化了。

③ 见保罗·斯特利顿：《冷静观察发展出口导向战略》，载《世界经济》，第 5 卷，第 2 号（1982 年 9 月）和《贸易作为增长的引擎、女仆、制动器和增长的产物》，载《世界经济》，第 5 卷，第 4 号（1982 年 12 月）。对这种观点的批评，见 P. D. 亨德逊和贝拉·巴拉萨在同一刊物（1982 年 9 月和 1983 年 6 月）中的回答。

分配，和由于拉吉·克里什纳称之为“第一轮社会主义”而使垄断被加强的方法。有较少一部分文献论及国际援助的有害影响，尽管很多写的是关于食品的援助。那些主张社会同情和世界团结的提倡者应当更认真地想一想，如何在这些领域达到目的而又不脱离立据的基础。

这里令我们回忆起发展经济学两位已故的开拓者，他们都反对国家干预、中央计划和保护主义，但他们对于世界的看法迥然不同，许多现在已被广泛接受的思想都归功于他们。

拉格纳·纳克斯在实物资本积累被认为在发展过程中具有战略重要性的时候写道：“发展问题主要是……一个资本积累问题。”他不仅仔细分析了当时普遍被认为是由储蓄供给造成的局限性，而且特别分析了由需求造成的局限性：“投资诱因受到市场范围的限制。”[①] 阿连·扬对亚当·斯密的劳动分工受市场范围限制的著名教条的重新解释是纳克斯对于平衡增长的分析起点。与它的另一面，即市场范围（大小）也受劳动分工，即资本使用范围限制，这两个主张为经济进步提供了基础。

纳克斯对国际贸易和发展之间的关系颇感兴趣。他对把国际贸易作为增长的引擎持悲观态度，因而强调根据需求的收入弹性的国内市场的平衡扩展。但他并没有从他的贸易悲观主义中得出保护主义的结论，也不相信平衡增长必然要求中央计划。他认为可以允许价格在引导生产要素的分配方面起作用。

纳克斯的某些学说并未经受住时间的考验。尽管他有关资本积累和工业化的强调被实践证实了，直到 70 年代，贸易才被证明是比他所期望的蒸蒸日上得多。他从詹姆斯·S. 杜森伯莱接受过来的，并用之于国际贸易的国际示范效应，并不像他原来想象的那样，是国际收支逆差的强有力因素。人们发现，意味着农业劳动力的边际生产力为零的隐蔽失业论在逻辑上和经验上都是有缺陷的。但艾利克·伦德伯格在他介绍纳克斯的《威克塞尔演讲》（1957 年）中写道：“一种微妙的行为，在这种行为中，他运用了——但没有过多运用——有效的统计学和他在解释

① 拉格纳·纳克斯：《欠发达国家资本累积的某些方面》，（开罗：埃及国家银行，1952 年），第 1 页和第 2 页。

经济发展的趋向中发现理论和历史事实的平衡比例的感觉。”① 艾利克·伦德伯格这样写是很有见识的。就像其他开拓者表明的那样，在经济学中，正确并不是重要的。

第二个开拓者是雅克·维纳。尽管他有着古怪的癖性——研究一个以完全竞争和充分就业为基础的模型并坚持提高单位成本的优势，拒绝一切形式的国家计划和干预，强烈主张自由贸易——他在强调农业的改善是发展的前提方面却有先见之明。他很早而且孤独地强调有必要注意以绝对贫困的减少作为发展的检验标准。实际上，他是基本需要的早期提倡者。“然而，如果我坚持群众性贫困的减少是实现经济发展的关键性检验标准，我就要把自己从这一领域的全部文献中分离出来。在所有我看到的有关经济发展的文献中，我还没有发现一例不是把总量和平均量的统计数字当作经济发展成就程度的检验标准的。再者，我了解，没有一个认为自己不发达、为了发现是否在国民财富总量和人均收入方面增长而为自己提供统计数据的国家，与贫困压力的遍及程度在绝对和甚至相对程度上的减轻有联系。”

在讨论发展的障碍时，维纳写道：“高劳动生产力的首要要求……是人民群众必须有文化、健康、丰衣足食、强壮而精力充沛。”② 因而他在博爱主义和人类生产力方面都是基本需求方式的开拓者。他还清楚地看到由人口增长引起的问题，并争辩说，只有在达到较高收入水平以后人口增长率才会下降。

维纳一直是一个根深蒂固的19世纪的自由贸易主义者，抵制中央计划论者、保护主义者的主张，甚至在很大程度上抵制凯恩斯式的革命者的主张。他还是官方发展援助的反对者。维纳对发展援助的道德基础持批评态度，国际慈善行为在他看来是劣等的国际合作工具：“与私人慈善行为不同，周而复始的政府间馈赠必然会累积成繁文褥节，各种条件和限制，使接受者遵守起来感到屈辱而使赠予者实施起来感到不光彩。”

“作为一个经济学家，我又回到了19世纪我的先辈们的无礼角色

---

① 《贸易和发展的模式》（伦敦：牛津大学出版社，1959年），第7页。

② 雅克·维纳：《国际贸易和经济发展》（牛津出版社，1953年），第100页和第103页。

中，坚持认为无论国内慈善行为或甚至一国之内的区域性慈善行为的情形如何，把单方面的赎赠当做我们与外部世界关系的实质性和永久性的要素是拙劣的经济学，拙劣的政治学，或许甚至是值得怀疑的伦理学，不论我们的资源与他们的相比多么优越。”然而，维纳确实在慈善行为和由义务、不公正、道德和团结引起的支付行为之间进行了区分，认识到至少在国内关系中这些应有它们的地位。

他给了凯恩斯关于长期的著名理论可能是最好的回答：“几年以前，一个卓越的英国经济学家发现，从长期来看我们都要死去，自那时以来，经济学家对他们采用长期观点的古老习惯感到有些歉意和害羞。然而，人们提出，这一警句中的‘我们’有些含糊其词，而且它所有的力量都存在于这种含糊之中。将注意力吸引到如果要确保在短期结束以后，不是为了我们而是为了后代将继续生存所必须的政策中，是社会科学家的特殊作用。”①

（三）豪猪和狐狸

希腊诗人阿奇劳彻斯在公元前七世纪写道：“狐狸知道很多事，但豪猪知道一件大事。”发展经济学也有其豪猪和狐狸。

知道很多事或知道一件大事可能是指原因和障碍或可能是指目标和目的。我们有大量的理论以单一的原因，或更确切地说，单一的障碍来解释发展的缺乏或太缓慢或被扭曲。消除这一原因就会释放出进步的自然力量。新马克思主义者和依附学说的理论家把新殖民主义和帝国主义的剥削看成是主要的障碍。早期非马克思主义作家强调储蓄的不足，低储蓄转过来又被归咎于（例如，被拉格纳·纳克斯）低收入或国际示范影响。② 另一些人，包括纳克斯，认为主要障碍在于缺乏对投资的刺激，还有其他人认为在于创造管理资本的困难——要求大量的不可分割投资。最近一些作家把注意力从实物资本不足转向人力资本不足。另一些人则认定日益恶化的贸易条件和国际竞赛的规则扮演坏的角色。

① 《国际经济学》（格兰科Ⅲ：自由出版社，1951 年），第 372、371、110 页。

② 拉格纳·纳克斯：《欠发达国家资本形成问题》（英格兰，牛津：布莱克威尔出版社，1953 年）。

不难说明这些理论没有一个能站得住脚，尽管其中许多指出了在一些领域、一些时期挡道的障碍。不存在这些障碍的国家并没有发展得很好，而另一些国家，尽管存在障碍，却发展得很成功。

一个经济学家不强调单一的障碍而根据一整套相互作用的条件分析社会体系是正常的。目前没有几个经济学家坚持仅仅是土地或仅仅是劳动或仅仅是资本生产产出（尽管思想史表明有人持有这样的观点）。一个人能否不把生产函数的扩展运用到“生产”发展并表明它取决于一些变量——一些是经济的，另一些是非经济的——合作和相互作用呢？这些变量不仅在某种程度上互为补充，而且也在某种程度上互为替代。通过训练，如果不是通过本能的话，经济学家是狐狸而不是豪猪。

一种类似的区分适用于目标的定义。一些人根据国民产值及其增长，或仅仅是服务之外的物质产品来为它们下定义。另一些人根据平均寿命或其他有关人类的指标，还有另一些人根据参与、生活质量或自由来下定义。多元论者认为是多种目标的混合，并默认对美好社会的不同看法。

（四）线性和非线性范例

我提出了另一种划分界线。对两种思想流派中任何一种的忠诚最容易通过刘易斯检验的回答来测试[①]：如果在2000年发达国家沉入海中，发展中国家（经过一段时间调整以后）会好转还是会恶化？就像在石蕊试纸的测试中，那些说“恶化”的是蓝色，那些说“好转”的是红色。

这一区分，当然是与互利理论相关的。根据蓝色的学说，发展是所有国家行进的一条线性道路。发达国家，在不同时期经过了起飞阶段，发展中国家目前正在仿效着它们，政府首先要关心的事是组织沿着发展道路的进军。

运用于国际关系领域，这一观点导致了对富国为发展中国家提供其所缺乏的组成部分，从而帮助它们冲破瓶颈，克服障碍的要求。这些缺

① W. 阿瑟·刘易斯：《发展进程》，联合国执行委员会文件摘要，第2号，（纽约，1970年），第12页。

乏的组成部分可能是资本、外汇、技能或管理。这种学说为国际财政援助、技术援助、贸易和外国私人投资提供了理论基础。[①] 由于冲破瓶颈，富国能够为发展努力作出数倍于其花费的贡献，从而以对他们来说最小的成本加速了不发达国家的发展进程。两缺口模型是对外援的合理化。再者，援助的最终目的是当越过起飞点，本国的努力足以促使进一步发展时，摆脱援助。

线性观点排除发展不同形式的选择。所有国家不可抗拒地注定要经过五个罗斯托阶段。历史地看，这种观点可能被批评为过分宿命论。连德国和俄国都不同于英国工业革命而走了不同的道路。对最近的工业化国家来说，差异就更大了。从经济上看，这种学说也是有缺陷的，因为它忽视了这样的事实，即从富国到穷国（及穷国之间）刺激的传播改变了发展进程的性质。后来者面临着与早期开创者本质不同的问题，而后来的后来者发现自己处在既来自发达国家，又来自其他后来者的示范效应和其他刺激的世界中，它们展示了机会和障碍，刺激和抑制，与英国或甚至德国、法国和俄国在它们前工业化阶段所遇到的那些颇为不同。

对刘易斯石蕊试纸测试的红色回答，由于对发展及对国际对发展的贡献普遍地失掉兴趣而赢得了追随者。根据这种观点，贫富关系的国际体系造成了而且维系着穷国的不发达（用安德里·甘德·弗兰克的话来说，是富国使穷国不发达）。以不同的方式，恶毒地剥削或温和地怠慢，或仅仅是因为富国的事件和政策的无意影响，贫富社会的共存使得贫穷社会选择自己的发展形式的努力更加困难和不可能。发展中国家的统治集团——政治家、企业家、有薪水的官员、雇员——享受高收入、财富和地位，而且，由于他们从属于不平等的、一致的、不发达的国际体系，他们使这一体系长期存在下去。国际一体化导致了国内分散化。不仅马克思主义者，而且为数增长的非马克思主义者已逐渐把不发达和发展过程中遇到的一部分障碍归咎于包括日本和苏联在内的北方工业国家的存在和政策。

---

① 见霍利斯·钱纳瑞和爱兰·斯特劳特：《国外经济援助和经济发展》，美国国际开发署文件，第7号，（华盛顿特区，美国国际开发署，1965年），《美国经济周刊》，第56卷，（1966年）。

根据第二种观点的一种意见，援助不是起飞之后将要结束的过渡现象，而是具有永久特色的权利要求，并要像国际收入税一样支付。根据一个更极端的意见，援助本身就是对维持反动统治来说不可少的剥削的国际体系的一部分，自力更生、独立发展必须摆脱援助。

从这一理解得出的结论是发展中国家应当在他们自己和贸易、技术、跨国公司和教育及意识形态影响的灾难性侵入之间设置屏障，应当以“脱离联系”或“脱离结合”，以拉掉贫困的帷幕，以把自己从国际体系中隔绝和孤立出来为目标。那些主张“脱离联系”的社会主义者和极端主义者提出的某些建议却是由资本主义对苏联、中国和古巴的敌意所引起的，这是自相矛盾的。

蓝色观点支持者指出新加坡、中国香港、中国台湾、韩国和西非是从同贸易、援助、投资和货币的国际体系的商业一体化中获益的地区的明显例证；他们列举了把出口作物引入殖民地——向马来亚引入橡胶，向黄金海岸和尼日利亚引入可可，向印度引入茶叶——来说明对他们的进步给予了强有力的刺激。然而，中亚、非洲大部及南美内陆缺乏同西方的接触而成为最不发达地区。

红色观点支持者指出了印度尼西亚、印度、中国和日本。与西方接触程度最大的是印度尼西亚，在那儿荷兰人参与了300多年，接着是印度，在那儿英国逐渐扩展了其立足点，然后是中国，在那儿沿海贸易造成了在这个国家推动与内地进行贸易的租界，最后是日本，在那儿德川实施了除了通过一小部分荷兰商人之外不与西方接触的政策。然而，他们指出，日本首先开始增长并取得了迅速进步；中国前进得不错；印度次之；印度尼西亚则居最后。经济进步的次序与同西方的接触程度成反比。[①] 阿尔伯特·赫尔希曼观察到拉丁美洲“工业进步在世界大战和大萧条期间特别强劲，而那时与工业国家的接触一蹶不振。”[②]

不可避免地，对这两种观点的简要总结肯定会过分简单化，持第一种观点的罗斯托，持第二种观点的弗兰克，都是深得人心的而不是学术式的典型。雅克·维纳、哥特弗里德·哈伯勒、拉格纳·纳克斯、哈

---

① 见 E. F. 哈根：《关于社会变化理论》，（伦敦：塔维斯多克出版社，1962 年）。

② 《发展经济学的上升和衰落》，第 17 页。

里·约翰逊、G. M. 米耶、赫拉·明特、I. M. D. 利特尔、莫里斯·斯哥特、贾迪什·巴格瓦蒂、安·克鲁格、贝拉·巴拉萨及其他人赞同这样的观点：国家能够从将自己与国际体系联系起来，特别是从遵循避免区别对待出口和进口替代的贸易政策中获益匪浅。劳尔·普列比什、汉斯·辛格、冈纳·缪尔达尔、阿尔伯特·赫尔希曼及弗朗索瓦·贝尔卢，更不用说马克思和李斯特了，很久以前就提出了这样的发展道路，即把“波及”或“滴人”效应与“两极分化”、“回波作用”、“统治”和“内部悲惨化”效应区分开来。很多人在一开始就提出这样的疑问：如果所有国家只执行自由贸易政策和建立竞争市场，是否一切都会好起来？但可能是由于他们更为细致的阐述，他们思想的影响，尽管很重要，却是表面的，不是主流。较近时期支持第二种观点的包括萨米尔·阿明、E. A. 布莱特、F. E. 卡多索、弗兰兹·法农、塞尔索·弗尔塔多、约翰·加尔顿、科林·雷斯、安·塞德曼、奥斯瓦尔多·桑科和塔马斯·桑特斯。

两种观点（发展能够通过同国际体系的一体化来加速和不发展是由同国际体系的一体化造成并使之延续不断）通过以下方式协调是可能的。发达工业国释放出两种大量的推动力：那些展示了比其他情况下可能更快更好的发展机会的，和那些展示了发展障碍和增长阻碍的。我认为刘易斯测试不是展示问题的有益办法，不管它作为区别思想体系的石蕊测试是多么实用。发达国家向发展中国家推广了大量的刺激因素，理性的人可能对这些刺激因素的平衡方面有不同看法，例如是否吸收跨国公司所带来的缺点被一批科学、技术和组织知识的可用性所抵消？智囊人才流失所带来的危害比从外国技术援助得到的益处是大还是小？赠款和优惠利率的贷款流人是否被援助的约束、项目的错误选择、苛刻的条款和条件及资本外流所抵消？

那么，有趣的问题不是“发展中国家是否从与发达国家的共处中得益或损失？”而是他们如何执行选择性的政策使他们从积极的动力中获得利益，同时不使自己受到有害力量的损害。国家应当审视全部平衡表的细节，借方和贷方的账户，而不仅仅是收支净值。从这种方式看，问题变成了一个为援助、贸易、外国投资、跨国公司、技术、国外教育、人员流动等设计“选择性”的政策的问题。既不是完全隔绝也不是敞开的一体化，而是启发性的区别对待的政策可能提出正确的答案。[①]

这种方式倾向于采取某种奥林匹亚式或柏拉图式的决策观点。如果政策被认为是政治利益和压力集团的函数，情形就变了。红色的会说这种政策是不可能的，蓝色的会说它们是不必要的。我的回答是尽管我认为政策在一定程度上是因变量，被社会系统的其他所有变量所决定，经验和学习过程及改革领域的建设过程，能够将政策转向正确的方向。

根据这个观点，不是对所有的跨国公司都要以友好的姿态来欢迎，而只应对那些被认为对发展作出积极贡献的并坚持公平分享利益的跨国公司表示欢迎。东道国政府与外国公司的合同需要仔细拟定，从而从直接投资中得益而不产生弊端，同时给公司在期望的规模上高效率地经营以足够的刺激。寡头租金的存在保证了这种议价是可能而富有成果的。贸易既不能完全自由又不能闭关自守，而应当与税收和国内控制制度结合起来，根据社会的轻重缓急，区别对待。出口在需求弹性情况好时要征税。并非所有形式的外国技术和外国产品都不加修改地采用，而只是采用那些适合国家需要的，其他的要进行修改。在不可能修改或成本太高的地方，本国的发明应当受到鼓励。类似的区别原则还应当应用在资助留学和邀请来国内的技术援助上。与志趣相投的国家建立多边清算和支付安排，以使对硬通货所得的限制不会阻碍互利贸易的扩大。国际储备要以多样化的货币证券形式持有以尽量缩小损失的危险。所有这些并不要求很多管理的技术，但是联合经营在这方面能够经济节约，国际合作能够帮助、学习将会改善其效力。

还有可选择的发展形式，一种类型的社会可能宁愿通过采用或改造从外国而来的技术和产品，而另一种类型的社会则通过在它自己的疆界

---

① 伊安·利特尔根据下述理由批评了这个主张："当然，这种主张总是使批评者处于一种不利的地位，因为他很少提倡自由贸易，所描述的政策常常包含一些他自己也提倡的因素——例如，出口税或在矿产品开采方面的艰难的逐项的讨价还价。然而，斯特利顿描绘的'启发性的区别对待'的图画在我看来与过去20年印度的政策相距甚近，而且太接近于最大限度的监督，对它的控制可能无所作为，只能阻碍增长而没有可以将其抵消的益处。在已引证的著作中和其他地方有大量证据证明，区别对待很少是十分有启发性的。"I. M. D. 利特尔：《发展中国家和国际秩序》，见 R. C. 阿玛彻、G. 哈伯勒和 T. D. 威莱特编辑的《自由国际经济秩序的挑战》（华盛顿特区：美国企业研究所，1979 年），第 278 页。

或一组有相似收入水平和需要的志同道合的国家的疆界周围拉起一道帷幕来找到其同一性。对外向或内向的战略特征的明智选择可能得出最好的结果——例如吸收外国研究和发展国内研究或吸收、改造国外技术和产品。修改了国外的方式，将新制度与老传统相结合的工业化中的德国、法国、日本和俄国的教训并不能直接适用，因为当时国际收入的差距要窄些，而且决定对工作需求规模的人口问题的幅度也大不相同。然而，在它们早期的发展阶段，这些国家注视的不是英国已建立的市场，而是新机会和其他新来者的日益增长的市场。主要一点是在允许国内和国外冲击的不同混合的发展形式中有一种选择。如果发达国家开明的话，它们就不会感到区别对待方式的威胁，而在发展它们各自的风格方面与发展中国家合作。

（五）大与小

有些人相信越大越好，有些人认为小就是美好的（我们不提那些把大与巨大混淆的人们）。前者的代言人是已故的 P. C. 马哈拉诺比思，后者的代言人是已故的 E. F. 舒玛赫，两者的观点都很有影响。

最有影响的“大计划”的提倡者是普拉桑塔·钱德拉·马哈拉诺比思（1893—1972 年），尽管他不是训练有素的经济学家，他以修改简单的哈罗德—多马增长模型的方式为印度的重工业投资提供根据。通过对哈罗德—多马模型的修改，能够很容易地得到各个部门不同资本—产出比率的多部门的模型。马哈拉诺比思的两部门和四部门模型已跻身于最有影响的模型中。[①] 这些模型遭到了以经验为根据的批评——部门并不相当于“可填充的盒子”——也遭到了以逻辑为根据的批评。马哈拉诺比思假设投资分配于两个部门，消费货物（例如纺车）和资本货物（例如机器工具）之间。因而我们有两个资本—产出比率：投资/额外消费货物和投资/额外资本货物。前者被设想要比后者低，但投资增长率现在取决于资本货物部门产出的增长率，因而取决于两部门间的投资分

① P. C. 马哈拉诺比思：《对国民收入的增长过程的某些看法》，载《Sankhya》，第 12 卷，第 4 部分（1953 年 9 月）及《印度计划的运筹学方法》，载《Sankhya》，第 16 卷，第 1、2 部分（1955 年 12 月）。

配。这里有一个隐含的假设，即进口资本货物的外汇资源被严格限制着，这样，对外贸易“生产力”为零。因此，分配于资本品部门的总投资的比例（与其资本—产出比率一起）成为决定消费货物的长期增长率的关键变量。在他的四部门模型中，消费部门又细分为现代工业、小规模工业，包括农业和服务业。这个模型被马哈拉诺比思用来探讨不同投资模式的就业含义。[1]

两部门模型曾受到不同观点的批评。[2] 人们争辩道，在两部门之间的投资分配不能赋予经验的意义，因为大多数工业为两者都提供产品。这个模型还因为下述原因受到批评：对出口的隐含的和无根据的假设，忽视除资本货物之外的供给的限制，忽视折旧、原料和所有中间产品，混淆技术资本系数和根据资本货物部门有多少产品应当用于投资的经济选择，把投资生产力和资本—劳动比率看成是独立的，对供求关系考虑不周，假定资本劳动比率恒定，忽视扩大一些类型的消费对发展产生的利益，没有把总的资本货物、机器制造货物与重工业和基础工业区别开来。但考虑了所有的批评，某些有效的结论仍然保留着。在没有对生产的所有其他限制的情况下，如果有一部机器或可以再生产其本身或可以生产其他种类的产品，现在重新生产这台机器的较大的资本分配可能在一些时间以后使其他种类产品的生产得到提高。（除这一多面性的假设，第二个假设是必要的，即股本不能在两部门之间移动。[3]）另一种情况，如果对生产的其他限制也作了假设，就剩下了重复的命题，即如果经济的发展受资本货物（无论怎样定义）的生产瓶颈所限制，消除这个瓶颈会加速发展。在印度的第一个发展计划中，重点被放在了边际储蓄倾向

---

① 由于计划统计学要求统计计划，马哈拉诺比思对二者的样本调查和统计技术的贡献也使他成为发展计划的开拓者。

② 例如，见西盖图·苏鲁：《经济发展理论的适用性和局限性》，载《印度经济杂志》，（1962 年 4 月），K. N. 拉：《增长模型和印度计划》，载《印度经济周刊》，（1961 年 2 月）；K. N. 拉和 A. K. 森：《停滞出口收入条件下增长的可选择模式》，载《牛津经济论文》，第 13 卷，第 1 号，（1961 年 2 月），《牛津经济论文》，第 14 卷，第 1 号（1962 年 2 月）中的稿件及拉和森的回答，《牛津经济论文》（1962 年 6 月）。又见伊夫塞·D. 多马：《增长的苏联模式》，载《经济增长理论论文》，（纽约：牛津大学出版社，1957 年），该文讨论了与苏联经济学家 G. A. 费尔德曼的极为相似的模型。

③ 见苏哈默·察克拉瓦尔蒂：《不发达经济的最佳投资政策的一些方面》，载 H. C. 鲍斯编辑的《走向平衡的国际发展》，阿姆斯特丹：北方—荷兰出版社，1969 年。

上。把重点分置于其他的约束因素之中，例如资本货物的可用性，并说明这些约束因素可能阻碍储蓄潜力的实现，这是健康的。提高投资—收入的比率显然是不够的，关于如何把投资分配于不同活动之间的决定也需要作出。不仅储蓄总量是重要的，而且它们的分配也是重要的。任何瓶颈——技术劳动力、管理能力、外汇——都可能被选作为一种约束因素，投入降低这一约束的费用（或努力）的比例可能成为发展的决定性因素。

马哈拉诺比思模型也加上了储蓄造成的约束，尽管它是一种奇怪的和相当特殊的约束。如果假定储蓄只能通过引用资本密集的生产方法来提高，那么对重工业和资本货物的强调变成了强制储蓄的手段。根据哈罗德—多马模型，在这个模型中，增长率（g）等于储蓄—收入比率（s）被资本—产出比率（k）除，s 成为 k 的函数，k 是投资分配的函数，通过改变投资方向，我们能够增加 k 的平均量，从而超出比例地提高 s 和提高增长率 g。主要原因似乎是人不能吃机器，但在选择提高 g 的这个方法之前，我们应当肯定，不存在超出比例地减少 s 的减少 k 的办法。

尽管对马哈拉诺比思模型提出了大量批评，他的结论和建议对于当时的印度大体上是正确的，主要的例外是他忽视了外贸机会。[1] 他提出鼓励机器制造部门的主要理由是通过学习效应、规模经济及专业化及时地减少制造资本货物的单位成本。对于一个大小如印度的国家，这是建立资本货物部门的最重要根据。约翰·希克斯爵士在他的《经济史理论》中，不像人们通常想象的那样，将工业革命的主要原因归结于纺织部门，而是归结于资本货物部门，在这个部门发现了制造机器的机器空前便宜的方法。[2]

厄恩斯特·弗里德里奇·舒马赫（1911—1977 年）站在 P. C. 马哈拉诺比思的对立面上。来自孟加拉的泰戈尔的印度门徒激烈地提倡大规模设施以生产水泥、电和钢，而受到德国、英国和美国高技术教育的人

① T. N. 斯瑞尼法桑：《P. C. 马哈拉诺比思》，载《社会科学国际百科全书》，第 18 卷。忽视制造品出口是印度计划的一个错误，这是无庸置疑的。资本货物部门的创设不需要以此为代价。

② 纽约：牛津大学出版社，1969 年，第 147 ~ 148 页。

却首先强调必需保护有机发展的过程并预见到试图通过大规模工业化计划来加速发展所带来的精神灾难①，是具有讽刺意味的。

对于舒马赫信息的经济内容，新古典经济学家可能回答说，由于制定了反映生产要素相对稀缺的适当价格政策，资本和劳动的正确组合将会出现。但是问题的规模如此之大以致用价格来修补也无济于事。穷国的人均收入可能是富国的十分之一；储蓄率约为其一半；而劳动力增长率则是其3倍，例如，是3%而不是1%。这意味着每个工人的可投入资源仅为典型发达工业国的1/60（1/10×1/2×1/3）。作不切实际的设想，如果资本和劳动之间的系教完全固定，那么富国技术的转移仅能为每年流入市场的额外劳动力的1%～2%创造工作，而不对已存在的失业大军产生影响。即使有相当程度的灵活性，消除失业也是不可能的。适合这些国家的技术是不存在的，只有3%的研究和发展费用花费在包含了四分之三人类的发展中国家（而且决不是所有这些费用都用于他们的具体问题）；97%花费在仅占四分之一人口的富国。这达到了人均研究和发展费用在富国和穷国之间100:1的比率。毫无疑问，适用于低收入社会的技术是不存在的。

（六）乌托邦与空谈家

最后是我所赞同的在乌托邦与空谈家之间的区分。一方面，有一种令人佩服的男男女女：专业的，有献身精神的，认真的，有敏锐的头脑

① 20世纪60年代，当资本积累无论在左翼还是在右翼都很风靡的时候，当“经济发展的阶段”在官方思想中居统治地位时，舒马赫争辩道，具有大量劳动剩余并缺乏资本的国家应当采用“中间技术”，以每个工作场所100美元到1000美元为成本，既不是10000美元又不是10美元。村庄里的工具太原始化，西方的机器太复杂。他在一篇关于“似乎人类至关紧要的经济学”论文中写道：“现代人建立了一个掠夺自然的生产体系和使人类残缺不全的社会形态。”（《小就是美好的》，纽约：哈帕和罗出版社，1973年）他要求技术具备人类的面孔。最初为穷国发展的东西在西方先进的工业国家找到了用武之地，他在年轻人中有很多追随者，特别在美国。

中间技术或适用技术的概念不仅能运用于制造工业和农业（简单动力工具，而不是拖拉机和联合收割机），而且能运用于社会部门（健康、卫生、供水）及机构规模：小的，分散的、分享的。在后期的著作中，他强调了人作为消费者和生产者的统一性。在他作为缅甸和印度的经济顾问时，他的思想被发展了。在那儿佛教和印度教的哲学给他留下了印象，但是过去印度政府在纺织和制鞋生产中以小公司代替大公司的政策是误入歧途了。

和极大的细致入微的注意力。毫无贬义地说，他们是空谈家。但他们逐渐对事情是怎样的和如何起作用了解如此之深以至于他们在维持现状方面获得了应得利益。当面对改革的建议时，他们像颠倒的米考伯——等待拒绝一些东西。他们总能想出10个很好的理由来说明为什么不能做。如果我们认为对每一个问题必须有一个解决办法，他们却对每一个解决办法提出至少两个问题。

另一方面，有另外一群为数较少但较有声势的人。他们为我们展示了未来各种不同的可能性的景象。正如第一群人热情地致力于维持现状，这一群人无论在对现存事物的分析中还是在对为将来更好的社会制定他们的思想蓝图中，都激烈地憎恶精确性。他们是乌托邦。他们对细节不注意，但他们是梦想家，是我们信仰的守望者。

如社会学家彼得·博格所说，将人类分为空谈家和乌托邦是可悲的。① 我们需要的是两者的结合：空谈的乌托邦或乌托邦的空谈家——他们凭借活跃的幻想，为可供选择的社会可能性培育出富有想象而又悉心探求出来的见解。

空谈家倾向于提出以他们的标准看已经起作用的模型：出口导向，依靠市场力量，减少中央政府干预。乌托邦想要以领域广泛的体制安排进行试验：完全公有的社会主义社会；含有一些私有财产的合作社及合伙经营的服务业，生产手段的完全私有制；甚至无人拥有资产而由一群理事主持生产活动的机构。空谈家根据直线进行思考，乌托邦希望采用许多选择。将二者调和是必要的，因为目标和技术常常规定社会体制，并且某些选择被排除了。但技术与体制之间并没有完全的硬性规定，乌托邦与空谈家的结合将会探索到可资利用的领域。

（七）结论

前面所述的一些探讨可能因为过于妥协而受到批评。折衷主义和妥协对学者们是没有吸引力的。而且确实两个不同的科学范例不可能长期共存。但其变格是：我（和黑格尔）综合，你妥协，他（她）贫血。目的不是妥协，而是或要表明造成了错误的选择，或要表明只有两路出击

---

① 《祭祀金字塔：政治伦理学和社会变化》，（纽约：基础读物，1974年）。

才能达到目的。

如果证明发展经济学消亡的消息是夸张的，人们能够对它未来的道路得出什么教益呢？

1. 发展经济学从特殊事例的经济学过渡到共同题目的新的全球性经济学，但具备方法和分析上的更大的差异，这既统一又区别了这个课题。根据提出的问题，它要求更精细的国家和地区的分类学。

2. 要求在课题许可的严格范围内建立适宜的智力技术，也就要求正式和非正式知识部门的统一。

3. 有必要在最深水平上进行多学科的工作，那里非常规的但相关的变量被结合在模型之中，这种看法已被普遍接受。但要说出这样做的精确做法是更为困难的。

4. 区别对待或交替阶段的选择性政策能够在那些提倡与国际市场体系完全联系的人和提倡脱离联系的人之间形成综合，目的是利用世界体系所传播的有利的刺激而不接受有害的刺激，并建立一个能够利用外部影响的基础。

5. 现在有些被忽视的三个领域需要加强。第一个是历史领域，它使我们了解事物如何变成现在这样，使我们可能了解所期望的变化的局限性和机会。第二个是全球性领域，它使我们以超越国家疆界的方式看待国际关系。国家政策和国际体系的相互作用，跨越国界的利益联盟，对全球问题的适当的制度上的回答在我们研究的议事日程上都应当摆在比现在更高的位置上。第三个是哈维·里宾斯坦所说的微观理论领域，它不仅包括公司内部，而且包括农场、家庭内部，而且可能包括任何一个有相互冲突欲望的个人内部的活动。基本需要的研究表明，机构的安排对满足基本需要来说非常重要，在三个机构中——市场、公共部门和家庭——家庭直到最近还被经济学家所忽视。此外，技术发明的起源和传播应受到更多的注意。

6. 大规模和小规模活动不应被看做是两者选择其一，而应看做是互相支持或至少不是互相危害——毛泽东的两条腿走路的战略。大规模、现代化的活动不应危害小规模、非正式部门。困难是制定出政策能够使小规模部门发展而不剥夺有更高生产力的大规模部门的资源：这些可能是资本、管理人才、工资货物或外汇。

7. 最后，我们需要将对细节的悉心关注与对安排和管理我们事务的各种选择的方法的想象结合起来。这意味着去探讨体制的选择和它们对某些技术过程和经济目标的依附性。

人名索引

三　画

四　画

五　画

六　画

七　画

八　画

九　画

十　画

十一画

十二画

博瑟拉波	Boserup, Ester
道勃	Dobb, Maurice

十四画

赫克歇尔	Heckscher, Eli
赫斯顿	Heston, Alan
赫尔希曼，阿尔伯特	Hirschman, Albert
缪尔达尔，冈纳	Myrdal, Gunnar
熊彼特，约瑟夫	Schumpeter, Joseph

十五画

鲍尔，P. T.	Bauer, P. T.
鲍德温，罗伯特	Baldwin, Robert
鲍斯，H. C.	Bos, H C.
鲁坦，V. W.	Ruttan, V. W.

十六画

霍夫曼，保尔	Hoffman, Paul
穆勒，约翰，斯图亚特	Mill, John Stuart

译者的话

本书分为十大部分。鲍尔、刘易斯、普列比什、辛格、丁伯根五部分由梁钧平译；克拉克、缪尔达尔、罗森斯坦－罗丹、罗斯托、赫尔希曼部分由刘鹤、杨焕昌译，前言与后记由陈研译；全书各部分由史强育、黄铁鹰统校。范家骧教授在百忙中审阅了全部译稿并进行了修改，梁晓天教授对鲍尔、刘易斯、辛格三部分的译稿提出了许多具体指导意见。对以上同志的帮助及导师的热情指导，表示由衷的感谢。

附录1

中国经济50人论坛简介

中国经济50人论坛，是由中国经济学界部分有识之士于1998年6月在北京共同发起组成的独立的学术组织。论坛聚集了中国具有一流学术水准、享有较高社会声誉并且致力于中国经济问题研究的50位著名经济学家。论坛成员都以学者身份参与论坛研究活动，自由发表自己的学术成果及建议，共同参与中国经济重大课题的交流与探讨，提出政策建议和意见。论坛的宗旨和目的就是把各个领域有着深入理论研究的专家聚集起来，通过自由、深入的研讨和交流，激发彼此的创造力，用集体智慧的成果，推动中国经济的改革与发展。

Brief Introduction

Chinese Economists 50 Forum is an independent academic research institute based in Beijing, China. It is initiated by a group of celebrated Chinese economists, who enjoy the reputation of first class academic expertise and are dedicated to research China's economic issues. The Forum constitutes of 50 Chinese economists that contribute their ideas and researches at their own free will, on the basis of their independent academic activities that engage in the study and analysis of significant economic issues in China, as well as policy suggestions and comments. The mission and aim of the Forum is to encourage the creative ideas of economists by collective, extensive, in depth exchanging and discussing of research results and policy suggestions by experts and economists who have carried out tremendous work in their academic fields. The Forum believes that its activities are helpful to the reform and development of China's economy.

附录 2

中国经济 50 人论坛成员名录

学术委员会成员：

吴敬琏、樊纲、刘鹤、林毅夫、易纲、许善达、吴晓灵

论坛成员（以姓氏拼音字母为序）

1. 白重恩（教授、博导）	清华大学经济管理学院副院长、 经济系主任
2. 蔡　昉（教授、研究员、博导）	全国人大常委、 中国社会科学院人口与劳动经济 研究所所长、 人力资源研究中心主任
3. 曹远征（研究员、博导）	中国银行首席经济学家、 中银国际控股有限公司 董事兼首席经济学家
4. 陈东琪（教授、研究员、博导）	国家发展和改革委员会 宏观经济研究院副院长
5. 陈锡文（教授、研究员、博导）	中央农村工作领导小组副组长 兼办公室主任、 中央财经领导小组办公室副主任、 全国政协经济委员会副主任

6. 樊　纲（教授、研究员、博导）　中国经济体制改革研究会副会长、中国改革基金会国民经济研究所所长、中国深圳综合开发研究院院长

7. 范恒山（教授、研究员、博导）　国家促进中部地区崛起办公副主任、国家发展和改革委员会地区经济司司长

8. 郭树清（研究员、博导）　中国证券监督管理委员会主席

9. 海　闻（研究员、教授、博导）　北京大学副校长、北京大学深圳研究生院院长、北京大学汇丰商学院院长

10. 韩　俊（研究员、博导）　国务院发展研究中心副主任

11. 贺力平（教授、研究员、博导）　北京师范大学国际金融研究所所长

12. 胡鞍钢（教授、研究员、博导）　清华大学国情研究中心主任

13. 江小涓（教授、研究员、博导）　全国政协委员、国务院副秘书长

14. 李剑阁（教授、研究员、博导）　全国政协委员、中央汇金投资有限责任公司副董事长、中国国际金融有限公司董事长

15. 李晓西（教授、博导）　教育部社会科学委员会经济学学部召集人、北京师范大学校学术委员会副主任、经济与资源管理研究院名誉院长

16. 李　扬（中国社会科学院学部委员、研究员、博导）　中国社会科学院副院长

17. 林毅夫（教授、博导） 北京大学国家发展研究院名誉院长、世界银行前副行长兼首席经济学家

18. 刘 鹤（教授、研究员、博导） 中央财经领导小组办公室副主任 国务院发展研究中心党组书记、副主任

19. 刘世锦（教授、研究员、博导） 国务院发展研究中心副主任

20. 刘 伟（教授、博导） 北京大学副校长

21. 龙永图（高级经济师、博导） 博鳌亚洲论坛国际咨询委员会委员、原外经贸部首席谈判代表、副部长

22. 楼继伟（研究员） 中国投资有限责任公司董事长

23. 马建堂（研究员、博导） 国家统计局局长

24. 钱颖一（教授、博导） 清华大学经济管理学院院长

25. 盛 洪（教授、博导） 北京天则经济研究所所长、山东大学经济研究中心教授

26. 石小敏（高级经济师） 中国经济体制改革研究会副会长

27. 宋国青（教授、博导） 北京大学中国经济研究中心

28. 宋晓梧（研究员、博导） 全国政协委员、中国经济体制改革研究会会长

29. 汤 敏（教授） 国务院参事、友成企业家扶贫基金会常务副理事长

30. 汪同三（中国社会科学院学部委员、研究员、博导） 中国社会科学院数量经济与技术经济研究所所长

31. 王 建（研究员） 中国宏观经济学会副会长兼秘书长

32. 王一鸣（研究员） 国家发展和改革委员会宏观经济研究院副院长

33. 魏 杰（教授、博导） 清华大学中国经济研究中心主任

34. 吴敬琏（教授、研究员、博导） 国务院发展研究中心

35. 吴晓灵（研究员、博导） 全国人大常委、全国人大财政经济委员会副主任委员

36. 夏　斌（教授、研究员、博导） 国务院参事、国务院发展研究中心金融研究所名誉所长

37. 肖　捷 国家税务总局局长

38. 谢　多（高级经济师） 中国人民银行金融市场司司长

39. 谢伏瞻（教授、研究员、博导） 国务院研究室主任

40. 谢　平（研究员、博导） 中国投资有限责任公司副总经理

41. 许善达（高级经济师、教授、研究员） 全国政协委员、国家税务总局原副局长、中国注册税务师协会会长

42. 杨伟民（研究员） 中央财经领导小组办公室副主任

43. 易　纲（教授、研究员、博导） 中国人民银行副行长、国家外汇管理局局长

44. 余永定（中国社会科学院学部委员、研究员、博导） 中国世界经济学会会长

45. 张曙光（教授、研究员、博导） 北京天则经济研究所学术委员会主席

46. 张维迎（教授、博导） 北京大学校长助理

47. 郑新立（教授、研究员、博导） 全国政协经济委员会副主任、中国国际经济交流中心常务副理事长

48. 周其仁（教授、博导） 北京大学国家发展研究院

49. 周小川（教授、研究员、博导） 中国人民银行行长

附录 3

中国经济 50 人论坛
企业家理事会成员名录

召集人 段永基 柳传志

秘书长 林荣强

监事会 段永基 林荣强

理事会成员（以姓名拼音字母为序）

1. 段永基　四通集团公司董事长
2. 郭翠萍　中国诚通金属（集团）公司总经理
3. 林荣强　信远控股集团有限公司董事长
4. 柳传志　联想控股有限公司董事长
5. 刘关清　深圳迅宝环保股份有限公司董事长
6. 刘光超　北京市道可特律师事务所主任
7. 卢志强　中国泛海控股集团有限董事长兼总裁
8. 潘仲光　东方高尔夫国际集团总裁
9. 秦　朔　上海第一财经传媒有限公司总经理
10. 任志强　华远地产股份有限公司董事长
11. 沈鹤庭　中国冶金科工股份有限公司总裁
12. 史玉柱　巨人投资有限公司董事长

13. 汤应武　　广州日报报业集团党委书记、广州日报社社长

14. 王　兵　　鼎天资产管理有限公司董事长

15. 王传福　　比亚迪股份有限公司董事长兼总裁

16. 张伟祥　　浙江建龙控股集团有限公司董事长

17. 赵　民　　北京正略钧策管理顾问有限公司董事长

18. 赵伟国　　北京健坤投资集团有限公司董事长

19. 朱德贞　　上海国和现代服务业股权投资管理公司总裁

20. 朱云来　　中国国际金融有限公司总裁